Peter Pawlowsky
Wissensmanagement

Peter Pawlowsky

Wissens-
management

——

DE GRUYTER
OLDENBOURG

ISBN 978-3-11-047492-3
e-ISBN (PDF) 978-3-11-047493-0
e-ISBN (EPUB) 978-3-11-047510-4

Library of Congress Control Number: 2019941258

Bibliografische Information der Deutschen Nationalbibliothek
Die Deutsche Nationalbibliothek verzeichnet diese Publikation in der Deutschen
Nationalbibliografie; detaillierte bibliografische Daten sind im Internet über
http://dnb.dnb.de abrufbar.

Umschlaggestaltung: ArtRoseStudio/iStock/Getty Images Plus
Satz: le-tex publishing services GmbH, Leipzig
Druck und Bindung: CPI books GmbH, Leck

www.degruyter.com

Inhalt

Teil II: Organisationales Lernen und Wissensmanagement

Teil III: Erfassung und Bewertung von Kompetenz und Wissen

Teil IV: Management von Wissensprozessen

Teil I: **Wissensgesellschaft und Trends in Wirtschaft und Arbeitswelt**

Der Begriff „Informations- und Wissensgesellschaft" ist seit Ende der 1990er-Jahre allgegenwärtig. Was ist darunter zu verstehen, welche theoretischen Ansatzpunkte postulieren und erklären den Wandel zur Wissensgesellschaft, welche empirischen Indikatoren belegen diesen gesellschaftlichen Wandel und welche möglichen Konsequenzen lassen sich in unterschiedlichen gesellschaftlichen Bereichen beobachten bzw. prognostizieren?

Kapitel 1 führt in die Thematik der Wissensgesellschaft ein und verdeutlicht die Bedeutung der Ressource Wissen für Wertschöpfungsprozesse. Nach dem Durcharbeiten dieses Abschnitts werde n Sie

- die gesellschaftlichen Veränderungsprozesse in einem globalen Umfeld erkennen und die Rolle der Ressource Wissen bewerten können,
- mit theoretischen Ansätzen vertraut sein, die die These von der Entwicklung zur Wissensgesellschaft vertreten und entsprechende Merkmale benennen,
- aus theoretischen Ansätzen geeignete empirische Indikatoren für die Überprüfung der These von der Wissensgesellschaft ableiten können,
- gesellschaftliche und wirtschaftliche Entwicklungen anhand dieser empirischen Indikatoren aufzeigen, um einen Entwicklungsstand einschätzen zu können,
- um die daraus ableitbaren Konsequenzen für das Management von Wissen in Thesen zusammenzufassen.

Nach der Bearbeitung der Aufgaben sind Sie in der Lage, in einer kontroversen Diskussion die Notwendigkeit zum Einsatz von Wissensmanagement in Organisationen argumentativ zu vertreten und mit entsprechenden Ansätzen zu untermauern.

1 Der Wandel zur Wissensgesellschaft – grundlegende theoretische Ansatzpunkte

Der postulierte Wandel von der Industrie- zur Informations- und Wissensgesellschaft ist kein feststehender Ansatz. Es gibt unterschiedliche Deutungen, Interpretationen und Erklärungen für den gesellschaftlichen Veränderungsprozess, bei dem eine zunehmende Bedeutung der Ressource Wissen und ein neues gesellschaftliches Ordnungsmuster angenommen werden.

In der öffentlichen Diskussion werden Wissens- und Informationsgesellschaft bisweilen synonym verwendet, zum Teil wird aber auch zwischen beiden Begriffen differenziert, der Begriff der Wissensgesellschaft verdrängt den der Informationsgesellschaft nach und nach. In diesem und den nachfolgenden Kapiteln werden beide Begriffe stets im Zusammenhang gesehen, da Wissen auf Informationen aufbaut. Allerdings soll an dieser Stelle auch betont werden, dass das Problem nicht in der Bereitstellung von Informationen liegt, ganz im Gegenteil: Informationen gibt es – insbesondere gefördert durch die rasante Entwicklung der Informations- und Kommunikationstechnologien – mehr als genug. Die Schwierigkeit besteht eher in der Identifizierung relevanter Informationen und in der Transformation von Information in Wissen (welches im Unterschied zur Information stets bedeutungs-, handlungs- und kontextbezogen ist). Die ausschließliche Nutzung des Konstrukts „Informationsgesellschaft" führt zudem nur allzu schnell zu der Annahme, dass die Gesellschaft vorwiegend durch ihre technologische Basis definiert wird, da dieser Begriff oft eng an die Entwicklung der Informations- und Kommunikationstechnologien gebunden ist. Das Modell der „Wissensgesellschaft" wird hingegen oft ganzheitlich und offen gesehen (Stehr 1994, 1999, 2001). Nach Stehr (2001) verweist der Begriff der Wissensgesellschaft auf den komplexen sozialen Kontext allen Wissens und überwindet damit die technologische Verengung des Informationsbegriffes.

Die **ursprüngliche Konzeption** zum Thema Wissensgesellschaft geht auf einige Publikationen aus den 1960er- und 1970er-Jahren zurück. Jochen Steinbicker (2001) betont, dass sowohl Peter Drucker (1959, 1969), Daniel Bell (1976) als auch Manuel Castells (1996, 1998) in ihren Ansätzen zur Beschreibung der Informations- und Wissensgesellschaft Wissen und Information als neue Produktivkräfte in der Wirtschaft identifizieren und neue Wertschöpfungsverfahren beschreiben, bei denen Wissen, Innovation und Technologie die zentrale Rolle spielen (vgl. Steinbicker 2001: 9; Haun 2002).

Nachfolgend wird die Debatte, die in den 1960er-Jahren begann und sich in den 1990er-Jahren bis heute fortgesetzt hat, mit ihren Hauptvertretern und einigen zentralen Thesen kurz skizziert.

https://doi.org/10.1515/9783110474930-001

1.1 Peter Drucker – Wissen als zentrale Ressource in der modernen Wirtschaft

Peter Drucker prägte in seinem Werk „Age of Discontinuity" (1969) die zentrale These, dass sich die Gesellschaft in einer Zeit des Umbruchs befindet und dass Wissen die wichtigste Ressource der modernen Gesellschaft darstellt: „Wissen [ist] zur eigentlichen Grundlage der modernen Wirtschaft und Gesellschaft und zum eigentlichen Prinzip des gesellschaftlichen Wirkens geworden" (Drucker 1969: 455 f.). Der **gesellschaftliche Umbruch**, also das Zeitalter der Diskontinuität ist nach Drucker (vgl. Steinbicker 2001: 22 ff.) insbesondere geprägt durch
- die Entwicklung neuer Technologien, die in hohem Maße Wissen inkorporieren,
- eine wachsende internationale Interdependenz der Wirtschaft und damit einhergehend die Herausbildung einer globalen Weltwirtschaft,
- eine neue sozio-politische Realität, die geprägt ist durch eine Professionalisierung von Leistungen und durch Vernetzungen von Organisationen.

Bereits in seinem Buch „Landmarks of tomorrow" (1959) verwendet Drucker erstmals die Begriffe der Bildungsgesellschaft und des Wissensarbeiters („knowledge worker") und bezeichnet damit „technological professionals", deren Kernkompetenz technologisches Know-how darstellt.

1.2 Fritz Machlup – Wissen als Grundlage volkswirtschaftlichen Wachstums

Fritz Machlup (1962), amerikanischer Wirtschaftswissenschaftler österreichischer Abstammung, betont die **volkswirtschaftliche Bedeutung** der Wissensproduktion und deren Beitrag zum Bruttosozialprodukt.

> Knowledge has always played a part in economic analysis, or at least certain kinds of knowledge have. There has always been the basic assumption that sellers and buyers have knowledge of the markets, that is, of their selling and buying opportunities. The theories of supply and demand, of competition and monopoly, of relative prices, interdependence, and all the rest, all have been based on the assumption that sellers know the highest prices at which they can sell and buyers know the lowest prices at which they can buy. In addition, it has always been assumed that producers have knowledge of the technology of the time, that is of their production opportunities [...] to most economists and for most problems of economics the state of knowledge and its distribution in society are among the data assumed as given. (Machlup 1980: 3 f.)

Im Zentrum der Arbeiten von Machlup steht die Abschätzung des zunehmenden Beitrags des Wissenssektors für die Entwicklung des Bruttosozialprodukts. Aufgrund der zunehmenden Bedeutung des Wissens spricht Machlup neben dem landwirtschaftlichen, industriellen und Dienstleistungssektor erstmals von einem vierten Wissenssektor (vgl. Ehe 1998).

1.3 Daniel Bell – die nachindustrielle Gesellschaft

Eine frühe theoretische Arbeit und einen wichtigen Auslöser zur Diskussion der Wissensgesellschaft liefert Daniel Bell mit seinem 1973 erschienenen Werk „Die nachindustrielle Gesellschaft", in dem er die postindustrielle Wissensgesellschaft vor allem durch die zentrale Stellung theoretischen Wissens und durch die zunehmende Wissenschaftsabhängigkeit technologischen Wandels kennzeichnet (vgl. Heidenreich 2002).

Bell untersucht, welche Auswirkung die Entwicklung zur nachindustriellen (bzw. postindustriellen) Gesellschaft auf die Sozialstruktur, d. h. auf die Wirtschaft, Technologie, Berufsgliederung und auf die politische Ordnung im Sinne der Machtverteilung hat. Dabei stützt sich der Autor vorwiegend auf empirische Ergebnisse aus den USA, weil sie seiner Auffassung nach „die erste Dienstleistungswirtschaft" (Bell 1976: 33) darstellen, „das erste Land der Welt, in dem der überwiegende Teil der Bevölkerung schon nicht mehr einer landwirtschaftlichen oder industriellen Erwerbstätigkeit nachgeht" (Bell 1976: 33).

Nach Bell lässt sich die „nachindustrielle Gesellschaft" an fünf Merkmalen festmachen:

- **Sektoraler Wandel**
  Hierbei stellt Bell auf den Übergang von einer güterproduzierenden zu einer Dienstleistungsgesellschaft ab.
- **Verschiebung der Berufsstruktur**
  Bell bezieht sich auf den Anstieg professionalisierter, akademisch und technisch qualifizierter Berufe. Während in einer Industriegesellschaft angelernte Arbeiter für die Maschinenarbeit die größte Berufsgruppe bildeten, überwiegt in der Dienstleistungsgesellschaft der Anteil der Angestellten in Büro- und Verwaltungsberufen, wodurch es zu einem „Ausbau der akademisch und technisch qualifizierten Berufe – also der Sparten, die gewöhnlich irgendeine Hochschulausbildung erfordern" (Bell 1976: 35) kommt.
- **Wachsende Bedeutung theoretischen Wissens**
  Hierbei hebt Bell die zunehmende Theoriefundierung und die Zentralität theoretischen Wissens für wirtschaftliche Innovationen hervor. So haben „einfallsreiche, begabte Bastler" (Bell 1976: 36) mit ihren Erfindungen den Grundstein für die Industrialisierung gelegt, wobei ihnen die theoretischen Hintergründe dafür weitgehend unbekannt waren. Im Gegensatz dazu wird in einer nachindustriellen Gesellschaft zunehmend abstrahiert und „die Theorie über die Empirie gestellt" (Bell 1976: 36). Dies geschieht, um die Zukunft erforschen und prognostizieren, Entwicklungen voraussehen und Entscheidungen planen zu können. Dahinter steht der Wunsch nach Sicherheit und Kontrolle über die Zukunft, sie absehbar und bestimmbar zu machen. Das theoretische Wissen bildet außerdem die Grundlage für jede Weiterentwicklung und wird zum „strategischen Hilfsmittel" (Bell 1976: 41).

– **Zukunftsorientierung auf der Grundlage technologischen Fortschritts**
   Neue Technologien sind die Grundlage für das Wirtschaftswachstum. Dabei
   macht die Entwicklung neuer Prognose- und Planungstechniken einen „bewussten geplanten Fortschritt des technologischen Wandel(s) [...]" ebenso möglich
   wie „[...] die wirtschaftliche Zukunft bis zu einem gewissen Grad bestimmen" zu
   können (Bell 1976: 42). Es ist nach Bell allerdings eine abwägende Beurteilung
   von neuen Technologien notwendig, um schädliche Nebenwirkungen auszu-
   schließen.
– **Intellektuelle Technologie**
   Das letzte Merkmal bildet die Notwendigkeit der Entwicklung einer „intellektuelle Technologie" (Bell 1976: 45), wobei Bell darunter „die Substituierung intui-
   tiver Urteile durch Algorithmen (d. h. Regeln zur Lösung von Problemen)" (Bell
   1976: 45) versteht und als wichtigstes Werkzeug dafür den Computer sieht. Diese
   „intellektuelle Technologie" ist notwendig, um mit den immer komplexer wer-
   denden Organisationen, Systemen und Theorien umgehen zu können. Für diesen
   Umgang sind Strategien notwendig, die eine rationale Wahl ermöglichen. Dahinter steht wiederum der Wunsch, die Umwelt kontrollieren und planen zu können.

Die Entwicklung von der industriellen Gesellschaft zur nachindustriellen Gesellschaft sah Bell in den 1970er-Jahren in unterschiedlichen Schritten:
– Am Anfang steht der durch die Industriegesellschaft bedingte steigende Gü-
   terverkehr und Energieverbrauch, was einen Ausbau des Transportwesens und
   der öffentlichen Dienste notwendig macht. Somit kommt es unweigerlich zur
   „Zunahme der nicht unmittelbar in der Produktion tätigen Arbeiterschaft" (Bell
   1976: 135).
– Außerdem führen Massenkonsum und steigende Bevölkerungszahlen zum Ausbau von Groß- und Einzelhandel, Finanz-, Immobilien- und Versicherungswe-
   sen, die typische Dienstleistungsbereiche und Bereiche mit der Notwendigkeit
   einer fachlichen Qualifikation sind. Weiterhin führt das steigende Volkseinkom-
   men dazu, dass mehr Geld für Luxusgüter und Erholung übrig bleibt, weil die
   Verpflegungsausgaben geringer werden. Damit erhöht sich die Nachfrage nach
   „persönlichen Dienstleistungen" (Bell 1976: 135).
– Um dieses neue Leben genießen und in dieser Gesellschaft funktionieren zu können, werden Gesundheit und Bildung als immer wichtiger empfunden, was zur
   Entstehung entsprechender öffentlicher Einrichtungen führt. Diese Bereiche sind
   wiederum typische Dienstleistungsbereiche.

Bell sieht die postindustrielle Gesellschaft als **Dienstleistungsgesellschaft und
gleichzeitig als Wissensgesellschaft**. Denn Neuerungen entstehen in der von ihm
beschriebenen Dienstleistungsgesellschaft durch Forschung und Entwicklung, wobei gleichzeitig die Bedeutung theoretischen Wissens steigt. Dabei wird es aufgrund

der Verschiebung der Berufsstrukturen immer mehr Beschäftigte geben, die als Wissensarbeiter tätig sind. In der Folge wird die Schere zwischen Nichtqualifizierten und Hochqualifizierten immer größer.

1.4 Nico Stehr – Entmaterialisierung der Wertschöpfung

Stehr charakterisiert die Entwicklung zur Wissensgesellschaft oder den gesellschaftlichen Wandel allgemein als kontinuierlichen Prozess (Stehr 2001). Dabei sind keine Abschnitte von „hier hört etwas auf und etwas Neues beginnt" (Wilkens, 2004: 14) erkennbar. So wendet sich Stehr (2001) gegen die klare Abgrenzung von Bell in industrielle/nachindustrielle Gesellschaft. Ein verschwinden des industriellen Sektor gibt es so nach Stehr nicht, es kommt lediglich zu einem Rückgang der Beschäftigtenzahlen im industriellen Bereich.

Wesentliche Merkmale der sich herausbildenden Wissensgesellschaft sieht Stehr (2001) in folgenden Aspekten:

- **Entmaterialisierung der Wertschöpfung**
  Den Grundstein für die Entwicklung zur Wissensgesellschaft sieht Stehr in der „radikale[n] Umwandlung der Wirtschaftsstruktur der industriellen Gesellschaft" (Stehr 2001: 121), in der das Wissen die Basis bildet. Er stellt darauf ab, dass „Wissen im ökonomischen Sinn zum Produktionsfaktor wird und damit als eine wichtige Quelle wachsender Wertschöpfung und steigenden Wirtschaftswachstums" (Stehr 2001: 47) anzusehen ist. Im Gegensatz dazu waren in der Industriegesellschaft eher „materielle Faktoren" (Stehr 2001: 121 nach Wilkens) bestimmend für die Produktion. Diese Faktoren verlieren mehr und mehr an Bedeutung, und es kommt zur Entmaterialisierung der Produktion und zu sinkenden Kosten.
- **Wandel auf unterschiedlichen gesellschaftlichen Ebenen**
  Die wachsende Bedeutung von Wissen verändert nicht nur den Prozess des Wirtschaftens im eigentlichen Sinne, sondern wirkt sich auf unterschiedliche soziale und politische Ebenen aus. Beispielsweise werden neben dem Beschäftigungssystem auch das Bildungssystem, das System industrieller Beziehungen oder auch das soziale Sicherungssystem von dem Wandel erfasst.
- **Wandel sozialer Ordnungsmuster**
  Mit dem Wandel zur Wissensgesellschaft kommt es somit auch zu einer Änderung von gesellschaftlichen Ordnungsmustern, die prägend waren für die Industriegesellschaft, so werden z. B. nationale Grenzen relativiert und die Abgrenzung zwischen Erwerbsarbeit und Freizeit oder Arbeits- und Lebensraum wird durchlässig. Teilweise ergeben sich dadurch wieder Annäherungen an die Lebenswelten in der Agrargesellschaft (Stehr 2001, nach Wilkens 2004: 13).
- **Wissen als soziales Handlungsvermögen**
  Wissen und Handlungsfähigkeit haben einen engen Bezug. Wissen stellt nach Stehr die „Fähigkeit zum sozialen Handeln (Handlungsvermögen)" (Stehr 2001: 62)

dar. Wissen ist Ausgangspunkt und Endpunkt von Handlungen, gleichzeitig dessen Ursache und Wirkung. Wissen ermöglicht daher Handlungsalternativen, die – wenn sie Nutzen bieten – in Form von Wettbewerbsvorteilen belohnt werden.

1.5 Leo Nefiodow – der sechste Kondratieff

Mit den **Kondratieff-Wellen** beschreibt Nefiodow (1996) die langen Konjunkturwellen, die sich seit Beginn der industriellen Entwicklung verfolgen lassen. Der Übergang von einer Konjunkturwelle zur nächsten, d. h. der Übergang zum nächsten Kondratieff lässt sich nach Nefiodow daran erkennen, dass neue Basisinnovationen zur treibenden bzw. tragenden Kraft werden, die die Struktur und Organisation der Wirtschaft nachhaltig verändern.

Die ersten vier Kondratieff-Wellen kennzeichnen nach Nefiodow **unterschiedliche Entwicklungsstadien** der Industriegesellschaft (s. Abbildung 1.1). Durch das Aufkommen der Mikroelektronik und die dadurch realisierten Wachstumsschübe im derzeitigen fünften Kondratieff der Informationstechnik kommt es zu einer Ablösung industrieller Prinzipien des Wirtschaftens. Immaterielles Wissen führt zu einer tendenziellen Auflösung der industriellen Organisation und die Industriegesellschaft geht in die Informationsgesellschaft über. Dies kann als Begründung der Wissensgesellschaft gedeutet werden, die sich im sechsten Kondratieff fortsetzt. Diese Entwicklung wurde seit den 1960er-Jahren forciert und hat mit dem ausgehenden 20. Jahrhundert bereits ihren Zenit überschritten.

Fragt man nach der zu erwartenden Entwicklung, so liegt der sechste Kondratieff nach Nefiodows Vermutungen in der psychosozialen Gesundheit. Erstmals sind die dadurch gekennzeichneten dominanten Wachstumsfelder nicht mehr dem industriellen Sektor zuzurechnen. Damit lässt sich die Einleitung der Wissensgesellschaft auf das Ende des 20. Jahrhunderts terminieren. Hier beginnt die schubartige Entwicklung neuer treibender Basisinnovationen in der Biotechnologie, Ökologie, Weltraumwirtschaft oder auch künstlichen Intelligenz. Zu ihrer Blüte gelangt die Wissensgesellschaft der Theorie der langen Zyklen folgend jedoch erst in der Mitte des 21. Jahrhunderts.

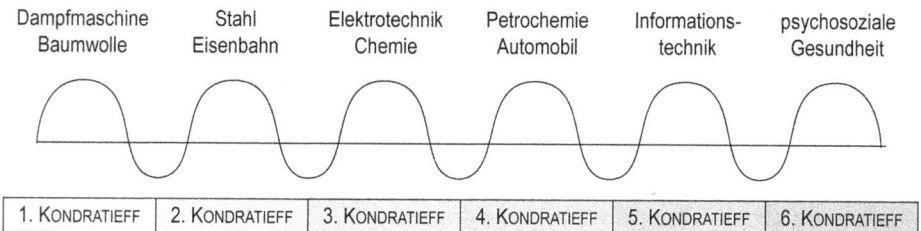

Abb. 1.1: Kondratieff-Wellen (vgl. Nefiodow 1996: 121).

Die einzelnen Entwicklungsphasen sind im Folgenden kurz charakterisiert (vgl. Nefiodow 1996):

- **Erster Kondratieff** hat seinen Höhepunkt zu Beginn des 19. Jahrhunderts und ist gekennzeichnet durch die Entdeckung der Dampfkraft und Mechanik als neue Antriebsquellen, die die Basis bilden für die zukünftige wirtschaftliche Entwicklung.
- **Zweiter Kondratieff** erreicht um 1870 seinen Höhepunkt. Eisenbahn, Kohle und Stahl sind dominante Wirtschaftssektoren, die sich durch die neuen Antriebsquellen des ersten Kondratieff entwickeln konnten. Gleichzeitig bilden sich neue Basistechnologien für die zukünftige Entwicklung heraus: Elektrizität, Chemie und Telegrafie.
- **Dritter Kondratieff** steht zu Beginn des 20. Jahrhunderts in seiner Blüte. Elektrotechnik, Chemie und zunehmend auch der Automobilbau stellen zentrale Wachstumsfelder dar. Als neue Technologien, die spätere Entwicklungen prägen, entwickeln sich die Elektronik, Funk- und Flugtechnik, Computertechnologie und auch Atomenergie weiter.
- **Vierter Kondratieff** hat seinen Höhepunkt in der zweiten Hälfte des 20. Jahrhunderts. Der Fahrzeugbau führt zu enormem Wirtschaftswachstum. Aber auch Luftfahrtindustrie, Radio und Fernsehen, Petrochemie sowie Nuklearindustrie bestimmen die wirtschaftliche Entwicklung. Unterdessen entwickeln sich die Computertechnologie, Mikroelektronik und die digitale Nachrichtenübertragung weiter.
- **Fünfter Kondratieff** zeigt den Höhepunkt der Informationstechnik, Telekommunikation, Satellitenkommunikation und des Roboterbaus zum ausgehenden 20. Jahrhundert an. Biotechnologie, Umwelttechnik, Medizintechnik, Pharmakologie, aber auch die Weltraumwirtschaft entwickeln sich zu Basistechnologien.
- **Sechster Kondratieff** lässt seinen Höhepunkt in der Mitte des 21. Jahrhunderts erwarten und ist gekennzeichnet durch Wachstumsfelder, die Nefiodow unter den Begriff der psychosozialen Gesundheit subsumiert. Hierin sieht Nefiodow das Feld, in dem die menschlichen Bedürfnisse bislang nur unzureichend befriedigt wurden. Zwar wird die Informationstechnik auch zukünftig eine wichtige Rolle spielen, aber weniger in Form einer auf Standardisierung gerichteten Rationalisierungslogik, wie sie im fünften Kondratieff vorherrschte, sondern eher im Sinne einer Erleichterung des menschlichen Lebens in nicht standardisierbaren Prozessen. Entsprechend ist Wachstum im Gesundheits- und Erholungsmarkt und den um sie gelagerten Industrien und Dienstleistungen zu erwarten. Damit wird gleichzeitig eine neue Qualität des Lebens und Arbeitens erreicht.

Nach welchen **Merkmalen** lassen sich nun die Industrie- und Informationsgesellschaft unterscheiden? Nefiodow (1996) verwendet folgende Kriterien, die den Gesellschaftswandel verdeutlichen:

- **Investition:** In der Industriegesellschaft werden Investitionen hauptsächlich in Fabrikbauten, Fabrikausrüstung, Warenlager und Transportinfrastruktur gelenkt. In der Informationsgesellschaft fließen die Ressourcen in Software, Informationsdienste und Kommunikationsnetze.
- **Produktivität:** Die Steigerung der Produktivität beruht in der Industriegesellschaft auf technischem Fortschritt, Kapital- und Maschineneinsatz. Auf diese Weise lassen sich in der Informationsgesellschaft kaum Produktivitätszuwächse erzielen. Hier ist das Potenzial dafür eher in der Qualifikation und Motivation der Mitarbeiter zu suchen.
- **Wettbewerb:** Während der Wettbewerb in der Industriegesellschaft im Wesentlichen über den Preis ausgetragen wurde und die Produktionskosten eine zentrale Stellung einnahmen, geht es in der Informationsgesellschaft überwiegend um einen Zeit- und Qualitätswettbewerb und eine stärkere Fokussierung auf die Kundenbedürfnisse.
- **Arbeit und Arbeitsorganisation:** Vertikale und horizontale Arbeitsteilung sind zentrale Merkmale der Industriegesellschaft. Die Informationsgesellschaft ist gekennzeichnet durch flache Hierarchien, dezentrale Verantwortung, Teamarbeit und offene Kommunikation. Übrigens trifft dies auch auf Unternehmen zu, die einst typische Repräsentanten der Industriegesellschaft waren, wie beispielsweise die Automobilindustrie.
- **Qualifikation:** Kennzeichnend für die Industriegesellschaft sind Anlern- und Fachqualifikationen, die sich wesentlich auf die berufliche Erstausbildung konzentrieren. In der Informationsgesellschaft wird der Berufseinstieg im Kern durch höhere Bildungsabschlüsse an Fachschulen, Fachhochschulen und Universitäten ermöglicht. Außerdem wird das lebenslange Lernen zum Normalfall.
- **Motivation:** Während die Motivation in der Industriegesellschaft sich auf materielle Anreize konzentrierte, sind es in der Informationsgesellschaft immaterielle Anreize der Mitwirkungs- und Gestaltungsmöglichkeiten, die Menschen zu Leistung motivieren.
- **Recht:** In der Industriegesellschaft stehen Verfügungs- und Schutzrechte im Mittelpunkt juristischer Interessen. Sie werden wesentlich auf der Grundlage nationalen Rechts geltend gemacht. In der Informationsgesellschaft geht es um den Schutz intellektuellen Eigentums. Nationale Grenzen spielen dabei nur noch eine untergeordnete Rolle.
- **(Ent-)Koppelung von wirtschaftlicher und politischer Macht:** Während lange Zeit die wirtschaftliche Stärke einer Nation ihren politischen Einfluss bestimmt hat und umgekehrt, kommt es im Informationszeitalter zur Dezentralisierung der Machtverhältnisse in ökonomischer und politischer Hinsicht.
- **Meinungsbildungsprozess:** Dieser wurde in der Industriegesellschaft wesentlich durch das unmittelbare soziale Umfeld geprägt. In der Informationsgesellschaft haben moderne Informations- und Kommunikationstechnologien sowie -formen einen großen Einfluss.

Das Hauptmerkmal, an dem die Abkehr von der Industriegesellschaft und die Hinwendung zur Wissensgesellschaft zu erkennen ist, ist die **Veränderung der industriellen Organisation.**

Im ersten Kondratieff wurde durch die Entwicklung neuer Antriebsmechanismen überhaupt erst die Grundlage für die industrielle Organisation gelegt. Das bis dato dominierende Prinzip der handwerklichen Fertigung wurde durch die mechanische Fertigung abgelöst. Die industrielle Massenfertigung wurde bis zum vierten Kondratieff in unterschiedlichen Ausprägungsformen weiterentwickelt, von der reinen standardisierten Massenfertigung hin zu einer diversifizierten industriellen Produktion.

Im fünften Kondratieff beginnt sich die industrielle Organisation allmählich in flexible, spezialisierte Produktionsnetzwerke aufzulösen. Mit dem sechsten Kondratieff ist zu erwarten, dass die Virtualität der Organisation weiter zu- und die Materialität der Prozesse weiter abnimmt, sodass industrielle Prinzipien allmählich verschwinden.

Anhand der Kondratieff-Wellen kann gezeigt werden, wie sich ausgehend von Basisinnovationen der Mikroelektronik und zunehmend auch der Umwelt- und Medizintechnik sowie der Biotechnologie neue Prinzipien des Wirtschaftens herausbilden. Im Zuge dessen kommt es zu einer Abkehr von der industriellen Organisation, die durch eine wissensbasierte abgelöst wird. Der damit beschriebene Wandel bleibt nicht auf Fragen des Wirtschaftens beschränkt, sondern bedeutet auch tiefgreifende Änderungen der gesellschaftlich-kulturellen und rechtlichen Ordnung. Von daher kann auch hier von der Begründung eines neuen Gesellschaftssystems gesprochen werden. Besonders kennzeichnend an den Kondratieff-Wellen nach Nefiodow ist dabei, dass der Ansatz Zeitspannen für unterschiedliche wirtschaftliche Epochen angibt, womit sich im Gegensatz zu anderen Modellen ein Zeitrahmen angeben lässt, der den Beginn der Informations- und Wissensgesellschaft terminiert.

1.6 G. Günter Voß und Hans J. Pongratz – Arbeitskraftunternehmer

Ein gesamtgesellschaftlicher Wandel lässt sich nach Voß und Pongratz (1998) an der Entwicklung der Arbeitskraft nachvollziehen. Im Laufe der Zeit haben sich die Arbeitskrafttypen stets verändert und an die jeweils vorherrschenden Bedingungen angepasst. Diese Typen lassen sich danach differenzieren, wie Arbeitskraft genutzt bzw. nutzbar gemacht wird. Historisch betrachtet ergibt sich damit ein idealtypisches Drei-Phasen-Schema der leitenden Form von Arbeitskraft in industriell-kapitalistischen Gesellschaften (vgl. Tabelle 1.1): In der Frühindustrialisierung stand der proletarische Lohnarbeiter im Mittelpunkt. Mit der weiteren Industrialisierung bildete sich der Typus des sozialstaatlich regulierten verberuflichten Arbeitnehmers heraus. Dieser Typus ist bis heute bestimmend, erhält nun allerdings aufgrund aktueller Entwicklungen in Wirtschaft und Gesellschaft Konkurrenz durch den kaum mehr sozial regulierten, hoch individualisierten, verbetrieblichten Arbeitskraftunternehmer, der zum neuen Leittypus von Arbeitskraft werden könnte. Der Arbeitskraftunternehmer wird von Voß und Pongratz als Schlüsselthema der Wissensgesellschaft gesehen. Der Anteil des klassischen Arbeitnehmers nimmt zugunsten des Unternehmers in eigener Sache ab, der zwischen Rollen, Aufgaben und Funktionen wechselt. Das bedeutet allerdings nicht, dass zukünftig alle Erwerbstätigen diesem Typus entsprechen werden. Vermutlich werden deutliche Unterschiede je nach Branche und Berufsfeld erhalten bleiben. In jenen Berufsfeldern, die in besonderer Weise eigenverantwortliches Arbeiten sowie flexible Auftragsbearbeitung ermöglichen und erfordern – wie beispielsweise in der Medien- und Kulturbranche, in Beratungsberufen oder der IT-Branche – wird dieser Typus eher anzutreffen sein als in Bereichen niedrig qualifizierter Dienstleistungsarbeit, wie sie z. B. auf Callcenter zutreffen (vgl. Voß, Pongratz 1998; Pongratz, Voß 2003).

Tab. 1.1: Historische Typen von Arbeitskraft (Pongratz, Voß 2003: 26).

proletarisierter Lohnarbeiter (Frühindustrialisierung)	verberuflichter Arbeitnehmer (Fordismus)	verbetrieblichter Arbeitskraftunternehmer (Postfordismus)
– rohes Arbeitsvermögen – rigide direkte Kontrolle der Arbeit – harte Ausbeutung, kein sozialer Schutz	– standardisierte Qualifikationen, rudimentäre Arbeitstugenden – verwissenschaftlichte, strukturelle Kontrolle der Arbeit – gedämpfte Ausbeutung, hoher staatlicher Schutz	– individualisierte Qualifikationen – systematische Selbst-Kontrolle der Arbeit – Selbstausbeutung, unklarer sozialer Schutz

Der Begriff „Arbeitskraftunternehmer" nach Voß und Pongratz bezeichnet keinen sogenannten Mitunternehmer, sondern vielmehr einen Unternehmer seiner eigenen Arbeitskraft. Allerdings wird dieser Typus dem eines Unternehmers im Hinblick auf Risiko, Bewusstsein und Lebensführung immer ähnlicher. Im Gegensatz zum Idealtyp des Unternehmers investiert dieser jedoch nicht Kapital, sondern vermarktet lediglich das eigene Wissen und Können, d. h. die eigene Arbeitskraft. Pongratz und Voß charakterisieren diesen Idealtypus durch drei Dimensionen (vgl. Pongratz, Voß 2003: 23 ff.):

– **Selbstkontrolle:** Der Arbeitskraftunternehmer übernimmt die aktive Planung, -steuerung und -überwachung der eigenen Arbeit im Sinne der Unternehmenserfordernisse bei nur noch rudimentären Handlungsvorgaben (z. B. Flexibilisierung von Arbeitszeiten, Erwartungen an verstärkte Eigenmotivation). Vom Unternehmen wird das Ziel vorgegeben, der Weg dorthin bleibt dem Arbeitnehmer selbst überlassen, sodass dem Einzelnen mehr eigenverantwortliches Handeln zugestanden wird.

– **Selbstökonomisierung:** Das Verhältnis zur eigenen Arbeitskraft als „Ware" verändert sich. Es kommt zu einer zunehmend systematischen und zielgerichteten

Herstellung und kontinuierlichen Weiterentwicklung der eigenen Qualifikationen sowie einer aktiven „Vermarktung" der eigenen Fähigkeiten und Leistungen – sowohl auf dem Arbeitsmarkt als auch innerhalb von Beschäftigungsverhältnissen. Der Arbeitskraftunternehmer setzt seine Arbeitskraft als Kapital ein und erwirtschaftet sich über die Sicherung seiner Employability (Beschäftigungsfähigkeit) seine Existenz.

–   **Selbstrationalisierung und Verbetrieblichung des Lebens:** Es wird eine aktiv auf den Erwerb ausgerichtete, alle individuellen Ressourcen und technisch-organisatorische Mittel gezielt nutzende systematische Durchgestaltung des gesamten Lebenszusammenhangs erforderlich. Letztlich tun Arbeitskräfte damit nichts anderes als die Anbieter von anderen Waren, wenn diese die Herstellung und Vermarktung ihrer Produkte von einer eher unorganisierten Form in eine rationale Koordination überführen: Gewissermaßen muss nun das eigene Leben als „Betrieb" organisiert werden (natürlich nicht im herkömmlichen betriebswirtschaftlichen Verständnis), um ein ganz besonderes Produkt (die eigene Arbeitskraft) unter besonderen Bedingungen (Möglichkeiten und Grenzen des privaten Alltags) zu „produzieren" und zu „vermarkten".

Auch wenn diese Wandlungsthese von Pongratz und Voß konzeptionell plausibel erscheint und beobachtbare Entwicklungen bestätigt, ist eine kritische Betrachtung nötig. Der Typus des Arbeitskraftunternehmers bietet sicher nicht allen Arbeitskräften ein attraktives Identifikationsangebot. Besonders den Beschäftigtengruppen, die nur unzureichend mit personalen, sozialen und ökonomischen Ressourcen ausgestattet sind und keine entsprechenden Karrierechancen auf dem Arbeitsmarkt haben, drohen neuartige Belastungen und erhebliche Risiken. Zudem ist im Laufe des Berufslebens eines Arbeitskraftunternehmers mit einem häufigen Wechsel unterschiedlicher Erwerbslagen zu rechnen, wodurch sowohl Bewährungssituationen als auch Phasen des Abstiegs bewältigt werden müssen. Dies wird in den einzelnen Lebensphasen unterschiedlich erlebt und bewältigt und kann gerade in späteren Erwerbsperioden existenzielle Risiken in sich bergen (vgl. Pongratz, Voß 2003: 31).

Trotzdem bieten Voß und Pongratz mit ihrem Arbeitskraftunternehmer ein (idealtypisches) Leitbild, dessen gesellschaftliche Akzeptanz zukünftig sicher noch steigen wird (vgl. auch Wilkens 2004).

Zusammenfassung

Die oben dargestellten Ansätze, die den Wandel zur Wissensgesellschaft thematisieren, unterscheiden sich zwar in einigen Details, im Kern finden sich jedoch Übereinstimmungen, an denen Hauptkriterien des Wandels zur Wissensgesellschaft festgemacht werden können. Alle Ansätze betonen einen gesamtgesellschaftlichen Wandel, da sich soziale Ordnungsmuster neu formieren.

Wissensgesellschaft meint im heutigen Verständnis allerdings etwas anderes als beispielsweise bei Drucker, Machlup und Bell, die den Begriff in den 1960er- und 1970er-Jahren eingeführt haben. Sie haben die Wissensgesellschaft vor allem als verwissenschaftlichte, dienstleistungszentrierte, akademisierte Gesellschaft konzipiert, die sich von der bisherigen Industriegesellschaft absetzte. Diese war vorrangig durch folgende Faktoren bestimmt: das Primat des Erfahrungswissens, die Dominanz des industriellen Sektors, manuelle Tätigkeiten und die Auseinandersetzungen zwischen Kapital und Arbeit (vgl. Heidenreich 2002). Nach Heidenreich (2002: 335 ff.) umfasst der Begriff heute primär die Faktoren Informations- und Kommunikationstechnologie sowie ihre betriebliche Nutzung, wirtschaftliches Wachstum aufgrund von wissensbasierten Innovationen, höherer Stellenwert von Bildung in der Gesellschaft sowie Ausweitung wissens- und kommunikationsintensiver Tätigkeiten und Wirtschaftsbereiche zulasten von Güterproduktion im industriellen Bereich (vgl. auch Kouli et al. 2019).

Gemäß den dargestellten Ansätzen und den empirisch beobachtbaren Entwicklungen ist davon auszugehen, dass das Wissen mittlerweile eine andere Qualität in Bezug zu wirtschaftlichen Prozessen besitzt, als es früher der Fall war. Es nimmt gegenüber den klassischen wirtschaftlichen Faktoren eine überragende Bedeutung im Wirtschaftsprozess ein (siehe dazu auch die Ausführungen in Kapitel 2 und 3). Gleichzeitig wird die Bedeutung von Wissen und der Teilung von Wissen für die gesellschaftliche Entwicklung auch unter veränderten Vorzeichen diskutiert. So steht nicht mehr nur die Frage der ökonomischen Entwicklung und der Bedeutung von Wissen als exkludierender Wettbewerbsvorteil im Vordergrund, sondern die Frage der sozialen und nachhaltigen Entwicklung von Gesellschaften durch soziale Innovationen. Dabei sind Wissensteilungsprozesse (Stichwort: „Creative Commons") und Inklusion ebenso wie die Fragen der Wissensgenerierung mit dem Ziel sozialer Innovationen (Stichwort: „Open Social Innovation", Chesbrough et al. 2014) in Netzwerken von besonderer Bedeutung.

Ausgehend von den oben dargestellten grundlegenden Konzeptionen eines gesellschaftlichen und wirtschaftlichen Wandels von einer industriellen zu einer Informations- und Wissensgesellschaft lassen sich eine Reihe von Problem- und Handlungsdimensionen hervorheben, die als Konturen der Wissensgesellschaft im nachfolgenden Kapitel beschrieben werden.

Reflexionsfrage

? 1.1 Betrachten Sie die unterschiedlichen theoretischen Ansatzpunkte eines Wandels zur Wissensgesellschaft und identifizieren Sie bei dem jeweiligen Ansatz die wichtigsten Treiber dieses Veränderungsprozesses.

2 Konturen der Erwerbsarbeit in der Wissensgesellschaft

In diesem Kapitel werden Veränderungstendenzen auf verschiedenen Ebenen beleuchtet: gesellschaftlich, zwischenbetrieblich, organisational, individuell und auf der Netzwerkebene. In dieser Darstellung handelt es sich nicht um geschlossene theoretische Ansätze, sondern um Handlungsebenen, die bis auf die Alltagsebene den Wandel zur Wissensgesellschaft veranschaulichen.

Nach der Bearbeitung dieses Kapitels können Sie die Entwicklungstendenzen auf unterschiedlichen Ebenen nachvollziehen und Anknüpfungspunkte an eigene Erfahrungen herstellen.

Ferner erkennen Sie, dass neue Spannungsfelder der Arbeit in der Wissensgesellschaft entstehen. Während in der industriell geprägten Gesellschaft Segmentationen durch schichtspezifische Unterscheidungen vorgenommen wurden (z. B. Arbeiter/Angestellter/Selbstständiger), zeigt sich in der Wissensgesellschaft, dass diese Kategorien immer weniger zur Differenzierung geeignet sind. Es werden daher neue Unterscheidungsmerkmale vorgeschlagen, die als Spannungsfelder vom Management zu bewältigen sind und in Kapitel 3 in Bezug auf Führungshandeln präzisiert werden.

Der gesellschaftliche **Strukturwandel** von einer industriell geprägten zu einer Informations- und Wissensgesellschaft, der die Bedingungen von Arbeitsmärkten, Unternehmertätigkeit und Erwerbsarbeit tiefgreifend verändert, hat sich in seiner Reichweite weiter ausgedehnt und in seinem Tempo drastisch beschleunigt. Versucht man diese Veränderungsprozesse zu (be-)greifen, so stößt man auf eine Reihe von Entwicklungen, die in den theoretischen Ansätzen zuvor teilweise erwähnt wurden (vgl. z. B. Machlup 1962; Drucker 1969; Bell 1973; Nefiodow 1996; Pawlowsky 1998; Davenport, Laurence 1998; Herbst 2000; Stehr 2001; Götz, 2004; Wilkens 2004; Niehaus 2004; North 2005; Keller et al. 2009; Lehner 2014).

– Es findet ein **sektoraler Wandel** zugunsten neuer Felder des Dienstleistungsbereichs (Stichwort „Plattform-Ökonomie") statt. Wachstum, sowohl der Wertschöpfung als auch der Beschäftigung, ist zunehmend in denjenigen Branchen zu verzeichnen, die auf unsichtbaren Ressourcen beruhen, wie z. B. Finanzdienstleistung, Software, Medien, Gesundheit und Entertainment. Das heißt, vor allem der Anteil der sekundären (wissensintensiven) Dienstleistungen, wie Beratung, Betreuung, Bildung, Management, Organisation, Forschung oder Entwicklung, an der Volkswirtschaft wächst und kann als Entwicklung zur Wissensgesellschaft interpretiert werden. Bei den primären Dienstleistungen, z. B. Bürotätigkeiten oder Handel, sind kaum Veränderungen zu erwarten. Die Wirtschaftssektoren Landwirtschaft und Industrie haben hingegen Rückgänge zu verzeichnen.

– Innerhalb des industriellen Sektors ist eine **Verschiebung zugunsten wissensintensiver Prozesse** zu erkennen. Der Wert eines Produkts ergibt sich zunehmend weniger aus den materiellen Ressourcen; vielmehr liegt der Nutzen in der

https://doi.org/10.1515/9783110474930-002

ganzheitlich am Kunden orientierten Problemlösung, die Fragen der Finanzierung, des Lebensstils u. Ä. berücksichtigt. Das heißt, eine zunehmende Wissensanreicherung findet auch in klassischen Feldern wie beispielsweise dem Automobilbau oder der Herstellung von Haushaltsgeräten statt, indem traditionelle Wertschöpfungsketten dekonstruiert werden.

– **Wissen wird selbst zum handelbaren Gut** und führt im Zuge des Verkaufs nicht zu einem Ressourcentransfer, sondern zu einer Ressourcenmehrung, indem es an den Käufer übergeht und gleichzeitig beim Verkäufer verbleibt. Produkte werden hingegen transferiert und Dienstleistungen existieren nur temporär im Interaktionsprozess. Ressourcenknappheit als Auslöser für ökonomisches Denken und Handeln existiert angesichts immer kürzer werdender Halbwertszeiten von Wissen zwar weiterhin, das Knappheitsprinzip ist aber ein anderes als in der Industriegesellschaft, da es nicht in der Ressourcenverwertung und -nutzung begründet liegt. Zudem lassen sich Verfügungsrechte über Wissen im Gegensatz zu materiellen Ressourcen nur schwer spezifizieren und schützen.

– Mit einer **Entmaterialisierung von Wertschöpfungsprozessen** geht eine Virtualisierung von Unternehmen und eine Auflösung von Unternehmensgrenzen einher. Es sind nicht mehr die Werksmauern, durch die Organisationen zusammengehalten werden, es ist nicht mehr die Einheit von Raum und Zeit, die das Erleben ihrer Mitglieder prägt. Vielmehr sind es die gedanklichen Verknüpfungen, die die organisationale Identität begründen. Gemeinsame Ziele, gemeinsames Wissen, prozessuale netzwerkbasierte Einbindung in Wertschöpfungs- und Problemlösungsprozesse, kooperative Allianzen und das Vertrauen der Individuen halten die Organisationen zusammen. Dementsprechend verlagern sich auch Managementaufgaben und -kompetenzen von der Planung und Organisation von Sachwerten und arbeitsteiligen Systemen hin zur Initiierung und Gestaltung von immateriellen Prozessen.

– Ferner ist eine zunehmende Wissensanreicherung und eine wachsende Bedeutung von Wissen in betrieblichen Wertschöpfungsprozessen zu konstatieren. Durch den wachsenden Beitrag von Wissen werden die **Rolle und der Einfluss von Wissensarbeitern** wichtiger, die die Prozesse koordinieren und häufig auf Basis veränderter Arbeitsvertragsformen ihr Wissen bereitstellen. Bezogen auf diese Gruppe ist möglicherweise eine Verlagerung der Macht vom Kapital zur Arbeit erkennbar.

– Im Zuge der Entwicklung bilden sich ferner **neue Arbeits- und Zeitstrukturen**, neue Arbeitsvertragsformen sowie neuartige Karriere-, Lern- und Rollenmuster heraus bzw. werden in ihrer Entwicklung durch den ökonomischen Wandel begünstigt.

Die skizzierten Entwicklungen verändern die **Bedingungen von Erwerbsarbeit und Management**. Der Wandel betrifft die gesellschaftliche, zwischenbetriebliche, betriebliche und individuelle Ebene gleichermaßen, wobei die Änderungen auf den einzelnen Niveaus eng miteinander verflochten sind. Auf jedem Level sind Prinzipien der Wissensanreicherung erkennbar, die sich wiederum gegenseitig beeinflussen und die Konturen der Wissensgesellschaft bilden. So wird die Erwerbsarbeit geprägt durch die Internationalisierung von Arbeitsmärkten, die Bildung von Kooperationen und Netzwerken, organisationale Strategien und individuelle Lebensentwürfe sowie Bewältigungsmuster.

Im Folgenden werden zentrale Trends und damit einhergehende Fragen auf unterschiedlichen Analyseebenen schlaglichtartig beleuchtet und hervorgehoben, um die Wirkung der Umbruchprozesse auf unterschiedlichen Handlungsebenen zu skizzieren.

2.1 Die gesellschaftliche Ebene

Grundlegend stellt sich zunächst die Frage, **wie Wissensökonomien** genauer charakterisiert werden können. Wie kann Fortschritt im Sinne einer verbesserten Nutzung der Wissensressourcen in westlichen Gesellschaften erfasst und abgebildet werden? Interessant sind hier beispielsweise die Ansätze der OECD (vgl. z. B. OECDb 1996) und der Weltbank (Chen, Dahlman, 2005; Patalas-Maliszewska 2013: 9), die neben Outputfaktoren wie z. B. Patentanmeldungen auch Inputfaktoren wie beispielsweise politisch-gesellschaftliche Unterstützung von Innovationen berücksichtigen. Neben den ökonomischen Größen wird damit auch dem gesellschaftlich-institutionellen Umfeld, das entsprechende Entwicklungspotenziale eröffnet, Bedeutung beigemessen. Diese Wissensperspektive der OECD, der EU und der Weltbank geht über die der Wissensökonomie hinaus und erweitert sie in Richtung Wissensgesellschaft, indem die institutionellen und gesellschaftlichen Voraussetzungen für einen weiteren strukturellen Wandel beleuchtet werden. Allerdings ist hier bei der OECD bzw. Weltbank seit der Finanzkrise 2007 eine Abwendung von diesen Ansätzen in der Berichterstattung zu beobachten. Mittlerweile finden sich in den einschlägigen Plattformen der Weltbank (www.worldbank.org/kam) keine Verweise mehr auf die KAM („Knowledge Assessment Methodology").

In neuester Zeit steht nicht nur der ökonomisch bewertbare Ressourcenaspekt der wissensorientierten Gesellschaft im Vordergrund, sondern infolge der drastischen Konsequenzen der Finanz- und Bankenkrisen wird vermehrt versucht, soziale Innovationen mit nachhaltiger gesellschaftlicher Entwicklung zu verbinden, was jenseits von primär ökonomischen Leistungskennzahlen liegt.

Das EU-Rahmenprogramm für Forschung und Innovation bis 2020 soll mit einem Fördervolumen von insgesamt über 70 Milliarden Euro die Wettbewerbsfähigkeit der Europäischen Union verbessern und zur Lösung großer gesellschaftlicher Herausforderungen beitragen. Der wesentliche Ansatz dieser Förderung beruht auf den Prinzipien „RRI" – „Responsible Research and Innovation" (Societal Engagement, Gender Equality in Research and Innovation Content, Open Access, Science Education and Ethics). Hier wird insbesondere gesellschaftliche Beteiligung, Inklusion,

Verantwortung, gesellschaftliche Relevanz, Dialog und offener Zugang gefordert und jeder Antragsteller sollte seine Beiträge hinsichtlich dieser normativen Ziele darlegen. Von einem in den 1980er-Jahren eher ökonomisch-instrumentellen Verständnis der Ressource Wissen kann hier eine verstärkt soziale und gesellschaftliche Akzentuierung festgestellt werden. Daneben finden sich in einigen einschlägigen deutschen und europäischen Wissensmanagement-Communitys (z. B. New Club of Paris, Gesellschaft für Wissensmanagement, Zukunftsallianz Arbeit und Gesellschaft) deutliche Anzeichen für einen paradigmatischen Orientierungswandel, von einem technologisch-ökonomisch geprägten Optimierungsansatz in hierarchischen Systemen zu einer sozial-humanen Vision, die Wissen und Wissensentwicklung mit dem Ziel sozialer Innovationen in Netzwerken verbindet.

Ferner ist eine **institutionelle Sichtweise** hilfreich, um die Entwicklungsmuster zu einer Wissensgesellschaft zu betrachten. So gibt es eine Reihe von Institutionen, für die der Wandel zur Wissensgesellschaft eine besondere Herausforderung darstellt und für die neue Lösungsansätze entwickelt werden. Von Bedeutung sind beispielsweise der Wandel von Bildungsinstitutionen zu Kompetenzzentren, insbesondere der Wandel der Hochschullandschaft[1], die Veränderung von Arbeitsmarktinstitutionen und die Ausrichtung der industriellen Beziehungen an veränderten Konturen der Erwerbsarbeit. Im Mittelpunkt steht der Erhalt der „Employability" der Arbeitnehmer durch lebenslanges Lernen, für die die Durchlässigkeit zwischen Bildungsinstitutionen und Organisationen ebenso wie zwischen Organisationen notwendigerweise steigt.

Eine weitere Problemstellung ergibt sich daraus, wie unterschiedliche, sich derzeit auf der gesellschaftlichen Ebene abzeichnenden strukturellen Entwicklungen mit den Herausforderungen der Wissensgesellschaft vereinbart werden können. Im Zentrum des Strukturwandels steht der **Arbeitsmarkt**, gekennzeichnet durch veränderte Qualifikationsanforderungen (beispielsweise durch Digitalisierungsanforderungen), neue Kompetenzprofile, verändertes Erwerbsverhalten und veränderte Erwerbsverläufe von Frauen und Männern, sich ändernde demografische Faktoren, Migrationspopulationen, Arbeitsansprüche und Werthaltungen der Beschäftigten ebenso wie neue Formen der Arbeitsregulation und der Arbeitsvertragsgestaltung.

Aus Unternehmenssicht stellt sich hier die Frage nach der **Verfügbarkeit** von entsprechend qualifizierten Arbeitskräften. So wird auf dieser Ebene immer wieder auf einen **Fachkräftemangel** verwiesen – man spricht auch von einem „war for talents", dessen Ausmaß und damit auch seine mögliche Deckung bislang nur schwer abzuschätzen sind. So gilt ein Mangel an qualifizierten Arbeitskräften in zahlreiche Branchen bereits als wachstumsbegrenzender Faktor. Mit Blick auf Lösungsansätze für den Fachkräftemangel kann die vertiefende Auseinandersetzung mit Kompetenznetzwerken zur unternehmensübergreifenden Nutzung von Spezialisten oder neuen

---

1 Siehe zu einer Diskussion der Hochschullandschaft z. B. http://www.bildung-durch-verantwortung. de (Stand: 21.03.2018).

Formen der betrieblichen Kompetenzentwicklung, die den Arbeitsort immer auch als Lernort begreifen, nützlich sein. Versucht man Lösungsansätze angesichts des demografischen Wandels zu eruieren, so ist zu berücksichtigen, dass einer Alterung der Erwerbsbevölkerung eine wachsende Frauenerwerbsbeteiligung und eine Internationalisierung der Arbeitsmärkte gegenüberstehen. So deutet einiges darauf hin, dass vermeintliche Qualifikationsdefizite durch eine neue Durchlässigkeit und eine wachsende Akzeptanz gegenüber veränderten Erwerbsbiografien, ebenso wie durch die Integration von Kompetenzen durch Flüchtlingswanderungen ganz oder teilweise kompensiert werden können. Gleichzeitig ist jedoch einzuräumen, dass sich die Veränderung der Arbeitskräftestruktur in ihrer Gesamtentwicklung kaum abschätzen lässt. Von besonderem Interesse sind hier neben Arbeitsmarktentwicklungen auch betriebliche Personalstrategien, Karriereverläufe sowie subjektive Orientierungen im Hinblick auf Art und Umfang der Beschäftigung.

So wird es in der Wissensgesellschaft zunehmend **diskontinuierliche Erwerbsverläufe** geben, d. h. künftig werden während der Phase der Erwerbstätigkeit unterschiedliche Karrierepfade ggf. mehrfach beschritten. Ein junger Mensch beginnt seine Erwerbstätigkeit zunächst als abhängig Beschäftigter, um z. B. mit 25 Jahren eine unternehmerische Phase für ca. 10 Jahre zu starten, wird für eine Übergangszeit wieder abhängig Beschäftigter, um dann endgültig als „Unternehmer bzw. Selbstständiger" seine Karriere mit ca. 65 bis 75 Jahren zu beenden. In mehreren Branchen haben sich in den vergangenen 15 bis 25 Jahren die Beschäftigungsstrukturen („abhängig Beschäftigte" vs. „Mitarbeiter-Beteiligungsverträge" vs. „Unternehmer/Selbstständige") erheblich geändert. Beispiele für derartige Trends sind:

–   IT-Branche – z. B. zunehmende Mitarbeiter-Beteiligungen einerseits und Outsourcing andererseits,
–   Verkehrssektor – z. B. vom angestellten LKW-Fahrer zum eigenständigen Subunternehmer
–   Handel – vom Kaufhaus-Abteilungsleiter zum Subunternehmer oder vom angestellten Leiter eines Supermarktes zum Subunternehmer
–   Gaststätten- und Beherbergungsgewerbe – vom angestellten Kellner zum Subunternehmer oder Franchisenehmer
–   Versicherungen, Banken – vom angestellten „Banker" zum selbstständigen Vermögens- bzw. Versicherungsberater, Broker und Immobilienmakler

Darüber hinaus entwickeln sich neue Tätigkeitsformen im Rahmen der Plattformarbeit (z. B. Amazon Mechanical Turk, Freelancer). Dieser Wandel in der Beschäftigungsstruktur wird sowohl im Querschnitt als auch im Zeitverlauf zu einer erheblichen Ausdifferenzierung des Arbeitsmarktes führen.

Aus Unternehmenssicht kann diese Entwicklung auch unter dem Stichwort **Knowledge- oder Portfolio-Worker bzw. Gig-Economy** beschrieben werden. Diese sind oftmals nur temporär zur Bereitstellung spezifischer Problemlösungskompetenz an Unternehmen gebunden, da es sich hier um Arbeitskräfte handelt, die als Unternehmer in eigener Sache agieren und befristet ihre Kompetenzen in Unternehmen einbringen. Damit werden Fragen der Arbeitsvertragsgestaltung unter ganz neuen Gesichtspunkten berührt. Aus betrieblicher Perspektive gilt es Arbeits- und Wissensportfolios über befristete und dauerhafte Beschäftigungsverhältnisse zu managen (vgl. hierzu Patalas-Maliszewska 2013). In diesem Zusammenhang müssen Erfahrungen zu Preisbildungsmechanismen erst gesammelt werden. Aus der individuellen Perspektive ist zu klären, wie Verfügungsrechte über Wissen gehandelt und für Wissensarbeiter geschützt werden können (Stiehler et al. 2013). Folgen auf der gesellschaftlichen Ebene sind wiederum im Hinblick auf das soziale Sicherungssystem und institutionelle Arrangements des Arbeitsmarktes zu erwarten, die von einem Unternehmertum in eigener Sache berührt werden. Diese Wissensarbeiter finden sich nicht nur in zeitlich befristeten Arbeitsformen im klassischen organisationalen Kontext. Im Rahmen von **Coworking** entwickeln sich Arbeitsstrukturen, die auf einer neuen Basis institutionelle Arrangements bieten. Sogenannte Coworking Spaces (z. B. Betahaus, Mindspace, Schiller 40, siehe https://www.coworking.de/) bieten neben dem physischen Arbeitsplatz und der Infrastruktur vielfach auch eine Gemeinschaft, in der Wissensteilung und Transparenz Teil der gemeinschaftlichen Werte darstellen. Aus einer Wissensperspektive können diese Hubs die Informationsverarbeitungskompetenz des Einzelnen deutlich stärken und damit einer individuellen Selektivität bzw. Begrenzung entgegenwirken. Häufig suchen auch klassische Unternehmen im Rahmen von Projekten Anschluss an diese Gemeinschaften, um von der Wissensdiversität zu profitieren.

2.2 Die zwischenbetriebliche und die Netzwerk-Ebene

Die Entwicklung zu einer Wissensgesellschaft wirkt sich in starkem Maße auch auf die zwischenbetriebliche Ebene aus. Aus einer Wissensperspektive steht dabei vor allem die Zielsetzung im Vordergrund, **durch zwischenbetriebliche Kooperationen** den Zugang zu Wissensressourcen zu erhöhen. Dementsprechend liegt ein Lösungsansatz in Fusionen und Unternehmensaufkäufen. Empirisch wächst die Zahl von Mergers and Acquisitions national und international, sodass ein wachsender Wissenserwerb über zwischenbetrieblichen Austausch vermutet werden kann. Durch die zum Teil rasanten Entwicklungen in diesem Bereich gehen Unternehmensidentitäten und Bindungen, die für den Wissenserhalt und den Wissenstransfer bedeutsam sind, in der Folge jedoch oft verloren. Die Konsequenzen von Mergers and Acquisitions für das Commitment von Arbeitskräften und die Diffusion von Wissen sind weitgehend unerforscht. In diesem Zusammenhang erscheint es angesichts der vielfach ernüchternden Fusionserfahrungen lohnenswert, andere Formen der Wissensteilung, bei denen nicht mindestens ein Beteiligter seine Identität verliert, zu hinterfragen. Kooperationen, Allianzen, Netzwerke stellen wichtige Untersuchungssysteme für Wissensprozesse dar (vgl. Duschek 2002).

So sind **betriebliche Netzwerklösungen** im Sinne von sich herausbildenden Kompetenzzentren eine Variante, um die verfügbaren Wissensressourcen zu stärken. Aus einer gesellschaftlichen Perspektive stellt sich die Frage, welche regionalen infrastrukturellen Voraussetzungen geschaffen werden (müssen), um die Herausbildung solcher Kompetenznetzwerke in „lernenden Regionen" zu fördern. Welche tariflichen, arbeitsrechtlichen und motivationalen Fragestellungen ergeben sich aus diesen neuen Handlungsräumen? Hier sind insbesondere tarifliche und arbeitsrechtliche Aspekte von Interesse, weil sie ebenfalls die Bindung und Integration von Arbeitskräften betreffen. Auf der individuellen Ebene ist beispielsweise Vertrauen (vgl. Seifert 2000; Gilbert 2003; Becke et al. 2011) eine wichtige Voraussetzung für die Zusammenarbeit in Netzwerken, sodass der Erfolg von Netzwerklösungen nicht zuletzt von individuellen Orientierungen und Dispositionen abhängig ist. Hierdurch wird schließlich entschieden, ob Synergien durch Wissensteilung entstehen können.

Bezüglich des Bereiches der **Forschung und Entwicklung** eröffnet die überbetriebliche Zusammenarbeit, insbesondere für kleine und mittlere Unternehmen, erst die Möglichkeit und die Ressourcen, innovative Forschung zu betreiben, unter anderem auch durch die Erschließung von Synergieeffekten. Gemeinsame Forschung und Entwicklung führt weiterhin zu einer Risikoverteilung durch Kostensplitting der Forschungsaufwendungen.

Ganz allgemein scheinen Unternehmensnetzwerke den Zugang zum Know-how teilnehmender Firmen und damit die Wissensanreicherung innerhalb des Unternehmens zu erleichtern. Gleichzeitig kann damit die Ressource „Wissen" als Wettbewerbsfaktor gegenüber Konkurrenten weiter ausgebaut werden. Obwohl man sich heute über die Chancen und Risiken von Unternehmensnetzwerken bewusst ist, existieren relativ wenige fundierte theoretische wie praktische Ansätze, das sich ergebende Spannungs- und Handlungsfeld zu erklären und Lösungsansätze anzubieten. Insbesondere die Nutzbarmachung einzelbetrieblichen Wissens als Ressource für die überbetriebliche Zusammenarbeit, das damit zusammenhängende Management des Spannungsverhältnisses zwischen Autonomie und Abhängigkeit der beteiligten Unternehmen sowie die überbetriebliche wie innerbetriebliche Verankerung gemeinsam erworbenen Wissens während der netzwerkartigen Zusammenarbeit sind bisher weitgehend ungeklärte Fragen (vgl. Schneider 1996; Lang 2001, 1).

2.3 Die organisationale Ebene

Ziel ist die Überlebensfähigkeit und der Erfolg von Organisationen, wie auch immer dieser definiert wird. Wie können materielle und immaterielle Ressourcen eingesetzt werden, um organisationale Überlebensfähigkeit zu gewährleisten und Erfolg zu generieren? Die Organisationsforschung hat sich in den letzten Jahrzenten zunehmend mit organisationalen Voraussetzungen und Potenzialen beschäftigt, die angesichts komplexer, dynamischer und hoch volatiler sowie disruptiver Umfelder die Erfolgschancen von Organisationen erhöhen sollen. Organisationales Lernen und Wissensmanagement sind somit kein Selbstzweck, sondern Mittel, um diese Ziele zu unterstützen. Lernende Organisationen und gezieltes Wissensmanagement müssen damit im Dienste organisationaler Anpassungs-, Veränderungs- und Gestaltungsfähigkeit stehen. Der Grad der organisationalen Befähigung, mit diesen Herausforderungen umzugehen, wird anhand von vier zentralen Konstrukten thematisiert und erforscht:

–   organisationale **Bereitschaft und Responsivität** („Organisational Readiness")
–   **dynamischen Fähigkeiten** der Organisation („Dynamic Capabilities")
–   **Absorptionsfähigkeit** („Absorptive Capacity")
–   **Belastbarkeit und Elastizität** („Resilience")

Hier zeigte sich ein wesentlicher Umbruch im Hinblick auf die bisher dominierenden Prinzipien des Managements und der Unternehmensführung.[2] Unternehmen konnten nicht mehr nur in relativ stabilen Umwelten ihre Strategie anpassen und im Rahmen von angemessenen Produktionsregimes eine geeignete Passform definieren, sondern müssen mehr denn je von plötzlichen und unerwarteten Veränderungen ausgehen. Man kam zu der Einsicht, dass organisationaler Wandel, organisationales Lernen einhergehend mit Wissensmanagement wichtige Fähigkeiten darstellen, um in turbulenten Umwelten überleben zu können. Arie DeGeus, Chef der Unternehmensplanungsabteilung der Royal Dutch Shell hatte zusammen mit Graham Galer bereits Anfang der 1970er-Jahre die Bedeutung von Flexibilität und Lernen für die Wettbewerbsfähigkeit erkannt und bei Shell „Szenario Planning Workshops" etabliert. Hier wurde mit dem Ziel der Förderung geistiger Flexibilität Vertretern des Top-Managements im Rahmen von „unrealistischen" Szenarien simuliert, welche möglichen Konsequenzen sich für das Unternehmen ergeben. So wurde bereits vor dem Ölembargo 1973 ein ähnliches Szenario bearbeitet, dass der Royal Dutch Shell möglicherweise nach Eintreten des „Unerwarteten" (erstes Ölembargo) die schnelle Anpassung an die Situation ermöglichte.[3]

Entscheidend war die Erkenntnis, dass organisationale Bereitschaft („Organizational Readiness") und Flexibilität zu einem Wettbewerbsvorteil avancieren würden. Mit zunehmender Globalisierung und Vernetzung der Weltwirtschaft nimmt auch der „Überraschungsfaktor" zu. Komplexität, Dynamik und Risiko sind nicht mehr nur in exotischen Zukunftsfeldern zu alltäglichen Herausforderung geworden, sondern prägen auch die Situation in bis dahin relativ verlässlich planbaren Märkten, wie beispielsweise der Automobilindustrie. Das Management erkennt, dass die Zukunft

---

2 Vgl. auch den Wandel zu einem Management 2.0 in diesem Band. Phase 5: Vom Verteilen zum Teilen von Wissen.

3 De Geus formulierte seine Einsicht in diese Veränderung damals mit dem bekannten Zitat: „The ability to learn faster than your competitors may be the only sustainable competitive advantage." Adrian de Geus (1998) zitiert nach Lesley Partridge (1999): *Creating Competitive Advantage with HRM*, 128, nach: http://en.wikipedia.org/wiki/Arie_de_Geus (Stand: 17.10.2017).

nicht nur in der Strategiesitzung der Führungsebene behandelt werden kann und dann ausreichende Planungssicherheit für längere Zeiträume bietet. Unsicherheit von Rohstoff-, Absatz- und Finanzmärkten, ebenso wie durch gesetzliche Regulierungen (z. B. Abgasnormen) und die Herausforderungen der Digitalisierung sind zu ständigen Begleitern geworden. Diese Veränderungen lassen sich unter dem Begriff **„Dynamikproblem"** (vgl. Wohland et al. 2004: 8) zusammenfassen und beschreiben die Situation, der sich Organisationen im Wettbewerbsumfeld stellen müssen: Organisationsmitglieder sind häufig mit schwer vorhersehbaren und dynamischen Situationen konfrontiert, die ihnen neu und unbekannt sind oder sogar paradox erscheinen (vgl. Böhle et al. 2012). Klassische Planungs- und Steuerungssysteme geraten hier schnell an ihre Grenzen. Zur Bewältigung dieser Bedingungen sind angepasste Interpretations-, Entscheidungs-, Führungs- und Wissenssysteme in Organisationen erforderlich. **Organisational Readiness** (Sudharatna et al. 2004; vgl. auch Lengnick-Hall et al. 1988), **Dynamic Capabilities** (vgl. Teece et al. 1994), **Absorptive Capacity** (Cohen et al. 1990; vgl. Gerlach 2008) und **Resilience** (Hollnagel 2006) sind die neuen Zielgrößen, um Turbulenz, Dynamik und Ungewissheit erfolgreich zu bewältigen, worauf die organisationale Gestaltung abzielen muss. Aber wie sieht dies praktisch aus und wie lassen sich solche organisationalen Voraussetzungen schaffen?

Mit Blick auf die zukünftigen Strukturen von Organisationen wurde bereits vor längerer Zeit am Massachusetts Institute of Technology (MIT) ein wegweisendes, interdisziplinäres Projekt „Inventing the Organizations of the 21st Century" initiiert, das zum Ziel hatte, den Umgang von Organisationen mit besonderen **Herausforderungen** zu beschreiben. Als zentral werden von Hopfenbeck et al. (2001) folgende **Gestaltungsfelder** herausgehoben:

– **Anpassungslernen:** Wie können sich Organisationen auf den kontinuierlichen Wandel einstellen? Wie kann die Lernfähigkeit, Lernbereitschaft und Lernmöglichkeit gesteigert werden?

– **Organisationsstruktur:** Welche Organisationsstruktur ist angemessen, um eine hohe Reaktionsfähigkeit auf Veränderungen im Markt zu gewährleisten? Wie sollen Kunden und Lieferanten im Netzwerk eingebunden werden?

– **Kompetenzen:** Welche Management- und Führungsansätze sind wesentlich für den Unternehmenserfolg? Welche Kompetenzen und welche Handlungsspielräume sind auf den jeweiligen Organisationsebenen notwendig, um in einem dynamischen Umfeld bestehen und erfolgreich sein zu können?

– **Management-Methoden:** Wie können unternehmerische Ambitionen und Strukturen innerhalb von Organisationseinheiten mit Ansätzen der Unternehmensführung verbunden werden? Welche Auswirkungen haben ein freier Informationszugang und hohe Transparenz aller Mitarbeiter auf die Entscheidungsfindung in Organisationen?

– **Informationstechnologie:** Welche Veränderungen ergeben sich in Industriestrukturen durch „Industrie 4.0" (vgl. Reinhart 2017). Welche neuen Möglichkeiten resultieren aus dem direkten Kontakt zwischen Käufern und Verkäufern auf elektronischen Plattformen ohne geografische Grenzen und ohne Zwischenhändler? Welche Konsequenzen ergeben sich aus globalen Plattform-Ökonomien?

– **Zusammenarbeit:** Wie können durch Kommunikation und Koordination neue Wege in der Zusammenarbeit und der Innovationsgestaltung gefunden werden? Welche neuen Methoden der Leistungsbewertung müssen entwickelt werden, wenn die räumlichen und zeitlichen Koordinaten von Arbeit durch andere Qualitäten ersetzt werden. Wie wird sich das Arbeitsumfeld verändern?

– **Innovation:** Wie können Organisationen ein Plattform-Ökosystem schaffen, in dem einerseits Innovationen gefördert werden und andererseits eine schnelle Umsetzung der Idee gewährleistet ist? Welche Indikatoren sind sinnvoll, um Wissen, Innovation, Mitarbeiter, Kapital und Markt zu erkennen und erfolgreich zu kombinieren?

– **Messgrößen:** Welche Anpassungen der klassischen Erfolgsgrößen müssen vorgenommen werden, um Intellektuelles Kapital und andere immateriellen Vermögenswerte abbilden zu können? Wie kann eine bessere Darstellung des tatsächlichen Unternehmenswertes und der Perspektiven eines Unternehmens erreicht werden? (vgl. Hopfenbeck et al. 2001: 17 f.)

Auf der organisationalen Ebene ist mittlerweile unübersehbar, dass der Anteil **immaterieller und wissensbezogener Transformationsleistungen** an der Wertschöpfung im Vergleich zu materiellen Aspekten zunehmend größer wird. Wissen wird demnach verstärkt als Ressource aufgefasst und explizit in den Kanon wirtschaftswissenschaftlicher Produktionsfaktoren aufgenommen: Wissen wird zur Produktion von Gütern und Dienstleistungen, von neuem Wissen, von Finanzkapital sowie weiteren Kapitalformen wie Human-, Organisations- oder Sozialkapital verwendet. Somit hängt die Wettbewerbsfähigkeit und Innovationsfähigkeit zunehmend mehr von einer effektiven und effizienten Bewirtschaftung des Faktors Wissen ab (vgl. z. B. Mescheder et al. 2012). Nach Bullinger et. al. (1997: 5) gilt Wissen als der Produktionsfaktor der Zukunft. Arbeit und Kapital werden zunehmend in den Hintergrund treten.

Obwohl inzwischen kaum mehr Zweifel an der zunehmenden Wissensorientierung von Wertschöpfung bestehen, existieren nur unsystematische Hinweise darauf, wie Wissensprobleme zu handhaben oder gar zu beseitigen sind, was wiederum eng mit Problemen der Messung bzw. der Diagnose und der Bewertung dieser „unsichtbaren" Vermögenswerte verbunden ist: Ohne geeignete Gütekriterien müssen Aussagen über Effizienz und Effektivität wissensbezogener Interventionen letztlich unklar bleiben. Damit wird die **Erfassung und Bewertung der „intangible assets"** bzw. der wertschöpfungsrelevanten Wissensressourcen zu einer zentralen Voraussetzung für das Management von wissensintensiven Organisationen. Bisherige Ansätze betriebswirtschaftlicher Rechnungslegung erfassen immaterielle Vermögenswerte nur, wenn sie sich im Eigentum des Unternehmens befinden. So können Konzessionen, gewerbliche Schutzrechte etc. als Anlagevermögen auf der Aktivseite einer handelsrechtlichen

Bilanz ausgewiesen werden. Aber die Kompetenzen der Mitarbeiter, der enge Kontakt zu einem Kundenstamm, ein innovatives Forschungs- und Entwicklungssystem oder ein besonders effizientes Vertriebssystem sind immaterielle Werte, die bislang nicht erfasst werden, obwohl sie möglicherweise in erheblichem Umfang den Marktwert des Unternehmens ausmachen. Wie können diese unsichtbaren Vermögenswerte erfasst und in ihrer Relevanz für Wertschöpfungsprozesse spezifiziert werden? In wissensintensiven Unternehmen bzw. von Führungskräften in diesen Unternehmen ist bislang nur unzureichend gelernt worden, wie sich der zentrale Produktionsfaktor „Wissen" zielgerichtet für die Entwicklung von Innovationen und Wettbewerbsvorteilen einsetzen lässt. Dieses Defizit lässt sich auf ein Fehlen entsprechender Instrumente zur Erfassung der Güte der eigenen wissensbasierten Wertschöpfungsprozesse zurückführen. Welche Ansätze zur Gestaltung und Entwicklung solcher wissensbezogener Prozesse können hier identifiziert werden? Detaillierte Ausführungen zu dieser Thematik finden Sie im Kapitel zur „Erfassung und Bewertung von Kompetenz und Wissen" (vgl. Kapitel 9).

Eine zentrale Zielsetzung, die sich auf der organisationalen Ebene in Verbindung mit der Entwicklung von Wissensgesellschaften ergibt, liegt in der **Gestaltung kontinuierlicher Lernprozesse**. Neben der Erfassung der immateriellen Ressource „Wissen" stellt sich die Frage des Managements dieser Ressource. Damit gewinnt Wissensmanagement als Maßnahme bzw. als Aufgabe im Unternehmen eine herausragende Bedeutung, um betriebliche Lernprozessen zu initiieren:

> Der Unternehmenserfolg wissensintensiver Unternehmen wird in besonderem Maße von ihrer Fähigkeit bestimmt, verteiltes Wissen über Märkte, Kunden, Produkte, Prozesse gezielt zu mobilisieren und schnell daraus einen Wert für den Kunden zu generieren. Ziel wissensorientierter Unternehmensführung ist daher, aus Informationen Wissen zu generieren und dieses Wissen in nachhaltige Wettbewerbsvorteile umzusetzen, die als Geschäftserfolge messbar werden. Traditionelle, formalisierte Hierarchie- und Geschäftsbereichsstrukturen sind jedoch nur unzureichend für diese Aufgaben gerüstet. Daher suchen derzeit viele Organisationen nach Plattformen zum Wissensaustausch und gemeinsamen Lernen, die die Grenzen von Hierarchie und Organisationseinheiten überwinden. Wir gehen von der These aus, dass Erwerbsarbeit in wissensintensiven Unternehmen zunehmend durch Communities geprägt wird, die formale Organisationsstrukturen überlagern. Die Bindung an Communities stiftet Identität und begründet das Selbstverständnis von Mitarbeitern. (North 2001: 1)

Dies lenkt zum einen den Blick auf **Gruppenprozesse** im Unternehmen; sie sind maßgeblich für die Generierung und Diffusion von Wissen, dessen Integration in existierende Wissenssysteme sowie die Umsetzung von Wissen in Handlung. In diesem Zusammenhang ist auch ein steigendes Bewusstsein für die Bedeutung impliziten Wissens hervorzuheben.

Ferner bedarf es einer Gestaltung **lernförderlicher Arbeitsplätze**. Es muss präzisiert werden, inwieweit betriebliche Strukturen vor allem in wissensintensiven Unternehmen Lernprozesse ermöglichen und unterstützen. Hingegen wirken geringe Partizipationsmöglichkeiten und starre, für die Qualifikation von Arbeitnehmern hinderliche Arbeitssysteme einer kompetenzförderlichen Lernkultur eher entgegen. Damit sind auch Fragen der Arbeitsregulation angesprochen.

So betont Töpsch (2001: 2 ff.), dass sich in Unternehmen der IT-Branche sowie auch in anderen Bereichen (z. B. Biotechnologie, Plattformökonomie) bereits die Herausbildung von **Organisations- und Regulationsformen** beobachten lässt, die mit industriell-tayloristischen Funktionslogiken nur noch wenig gemein haben. Sie sind gekennzeichnet durch flache Hierarchien, zielorientierte Koordinations- und Steuerungsweisen, die teilweise Verflüssigung von räumlichen und zeitlichen Bindungen, ergebnisbezogene Gratifikationssysteme, eine geringe Regulierung sowie in den meisten Fällen durch das Fehlen von institutionalisierten betrieblichen Interessenvertretungen. Teilweise bilden sich in wissensintensiven Unternehmen bereits neue Interessenvertretungsstrukturen heraus (Mentoren, Coachs etc.). Hauptsächlich wird der Prozess der Interessenvermittlung aber in die Aushandlungsprozesse zwischen Arbeitgeber bzw. Unternehmen auf der einen und Beschäftigten auf der anderen Seite verlagert.

2.4 Die individuelle Ebene

Zur Nutzung und Entwicklung organisationaler Intelligenz stellen individuelle Fähigkeiten, Kompetenzen und die motivationale Bereitschaft wichtige Voraussetzungen dar. Daher spielen auf einer individuellen Ebene veränderte Kompetenzen, Motivation und Loyalität der Mitarbeiter sowie ihre Bereitschaft zur kontinuierlichen Veränderung eine zentrale Rolle. Die Betrachtung auf dieser Ebene ist mit der Frage nach individuellen **Qualifikationsvoraussetzungen** (Kompetenzen der Bewältigung der digitalen Transformation), individuellen **Wertorientierungen** und subjektiven **Bewältigungsmustern** des objektiven Strukturwandels verbunden. Verläuft der Strukturwandel von Wirtschaft und Gesellschaft weitgehend entkoppelt von individuellen und kollektiven Zielen, Erwartungen und Lebensentwürfen, kann die fehlende „soziale Rückbettung" (Giddens 1979) zum Problem werden, denn individuelle Verarbeitungsmuster in Form von Verhaltensdispositionen bestimmen maßgeblich den Verlauf, die Dynamik und die Resultate des strukturellen Wandels. Sie manifestieren sich unter anderem in der Konfliktintensität des sozialen Wandels, im Maß an Legitimität, das ihm zugesprochen wird, sowie in der Art und Weise seiner Bewältigung in breiten Bevölkerungskreisen. Es sind die Menschen, die den Wandel der Institutionen tragen müssen. In Abhängigkeit davon, wie diese Bewältigungsmuster ausfallen, ob also der Strukturwandel vertrauensvoll mitgetragen, mitgestaltet oder auch nur ertragen bzw. sogar missbilligt wird, ergeben sich unterschiedliche Entwicklungsverläufe. Sozialer Wandel bedeutet zwar zumeist, dass Neuland ohne Landkarte und Erfahrungswissen betreten werden muss, aus der Gegenwartsanalyse von kollektiven Verhaltensdispositionen kann jedoch geschlossen werden, wie der Strukturwandel sich entfalten kann und welche Rückwirkungen dies wiederum auf die Individuen hat.

2.5 Spannungsfelder der Arbeit in der Wissensgesellschaft

In den Sedimenten der „neuen" Arbeitsgesellschaft finden zahlreiche Verwerfungen statt, die offenbar nicht nur die Oberflächenstruktur verändern. Die Identifikation von Veränderungen und neuen Spannungsfeldern in der Arbeitswelt erfordert ein Management, das sich an neuen Dimensionen orientiert. Die Realität stellt sich nicht mit „einem Gesicht" dar.

Als fruchtbar bei der Betrachtung dieser neu entstehenden Konturen der Erwerbsarbeit mag sich eine Sichtweise erweisen, die diese Phänomene als Spannungsfelder oder Dilemmata konzeptualisiert, die die Paradoxien und Widersprüchlichkeiten verdeutlichen, die sich bei unternehmens- und gesellschaftspolitischen Entscheidungen und Gestaltungsansätzen stellen.[4]

2.5.1 Durchlässigkeit und Bindequalität

Eine mögliche Herausforderung, die sich auf allen Ebenen stellt, ergibt sich aus dem Spannungsfeld von Durchlässigkeit und Bindequalität. Wie bereits skizziert, beruhen Formen der Wissensanreicherung auf einer zunehmenden Öffnung und Durchlässigkeit von Grenzen bzw. einem Grenzgängertum. Hierdurch werden der Erwerb und die Diffusion von Wissen gefördert. Im Zuge dieser Entwicklung können jedoch auch Bindequalitäten verlorengehen, die eine wichtige Voraussetzung für eine Wissensanreicherung, insbesondere die Integration von Wissen, darstellen. Wenn Netzwerke oder Unternehmenszusammenschlüsse die Identifikation mit dem Unternehmen schmälern, durch Mobilität und Flexibilität das Commitment der Arbeitnehmer gegenüber dem Arbeitgeber sinkt und zu häufigen Arbeitsplatzwechseln führt bzw. dieser Wechsel durch „Rotations-Erwerbstätigkeit" impliziert wird, dann kann dies erhebliche Wissensverluste verursachen. Folglich ist eine Balance aus Flexibilität und Durchlässigkeit auf der einen Seite und Kontinuität und Bindung auf der anderen Seite eine zentrale Herausforderung der Erwerbsarbeit in der Wissensgesellschaft.

2.5.2 Selbst- und Fremdorganisation

Ein zweites Spannungsfeld, in dem sich die Arbeit in der Wissensgesellschaft befindet, deutet sich an in den Polen der Selbstorganisation einerseits und der Beherrschbarkeit und Steuerung andererseits. Eine wissensbasierte Ökonomie erfordert ein gesteigertes Maß an Selbststeuerung im Rahmen des Leistungsprozesses. Gerade hieraus ergeben sich ja die veränderten Anforderungen an die betriebliche Führung. Gleichwohl be-

---

4 Diese Dimensionen wurden zusammen mit Uta Wilkens in Vorbereitung eines gemeinsamen Diskurses für die Gottlieb-Daimler- und Karl-Benz-Stiftung erarbeitet.

deutet dies nicht den völligen Verzicht auf betriebliche Koordination. Auch in stark selbstorganisierten Systemen bedarf es der Fremdsteuerung zur zielbezogenen Handlung. Diese erfolgt allerdings weniger über traditionelle Instrumente der Koordination und Kontrolle, sondern bedient sich in erster Linie gemeinsamer Zielvereinbarungssysteme, die den Rahmen für die Selbststeuerung setzen. Ohne sie würde die Stabilität des Systems gefährdet werden.

2.5.3 Spezialisierung und Generalisierung

Auch das Spannungsfeld zwischen Spezialisierung und Generalisierung bekommt neue Aktualität: Einerseits verschärft sich der Zwang zu einem arbeitsteiligen Vorgehen (und damit zum Spezialistentum) aufgrund der exponentiellen Zunahme des Wissens, das für Produkt- und Prozessinnovationen erforderlich ist. Andererseits ist aufgrund der wachsenden Interdependenz von Teilarbeiten eine integrative Vernetzung zunehmend erforderlich, so müssen z. B. Mitglieder von Forschungs- und Entwicklungsprojekten zugleich mehr von den Bedingungen des jeweiligen Anderen verstehen, um sinnvoll an gemeinsamen Projekten arbeiten zu können.

2.5.4 „Flüchtigkeit" und „Stickiness"

Ein weiteres Spannungsfeld, das in Verbindung mit Wissensarbeit auftaucht, bezieht sich auf die „Flüchtigkeit" und „Stickiness" (Klebrigkeit) von Wissen (Schumpeter 1934; von Hippel 1994). Ideen und erklärbares Wissen sind einerseits flüchtig, sie breiten sich schnell aus und nehmen den Charakter eines öffentlichen Gutes an. Wie kann flüchtiges, leicht übertragbares Wissen vor einer Entwertung geschützt werden? Andererseits ist Wissen aufgrund seiner Kontext- und mitunter auch „Körper"gebundenheit sehr schwer zu übertragen. Wie kann solch subjekt- und kontextabhängiges, emergentes Wissen beispielsweise bei Unternehmenszusammenschlüssen weitergegeben werden?

Reflexionsfragen

? 2.1 Beschreiben Sie drei zentrale Indikatoren für einen Wandel zur Wissensgesellschaft.

2.2 Erläutern Sie, mit welchen möglichen Spannungsfeldern das Management angesichts der Veränderungen zur Wissensgesellschaft verstärkt konfrontiert ist.

2.3 Recherchieren Sie nach Beispielen, die die These von der Entwicklung zur Wissensgesellschaft stützen. Suchen Sie sich zwei Beispiele heraus, die Sie kurz erläutern.

2.4 Reflektieren Sie nochmals in eigenen Worten den Begriff der Wissensgesellschaft. Beziehen Sie das zur Wissensgesellschaft Dargestellte auf Ihre eigene berufliche und private Situation. Welche Bedeutung hat es für Sie und welche wird es zukünftig für Sie haben?

3 Entwicklungen zur Wissensgesellschaft und Konsequenzen für Management und Unternehmensführung

3.1 Marktanforderungen: Globalisierung und Internationalisierung

Globalisierung ist der Prozess der weltweit zunehmenden Verflechtung von Menschen, Gütern, Informationen und Kapital. Vor allem Neuerungen in der Informations- und Kommunikationstechnologie sowie in der Transporttechnik förderten die wirtschaftliche Vernetzung mit gesellschaftlichen, kulturellen und ökologischen Folgen, die in allen Teilen der Welt spürbar werden. Aber auch die politischen Entscheidungen zur Liberalisierung des Welthandels sowie zur Deregulierung staatlicher Vorschriften im Inneren können als eine zentrale Ursache der Globalisierung betrachtet werden. Die Intensivierung der globalen Beziehungen geschieht auf individueller, gesellschaftlicher, institutioneller und staatlicher Ebene (vgl. Bundeszentrale für politische Bildung 2003).

Die Entwicklung der Marktanforderungen ist geprägt durch eine zunehmende Globalisierung, eine weiter wachsende **Internationalisierung** von Produktion und Absatz sowie durch teilweise disruptive Geschäftsfelder. Auf einer ersten Stufe der Entwicklung bedeutet dies: Eine wachsende Zahl von Anbietern konkurriert auf denselben internationalen Märkten, wobei sie jeweils unterschiedlichen kulturellen, geografischen, politischen und rechtlichen Rahmenbedingungen unterliegen. So treten Unternehmen aus Schwellenländern gegen Industrieländer an, Niedriglohnbereiche konkurrieren mit Hochlohnregionen, Länder mit einer umfangreichen sozialen Sicherung stehen im Wettbewerb gegen Länder ohne soziale Absicherungssysteme, Länder mit flexiblem Arbeitszeitregime konkurrieren mit Ländern, die ein starres Arbeitszeitsystem haben. In diesem zunehmenden globalen Wettbewerb stellt sich zumindest für die Bereiche der Wirtschaft, die international konkurrieren, die Frage nach den spezifischen Wettbewerbsvorteilen. Es steht für Deutschland außer Frage, dass der Faktor Wissen als zentraler Wettbewerbsfaktor zu nennen ist. Die Art der Kombination von Wissen und die Entfaltung von Wissen in einem infrastrukturellen, kulturellen Netz kann als Spezifikum verstanden werden, aus dem heraus komparative Wettbewerbsvorteile generiert werden können. Gleichzeitig verändern sich auch die Rahmenbedingungen unternehmerischer Tätigkeit durch die Globalisierung drastisch (vgl. Friedman 2000; Bhagwati 2004; Steingart 2006).

Im Hinblick auf unternehmerische Gestaltungsansätze sind insbesondere die Informations- und Kommunikationstechnologien als Infrastruktur der Wissensgesellschaft von zentraler Bedeutung. Informationen und Wissen können innerhalb von Sekunden weltweit verteilt werden und damit Wettbewerbsvorteile, die aus Wissen ge-

https://doi.org/10.1515/9783110474930-003

neriert werden, verstärken bzw. zunichte machen. Damit ergibt sich eine zweite Stufe der Entwicklung durch rasante Digitalisierungstrends.

3.2 Vom Produkt zu wissensintensiven Problemlösungsangeboten

Wenn wir unseren Blick von der gesellschaftlichen und der Arbeitsmarktebene auf die betriebliche Ebene wenden, so zeigt sich in immer mehr Branchen, dass der **Unternehmenswert** in zunehmendem Maße durch das Wissenskapital bestimmt wird. Es entwickeln sich immer mehr Unternehmen, die explizit Wissen „produzieren" und vermarkten, wie z. B.

– Softwareindustrien,
– Finanzdienstleistungen,
– Beratung,
– Multimedia oder
– Internet- und Plattformdienstleister.

Aber auch in klassischen Branchen findet eine Umgewichtung von Ressourcen und Produktionsfaktoren statt. So kann man beobachten, dass eine zunehmende „**Wissensanreicherung**" von klassischen Produkten, Verfahrenstechnologien und Dienstleistungen stattfindet (Stichwort Industrie 4.0). Der Wert eines Autos ergibt sich immer weniger aus dem Stahl, der gepresst wird, als vielmehr aus der Elektronik und Softwareprogrammierung, die eingebaut werden sowie aus der Vernetzung von Nutzungsdaten. Ähnlich sieht der Strukturwandel in anderen Branchen aus. Unternehmen erweitern ihrer Wertschöpfungskette um vor- und nachgelagerte Schritte und/oder ersetzen ihre Produktportfolios mit digitalen Services.

Ein großer Druckmaschinenhersteller, der in Deutschland exzellente Offset-Druckmaschinen fertigt und weltweit verkauft, steht vor dem Problem, dass die Margen immer geringer werden. Das Unternehmen beschließt eine sehr grundlegende Neustrukturierung seiner Angebotspalette. Neben dem klassischen Kerngeschäft, dem Druckmaschinenbau, werden Dienstleistungen in vor- und nachgelagerten Bereichen entwickelt und angeboten: Pre-Sales-Finanzierung, Projektplanung, Projektierung ganzer Druckereien, After-Sales-Support, predictive maintenance, bis hin zu Customer Solution und maßgeschneiderten Einzellösungen.

So werden klassische Produkte wie Fahrzeuge oder Druckmaschinen durch Wissensanreicherung nicht nur der Produkte selber, sondern durch Einsatz von intelligenten Angeboten in vor- und nachgelagerten Prozessketten intelligenter und nützlicher, d. h. sie schaffen neuen Nutzen für den Kunden durch digitale Dienstleistungen. Diese zunehmende Intelligenz von Produkten und Dienstleistungen entwickelt sich mehr und mehr zum zentralen Wettbewerbsfaktor, der die Wettbewerbsfähigkeit auch in klassischen Branchen (z. B. Chemie, Automobil, Werkzeugmaschinenbau) sichern hilft.

Zahlreiche große Mail- und Paketdienstanbieter sind nicht nur in ihrem angestammten Geschäft als Lieferdienst tätig sind, sondern bieten ihre Kompetenz in Sachen Verteilung und Logistik in unterschiedlichen Branchen als Dienstleistung an. Flughafenbetreiber wandeln ihre Expertise in Sachen Airport Design und Infrastruktur weltweit als Dienstleistungsangebot um. Ehemalige Hardwarehersteller wie z. B. Rank Xerox produzieren nicht mehr vorrangig Drucker und Kopierer, sondern haben sich zu Hightech-Systemanbietern entwickelt, die Systeme und Service vertreiben, die eine effektive Abfassung, Speicherung und Verteilung von Dokumenten ermöglichen. Um das klassische Produkt werden intelligente Problemlösungen – wie Dokumentenmanagement, Ablage-, Verteil- und Suchsysteme – angeboten, die Kunden dabei unterstützen, ihre Prozesse zu optimieren. Auch Großkonzerne wie z. B. Siemens verzeichnen einen erheblichen Wertschöpfungszuwachs im Bereich der technischen Dienstleistungen, der über das geringste Anlagenvermögen verfügt. Hier werden weltweit Kunden bei Erstellung, Wartung, Support und Abbau sowie Recycling von Industrieanlagen betreut und beraten.

Welches sind die Erfolgsfaktoren dieser Entwicklung? Es geht zunehmend um die Frage, wie mit eigenem Wissen in Prozessketten von Kunden ein Beitrag zu dessen Wertschöpfung geleistet werden kann.

Dazu reicht es nicht mehr aus, ein Produkt oder eine Dienstleistung anzubieten, sondern es werden **Andockstellen** oder „Touchpoints" im Wertschöpfungsprozess der Kunden identifiziert (s. Abbildung 3.1).

„Andockstellen" sind solche Prozessschritte beim Kunden, in denen der Anbieter über Kompetenzen und Routinen verfügt, die eine Eigenherstellung dieser Prozesse

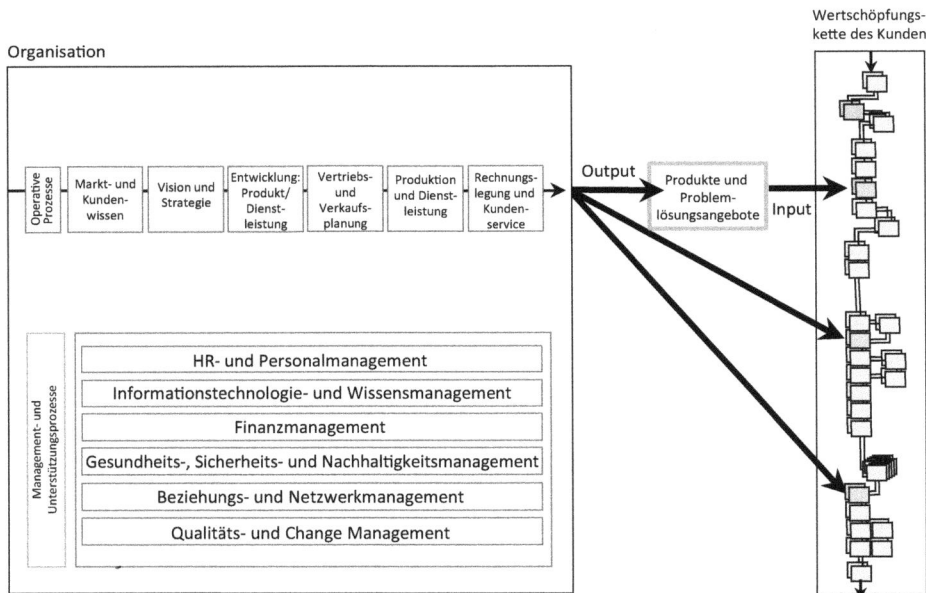

Abb. 3.1: Andockstellen im Wertschöpfungsprozess der Kunden (Quelle: eigene Darstellung).

beim Kunden selbst unrentabel erscheinen lassen. Dazu müssen die Anbieter die Logik und das Anliegen ihrer potenziellen Kunden erkennen. Die zentrale Frage lautet: Welches spezifische Wissen kann ich als Anbieter einsetzen, um Probleme in Wertschöpfungsprozessen meiner Kunden zu lösen?

Damit verändern sich Management-, Organisations- und Führungsprinzipien drastisch. Ziele der Führung müssen sich auf Erfolgsindikatoren beim Kunden konzentrieren, und die Mitarbeiter müssen sich fragen, welche Leistungen oder Vorleistungen sie erbringen, um Nutzen bzw. Input bei den Kunden zu schaffen.

3.3 Digitalisierung und Entmaterialisierung von wirtschaftlichen Prozessen

Der Fachverband BITKOM (2016:5) definiert Digitalisierung als eine „Überführung analoger in digitale Daten". Diese zunächst harmlos klingende Transformation hat in zahlreichen Branchen und Geschäftsfeldern disruptive Konsequenzen (vgl. Christensen 2011), die in hoher Dynamik mit einer existentiellen Bedrohung angestammter Geschäftsfelder einhergeht. Da das Thema in der betrieblichen Praxis vielfach nur als eine mögliche technische Innovation betrachtet wird, ist vielen die Bedrohung, die mit diesem Transformationsprozess einhergeht, nicht bewusst.

Ausgangspunkt der Digitalisierung sind immer Daten. Daten sind das „neue Öl", das gefördert und verfeinert werden muss. Dabei kann es sich um Daten von Kundenverhalten, Aktivitäten in Social-Media-Anwendungen, Sensoren von Maschinen, RFID-Chips, Finanztransaktionen und allem, was potenziell eine IP-Adresse (Fahrzeuge, Hundehalsbänder, Briefkästen, Fahrräder, Pizzaschachteln) hat, handeln. Entscheidend ist, dass die neuen Geschäftsmodelle auf diesen Daten und deren Verknüpfung beruhen. Hier kann man einen klaren Bezug zu den Ansätzen der Kernkompetenzen und dem Wissen von Organisationen sehen. Mögliche Fragen sind: Welches sind unsere Kontaktpunkte („Touch points") zum Kunden, welche Problemlösungsangebote können wir dem Kunden vor dem Hintergrund seiner uns bekannten Bedürfnisse und seines Nutzungsverhaltens bieten?

Hecker et al. (2016: S. 22) beschreiben drei Ansätze für diese neuen Geschäftsmodelle:
- Optimierungsansatz
- Erweiterungsansatz
- Neukonzeption des Geschäftsmodells

Optimierungsansatz: So können durch sensorgestützte Datenübertragung Gesundheitsmonitoring, Fehlfunktionen an Geräten, Maschinen, Fahrstühlen usw. ohne Zeitverzögerung identifiziert werden und es kann je nach Dringlichkeit sofort interveniert werden. Anwendungen sind z. B. die Verbesserung von Gesundheitszuständen, Reduktion von Maschinenausfallzeiten, Qualitätsoptimierung oder Predictive Maintenance.

Erweiterungsansatz: Bestehende Geschäftsmodelle können erweitert werden, indem Services angeboten werden, die nutzungsabhängig sind – so z. B. werden mit dem Konzept des „pay as you drive" in der Versicherungswirtschaft Risiken im Fahrverhalten ermittelt und entsprechend abgerechnet. Oder ein Haushaltsgerätehersteller verkauft seine Waschmaschinen nicht mehr, sondern rechnet nutzungsabhängig ab und übernimmt sämtliche Serviceleistungen.

Neukonzeptionsansatz: Dies beinhaltet die komplette Neuentwicklung von datenbasierten Angeboten. Hecker et al (2016) beschreiben folgenden Anwendungsfall:

> OnFarm ist eine IoT-Plattform, mit der Landwirte ihre komplette Landwirtschaft überwachen können und die ihnen somit hilft, bessere Entscheidungen zu treffen und insgesamt effizienter zu arbeiten. Dazu aggregiert das Unternehmen unterschiedlichste Daten, zum Beispiel Maschinendaten unterschiedlicher Hersteller, Daten der Bodenbeschaffenheit oder Wetterdaten. Einzelne Fleet-Management-Lösungen von Maschinenherstellern, wie zum Beispiel Claas, werden dadurch mehr oder weniger auf die Rolle von „Datenlieferanten" degradiert. Ein Start-up, das selbst kein physisches Produkt herstellt, wird plötzlich zum Konkurrenten eines etablierten Maschinenherstellers. Um auch künftig erfolgreich zu bleiben, müssen etablierte Unternehmen solche datengetriebenen Chancen selbst antizipieren und konsequent nutzen, bevor es andere tun. (Hecker et al. 2016: 23)

Weitere bekannte Beispiele sind Hotellerie und Airbnb, Taxi und UBER, Buchhandel und Amazon sowie SMS und WhatsApp und viele andere. Gemeinsam für diese Beispiele ist, dass bisherige Geschäftsmodelle, die sehr erfolgreich waren, quasi über Nacht ausgehebelt, d. h. weniger attraktiv oder sogar irrelevant werden (Hecker et al. 2016: 24).

Zunächst müssen also mögliche Geschäftsmodelle identifiziert werden. Dabei ist darauf zu achten, dass neben IT- und Marketingkompetenzen eine breite systemische Perspektive einbezogen wird, um die „Touchpoints", die Prozessabläufe und die Vernetzungen zu erkennen und zu elaborieren. Erst dann kann die Datenauswertung (vgl. auch Strohmeier, Piazza 2015) und -analyse sinnvoll als Grundlage für die Definition von Algorithmen eingesetzt werden. Die Berücksichtigung entsprechender rechtlicher Bedingungen des Datenschutzes stellt hier ein wesentliches Thema dar.

Diese Entwicklung geht im Kern mit einer zunehmenden **Entmaterialisierung der Unternehmung** und den damit verbundenen Bewertungen einher. Im Prinzip verbindet man mit dem Begriff des Betriebes und des Unternehmens sehr handfeste und reale Dinge wie Grundstücke, Gebäude, Maschinen, Technik, Menschen und Rohstoffe. Das betriebswirtschaftlich-unternehmerische Denken und die daraus abgeleiteten Handlungsleitlinien sind vorrangig auf die Bewertung und Gestaltung materieller Güter und Transformationsprozesse ausgerichtet. Was seit der frühen Industrialisierung in westlichen Industrieländern weitgehend perfektioniert wurde, ist die Transformation von materiellen Stoffen mittels arbeitsteiliger Prozesse in Organisationen. Als Input werden Rohstoffe, Werkstoffe und Betriebsmittel eingebracht und dann in der Transformation verarbeitet und veredelt. Am Ende der Transformationsleistung steht ein materielles Produkt bzw. ein Halbfertigprodukt als Ergebnis des betrieblichen Leistungsprozesses. Während die Produktionsfaktoren im Rahmen der industriellen Transformation vorrangig materieller Art waren (die sogenannten dispositiven, leitenden Funktionen waren z. B. nach Gutenberg nicht näher zu spezifizieren), sind die produktiven Faktoren in wissensintensiven Prozessen intangibel bzw. nicht materieller Art. Es ist nicht mehr das sachliche Anlagevermögen – die Werkhallen, die Rotationspressen und die Hochöfen –, die den Reichtum des Unternehmens ausmachen, sondern es sind die sogenannten

- unsichtbaren Aktiva,
- die intangiblen Assets,
- die Wissensportfolios,
- das Wissen und die Daten von Kunden,
- das strukturelle, organisationale und Beziehungskapital,
- die schwer imitierbaren und transferierbaren Kernkompetenzen und
- das Humankapital.

Diese Aspekte machen den Transformationsprozess und den Wert von Unternehmen im Wesentlichen aus. Folgende **Faktoren beeinflussen den Erfolg** von Unternehmen dabei primär:

- Ideen (z. B. auch in Patenten)
- Kreativität
- Problemlösungsfähigkeit der Mitarbeiter
- Fähigkeit, potenzielle Bedürfnisse und Nutzungsgewohnheiten von Kundengruppen zu identifizieren
- Fähigkeit, Netzwerke zu gestalten und zu managen
- Qualität der Mitarbeiter
- das Management von organisationsinterner und -externer Kommunikation

Im Unterschied zur Handhabung klassischer Produktionsfaktoren unterliegt das Management immaterieller Produktionsfaktoren, insbesondere des Wissens, anderen Prinzipien und Gesetzmäßigkeiten. Wissen lässt sich nicht einfach einsetzen, umverteilen und übertragen wie Geld, Maschinen, Land oder andere Produktionsmittel. Die Nutzung des Produktionsfaktors „Wissen" erfordert Motivierung. Wissen kann man nicht einfach jemandem wegnehmen, damit kann man auch nicht das Wissen und die Intelligenz anderer besitzen oder beliebig darüber verfügen. Das bedeutet auch, dass Unternehmen den zentralen Produktionsfaktor der Wertschöpfung – das Wissen und Know-how anderer – nicht mehr besitzen, sondern nur noch eingeschränkt darüber verfügen können. Dies ist historisch eine neue Konstellation, da bislang im prototypischen industriellen Betrieb Unternehmenseigner auch Eigner der wesentlichen Produktionsfaktoren waren. Nunmehr wird der Faktoreinsatz ganz wesentlich durch indirekte Verfügungsrechte und durch strukturelle und personelle Führung bestimmt. Wesentliche Grundvoraussetzungen erfolgreicher Unternehmensführung in der Wissensgesellschaft sind daher die Identifikation und Bewertung des wettbewerbsrelevanten Wissens in der eigenen Organisation und das Management des Produktionsfaktors Wissen.

3.4 Konsequenzen für das Management

Die Entwicklung zur Wissensgesellschaft bedeutet eine qualitative Veränderung des Wirtschaftens und Arbeitens. Es zeigt sich, dass die Entwicklungsdynamik zu einem erheblichen Teil von Veränderungen auf der betrieblichen und individuellen Ebene ausgeht. Die Entwicklung zur Wissensgesellschaft ist also nicht rein gesellschaftlich initiiert. So ziehen die einzelwirtschaftlichen Veränderungen auch gesamtgesellschaftliche Konsequenzen nach sich.

Für die **politische Handlungsebene** ist es daher erforderlich, den sich ändernden Bedingungen entsprechende Regelungssysteme zu entwerfen, sodass Fragen der sozialen Sicherung (Renten-, Arbeitslosen- und Krankenversicherungssysteme), der Interessenwahrung (Rechtliche Rahmenbedingungen wie z. B. Recht des geistigen Eigentums, Rechtliche Regulierung von Algorithmen, Ethik) oder des individuellen Schutzes (z. B. Arbeitsschutz) an den tatsächlichen Lebensbedingungen und Grundorientierungen der Bevölkerung ansetzen. Regelungssysteme, die auf die Bedingungen der Industriegesellschaft zugeschnitten sind, zeigen zunehmend ihre Dysfunktionalität.

Die dargestellten Veränderungstendenzen ziehen aber nicht nur Konsequenzen auf der politischen Ebene nach sich. Durch veränderte Prinzipien des Wirtschaftens werden Fragen des Managements nachhaltig berührt. Dies gilt für die betriebliche und die zwischenbetriebliche Ebene. Einige wesentliche Konsequenzen für Management und Unternehmensführung sind:
- **Indirekte Rahmensteuerung statt Führung**
  Führung bedeutet Verhaltensbeeinflussung und -steuerung im Sinne der Unternehmensziele. Sie beinhaltet im Kern also eine Fremdsteuerung. In der Wissensgesellschaft wird ein wachsender Wertschöpfungsanteil durch das Wissen und Know-how der Arbeitskräfte erzielt. Dieses besteht insbesondere in ihrem sozialen Handlungsvermögen. Das heißt, Werte werden durch Selbstregulations- und Interaktionsfähigkeiten geschaffen. Arbeitskräfte, die über diese Fähigkeiten verfügen, zeigen eine begrenzte Bindungsbereitschaft an Organisationen und vermarkten sich selbst. Ihre Identitätsbildung hat unternehmerähnliche Merkmale und baut weniger auf einem Arbeitnehmerbewusstsein auf.
  Führung bedeutet daher zukünftig insbesondere in wissensintensiven Prozessen im Extremfall einen Verzicht auf Führung. Einflussnahme beschränkt sich hier aus einem systemischen Führungsverständnis auf eine indirekte Rahmen-

steuerung, damit der Wertschöpfungsprozess durch selbststeuernde Kräfte gefördert und nicht durch Fremdsteuerung behindert wird. Führungseinfluss ist damit weniger extern durch Hierarchien und Positionen in der Organisation definiert, sondern wird durch die geführten Personen dem Führenden durch Vertrauen und Machteinräumung verliehen. Führung erhält damit eine stärker dienende Funktion und soll die Geführten in ihrem zielbezogenen Handeln unterstützen.

– **Selbstmotivation statt Anreizgestaltung**
Anreizgestaltung ist ein Instrument der Führung bzw. Fremdsteuerung. Da Führung sich auf eine indirekte Rahmensteuerung beschränken sollte, ist Anreizgestaltung kein adäquates Führungsinstrument mehr. Der Verzicht auf Einflussnahme lässt Raum für Selbstmotivation, die sich aus der Möglichkeit und Fähigkeit zur Selbststeuerung ergibt. Wesentliche Aufgaben bestehen dann in der Förderung und Erhaltung der individuellen Selbststeuerungsfähigkeit.

– **Identifikation von Wissensprozessen**
Ein Management, das den Wertschöpfungsprozess durch indirekte Rahmensteuerung fördern will, muss sich dieses Prozesses bewusst sein. Die Identifikation von Wissensprozessen stellt damit eine zentrale Managementaufgabe dar.

– **Bewertung von Wissen**
Ein Wertschöpfungsprozess, der auf immateriellen Ressourcen beruht, kann nicht vollständig operationalisiert und den Gesetzmäßigkeiten materieller Ressourcen unterworfen werden. Ein Management, das sich an den wertschöpfenden Faktoren orientiert und diese zu identifizieren versucht, sollte jedoch den Versuch unternehmen, diese Werte zu dokumentieren und als Teil des Unternehmenswertes zu spezifizieren.

– **Management zwischen Unternehmensgrenzen**
Die Perspektive des Managements richtet sich traditionellerweise auf Unternehmenseinheiten. Teil der Wissensgesellschaft ist jedoch die Auflösung von Unternehmensgrenzen und die Einbindung in Netzwerke. Gerade hierüber lässt sich Wertschöpfung realisieren. Auch Arbeitskräfte zielen zunehmend weniger auf eine langfristige Einbindung in eine Organisation ab. Ein auf den Wertschöpfungsprozess gerichtetes Management ist damit ein unternehmensübergreifendes Management. Es schafft Offenheit und Durchlässigkeit auf der einen Seite und stellt Bindung auf der anderen Seite nicht infrage. Vielmehr wirkt es gleichzeitig identitätsbildend, wobei Offenheit ein identitätsbildender Wert der Organisation sein kann. Arbeitskräfte, die eine Organisation verlassen und wiederkehren wollen, werden als Gewinn gesehen und nicht als Loyalitätsproblem.

Reflexionsfragen

3.1 Welche wesentlichen Veränderungen des Wirtschaftens und Arbeitens kennzeichnen eine Entwicklung zur Wissensgesellschaft?

3.2 Welche Konsequenzen ergeben sich daraus für das Management bzw. die Unternehmensführung?

Teil II: Organisationales Lernen und Wissensmanagement

Dass Wissensmanagementkenntnisse eine wachsende Bedeutung im Rahmen des Managementwissens einnehmen, gilt in der öffentlichen Diskussion und der wissenschaftlichen Literatur mittlerweile als erwiesen, oder wie es Hertz bereits formulierte: „Good management is knowledge management" (Hertz 1988: 114).

„Unternehmen sehen sich [...] vor die Aufgabe gestellt, zu gewährleisten, dass das in der Organisation vorhandene Wissen zieladäquat eingebracht wird und das jeweils relevante Wissen zum richtigen Zeitpunkt beim richtigen Adressaten zur Verfügung steht. Somit erhält das Management von Wissen einen überragenden Stellenwert im Vergleich zu anderen Führungsfunktionen." (Fohmann 1990, zitiert nach Lullies et al. 1993: 16)

Ein organisationales Wissensmanagement umfasst einerseits alle Personalentwicklungs- und Bildungsprozesse in Organisationen, geht andererseits aber weit über diese Aktivitäten hinaus. Einem Wissensmanagement liegt, so der hier vertretene Anspruch, eine Perspektive der Organisation zugrunde. Während betriebliche Qualifizierungsstrategien und Weiterbildungsmaßnahmen die Schließung einer Deckungslücke verfolgen, während Personalentwicklung[1] für „eine bestmögliche Übereinstimmung zwischen den vorhandenen Anlagen und Fähigkeiten der Mitarbeiter und den Anforderungen der Unternehmung Sorge zu tragen" hat (Mentzel 1992: 15), ist das Interesse eines Wissensmanagements ausschließlich auf den Erfolg der Organisation gerichtet. Der Erfolg eines Wissensmanagements bemisst sich maßgeblich an der Lernfähigkeit einer Organisation (vgl. auch Haun 2002, Prange 2002). Hierzu mögen Personalentwicklungsmaßnahmen, Weiterbildung, Qualifizierung usw. auch beitragen, dies muss aber nicht der Fall sein. Der **Erfolg von Wissensmanagement** bemisst sich nicht an dem Lernerfolg der einzelnen Teilnehmer einer Maßnahme oder an dem Transfer von Gelerntem an den Arbeitsplatz, sondern ausschließlich an der Fähigkeit organisationalen Lernens, d. h. an der Fähigkeit einer Organisation, ihr Wissen zu erweitern, um damit komplexe und dynamische Umwelteinflüsse zu bewältigen. Organisationen passen sich durch die Variation vorhandener und Generierung neuer Wissensstrukturen an eine sich verändernde Umwelt an.

Aus der Perspektive eines Wissensmanagements können Organisationen als Wissensschichten oder **Systeme von Wissensnetzwerken** analysiert werden. Eine Organisation mit einem tayloristischen Zuschnitt des Arbeitsablaufs, beispielsweise einer Fließfertigung in der Endmontage der Automobilindustrie, lässt sich durch eine völlig andere Verteilung des Wissens beschreiben als die Fertigung in (teil-) autonomen Arbeitsgruppen. Die Binnenstruktur der Wissensverteilung und die mit

---

1 Neuberger (1991: 3) folgert aus einer Durchsicht der Literatur zu Definitionen des Begriffs „Personalentwicklung": „Zusammenfassend gilt für die meisten Definitionen: PE wird personalisiert (individuelle Qualifikationen) [...]". Für eine Übersicht von Definitionen zu Personalentwicklung siehe Neuberger (1991: 1 ff.).

dieser Verlagerung von Kompetenzen und Know-how auf unterschiedliche Ebenen einhergehenden Prozesse fordern eine veränderte Sichtweise, bei der nicht mehr ein traditionelles Bildungsmanagement als Reaktion auf neue bzw. geänderte (technische) Anforderungen im Mittelpunkt steht, sondern auf das Management von Wissen auf unterschiedlichen Ebenen abzielt. Damit verändert sich die Funktion des betrieblichen Bildungsmanagements: Es geht nicht mehr allein darum, Qualifikationen anforderungs- und bedarfsorientiert zu erzeugen und bereitzustellen (= Management von Qualifikationen), sondern auch darum, tätigkeitsunabhängige (Lern-)potenziale der Mitarbeiter zur Entfaltung zu bringen (= Management von Wissen) und damit eine gestaltende Rolle zu übernehmen (vgl. Pawlowsky et al. 1996: 46).

Wissensmanagement kann als Gestaltung und Abstimmung von Lernprozessen (Wissenstransformation) in und von Organisationen verstanden werden. Dabei ist selbstverständlich, dass nicht alles Lernen in Organisationen und von Organisationen systematisch und zielgerichtet ist, jedoch umfasst ein ganzheitliches Wissensmanagement auch die Gestaltung von strukturellen Rahmenbedingungen, die Lernprozesse in Organisationen fördern. (Pawlowsky 1994: 154). **!**

Wann lernen nun Organisationen, und welche Ansätze eines organisationalen Lernens lassen sich unterscheiden?

Im nachfolgenden Kapitel werden die theoretischen Ansätze zum organisationalen Lernen vorgestellt. Es werden sechs Theorieperspektiven unterschieden, die auf unterschiedliche Kernbereiche organisationalen Lernens fokussieren. Sie haben durch die Bearbeitung des Kapitels die Möglichkeit, sich mit den einzelnen Erklärungsansätzen vertraut zu machen.

Ebenso wie es unterschiedliche Perspektiven auf das organisationale Lernen gibt, existieren eine Reihe von Ansätzen und Modellen zum Wissensmanagement, die die Ressource Wissen aus unterschiedlichen Perspektiven betrachten. Eine Auswahl von Ansätzen, die für die Entwicklung des Wissensmanagements besonders prägend waren, werden Ihnen im 5. Kapitel kurz vorgestellt.

Im 6. Kapitel wird das integrative Modell organisationalen Lernens nach Pawlowsky (1994) dargestellt, in dem die wesentlichen Elemente des organisationalen Lernens zusammengeführt und in ihrem Zusammenwirken analysiert werden. Dabei wird Ihnen verdeutlicht, wie im Rahmen dieses Ansatzes organisationales Lernen als integratives Wissensmanagement verstanden werden kann.

Ziel dieses Kapitels ist es, Wissensmanagementaktivitäten als Beiträge zur Förderung organisationalen Lernens zu erkennen. Dazu ist ein Verständnis von organisationalem Lernen und Wissensmanagement erforderlich. Wann und wie lernen eigentlich Organisationen, und welche Bedeutung hat Wissen in diesem Zusammenhang? Nach der Bearbeitung dieses Kapitels kennen Sie unterschiedliche theoretische Perspektiven, die organisationales Lernen sowie Wissensmanagement jeweils mit anderen Schwerpunkten beschreiben. Werden die unterschiedlichen

Sichtweisen des organisationalen Lernens zusammengeführt, so ergibt sich daraus ein integratives Modell organisationalen Lernens, das als „Blaupause" für Wissensmanagementaktivitäten dienen kann. Die Bedeutung der Lernebenen, -formen, -typen und -phasen können Sie nach der Lektüre nachvollziehen und begründen.[2]

---

2 Zur Vertiefung der in diesem Kapitel dargestellten Inhalte sei zur Thematik des organisationalen Lernens besonders das „Handbook of Organizational Learning and Knowledge" von Dierkes et al. (2001) empfohlen. Auf fast 1.000 Seiten gibt es einen umfassenden und gut strukturierten Einblick (vgl. auch Antal, Dierkes, 2002; s. auch Klimecki et al. 1997, 2000).

4 Grundlegende Perspektiven des organisationalen Lernens

Wenn man die Vielfalt der Ansätze zum Thema „organisationales Lernen" in der Literatur betrachtet, so kann man leicht den Eindruck bekommen, den Wald vor lauter Bäumen nicht mehr sehen zu können. Das folgende Kapitel soll eine Zuordnung und Unterscheidung dieser vielfältigen Ansätze ermöglichen.[1]

Nach der Bearbeitung dieses Kapitels werden Sie folgende Lernziele erreicht haben:

- Sie können zwischen sechs verschiedenen Perspektiven organisationalen Lernens differenzieren.
- Sie wissen, welche Rolle Entscheidungsregeln und Verhaltensroutinen beim organisationalen Lernen aus entscheidungs- und anpassungstheoretischer Perspektive spielen.
- Sie sind fähig, zwischen strukturellen und epistemologischen Ansätzen innerhalb der kognitiven Ansätze zum organisationalen Lernen zu unterscheiden.
- Die Grundannahmen des Kernkompetenzansatzes sind Ihnen bekannt.
- Sie können die Transferprozesse vom individuellen (impliziten) Wissen zum organisationalen Wissen nach dem wissensbasierten Ansatz von Nonaka und Takeuchi in ihren Grundzügen erläutern.
- Sie haben einen Überblick über verschiedene systemtheoretisch geprägte Ansätze des organisationalen Lernens.
- Sie können erklären, was Wissensentwicklung im Rahmen des Kulturansatzes bedeutet.
- Sie wissen, wie Lernprozesse aus der Action-Learning-Perspektive dargestellt werden.
- Sie kennen die Ziele der Ansätze der universalistisch-eklektischen Perspektive des organisationalen Lernens.

In der Vergangenheit wurden zahlreiche Versuche unternommen, organisationales Lernen zu definieren und zu differenzieren (Senge 1990,1992; Huber 1991; Geißler 1994; Pawlowsky 1994, 2001; Schüppel 1996; Sattelberger 1996; Wiegand 1996; Wahren 1996; Tsang 1997; Easterby-Smith 1997, Eberl 1997; Klimecki et al. 1997; Edmondson et al. 1998; Pautzke 1989; Dierkes et al. 1999, 2001; Defillippi et al. 2003; Weiß 2010). Dabei sind verschiedene Auffassungen bzw. Konzepte entwickelt worden, die zum Teil auf völlig unterschiedlichen Perspektiven sowie unterschiedlichem wissenschaftlichen Erkenntnisinteresse basieren. Die damit verbundenen Unterschiede der Ansätze

---

1 Die nachfolgenden Texte basieren teilweise auf zuvor publizierten Beiträgen: Pawlowsky 1994; Pawlowsky 2001: 61 ff. sowie Pawlowsky, Geppert 2005: 259 ff.

https://doi.org/10.1515/9783110474930-004

zum organisationalen Lernen nehmen tendenziell zu, und bis heute dient keiner dieser Ansätze als grundlegendes theoretisches Fundament, auf dem andere aufbauen können. Im Folgenden wird eine vereinfachende Systematisierung der theoretischen Entwicklungslinien des organisationalen Lernens vorgenommen. Sie basiert auf einer Zusammenfassung der Kernargumente der jeweiligen Publikationen und ist an den Traditionen und Grundannahmen ausgerichtet, auf denen der jeweilige Ansatz aufbaut. Auf Basis einer Analyse der Literatur im Bereich des organisationalen Lernens können die folgenden – wenn auch nicht immer überschneidungsfrei abzugrenzenden – **Kernperspektiven** unterschieden werden (s. Abbildung 4.1):

- eine entscheidungs- und anpassungsorientierte Perspektive
- eine kognitive und Wissensperspektive
- eine systemtheoretische Perspektive
- eine Kulturperspektive
- eine Action-Learning-Perspektive
- eine universalistisch-eklektische Perspektive

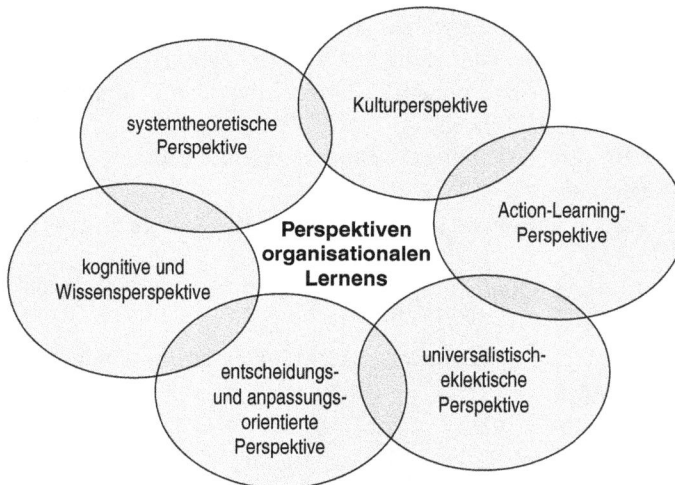

Abb. 4.1: Perspektiven organisationalen Lernens aus unterschiedlichen Theorien (Quelle: eigene Darstellung).

Beim Sichten aller Ansätze zeigt sich, dass sie einige übergreifende theoretische Elemente aufweisen, deren Zusammenwirken in einem integrativen Modell abgebildet werden kann. Im Kapitel 4.6 wird ein solches Modell aufgezeigt und erläutert. Betrachten wir im Folgenden zunächst die einzelnen Perspektiven genauer.

4.1 Die entscheidungs- und anpassungsorientierte Perspektive

Grundlage der entscheidungsorientierten Perspektive zur Erklärung der Prozesse des organisationalen Lernens bildet das **Stimulus-Response-Verhaltensmodell des Lernens** (vgl. frühe Arbeiten von Cyert, March 2006, erste Auflage 1963).

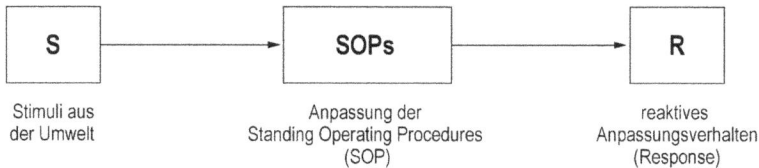

Abb. 4.2: Stimulus-Response-Verhaltensmodell (Quelle: eigene Darstellung).

Demnach reagiert die Organisation als komplexes informationsverarbeitendes System auf bestimmte Stimuli der Umwelt mit dem erforderlichen Anpassungsverhalten (s. Abbildung 4.2). Auslöser von Lernprozessen sind externe Schocks (Umweltstimuli). Diese machen eine (reaktive) Anpassung der Organisation erforderlich. Organisationen haben in derartigen Situationen eine gewisse Anzahl von Entscheidungsalternativen und internen Regeln der Entscheidungsfindung, die erweitert werden, um sich besser an die dynamische Umwelt anpassen zu können. Diese Standardprozeduren (sog. Standard Operating Procedures, SOPs), die Handlungsroutinen (inklusive Entscheidungsregeln) in spezifischen Situationen beinhalten, werden von Cyert und March (2006) auch als „Gedächtnis" der Organisation beschrieben. Demnach spielen kognitive Verknüpfungen vergangener Erfahrungsprozesse – als solche kann man die definierten Standardprozeduren bezeichnen – eine zentrale Rolle im Rahmen von organisationalen Entscheidungsprozessen. Nur erfolgreiche Verhaltensweisen und Entscheidungsregeln (d. h. erfolgreiche S-R-Kombinationen) werden in der Zukunft reproduziert, somit lernen Organisationen aus ihren Erfahrungen.

> Organizations learn: to assume that organizations go through the same processes of learning as do individual human beings seems unnecessarily naive, but organizations exhibit (as do other social institutions) adaptive behavior over time. Just as adaptations at the individual level depend upon phenomena of the human physiology, organizational adaptation uses individual members of the organization as instruments. However, we believe it is possible to deal with adaptation at the aggregate level of the organization, in the same sense and for the same reasons that it is possible to deal with the concept of organizational decision making. (Cyert, March 2006: 171 f.)

Cyert und March verstehen Entscheidungsprozesse insofern als Lernprozesse, als die Entscheidungsträger gemäß dem Versuch-Irrtums-Prinzip lernen. Ergebnisse von Entscheidungsprozessen werden hinsichtlich der Erfüllung vorgegebener Ziele überprüft. Bei Abweichungen zwischen Zielen und Ergebnissen erfolgt eine Suche nach alternativen Entscheidungen, bei denen Ziele und bislang gültige SPOs (Handlungsroutinen) angepasst werden müssen. Dieses mechanistische Stimulus-Response-Verständnis des Lernens wandten Cyert und March auf das Lernen einer Organisation an.

Das Konzept von Cyert und March basiert demnach auf einem Verständnis **adaptiven Lernens,** welches durch Unsicherheitsvermeidung, Alternativensuche und organisationales Lernen als Anpassung von Zielen, Normen und Standard Operating Procedures geprägt ist.

Organisationales Lernen findet nach Cyert und March (2006: 172 ff.) somit immer dann statt, wenn im Verlauf von Entscheidungsprozessen eine Überprüfung (Reflexion) und Erweiterung dieser Regelsysteme, und zwar konkret der

– „decision rules",
– „search rules" und
– „attention rules"

in Organisationen vorgenommen wird.

Überträgt man diesen Ansatz auf ein heutiges Verständnis von organisationalen Prozessen, kann man eine Vielzahl von Arbeitsabläufen in Organisationen modellieren, die als Standard Operating Procedures eine gewisse erfahrungsgeleitete Bestätigung erhalten haben. Wenn nun diese Modellierungen aufgrund veränderter Bedingungen erneuert werden, kann man im Sinne dieser Annahmen von organisationalem Lernen ausgehen.

Der allgemeine Terminus „Routinen" bezieht sich dabei auf Regeln, Prozeduren, Konventionen, Strategien und Technologien, die in Organisationen instrumentalisiert wurden und durch die das Verhalten in und von Organisationen gesteuert wird. **Levitt und March** (1988) haben dieses entscheidungsorientierte Konzept weiterentwickelt. Das Lernen in Organisationen wird bei ihnen als Transfer von Erfahrungen in Verhaltensroutinen gesehen. Levitt und March (1988) fügen dabei explizit Aspekte hinzu, die diese formalen Routinen stützen, ausweiten oder anfechten, so z. B. gedankliche Strukturen und Grundgerüste, Paradigmen, Codes, Kultur und Wissen. Diese Routinen werden unabhängig von Individuen betrachtet und trotz eines Wechsels der Organisationsmitglieder im Zeitablauf aufrechterhalten. Dies geht damit über Standard Operating Procedures, wie sie von Cyert und March (2006) hervorgehoben wurden, hinaus und leistet erstmals eine Konzeptualisierung des Lernens auf drei Ebenen:

– Lernen aus Erfahrungen
– Lernprozesse auf Basis der Interpretation von Geschichten, Paradigmen, Referenzrahmen oder Kultur
– Lernen aus Erfahrungen, die andere Organisationsmitglieder gemacht haben

March (1991) verweist in diesem Zusammenhang auch darauf, dass viele – insbesondere erfolgreiche – Organisationen es zunehmend schwer haben, innovative und experimentelle Lernformen zu entwickeln. Sie tendieren in der Regel dazu, etablierte Lernroutinen kurzfristig auszubeuten. Allerdings vernachlässigen sie damit oft längerfristig orientierte explorative Formen des Lernens und beeinträchtigen so die Innovations- und oftmals auch die Überlebensfähigkeit des Unternehmens.

Entscheidungs- und anpassungsorientierter Ansatz
Wissensentwicklung bedeutet, adäquate Entscheidungsregeln (SOPs) in der Organisation auf der Grundlage vergangener Lernerfahrungen zu speichern und verfügbar zu haben. Es ist demnach solches Wissen zu generieren, das der Organisation angemessene Reaktionsmöglichkeiten auf Umweltturbulenzen und Dynamiken ermöglicht.

4.2 Die kognitive und Wissensperspektive

4.2.1 Die kognitiven Ansätze

Zwischen Levitts und Marchs Konzept der organisationalen Routinen und kognitiven Ansätzen des organisationalen Lernens existiert ein eher fließender Übergang. Letztere basieren maßgeblich auf der Annahme, dass alle bewussten Handlungen aus kognitiven Prozessen von Individuen resultieren. Auch Lernprozesse haben aus dieser Sicht grundsätzlich einen bewussten Charakter. Das Lernen der Organisationsmitglieder lässt sich nicht auf die bloße Speicherung rationaler Erfahrungen reduzieren, sondern sie müssen vor dem Hintergrund ihrer individuell ausgeprägten kognitiven Strukturen als Interpretatoren der Wirklichkeit betrachtet werden (vgl. Hilse 2000). Hier können zwei grundlegende Gruppen von Ansätzen organisationalen Lernens unterschieden werden: **strukturelle** und **epistemologische Ansätze** (s. Abbildung 4.3).

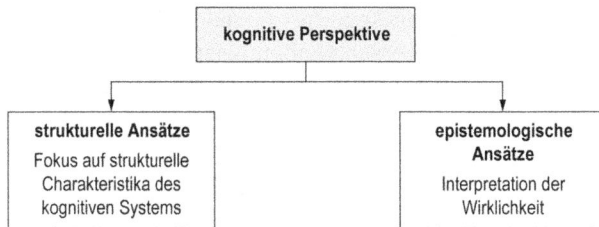

Abb. 4.3: Kognitive Ansätze (Quelle: eigene Darstellung).

Strukturelle Ansätze beziehen sich auf die Informationsverarbeitungskapazität in und von Organisationen. Sie wird maßgeblich von den strukturellen Charakteristika des kognitiven Systems der Organisationsmitglieder determiniert.

Diese Annahme ist aus psychologischer Sicht nicht neu: Ein Großteil psychologischer Forschungen hat bestätigt, dass die menschliche Informationsverarbeitungskapazität von der individuellen Ausprägung des kognitiven Systems (des individuellen Wissenssystems) oder moralischer Entwicklungsstufen des Individuums bestimmt wird. Kognitive Systeme können bezüglich Inhalt und Strukturen analysiert werden. Das heißt, die wahrgenommene Komplexität sowohl der Umwelt als auch der Organisation selbst wird nicht nur davon bestimmt, was Menschen denken, sondern auch wie Menschen denken, wobei strukturelle Ansätze sich auf letzteren Aspekt beziehen (vgl. hierzu auch Kahneman 2011)

Die Grundannahme struktureller Konzepte des organisationalen Lernens besteht darin, dass sowohl Lernen als auch Entscheiden der Organisationsmitglieder von der **Struktur des Wissenssystems** einer Organisation oder eines sozialen Subsystems (z. B. Gruppe), d. h. von der Gesamtheit des auf der Organisations- bzw. Gruppenebene gespeicherten und verfügbaren Wissens abhängt. Die individuelle Kapazität Informationen verarbeiten zu können wird beispielsweise von Erfahrungen, Prozesswissen oder Werten bestimmt, die in einer Organisation geteilt und gelebt werden. Der Ansatz des „Organization Mind" von Sandelands und Stablein (1987) stellt zum Beispiel ein Konzept dar, bei dem solche kollektiven (organisationalen) Wissenssysteme im Mittelpunkt der Betrachtungen stehen.

In einer sehr weitreichenden Analogie zu menschlichem Denken schlagen Sandelands und Stablein (1987) vor, Organisationen als selbstständig denkende Einheiten zu betrachten: „[...] we examine the concept of **organization mind** – the idea that organizations are mental entities capable of thought" (Sandelands, Stablein 1987: 135).

Um ihre These, dass Organisationen denken können, zu prüfen, schlagen Sandelands und Stablein (1987) vor, dass drei übergreifende Kriterien erfüllt sein müssen:

1. **Existenz einer physischen Grundlage für Denkprozesse**, vergleichbar den elektrochemischen Prozessen des menschlichen Gehirns:

   Die physische Grundlage von Denkprozessen in Organisationen sehen Sandelands und Stablein (1987) in Verhaltensmustern, die sich sowohl in menschlichem Verhalten als auch in organisationalen Ablaufprozessen finden lassen. Als physisches Abbild von Ideen und Denkprozessen werden beispielsweise Verhaltensmuster und Rollen angeführt, die zu bestimmten Aufgaben „dazugehören":
   „The obvious examples are behaviors designed explicitly for the purpose of communicating ideas. Languages (human, machine or otherwise) represent ideas by linking them, for the most part conventionally, to specific behaviors (Speech acts, motor patterns etc.)." (Sandelands, Stablein 1987: 139)
   Verhaltensmuster, die an spezifische Aufgaben geknüpft sind, ebenso wie Ablauf- und Verfahrensprozesse werden als Vergegenständlichung von Denkprozessen in Organisationen betrachtet.

2. **Kodierungsprozess von Ideen auf unterschiedlichen Abstraktionsebenen:**
   Einen weiteren Beleg für die Denkfähigkeit von Organisationen stellt nach Sandelands und Stablein (1987: 141) die Kodierung von Ideen auf unterschiedlichen Abstraktionsebenen dar. Einerseits wird Verhalten in Organisationen selbst als symbolische Repräsentation von Ideen verstanden, andererseits werden organisationale Strukturen, die in ihrer Abhängigkeit von organisationalen Umwelten entstanden sind, als Ideen über Umweltsituationen interpretiert, die sich in

Strukturen verfestigen. Kodierungsprozesse finden weiterhin auf unterschiedlichen Ebenen statt. Das Verständnis von Kodes auf unterer Ebene erfordert die Kenntnis von höheren Kodes, wobei Erkenntnisse über Kodierungsprozesse selbst möglich sind.

3. **Komplexe Interaktion zwischen Ideen:**

   Als drittes Kriterium wird die komplexe Interaktion von Ideen im Denken angeführt. Auch diese Bedingung wird nach Ansicht von Sandelands und Stablein (1987) in Organisationen weitgehend erfüllt, indem

   – permanente Rückbezüge im Verhalten stattfinden (Aufgaben werden verteilt, und nach Erledigung wird der Entscheidungs- und Kontrollvorgang wiederum auf einer höhergeordneten Ebene weitergeführt),

   – Feedback-Schleifen als Teil organisationaler Planungs- und Strategieprozesse existieren,

   – Selbstdiagnosen bzw. Reflexionsprozesse über eigenes Denken in Organisationen beispielsweise in Formen des internen Berichtswesens stattfinden und

   – schließlich die Existenz von sowohl parallelen als auch seriellen Bearbeitungsprozessen in Organisationen hervorgehoben wird.

Organisationales Lernen kann aus dieser **strukturellen Perspektive** als „physische" Veränderung des organisationalen Wissenssystems betrachtet werden: Kognitive Strukturen werden erweitert bzw. variiert und ermöglichen damit eine verbesserte Wahrnehmung und Bewertung der internen und externen Umwelt der Organisation.

Organisationale Wissenssysteme können damit im Sinne einer wechselseitigen Ursache-Wirkungs-Beziehung sowohl als Vorstufen als auch Ergebnisse des organisationalen Lernens dargestellt werden: Aus den Charakteristika des organisationalen Wissenssystems resultieren Determinanten des organisationalen Lernprozesses, die wiederum Einfluss auf die Strukturen des organisationalen Wissenssystems nehmen (s. Abbildung 4.4).

Wissenssysteme können demnach als Ausgangspunkt und als Ergebnis organisationaler Lernprozesse betrachtet werden. Der Prozess organisationalen Lernens kann folglich als zwischengelagerter Informationsverarbeitungs- und Interpretationsprozess verstanden werden. Hierbei werden auf der Grundlage eines bestehenden orga-

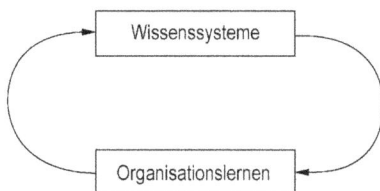

Abb. 4.4: Wechselwirkung zwischen organisationalen Wissenssystemen und organisationalem Lernen (Quelle: eigene Darstellung).

nisationalen Wissenssystems Informationen aus der Umwelt verarbeitet und dazu in Relation gesetzt.

Die zweite Gruppe kognitiver Ansätze besteht aus **epistemologischen Grundgedanken**, die den Interpretationsprozess und die kognitive Konstruktion der Wirklichkeit als Kernelemente des Lernens betrachten. Vor dem Hintergrund der Betrachtung kollektiver Erkenntnisprozesse liegt der Schwerpunkt dieser Ansätze auf der Frage der Entwicklung organisationalen Wissens.

Wissen wird hier nicht als objektive mentale Reflexion der Wirklichkeit definiert, sondern als interpersonell variierbare Interpretation der Wirklichkeit betrachtet, die auf der individuellen „Geschichte" jedes Mitglieds eines kollektiven Wissenssystems basiert und unter Umständen auch in Konflikt zu anderen Wirklichkeitsinterpretationen stehen kann. Im Vordergrund steht hier nicht reaktives Anpassungsverhalten, sondern die Menschen verfügen vielmehr (proaktiv) über ihre Umwelt. Die subjektive Konstruktion und Interpretation der Wirklichkeit erfolgt auf der Basis von Symbolen und Sprache. Eine organisationale Realität wird hingegen mit der Interaktion zwischen Organisationsmitgliedern konstruiert, die eine gemeinsame Interpretation über die „richtigen" Deutungen entwickeln. Um solche Prozesse zu fördern, schlagen epistemologische Ansätze kooperatives Experimentieren und interaktive Methoden vor.

4.2.2 Die Wissensperspektive

Im Gegensatz zu den kognitiven Ansätzen, die eher auf Strukturen organisationaler Wissenssysteme und Prozesse der Entwicklung von organisationalem Wissen ausgerichtet sind, beziehen sich die Ansätze der Wissensperspektive auf die Inhalte des Wissens selbst.

Kernkompetenzansätze: Kernkompetenzen werden in Organisationen als Quelle und Ziel organisationaler Lernprozesse herausgestellt. Diese Perspektive besteht im Wesentlichen in der Identifikation, Entwicklung und Diffusion von Kernkompetenzen in Organisationen. Die Grundannahme des Kernkompetenzansatzes besteht darin, dass die Wettbewerbsfähigkeit einer Organisation von deren Wissen und Fähigkeiten abhängt, die sich zu einem bestimmten Grad von dem der Wettbewerber unterscheiden. Die Kontrolle von schwer zu imitierenden organisationalen und technologischen Ressourcen wird hier sowohl als Quelle des ökonomischen Erfolges als auch als Lernziel angesehen. Der Schwerpunkt dieser Perspektive liegt auf der Aufdeckung von grundlegenden Stärken und Schwächen sowie Fähigkeiten von Organisationen, die als ineinandergreifende Systeme der Wissensbasis und des Wissensflusses betrachtet werden (vgl. Leonard-Barton 1995: XIV).

Zur Förderung organisationaler Lernprozesse werden beispielsweise integrierte Problemlösungen über verschiedene kognitive und funktionale Barrieren hinweg, die Implementierung neuer Methoden, Experimente und z. B. Wissensimport im

Zusammenhang mit Mergers and Acquisitions vorgeschlagen. Im Zentrum stehen die „dynamic capabilities" der Unternehmung. Insbesondere unter dynamischen Umweltbedingungen wird die Fähigkeit von Organisationen, interne und externe Kernkompetenzen intelligent aufzubauen und zu nutzen, als zentraler Erfolgsfaktor hervorgehoben (vgl. Schirmer et al. 2010).

Wissensbasierte Ansätze sind eng mit den epistemologischen Ansätzen verbunden und wurden von Polanyis Verständnis von „tacit (implicit)" und „explicit knowledge" abgeleitet (vgl. Kapitel 8.3). Der Fokus liegt hier auf der Betrachtung von Wissensstrukturen, -prozessen, dem organisationalen Gedächtnis und der Lernfähigkeit. Explizites Wissen (z. B. detaillierte Prozessbeschreibungen, Patente und Organigramme) kann mithilfe der Sprache artikuliert und transferiert werden. Implizites Wissen (z. B. die Fertigkeit eines Bäckers, einen Teig so zu kneten, dass dieser besonders geschmeidig wird) basiert hingegen auf individuellen Erfahrungen und kann nicht oder nur schwer durch sprachliche Mittel artikuliert oder transferiert werden (vgl. Li et al. 2003; Keller et al. 2009; Katenkamp 2011). Lernen bzw. Wissensentwicklung wird aus dieser Sicht als interaktiver Prozess zwischen diesen beiden Wissenstypen (implizites vs. explizites Wissen) auf verschiedenen Ebenen der Organisation beschrieben.

Aus einer praktischen Beobachtung von Produktentwicklungsprozessen in japanischen Unternehmen leitet Nonaka (1992) ein intuitives Modell organisationaler Wissenserzeugung ab, bei dem er vier Schritte organisationalen Lernens unterscheidet (vgl. Abbildung 4.5):
- eine Sozialisationsstufe, bei der sich Individuen implizites Wissen aneignen,
- eine Artikulationsphase, bei der dieses angeeignete Wissen in explizites Wissen übersetzt und damit anderen mitteilbar wird,
- eine Kombinationsphase, die gekennzeichnet ist durch die Zusammenfassung, Typisierung und Normierung des Wissens durch Mitglieder der Organisation und
- eine Internalisierungsstufe, die eine Vertiefung der „stillschweigenden" Wissensbasis von Individuen impliziert.

Als zentralen Wirkungsmechanismus organisationaler Lernprozesse postuliert Nonaka (1992) den Transfer personengebundenen Wissens zu organisationalem (kollektiven) Wissen im Rahmen dieser vier Transferprozesse (diese Prozesse werden im Kapitel 11, Management von Wissensprozessen vertiefend behandelt):

Die zentrale Herausforderung bei den wissensbasierten Ansätzen besteht in der Mobilisierung des impliziten Wissens in Organisationen und dessen Transfer auf die Gruppen- und Organisationsebene. Individuelles Wissen und individuelle Erfahrungen, die häufig lediglich impliziter Natur sind, müssen artikuliert und anderen Organisationsmitgliedern erfahrbar gemacht werden. Auf dieser Basis werden eine Reihe von Instrumenten und Methoden hergeleitet, die den Wissenstransfer und die Generierung von Wissen fördern. Es scheint daher eher die Norm als die Ausnahme zu sein, dass der Transfer von Wissen zwischen verschiedenen Unternehmensteilen als

	implizites Wissen	explizites Wissen
	Zielpunkt	
implizites Wissen	**Sozialisation** Beobachtung, Erfahrungsaustausch, Nachahmung durch gemeinsame Erfahrungen in einem spezifischen Kontext Projekt-/Teamarbeit, Coaching, Assistenzstrukturen, Wandering	**Externalisierung** Artikulation von implizitem Wissen, Gebrauch von Analogien und Modellen, Dialog, kollektive Reflektion Metapher, Dialogmethode, Symbole
explizites Wissen	Eingliederung expliziten Wissens in implizites Wissen, Verinnerlichung von explizitem Wissen Lernen am Arbeitsplatz, problemorientiertes Lernen, Simulationen, Experimente **Internalisierung**	Zusammenführen und Verbinden, Kombinieren von expliziten Wissens-Modellen via IT-Netzwerke, E-Mail, Konferenzen **Vernetzung (Kombination)**

Ausgangspunkt (links an der Tabelle)

Abb. 4.5: Transferprozesse organisationalen Wissens (Quelle: in Anlehnung an Nonaka, Takeuchi 1997: 72).

„sticky" („klebrig") beschrieben wird und relativ problematische Verlaufsmuster aufweist (vgl. hierzu auch Kapitel III Erfassung und Bewertung von Kompetenz und Wissen). Vorhandenes implizites Wissen, z. B. in den Niederlassungen multinationaler Konzerne, bietet zwar einen Wettbewerbsvorteil für solche Unternehmenseinheiten, jedoch sind gerade diese organisationalen Wissensbestände sehr stark kontextspezifisch (also „sticky"), d. h. sie sind sehr stark durch spezifische unternehmens-, nationalkulturelle und auch institutionelle Interaktionsmuster geprägt. Es ist daher sehr schwer, implizites Erfahrungswissen über kulturelle und organisatorische Grenzen hinweg zu transferieren.

! **Aus der kognitiven und Wissensperspektive beinhaltet organisationales Lernen:**
- strukturelle Ansätze: Erhöhung der kognitiven Komplexität von individuellen und kollektiven Wissenssystemen in Organisationen
- epistemologische Ansätze: Schaffung gemeinsamer handlungsleitender Wirklichkeitskonstruktionen
- ressourcenorientierte Ansätze (Kernkompetenz-Ansätze): Entwicklung und Umsetzung von Kernkompetenzen, die nicht ohne Weiteres substituierbar und übertragbar sind
- wissensbasierte Ansätze: Implementierung einer kontinuierlichen Wissensspirale zwischen implizitem und explizitem Wissen

4.3 Die systemtheoretische Perspektive

Mit der Charakterisierung von Organisationen als **Systeme bewusst koordinierter Aktivitäten** mindestens zweier Personen wurde von Barnard (vgl. Barnard 1956: 75) vermutlich erstmals eine Systemperspektive des Managementdenkens entwickelt.

Der Systemansatz verweist auf eine lange Tradition und zahlreiche Zweige. Bertalanffy (vgl. 1948, 1957, 1968) entwickelte Prinzipien einer allgemeinen Systemtheorie als Ansatz, um verschiedene wissenschaftliche Disziplinen zu integrieren. Diese bildeten das theoretische Fundament einer Vielzahl von Modellen, in denen Organisationen als offene Systeme konzeptualisiert werden, die sich an eine veränderliche Umwelt anzupassen haben. Aufbauend auf Prinzipien der Kybernetik (vgl. Ashby 1963) und Managementtheorien wie Barnards „System of Cooperation" haben sich mindestens drei verschiedene systemtheoretisch geprägte Ansätze des organisationalen Lernens entwickelt:

Traditionelle systemtheoretische Managementansätze fokussieren auf die Beziehung zwischen System und Umwelt. Die organisationale Umwelt wird hinsichtlich ihres Veränderungsdrucks interpretiert, den sie auf Organisationen ausübt. Das „Gesetz der notwendigen Varietät" von Ashby (1963) impliziert, dass der Vielfältigkeit der Umwelt durch eine mindestens ebenso hohe (Eigen-)Varietät des Systems begegnet werden kann. Organisationen, die einer hohen Umweltkomplexität ausgesetzt sind, haben somit die Komplexität ihrer internen Strukturen zu erhöhen, um ihre Umwelt erfolgreich handhaben zu können. Lernen bezeichnet vor diesem Hintergrund die Erweiterung und Differenzierung der organisationalen Wissensbasis. In diesem Sinne unterscheiden solche Grundzüge einerseits zwischen stabilen und wenig komplexen Unternehmensumwelten, in denen bürokratisch verfasste Organisationssysteme angemessene Lernstrukturen aufweisen. Andererseits werden – insbesondere in dynamischen und hochkomplexen Umwelten – „organic organizations" (Burns, Stalker 2001) oder „adhocracies" (Mintzberg 1992) als die lernfähigeren, innovativeren und anpassungsfähigeren Organisationstypen angesehen. Viele Forscher sehen letztere daher als das Erfolgsmodell für lernende Organisationen.

Die grundlegende Annahme des **systemdynamischen Ansatzes** als zweiter systemischer Theorie besteht darin, dass Organisationen, die mit der Analyse der relevanten Umweltfaktoren und deren Dynamik einmal die Komplexität eines (Umwelt-)Systems reduziert haben, dieses Wissen nutzen können, um die Funktionsweise komplexer Systeme zu durchdringen und situativ zu intervenieren. Jeder Output eines Systems wird gleichzeitig als Input für andere Systeme verstanden.

Organisationales Lernen beschreibt aus dieser Perspektive das zunehmende Durchdringen und erfolgreiche Handhaben dieser komplexen System-Umwelt-Beziehungen und deren Dynamik. Die systemdynamische Perspektive wurde maßgeblich aus einem kybernetischen Konzept des Single-Loop-Learning abgeleitet, das heißt aus einem Modell von Feedback-Schleifen der Verhaltensanpassung zur Stabilisierung systemischer Ziele, Normen und Strukturen.

Darüber hinaus können Konzepte abgegrenzt werden, die auf den Grundannahmen von **Selbstorganisationsprozessen** basieren. Diese Konzepte begreifen Selbstreferenzialität als grundlegenden Vorgang, mit dem sich Organisationen auseinandersetzen müssen, um organisationale Lernprozesse zu verstehen und die organisationale Problemlösungsfähigkeit fördern zu können. Die Autoren, die diese systemtheoretische Perspektive vertreten, schlagen vor, dass Institutionen zur Förderung der selbstreferenziellen Prozesse „organizational slack" (d. h. zusätzliche personelle und sachliche Ressourcen über den eigentlichen Prozess der Leistungserstellung hinaus) aufbauen müssen.

Um den Turbulenzen von Märkten flexibel genug begegnen bzw. eine hohe Variation der Arbeitsvorgaben bewältigen zu können, müssen Subsysteme, Gruppen bzw. einzelne Arbeitnehmer mehr Funktionen beherrschen und übersehen können als zur unmittelbaren Ausführung einer Tätigkeit erforderlich sind. Unternehmen, die turbulenten Markt- und Umfeldbedingungen begegnen wollen, müssen auf eine „Redundanz von Handlungskompetenz" abzielen. Diese Redundanz von Qualifikationen bzw. der verfügbaren Wissenspotenziale kann demnach die funktionale Flexibilität des Mitarbeitereinsatzes erhöhen und damit den Handlungsspielraum des Unternehmens im Hinblick auf ein differenziertes Leistungsangebot, größere Produktdifferenzierung, schnellere Durchlauf- und kürzere Umstellungszeiten wesentlich erweitern (vgl. z. B. Sorge 1985: 68).

Das Management zielt aus dieser Sicht auf das Zulassen und Fokussieren autonomer Systementwicklungen sowie auf die Gestaltung struktureller Rahmenbedingungen, die selbstreferenzielle Prozesse begünstigen.

! **Der systemtheoretische Ansatz**
Organisationales Lernen und Wissensgenerierung impliziert hier Erkenntnisse über die Austauschprozesse zwischen (Sub-)Systemen zu gewinnen, um systemische Wechselwirkungen zu verstehen und zu gestalten.

4.4 Die Kulturperspektive

Eine Vielzahl von Ansätzen zum organisationalen Lernen bezieht sich auf das Konzept der Unternehmenskultur und betrachtet organisationales Lernen als grundlegenden Wandel von Elementen der Unternehmenskultur, z. B. der Abwehrroutinen in Organisationen (defensive routines), d. h. von tradierten Verhaltensweisen und Routinen, die Neuorientierungen in Organisationen hemmen. Die Definition von Kultur als System von Werten, Glauben und Artefakten (Mythen, Symbolen, Metaphern, Riten), die in einer Gruppe im Zeitablauf kreiert, vererbt, geteilt und übertragen werden und die diese Gruppe von anderen differenziert, verdeutlicht die enge Verbindung zu den epistemologischen Ansätzen. Kultur und kollektive Wirklichkeitskonstruktionen sind auf denselben Kern zurückzuführen. Die kulturelle Perspektive wird dabei als organisationsbezogenes Gegenstück der kognitiven Perspektive verstanden: Während die kognitiven Ansätze auf die Ebene des Individuums zielen, beziehen sich kulturelle Ansätze auf die kollektive Ebene des Lernens.

Im Sinne einer kollektiven Orientierung definiert Sackmann **Unternehmenskultur** als „die von den Mitgliedern einer Gruppe gehaltenen grundlegenden Überzeugungen, die als Orientierungsrahmen für deren Wahrnehmung, Denken, Fühlen und Handeln dienen, insgesamt typisch für die Gruppe sind und sich auch in deren kollektivem Verhalten manifestieren" (vgl. Sackmann 2004: 4). **!**

Sackmanns (1991) Konzept des kulturellen Wissens in Organisationen basiert auf der Annahme, dass Kultur als kollektive Konstruktion der Wirklichkeit verstanden wird (vgl. Sackmann 1991: 33). Sackmann differenziert zwischen vier Typen kulturellen Wissens, die zusätzlich in weitere Kategorien unterteilbar sind. **Die Wissenstypen** können folgendermaßen beschrieben werden (vgl. Sackmann 1991: 34 ff.):

– **Lexikalisches Wissen bzw. Wörterbuchwissen** (dictionary knowledge) umfasst spezielle (deskriptive) Beschreibungen und Bedeutungen, die bestimmte Sachverhalte in einer Organisation haben, z. B. was konkret unter Strategie verstanden wird. Diese Wissensart kann vor allem durch die Frage „Was ist . . . ?" konkretisiert werden.

– **Handlungsanleitendes Wissen** (directory knowledge) bezieht sich auf Verhaltensweisen und auf in der Organisation übliche, bewährte Lösungswege und Abfolgen von Handlungen auf der Grundlage kausal-analytischer Zuschreibungen. Die typische Frage wäre hier: „Wie werden die Dinge getan?".

– **Axiomatisches Wissen** (axiomatic knowledge) bezieht sich auf endgültige Begründungen, grundlegende Einstellungen oder Glaubenssätze mit nicht hinterfragter Gültigkeit in der Organisation. Charakteristische Frage: „Warum werden die Dinge so getan, wie sie getan werden?".

– **Rezeptwissen bzw. Regelwissen** (recipe knowledge) umfasst vor allem die Empfehlungen für künftige Handlungen und Verbesserungen auf der Basis von kausal-normativen Zuschreibungen. Die typische Frage auf dieser Ebene wäre: „Wie sollte etwas sein bzw. getan werden?".

Aus der Kulturperspektive wird organisationales Lernen als Prozess betrachtet, durch den Gruppen das Wissen akquirieren, das sie zur Durchführung ihrer Aktivitäten befähigt. Die Prozesse der Wirklichkeitskonstruktion, der Auswahl und Umsetzung alternativer Handlungen erfolgt nach kollektiven, kulturell bedingten Ordnungsmustern. Kultur wird damit ähnlich den kognitiven Ansätzen als Determinante gemeinsamer Lernprozesse betrachtet, die zugleich zukünftige Lernprozesse bestimmt.

Betrachtet man dieses Verständnis von Kultur, so wird deutlich, dass es sich hier um ein Konstrukt handelt, das eine gemeinsame Wirklichkeitsinterpretation von

Mitgliedern einer Organisation beinhaltet. Symbole, Mythen, Rituale sind in diesem Sinne nichts anderes als Indikatoren für kollektive Wissenssysteme, denn sie stellen sprachliche und handlungsbezogene Ausdrucksformen organisationaler oder interpersonaler Handlungstheorien dar.

! Organisationskultur ist hier die gemeinsame Wirklichkeitsinterpretation der Mitglieder einer Organisation. Organisationales Lernen ist demnach die Veränderung und/oder Differenzierung dieser kollektiven Wissenssysteme.

Schein (1991) verdeutlicht mit seinem Verständnis von Kultur diese Auffassung: „At the simplest conceptual level [...] we can say that culture is the shared common learning output" (Schein 1991: 247).

Es lassen sich eine Vielzahl von Beispielen dafür anführen, dass dieses Konzept in hohem Maße affektiv geprägt sein kann – beispielsweise zur Änderungsresistenz von Kognitionen bei religiösen und weltanschaulichen Wertesystemen von Gruppen (vgl. z. B. Frey, Gaska 2001: 298 ff.; Irle 1973). Die Kulturperspektive fordert nachdrücklich dazu auf, organisationales Lernen nicht nur als kognitiv-rationalen Prozess zu thematisieren, sondern auch die Valenzen, die mit diesen kollektiven Überzeugungen verbunden sind, zu berücksichtigen. Ein Management organisationalen Lernens, das diese Ebene vernachlässigt, dürfte wenig Erfolgschancen haben (vgl. Park 1991).

Organisationales Lernen als Kulturwandel impliziert daher immer die **affektive Komponente** von interpersonalen Wissenssystemen. Deren Charakteristikum ist damit nicht nur die Tatsache gemeinsam geteilter Wirklichkeitskonstruktionen beziehungsweise ähnlich strukturierte kognitive Landkarten über bereichsspezifische Funktionszusammenhänge, sondern auch übergreifende Sinnstrukturen mit affektiven Konnotationen. Betrachtet man die Kulturperspektive als die affektive „Ladung" kollektiver Wissenssysteme, so eröffnet sich eine breite Palette von Forschungsansätzen, die unter dem Oberbegriff eines „Sinn- und Wertemanagements" zusammengefasst werden können und deren enge Verbindung mit den zuvor beschriebenen kognitiven Konzepten offensichtlich ist (vgl. z. B. Schein 1991). Die Stabilität organisationaler Wissenssysteme auf Ebene der Gruppe und der Organisation kann oftmals eher auf symbolische Bedeutung, Riten oder Metaphern zurückgeführt werden als auf eine gemeinsame kognitive Interpretation, die sich auf Erfahrungslernen bezieht. Die Feststellung eines Kodak-Managers „The ghost of George Eastman still walks the halls" (Schein 2004: 300) mag wesentliche Handlungstheorien und Sinnmodelle eines Gründers über Generationen hinweg nahelegen und verfestigen.

! **Unternehmenskulturansatz**
Wissensentwicklung bedeutet im Kulturansatz die Ausrichtung eines Systems von Werten, Glauben, Symbolen, Metaphern und Riten auf geteilte Visionen und Ziele der Organisationsmitglieder.

4.5 Die Action-Learning-Perspektive

Action-Learning-Perspektive ❗

Kern der Action-Learning-Perspektive (z. B. Pedler et al. 1997; Garratt 1990; Bauer et al. 2004) ist die Idee, dass sich Lernen durch Reflexion über Handeln vollzieht. Menschen lernen, indem sie während des Handelns oder im Anschluss daran über ihr Verhalten und die Reaktionen der Umwelt auf dieses Verhalten reflektieren.

Tiefgreifendes Verstehen beruhen auf Reflexionen, auf die wiederum Handlungen folgen. Die Ergebnisse einfacher Lernprozesse können zwar gespeichert und abgerufen werden, tatsächliches Verstehen ist jedoch nicht notwendigerweise damit verbunden. Die Voraussetzung für verhaltensrelevantes Lernen besteht vielmehr in der Reflexion der individuellen Erfahrungen. Auf dieser Basis werden Generalisierungen vorgenommen und mit individuellen Wirklichkeitskonstruktionen abgestimmt, die in ähnlichen Situationen getestet und gegebenenfalls modifiziert werden. Wie bei vielen anderen Ansätzen des organisationalen Lernens wird auch hier die Notwendigkeit, dass sich die betreffende Organisation an eine sich verändernde Umwelt anpasst, als zentrale Triebfeder des Lernens betrachtet. Lernprozesse werden aus der Action-Learning-Perspektive in Abhängigkeit von Wissen, Reflexionen und der Anwendung neuen Wissens dargestellt. Action-Learning erfordert einen Transfer von Wissen in Handlungen.

Praktische Methoden des Action-Learnings werden in unterschiedlichen Organisationsformen eingesetzt, insbesondere in Hochsicherheitsfeldern und im Einsatzgebiet von Feuerwehr, Militär sowie Polizei. Eine Möglichkeit, aus Erfahrungen durch eine anschließende „Manöverkritik" zu lernen, bietet das Instrument des After-Action-Review (AAR). Bei dieser aus dem Militär stammenden Vorgehensweise werden in strukturierter und zeitlich strafferer Form eine Reihe von Leitfragen geklärt, z. B. wie das Projekt hätte verlaufen sollen, wie es tatsächlich verlaufen ist, warum es so verlaufen ist, was zukünftig besser gemacht werden kann etc. Nachfolgend ist der idealtypische **Ablauf eines After-Action-Review-Prozesses** dargestellt (vgl. Busch, Oelsnitz 2006: 54 ff.).

- Rekapitulation der ursprünglich geplanten Zielsetzungen: Was sollte erreicht werden? Wie sollte es erreicht werden? Welche Erwartungen bestanden?
- Erreichter Ist-Zustand: Was ist das reale Endergebnis? Wie ist es zustande gekommen (systematische und chronologische Aufarbeitung der tatsächlichen Ereignisse)?
- Abweichungsanalyse: Warum gibt es (keine) Abweichungen? Analyse, welche Faktoren zum aktuellen Ergebnis beigetragen haben mit Fokus auf wenige Schlüsselfaktoren.
- Lessons Learned: Reflexion, was aus der Rückschau zu lernen ist, was positiv war, beibehalten oder verändert werden soll sowie Vorausschau auf die Zukunft und Antizipation möglicher Begebenheiten. In den Lessons Learned sollten die

als zielführend erkannten Verhaltensweisen zusammengefasst werden. Sie dokumentieren dann sozusagen Schlüsselerfahrungen und Best Practices und sollen dazu beitragen, die Wiederholung von Fehlern zu vermeiden.

4.6 Die universalistisch-eklektische Perspektive

Das Hauptinteresse dieser Beiträge ist es, Managern praktische Handlungshinweise zu geben, wie sie ihre Unternehmung in eine lernende Organisation verwandeln können. Im Gegensatz zu theoretisch orientierten Studien, in denen gefragt wird: „Wie lernt eine Organisation?", stellen praxisorientierte Forscher normativ-pragmatisch die Frage „Wie sollte eine Organisation lernen?" in den Mittelpunkt ihrer Überlegungen. Gesucht werden universell gültige Lern- und Erfolgsmodelle (Best Practices), die von Managern und Unternehmensberatern kontextunabhängig, über Organisations- und Ländergrenzen hinweg angewandt werden können.

Typisch für diese Ansätze der universalistisch-eklektischen Perspektive ist die Verknüpfung von verschiedenen, bereits vorhandenen, theoretischen Strängen, ohne eine eigene, neue Sichtweise zu vertreten. Herauszustellen ist hier beispielsweise Senges Ansatz, dessen Buch vor dem eher theoretisch orientierten Klassiker von Cyert und March (2006, erste Auflage 1963) nunmehr der meist zitierte Text in der organisationalen Lerndebatte ist. Dieses Lernmodell von Senge hat entscheidend dazu beigetragen, dass die Idee der lernenden Organisation über akademische Grenzen hinweg im Bereich des Managements, der Unternehmensberatung und sogar in der Politik als Best Practice Anerkennung fand. Senges Ansatz verbindet z. B. die systemtheoretische Perspektive, die Kulturperspektive, die kognitive Perspektive und entwicklungspsychologische Elemente (Reifeprozesse) miteinander.

Senge (1990) beschreibt **fünf Dimensionen des organisationalen Lernens**. Sie prägen die Anforderungen an eine Organisation, um Wissensmanagement zu etablieren. Das heißt, Senge geht davon aus, dass sich lernende Organisationen durch die Bündelung der folgenden fünf Disziplinen entwickeln lassen, wobei die ersten vier Dimensionen in der fünften zusammengeführt werden:

– **Persönliche Kompetenz** (Personal Mastery): Personal Mastery umfasst die Bereitschaft von Menschen, sich weiterzuentwickeln und umzudenken. Manager einer lernenden Organisation sollten zudem in der Lage sein, persönliche Fähigkeiten und Potenziale anderer zur Entfaltung zu bringen, da Organisationen nur etwas lernen, wenn auch die einzelnen Menschen lernen. Das individuelle Lernen ist zwar keine Garantie dafür, dass organisationales Lernen stattfindet, aber ohne es gibt es keine lernende Organisation.

– **Mentale Modelle:** Menschliches Wissen wird in Form von mentalen Modellen repräsentiert. Sie sind verhaltenswirksame Interpretationen der Wirklichkeit, die in ihrer Gesamtheit das subjektive Weltbild jedes Menschen und jeder Organisation bilden.

- **Gemeinsame Visionen:** Die „Zukunftsbilder" der Organisation sollten von möglichst allen Mitgliedern als geteilte Visionen verinnerlicht und getragen werden. Gemeinsame Visionen geben den Mitarbeitern Orientierung und fördern die Identifikation mit dem Unternehmen.
- **Team-Lernen:** Das Lernen in Gruppen stellt für Senge einen grundlegenden Baustein lernender Organisationen dar. Es ermöglicht Synergieeffekte durch Zusammenkommen verschiedener Qualifikationen und intensiven Wissensaustausch.
- **Systemdenken:** Der fünften Disziplin wird eine übergeordnete Funktion zugeordnet. Systemdenken stellt die Fähigkeit dar, Abhängigkeiten, Interdependenzen und Strukturen zu erkennen. Systemisches Denken ist damit integrierendes Denken.

Universalistisch-eklektische Perspektive ⚠️
Organisationales Lernen in diesem eklektischen Ansatz nach Senge (1990) integriert Lernen auf der persönlichen Ebene (Personal Mastery) mit dem Lernen auf Gruppenebene (Team-Lernen) und dem Ansatz des systemischen Denkens bzw. Lernens auf der Organisationsebene. Mentale Modelle und gemeinsame Visionen stellen dabei die Zielausrichtung des gesamten Systems sicher und führen zur Bündelung von Motivation und Verhaltensausrichtungen der Mitglieder einer Organisation.

Reflexionsfragen

4.1 Welche Perspektiven lassen sich in Bezug auf das organisationale Lernen unterscheiden? ❓
4.2 Können Organisationen lernen, oder lernt nur der Einzelne in Organisationen? Begründen Sie Ihre Antwort mit Bezugnahme auf eine theoretische Perspektive organisationalen Lernens.
4.3 Erläutern Sie, wie Wissen und Lernen zusammenhängen. Begründen Sie Ihre Antwort anhand der strukturellen Ansätze.
4.4 Welche Grundsätze der Wissensentwicklung beschreiben Nonaka und Takeuchi in ihrem Modell der organisationalen Wissensentwicklung?
4.5 Welche Typen kulturellen Wissens lassen sich nach Sackmann unterscheiden?
4.6 Welchen Ansatz des Lernens verfolgt der Action-Learning-Ansatz?
4.7 In welchen Phasen läuft im Allgemeinen ein After-Action-Review-Prozess ab?
4.8 Welche fünf Dimensionen sieht Senge für organisationales Lernen als prägend an?

---

5 Ansätze des Wissensmanagements

Ebenso wie es unterschiedliche Perspektiven auf das organisationale Lernen gibt, existiert eine Reihe von Ansätzen zum Wissensmanagement, die die Ressource Wissen aus unterschiedlichen Blickwinkeln betrachten (vgl. Schüppel 1997; Güldenberg 2001; Amelingmeyer 2002; Al-Laham 2003; Götz et al. 2004; Pircher 2014). Der interdisziplinäre Charakter dieses Forschungsgebiets erschwert es allerdings, sich einen umfassenden Überblick über bestehende Konzepte zu verschaffen: So beschäftigen sich unter anderem Betriebswirtschaftler, Ingenieurwissenschaftler, Informatiker, Psychologen und Soziologen mit dem Thema. Daher ist die Vielfalt existierender Wissensmanagement-Modelle kaum überschaubar. Nachfolgend wird ein Überblick über einige ausgewählte Ansätze und Modelle gegeben, die für die Entwicklung des Wissensmanagements besonders prägend waren. Nach der Bearbeitung dieses Kapitels können Sie diese Ansätze in ihren Grundzügen erläutern.

5.1 Entwicklung des Wissensmanagements

Aufgrund der oben skizzierten Diversität und multidisziplinären Herangehensweise, aber auch aus unterschiedlichen Interessenslagen heraus, sind die Entwicklung des Themenfeldes und die praktische Umsetzung des Wissensmanagements sehr unterschiedlich verlaufen. Nachfolgend wird ein grobes, zwangsläufig selektives Phasenkonzept vorgeschlagen, das einige der zentralen Entwicklungsschritte nachzeichnet.[1]

5.1.1 Phase 1: Ursprünge des Wissensmanagements

Die Ursprünge des Wissensmanagements sind in den beschriebenen Ansätzen des organisationalen Lernens zu verorten. Hier werden Organisationen als Systeme beschrieben, die Entscheidungsprozesse in Abhängigkeit von Umwelteinflüssen vollziehen und dementsprechend Informationen aus der Umwelt aufnehmen und verarbeiten müssen. Dies führt zum Herausbilden von sogenannten Standardprozeduren, die von Cyert und March (2006) auch als Gedächtnis der Organisation beschrieben wurden. Nur erfolgreiche Verhaltensweisen und Entscheidungsregeln (d. h. erfolgreiche Stimulus-Response Kombinationen) werden in der Zukunft reproduziert, somit lernen Organisationen aus ihren Erfahrungen. Das ist wohl die grundlegendste Bedeutung von Wissen im Kontext von Unternehmens- und Managementhandeln und die Grundlage für spätere Ansätze des Resource Based View (RBV) (Wernerfelt 1984; Barney 1991): Wissen und Wissens-

---

[1] vgl. auch North (2018) der längerzyklische Phasen der Wissensproduktion und -nutzung von Wissen 1.0 bis Wissen 4.0 unterscheidet.

https://doi.org/10.1515/9783110474930-005

veränderung dienen Organisationen dazu, sich mit einem Wandel der Umwelt ausein-anderzusetzen, um sich anzupassen und/oder darauf gestaltend zu reagieren. Diese kognitive Tradition der Organisationslehre (organisationale Wissenssysteme) hat in den 1960er bis 1980er-Jahren eine breite Grundlage für Wissensmanagement geschaf-fen. Konzepte wie organisationales Gedächtnis (Simon 1957), Organization Mind (San-delands, Stablein 1987), organisationale Handlungstheorie (Argyris 1964), organisatio-nale Intelligenz (Wilensky 1967, Oberschulte 1994), organisationaler Referenzrahmen (Shrivastava, Mitroff 1983) und viele andere Konzepte (vgl. Pawlowsky 1996) beziehen sich auf organisationales Wissen und die Frage, wie dieses in Organisationen entsteht und genutzt werden kann. Auch auf einer gesellschaftlichen bzw. volkswirtschaftli-chen Ebene sehen wir schon sehr früh eine Auseinandersetzung mit ökonomischen Fragen eines Wissensmanagements und mit dem Wandel hin zu einer Wissensgesell-schaft. Hier spielen Investitionen in Wissen eine Rolle und die Frage, welche ökonomi-sche Rendite durch Bildungsinvestitionen in Volkswirtschaften erzeugt werden kann (Eliasson et al. 1987; Machlup 1962; Toffler 1991).

5.1.2 Phase 2: Anforderungs- und Bedarfsperspektive des Wissensmanagements

In dieser zweiten Phase (Ende der 1980er-, Anfang der 1990er-Jahre) wird Wissensma-nagement vorrangig in Anlehnung an betriebliches Qualifikations- und Bildungsma-nagement gesehen. Qualifikationen und Wissen werden benötigt, um bestimmte be-triebliche Anforderungen zu erfüllen. So sind die nötigen Qualifikationen für Arbeits-plätze, erweitert auch ganzer Arbeitssysteme, in den Tätigkeitsbeschreibungen mehr oder weniger genau hinterlegt. Wissensmanagement wird hier als Ansatz verstanden, das notwendige Wissens bereitzustellen, um bestimmte Anforderungen zu erfüllen. In einer Definition von Wissensmanagement nach O'Dell und Grayson (1998) wird diese Bedarfsperspektive in den Mittelpunkt gestellt: „Knowledge Management is therefore a conscious strategy of getting the right knowledge to the right people at the right time and helping people share and put information into action in ways that strive to improve organizational performance." (O'Dell et al. 1998 nach Girard et al. 2015: 2)

Ausgehend von diesem klassischen Verständnis der betrieblichen Weiterbildung und der Qualifikation hat sich der Wissensbegriff im Windschatten des Skills-Manage-ments und von Verfahren der Qualifikationsbeschaffung in den Betrieben verbreitet.

---

5 In der Automobilindustrie wurden weitergehende Ansätze entwickelt, die dieses Verständnis von Wis-sensmanagement präzisiert haben. Prototyp dieser Entwicklung war z. B. die Wissensbilanz bei VW (vgl. Pawlowsky et al. 2005: 360). Hier wurden die zwei Seiten – „Anforderungen von Arbeitsplätzen" einerseits und „Mitarbeiterfähigkeiten" andererseits – in einer Art Waage abgeschätzt, um möglichst ein Gleichgewicht herzustellen. Die zwei Waagschalen werden mit Daten zu beiden Kriterien „gefüllt" und einander gegenübergestellt. Je nachdem, nach welcher Seite die Waage ausschlägt, können Maßnahmen vorgenommen werden, um das Gleichgewicht wieder herzustellen. Dies ist ein Versuch, sowohl eine Über- als auch eine Unterdeckung von Wissen in einzelnen Arbeitssystemen zu messen. Um aber die zwei Schalen der Waage miteinander vergleichen zu können, musste ein gemeinsamer

Nenner einerseits für die Anforderungsseite und andererseits für das Mitarbeiterwissen definiert werden. Dies erfolgte in der VW-Wissensbilanz anhand des Parameters „Lernzeiten", d. h. es wurden auf Seite der Arbeitsplatzanforderungen und auf Seite des Mitarbeiterwissens jeweils die notwendigen Lernzeiten in Stunden angesetzt und damit einerseits das geforderte Wissen und andererseits das eingebrachte Wissen erfasst.

Parallel zu diesen bedarfsorientierten Wissensmanagementansätzen entwickelten sich in Anlehnung an kybernetische Regelschleifen eine Reihe von Prozessmodellen (Mandl et al. 2000; Pawlowsky 1992, 1998; Nonaka et al. 1995, 1998; Probst et al. 1997; Boisot 1998; Eppler 1999; Reinmann-Rothmeier, Mandl 2001), die Wissen nicht nur im Wechselspiel zwischen Arbeitsplatzbedarf und individuellen Qualifikationen, also Wissen, verorten, sondern eine ganzheitliche Perspektive aus der Sicht der Organisation einnehmen. Es geht hier primär darum, Wissen in der Organisation zu erfassen, zu generieren, zu teilen, zu organisieren sowie zu speichern und im Sinne der Organisationsziele zu nutzen. Es handelt sich auch hier im Kern um Optimierungsaufgaben im traditionellen betriebswirtschaftlichen Sinne. Entscheidend bei diesen Modellen war aber die neue Sichtweise, dass es nicht mehr nur um die individuelle Anpassung der Qualifikationen des Einzelnen ging, wie noch im weiterbildungsbedarfsorientierten Ansatz, sondern dass es hier um die Bedarfssituation der Organisation als Ganzes ging, also quasi erstmalig um das kollektive Wissen der Organisation in Abhängigkeit von den definierten organisationalen Wissenszielen und -anforderungen. Diese Prozessmodelle spielen im Teil IV Management von Wissensprozessen eine tragende Rolle.

5.1.3 Phase 3: Verteilen von Wissen – Technologie, Tools und Bewertung von Wissen

Ganz in der Tradition der Bereitstellung von betrieblichem Wissen, um ganzheitlich betrieblich-organisationale Anforderungen zu erfüllen, entwickelten sich verstärkt ab Mitte der 1990er-Jahre technologisch orientierte Ansätze des Wissensmanagements, die diese Prozesse zumeist mit IT-Werkzeugen unterstützten. Es ging dabei fast ausschließlich um explizites Wissen, das entlang der Wertschöpfungskette identifiziert und gemanagt wird. Prototypen sind z. B. das **„geschäftsprozessorientierte Wissensmanagement"** beim Fraunhofer Institut (Heisig 2002) und die Wissensvernetzung in der Produktentwicklung (Bullinger et al. 2000a; Frank et al. 2001).

Das Grundverständnis hier beinhaltet, dass Wissen explizit, bewertbar und zählbar ist. Es stellt sozusagen eine Ressource dar, die man ähnlich einem natürlichen Rohstoff oder Vorprodukt an die relevanten betrieblichen Verarbeitungsstationen transportiert, um dort den Wertschöpfungsprozess bzw. den betrieblichen Transformationsprozess zu unterstützen. Insbesondere das Fraunhofer-Institut für Arbeitswirtschaft und Organisation IAO entwickelte dieses, eng an den Produktions- und

Innovationsprozessen orientierte geschäftsprozessorientierte Wissensmanagement weiter (Bullinger et al. 1998).

Auch in deutschen Großunternehmen wurden neue Instrumente entwickelt, um Prozesse des Wissensmanagements zu unterstützen. Unter dem Kürzel ww.deck („world wide development and exchange of corporate knowledge") entstand bei Volkswagen in Wolfsburg eine Abteilung, die höchst kreative Tools zunächst für internes Wissensmanagement entwickelte: Yellow Pages, Community Networks, Wissensstafette – um nur einige der erfolgreichsten Ansätze zu nennen (s. Kapitel 11). Später wurden diese Ansätze auch durch Beratungsunternehmen extern vermarktet und trafen auf entsprechende Nachfrage.

Mitte/Ende der 1990er-Jahre wurde verstärkt die Forderung eines **ganzheitlichen Wissensmanagements** (Mensch – Organisation – Technik sowie eine operative, strategische und normative Ebene) vertreten. Das Lehrbuch von North, welches 1998 in erster Auflage erschien, geht von einer solchen Fundierung aus. Am 17. März 2000 wurde die Gesellschaft für Wissensmanagement gegründet.[2] Ziel dieser Initiative von führenden Wissensmanagement-Experten war es, ein wissenschaftlich fundiertes Rahmenkonzept für Wissensmanagement anzubieten und den Transfer entsprechender Kompetenzen in die Praxis zu unterstützen.

Parallel fand in dieser Phase auch eine Neuausrichtung der Wissensbewertung statt. Die ursprünglichen Ansätze waren aus der volkswirtschaftlichen Gesamtrechnung entstanden, um den Beitrag und den Wert des Geistkapitals ganzer Wissenssektoren oder ganzer Volkswirtschaften zu bewerten (Human Vermögensrechnung in Deutschland; Dierkes, Bauer 1973). Ende der 1990er-Jahre wurden neue Versuche unternommen, den Wert des Wissens zu spezifizieren. „Zahlreiche nationale Projekte (z. B. „Fit für den Wissenswettbewerb", Wissensbilanz – Made in Germany) und europäische Projekte, z. B. PRISM (Eustace 2003) und RICARDIS (European Commission 2006) wurden initiiert, um die strategischen Vorteile von immateriellen Vermögenswerten nicht nur in Organisationen, sondern auch in Städten und Regionen aufzudecken und zielgerichtet zu fördern" (Kneisel et al. 2012: 33; Pawlowsky, Edvinsson 2012). Die Existenz dieser Projekte bewirkte ein Momentum, indem sich darüber erstmals auch die verschiedenen Protagonisten der Wissensökonomie in Europa persönlich besser kennenlernten und in diversen Konstellationen in Form von eigenen Spin-off-Initiativen die Kooperation fortsetzten. Im Wesentlichen fanden sich aus der Expertengruppe Unterstützer von **zwei Interessenslinien** zusammen:

1. Die Vertreter des „Intellectual Capital Accounting", deren Zielsetzung so weit reichte, „Wissen" als ökonomischen Faktor monetär bewertbar zu machen. In einer ersten Stufe strebt diese an der Universität Ferrara durch Stefano Zambon verankerte Community an, dass Unternehmenszahlen und -ergebnisse, wie sie in Geschäftsberichten enthalten sind, formalen und quantitativen Analysen zugänglich gemacht werden.

---

2 http://www.gfwm.de/der-verein/historie-gfwm (Stand: 17.10.2017)

2. Eine Gruppierung um die drei Gründer des New Club of Paris: Leif Edvinsson, Chief Knowledge Officer des schwedischen Versicherungskonzerns Skandia, der Inhaber des ersten Lehrstuhls für internationale Wissensökonomie in Frankreich, Ahmend Bounfour und der ehemalige CEO der größten österreichischen Forschungsorganisation ARCS (Austrian Research Center Seibersdorf) Günter Koch. In Anlehnung an den Club of Rome gründeten diese drei 2006 den New Club of Paris. Hauptanliegen dieses internationalen Netzwerkes war und ist es, Veränderungsprozesse in der Wissensgesellschaft aufzuzeigen und für politische und wirtschaftliche Prozesse zu sensibilisieren.[3] Auch die OECD Weltbank ist nach dem RICARDIS-Projekt (European Commission 2006) auf dieses Linie eingeschwenkt und hat eine Methode entwickelt (die sog. KAM-Knowledge Assessment Methodology), um die Entwicklung aller OECD-Länder in Richtung auf eine Wissens- und Informationsgesellschaft mit neu entwickelten Indizes zu erfassen. Es wurden hierzu umfangreiche internationale Erhebungen durchgeführt und eine Knowledge-Economy-Indicator Statistik erstellt.[4] Zur Chronistenpflicht gehört auch die Beobachtung, dass all diese Aktivitäten und der immense jahrelange Erhebungsaufwand heute leider fast „rückstandslos" verschwunden sind. Lediglich Lin und Edvinson (2011) haben später einen vergleichbaren Ansatz zur Erfassung des nationalen Intellektuellen Kapitals in 40 Ländern umgesetzt (Lin, Edvinsson 2011).

Auf der Grundlage von Edvinssons und Malone's (1997) Skandia Navigator und Kochs Wissensbilanz im ARCS (Koch et al. 2000) wurde in dieser Phase auch die **Wissensbilanzierungsthematik mit ökonomischen Vorzeichen** vorangetrieben. So wurde der Arbeitskreis Wissensbilanz[5] gegründet, das Wirtschaftsministerium (BMWi) war für das Thema sensibilisiert geworden und hat über Jahre Wissensmanagement und Wissensbilanzierung unter dem Titel „FIT für den Wissenswettbewerb" intensiv gefördert.[6] Die ursprüngliche Intention war es Klein- und mittelständischen Unternehmen (KMU) argumentative Grundlagen für den Wert des immateriellen Kapitals für Kreditverhandlungen bei ihren Banken zu geben. Immer öfter zeigte sich jedoch bei der Implementierung und Umsetzung der Wissensbilanzen (Alwert et al. 2010, 2013), dass die Bilanzerstellung in KMU ein zielführender und sehr spezifischer Strategieentwicklungsprozess war und dass es um mehr ging als nur um die Bewertung des immateriellen Kapitals oder darum, Wissen eins zu eins an die richtigen Stellen in der Organisation zu lenken. Mehr und mehr wurde, nicht zuletzt durch die Rezeption von Nonakas und Takeuchis (1997) Buch zur Wissensentwicklung, der subjektiv-konstruktivistische Prozess der Wissensentwicklung deutlich, und immer

---

3 http://new-club-of-paris.org (Stand: 27.11.2018)
4 http://documents.worldbank.org/curated/en/695211468153873436/The-knowledge-economy-the-KAM-methodology-and-World-Bank-operations (Stand: 13.10.2017).
5 http://www.akwissensbilanz.org (Stand 21.11.2018)
6 https://www.bmwi.de/Redaktion/DE/Publikationen/Mittelstand/wissensmanagement-in-kmu-erfolgreich-einfuehren.html (Stand: 13.10.2017).

häufiger stand die Frage im Vordergrund: „Was ist eigentlich unsere Wissensstrategie?" Hier wurden die Grenzen eines rational-objektivistischen Wissensbegriffs ersichtlich. Es wurde mehr und mehr deutlich, dass Wissen und Wissensmanagement nicht nur den Umgang mit rationalem, objektivierbarem, explizitem Wissen umfasst, sondern implizites Wissen, Erfahrungsprozesse und subjektive Sinnkonstruktionen eine wesentliche Voraussetzung für erfolgreiches Wissensmanagement darstellen (Li et al. 2003).

Im Jahr 2000 wurde der erste Masterstudiengang „Executive Master of Knowledge Management" (EMKM) an einer deutschen Universität etabliert.[7] Im Rahmen eines viersemestrigen, berufsbegleitenden Studiums können die Studierenden an der Technischen Universität Chemnitz einen anerkannten und zertifizierten Hochschulabschluss mit der Spezialisierung „Wissensmanagement" absolvieren. Ein wichtiger Baustein dieses Studienangebotes sind die sogenannten Action-Learning-Module (ALM), in denen die Teilnehmer praktische Erfahrungen aus Wissensmanagementprojekten in ihren jeweiligen Unternehmen bzw. Organisationen austauschten. Aus diesem Austausch erwuchs die Erkenntnis, dass Wissensmanagement nicht so ohne Weiteres nach einer vorgegebenen Checkliste implementiert werden kann, sondern einen hochgradigen idiosynkratischen Prozess darstellt, der von den speziellen Rahmenbedingungen und der Entwicklungsgeschichte der jeweiligen Organisation abhängig ist. Im Verlauf dieser ALM wurden von den Teilnehmern erfolgskritische Erfahrungen zu Wissensmanagementprojekten ausgetauscht, die zwar in ihrer Komplexität und ihren prozeduralen Verläufen nicht ohne Weiteres auf andere Projekte übertragbar waren, die jedoch in einzelnen Teilabschnitten („Problem-Handlungskombinationen") wichtige Erfolgsmuster erkennen ließen. So konnten narrative Aufbereitungen von Erfahrungen genutzt werden, um Wege, Sackgassen und Erfolgsmuster zu erkennen, da viele Probleme bzw. Chancen sich ähnlich wiederholen. Diese stellten die Grundlage dar für das später entwickelte K^3 Knowledge Laboratory® (vgl. Kapitel 10.7 in diesem Band; Pawlowsky et al. 2007).

Es kann aus dieser Phase verallgemeinert werden, dass Wissensmanagement im Sinne eines **reflexiven Managements** eine dialogische Kultur erfordert, in der man über Erfahrungen, Erfolge und Misserfolge reflektiert und weniger ein Best-Practice-Thema mit Benchmarks darstellt. Es ging vielmehr um die Entwicklung einer Kultur der Wissensteilung. Zusammenfassend kristallisierte sich hier sukzessive die Erkenntnis heraus, dass Wissensmanagement, wenn es nachhaltig etabliert werden soll, mit subjektiven Sinnkonstruktionen und kollektiven Deutungsprozessen einhergeht und nur unter Berücksichtigung dieser „konstruierten Wahrheit" erfolgreich umgesetzt werden kann.

---

[7] https://www.tu-chemnitz.de/wirtschaft/bwl6/Homepage_OLD/wissensmanagement/einstieg/index.html (Stand: 13.10.2017).

5.1.4 Phase 4: Wettbewerbsfähigkeit – Strategisches Management – Erfahrungswissen und subjektive Deutung

Im Zuge zunehmend komplexerer und dynamischer Umweltsituationen seit 2000 und im Kielwasser der strategischen Managementliteratur, hier vor allem im Kontext des Lernparadigmas (Mintzberg 1992), wurde auch beim Wissensmanagement die Bedeutung inkrementeller Lernprozesse, basierend auf strategischen Ressourcen (Penrose 1959; Wernerfelt 1984; Barney 1991), deutlicher erkannt. Spezielles Wissen wurde damit zum potenziellen Wettbewerbsfaktor (Prahalad, Hamel 1990; Kogut et al. 1992, 1996; Teece et al. 1994, 1997; Grant 1991, 1996; Spender 1996; Eisenhardt et al. 2000; Kühn, Grüning 2000; Frieling et al. 2000; Wolf 2003; Leonard-Barton 1995).

Auf der Grundlage der „Resource Based View" und der „Competence and Knowledge Based View" wurde zunehmend deutlich, dass es **spezifische Kernkompetenzen und erfahrungsbasierte Besonderheiten** der Wissensentwicklung sind, die die strategischen Wettbewerbsvorteile eines Unternehmens ausmachen. Leonard-Barton (1995) spricht von „core competencies" und Prahalad, Hamel (1990) von pointierten „competitive advantages", die im Sinne von Mintzberg (1992) zu einer schrittweisen Strategie geformt wurden. Wissen war damit das Ergebnis einer spezifischen kollektiven Lerngeschichte (Barney 1991: „kausale Ambiguität") in einer Organisation. Gerade diese Lerngeschichte prägte die Besonderheit und den Wert des Wissens, da dieses Wissen nicht ohne Weiteres kopiert oder übertragen werden kann.

Neben dieser stärkeren Orientierung des Wissensmanagements an einer schrittweise-lernenden und strategischen Unternehmensführung ist in dieser vierten Phase ein weiterer Einfluss zu erkennen. Aus den Ansätzen des organisationalen Lernens wurden von Senge Mitte der 1990er-Jahre am MIT (Massachusetts Institut of Technology, Sloan School of Management) eine eklektisch-praxeologische Herangehensweise vorgestellt, die zunächst in den Vereinigten Staaten, später auch in Europa im Management rezipiert wurde (vgl. Kapitel 4.6: Die universalistisch-eklektische Perspektive in diesem Band). Senge (1990) entwickelte in seinen fünf Disziplinen eine Synthese von organisationalem Lernen und Wissensmanagement und ergänzte diese Kerndisziplinen mit Methoden bzw. Instrumenten des Wissensmanagements, wie z. B dem „Dialog" nach Bohm (vgl. Senge et al. 1996) und dem Ansatz des „Suspending". Dies beschreibt eine Haltung, bei der man Annahmen vor sich „hinhängt" und versucht, diese unvoreingenommen und neutral zu betrachten. Der Prozess des Wissensmanagements avancierte hier zu einem gemeinsamen Deutungsprozess, bei dem es darum ging, in Verbindung mit systemischer Führung eine kulturelle Basis und Handlungsorientierung in Organisationen zu entwickeln. Wissen als klassisch rationale Größe wurde hier ergänzt um eine affektive, gefühlsmäßige Dimension (vgl. Gigerenzer et al. 2001) mit Respekt, Vertrauen und subjektiver Bedeutung. Außerdem wurde erkennbar, dass organisationales Wissen weit mehr ist als die Summe des individuellen Wissens. Es können kollektive Wissensräume geschaffen werden, in denen Neues entsteht. Diesen Prozess nannten Senge et al. 1990 „helicopter view", d. h., sich von einem Standpunkt zu lösen und seine Annahmen aus einer übergeordneten Perspektive mit anderen zusammen zu betrachten und zu hinterfragen. Dieses Vorgehen ist interessanterweise dem japanischen „BA"-Konzept von Nonaka und Konno (1998) sehr ähnlich. Auch hier wird ein gemeinsamer Wissensraum entwickelt, der die Grundlage darstellt für neues Wissen und neue Einsichten. Wissensmanagement wurde damit in sogenannten Wissenswerkstätten zur Deutungs- und Sinninterpretation. Themen wie kommunikatives Lernen (Keindl, o. J.) Learning Communities (Bächle 2016) und kollaboratives Lernen rückten mehr und mehr in den Mittelpunkt von Wissensmanagement.

Diese Einflüsse schärften in der Community die Einsicht, dass Wissensmanagement eben nicht nur ein Verteilen und Austauschen von explizitem Wissen beinhaltet, sondern als interaktiver Prozess immer wieder neu konstruiert und vermittelt werden muss.

5.1.5 Phase 5: Vom Verteilen zum Teilen von Wissen

Aufgrund der allgegenwärtigen Verfügbarkeit und dem mobilen Zugang von Internet und Social Media, nicht zuletzt vorangetrieben durch die augenfälligen Auswirkungen einer basisorientierten partizipativen Mobilisierungskraft des Arabischen Frühlings durch Facebook, Twitter und YouTube seit 2011, verbreiteten sich Information und Wissen ungehindert im virtuellen Raum. Wissensmanagement umfasste nicht mehr nur gestaltbares und kontrolliertes Verteilen von Wissen, sondern implizierte inzwischen ein weitgehend ungehindertes und unkontrollierbares Teilen von Wissen. Soziale Netzwerke, Wikis, Twikis, Collaboration und Co-Learning sprengten bisherige Kanäle des Austausches und eröffneten globale Möglichkeiten der Wissensteilung (vgl. Bächle 2016). Gemeinschaftliches Indexieren (social tagging), Instant Messaging, kollaboratives Schreiben, Mashups, Webforen, Weblogs, Wikis und Jives stellten neue Formen der interaktiven Wissensteilung dar (vgl. Rao 2005).[8] Edvinson kam zu der Erkenntnis, dass sich intellektuelles Kapital nicht mehr zwischen den Ohren befindet, sondern zwischen den Köpfen im Rahmen von Interaktionsprozessen von Menschen entsteht. Diese Entwicklungen hatten auch Konsequenzen für den organisationalen Raum. Wissensteilung transzendierte die Unternehmensgrenzen und Wissen befreite sich von der organisationalen Kontrolle. Zahlreiche Großunternehmen mit strengen Daten- sowie Informationssicherheitsstandards sahen sich mit schwer kontrollierbaren interaktiven Praktiken wie interorganisationalen „Expert Communities" und „Work out Louds" bei großen Zulieferern sowie mit globaler Kommunikationsvernetzung konfrontiert und fühlten sich mit ihren Geheimhaltungsrichtlinien

---

8 Rao (2005) führt als wichtigste Anwendungsfelder IT-basierten Wissensmanagements folgende Bereiche auf: „Collaboration, portals, social network analysis, personal KM, e-learning, and blogging" (Rao, 2005, 3).

zunehmend verloren. Nicht nur in Open-Innovation-Prozessen wurden Diversity, also Vielfalt, zu einem Pluspunkt. Hierarchien, Macht und fachliche Autorität verloren bei Wissensentwicklungs- und Wissensaustauschprozessen immer mehr an Bedeutung. Selbstorganisation, Wissensteilung und Nutzenstiftung wurden zu neuen Zielgrößen eines Wissensmanagements.[9]

Diese neue „Offenheit" stellte nicht nur traditionelle, machtzentrierte Formen des Umgangs mit Wissen infrage, sondern wirkte im Sinne einer **Demokratisierung** in die institutionelle Welt zurück. Verfügbarkeit von Informationen und Wissen waren kein ausschließliches Privileg mehr von Weisungsbefugten in organisationalen Hierarchien. Hinzu kam eine dramatische Beschleunigung in der Wissensentwicklung und -nutzung. So konstatierte Hamel (2012):

> Die Fähigkeit, Wissen zu entwickeln und zu verkaufen, wird zur wichtigsten Fähigkeit, gleichzeitig verliert das Wissen immer schneller an Wert. Wissensvorsprünge gehen verloren, da Menschen die Organisationen verlassen, da sie in weltweiten Netzwerken kommunizieren und Wissen austauschen, dadurch dass Wissensarbeiter Wissen und Know-how weltweit „benchmarken" und Verfahren und Prozesse von einem auf das andere Unternehmen übertragen, dadurch dass Menschen im Internet Wissen verbinden und Wissenstrends schnell verarbeiten und weiterentwickeln, müssen Ansätze entwickelt werden, wie Organisationen mit hoher Geschwindigkeit kontinuierlich neues Wissen entwickeln.[10]

Dies war mit den dominanten Managementansätzen aus dem letzten Jahrhundert nicht möglich, folglich bedurfte es neuer Ansätze eines **Managements 2.0**. Vor diesem Hintergrund fragte Hamel 2012 die Community in einem Hackaton[11] nach den Erfolgsprinzipien des Internets, um daraus Prinzipien für das Management 2.0 abzuleiten.

Als wichtigste Prinzipien, die das Internet erfolgreich machen, wurden in diesem Rahmen zwölf Punkte hervorgehoben:
1. **Offenheit**: die Bereitschaft, Informationen zu teilen. Organisationen müssen zu einer Offenheit bereit sein.
2. **Gemeinschaft**: die Fähigkeit bzw. Möglichkeit von Menschen mit ähnlichen Zielen und Interessen, sich zu organisieren und zu handeln
3. **Meritokratie**: ein Umfeld, in dem Ideen und Menschen aufgrund der Qualität ihrer Ideen und Beiträge erfolgreich sind und nicht aufgrund des Alters, des Geschlechts oder bestehender Hierarchien
4. **Aktivierung:** sich beteiligen, sich ausdrücken und sich darstellen zu können, um eine gemeinsame Mission zu erfüllen.

---

9 Vgl. z. B. Netzwerkinitiativen wie People's Voice Media, s.: http://peoplesvoicemedia.co.uk (Stand: 21.11.2017); vgl. Friedrich-Ebert-Stiftung 2007; Frommann 2014).

10 http://www.youtube.com/watch?v=aodjgkv65MM (Stand: 13.10.2017).

11 http://www.sabapeoplecloud.com/files/mix-hack-report_management-2-point-0-hackathon.pdf (Stand: 13.10.2017).

5. **Kollaboration:** die Fähigkeit zur übergreifenden Zusammenarbeit, Aufgabenteilung und zur Entwicklung von Hebelkräften, um individuelle Fähigkeiten global zu verstärken

6. **Bedeutung/Sinn:** Die wichtigste Motivation ist intrinsischer Natur. Einen Beitrag zu leisten, etwas Sinnvolles einzubringen, das sind die wichtigsten Antriebskräfte, die unterstützt werden. Organisationen können diese Motive einer gemeinsamen Sinngebung verstärken.

7. **Autonomie:** Es geht um die Freiheit, eigene Entscheidungen zu treffen, ohne direkte Maßgabe oder Einfluss von höheren Stellen.

8. **Zufällige Ereignisse und Möglichkeitsräume:** Das Netz ist vielleicht die größte Zufallsmaschine in der Kultur der Menschheit, zufällige Ereignisse werden durch die verbindende Technik des Hypertext und die sozialen Verknüpfungen ermöglicht.

9. **Dezentralisierung:** Aktivitäten und Entscheidungen finden nicht nur in definierten zentralen Orten und Räumen statt, sondern können dezentral irgendwo passieren.

10. **Experimentieren:** Das Internet ist ein Umfeld, in dem Ideen schnell geprüft und ständig verbessert werden können. Es unterliegt ständigem Wandel, ohne je perfekt zu sein; schnelle Entwicklungen sind wichtiger als Perfektion.

11. **Geschwindigkeit:** eine bisher unbekannte Geschwindigkeit und die Unmittelbarkeit von Informationen.

12. **Vertrauen:** Das Internet und die sozialen Medien bewegen die Welt aus einer engen Kontrolle in eine Umwelt, in der Offenheit und initiales Vertrauen wichtige Werte darstellen.

Aus diesen Erfolgsprinzipien des Internets leitete Hamel einige **Grundlagen eines Managements 2.0** ab:
-   Koordination erfolgt ohne Zentralisierung.
-   Beiträge sind wichtiger als Status oder Referenzen.
-   Macht fließt an diejenigen, die Wertbeiträge leisten.
-   Die Weisheit Vieler übertrumpft die Autorität Einzelner.
-   Neue Ideen werden verstärkt und nicht unterdrückt.
-   Leistung wird von Kollegen bewertet.
-   Beiträge sind einvernehmlich statt angeordnet.
-   Normalität ist Informationsteilung und nicht das Zurückhalten von Informationen.

Auch wenn diese Visionen eines neuen Managements in der Mehrzahl heutiger Wirtschaftsunternehmen noch weitgehend utopisch erscheinen, lässt sich doch ein kultureller Wandel beobachten, der insbesondere bei der Umsetzung von nachhaltigem Wissensmanagement unverzichtbar erscheint.

5.1.6 Phase 6: Digitalisierung – Cognitive Computing – Internet of Things – Systems of Insight – Business Intelligence und Analytics – Nachhaltigkeit – Soziale Innovationen

Während die Wissensmanagement-Community in Organisationen und in ihren Netzwerken eine partizipative und beteiligungsorientierte Kultur entwickelt, ergeben sich derzeit mit digitalen Innovationsprozessen, der Entwicklung des „Internet of Things", des „Cognitive Computing" und der „Industrie 4.0" völlig neue Möglichkeiten zur Identifikation und Nutzung von Metadaten, seien es Daten aus Maschinensensoren, Daten aus dem Gesundheitsmonitoring („Real Time Health Monitoring") oder aus mobilen und Social-Media-Anwendungen. Wie sind die Eigentumsrechte um diese Daten definiert, wer kann Erkenntnisse (Metawissen und Algorithmen) aus der Analyse dieser Daten generieren und welche Geschäftsfelder lassen sich mit diesen Metadaten entwickeln? Hier zeigt sich, dass sich die immaterielle Ressource „Wissen" (Smart Data) in atemberaubendem Tempo monetarisieren lässt und damit ein wesentlicher Treiber von Wertschöpfungsprozessen z. B. in den Bereichen Gesundheitswesen, Umwelt, Verkehr, Finanzwesen, Modeindustrie, Bildung etc. darstellt,[12] das aber mit Blick auf die Herkunft der Daten die Eigentumsrechte derzeit noch weitgehend ungeklärt sind (Leupold, Wiebe 2016).[13]

Es sind zwei wesentliche Trends erkennbar: Zum einen getrieben durch die Vernetzungstechnologien, mobilen Anwendungen, Apps und das Internet der Dinge (IoT = Internet of Things) entwickeln sich neue Machtdomänen des Wissensmanagements im Bereich des **Meta-Wissens**. Menschliches Verhalten kann auf der Basis von Big Data sukzessive decodiert werden. Big-Data-Algorithmen ermöglichen Mustererkennung und „Systems of Insight" (Yheng, et al. 2015): Hier werden auf Metaebene neue Geschäftsmodelle entwickelt, so z. B. in der Versicherungswirtschaft mit „Pay how you drive", in denen sensorerfasstes Fahrverhalten in Echtzeit zur Grundlage von Versicherungsprämien wird. In der Personalwirtschaft werden beispielsweise Persönlichkeitsprofile aus Social-Media-Aktivitäten („systems of engagement") extrahiert und zur Grundlage von Einstellungsentscheidungen genutzt. Ebenso sehen wir eine Stufe weiter die Anwendung von Expertenmodellen zur Analyse von Netzdaten: Cognitive Computing und hohe Rechnerleistung (IBM Watson) nutzen mentale Erfahrungsmodelle (kognitive Analyseschemata) und neuronale Netze von Experten zur kontinuierliche Verfeinerung bei der Datensammlung und -interpretation auf Metaebene. Die Suche nach Krankheitsursachen, Therapien, optimierten Investitionsentscheidungen, perfekten Menüs oder besten HR-Maßnahmen kann durch Cognitive Computing mehr und mehr die Ebene des einzelnen Experten transzendieren. Welcher Krebsexperte kann monatlich hunderttausende Artikel und Diagnostiken verarbeiten und daraus

---

12 https://www.ibm.com/cognitive/de-de/outthink/stories/ (Stand: 21.03.2018).

13 http://www.computerwoche.de/a/wem-gehoeren-die-daten-im-internet-of-things,3328337,3 (Stand: 21.03.2018).

Muster identifizieren? Die Auswahl der Quellen unterliegt dabei einer maschinellen Optimierung, gesteuert durch Metawissen von Experten. Kognitive maschinelle Systeme können inzwischen verstehen (Bilder, Sprache und andere unstrukturierte Daten sinngebend verarbeiten), lernen („deep learning" mit jedem Datenpunkt, jeder Interaktion und jedem Ergebnis wird die Expertise verfeinert), interagieren (sehen, sprechen, hören) und schlussfolgern (Hypothesen bilden und überprüfen) sowie Ideen auf der Grundlage von Konzepten entwickeln (Haenggi, 2017).

Das Prinzip „Teilen von Wissen" bleibt zwar wie in Phase Fünf (vgl. 5.1.5) erhalten, jedoch unterliegt das Teilen nicht mehr nur der freiwilligen Entscheidung des Einzelnen, sondern erfolgt teilweise unfreiwillig und im Verborgenen. Verhalten kann durch immer bessere Algorithmen prognostiziert werden. Predictive Analytics werden z. B. in der Kriminalitätsbekämpfung, in der Planung von Kaufverhalten und in der Personalsteuerung (Human Resource Intelligence und Analytics (Strohmeier et al. 2015, Haenggi 2017) angewendet. Wissensmanagement impliziert hier die Verfügbarkeit von Datensätzen zu Verhaltensmustern und deren Interpretationen mittels entsprechender Algorithmen. Damit beinhaltet Wissensmanagement nicht mehr nur das Teilen und Verknüpfen von individuellen Wissensbeständen durch Austausch und Interaktion, sondern geht weit darüber hinaus, indem kollektive Daten zu Verhaltensmustern verdichtet werden und damit Vorhersagen von individuellem Verhalten möglich werden. Dies ändert auch die Vorzeichen von organisationalem Wissensmanagement, denn organisationales Lernen wird hier zum Metalernen, und Wissensmanagement impliziert die Beherrschung von Predictive Analytics und Cognitive Computing in allen Funktionsbereichen, die Boundary-Spanning-Funktionen haben.

Zum anderen entsteht neben der Digitalisierungsrationalität der Algorithmen eine Kulturanforderung des Teilens durch Vertrauen und kollaboratives Lernen mit dem Ziel der Nachhaltigkeit und der sozialen Innovationen. Bindequalität, Wissensentwicklung und -teilung entstehen nur mit kompetenten und motivierten Mitarbeitern, und hier deuten sich neue Anspruchs- und Wertemuster der jüngeren Generationen (Generation X, Y, Z) an, für die Rendite als Selbstzweck immer weniger Bedeutung hat. Auch in der Forschungsförderung geht es neben der Grundlagenforschung nicht mehr nur um die Wettbewerbsfähigkeit der einheimischen Wirtschaft, sondern vermehrt zumindest in einem europäischen Kontext um Nachhaltigkeit und soziale Innovationen. Im EU-Rahmenprogramm HORIZON 2020 werden die Antragsteller aufgefordert, sich im Hinblick auf verantwortungsvolle Forschung (RRI – Responsible Research and Innovation)[14] zu positionieren. Damit werden Nachhaltigkeit, soziale Innovationen und Gleichstellung zu wesentlichen Zielgrößen, die über bloßes CSR (Corporate Social Responsibility)-Marketing hinausgeht. Es stellt sich hier zwangsläufig die Frage, in welchem Interesse die Wissenstechnologien und Informations-

---

[14] https://ec.europa.eu/programmes/horizon2020/en/h2020-section/responsible-research-innovation (Stand: 21.03.2018)

verarbeitungskapazitäten genutzt werden, und damit bekommt Wissensmanagement neben der technischen, instrumentellen Bedeutung auch ethisch-moralische und rechtliche Implikationen. Hier geht es um Datenschutz, Verfügungsrechte und den Besitz von Daten und Algorithmen.

Möchte man sich in der Vielfalt der Umsetzungsempfehlungen, Anwendungspraktiken, Instrumente sowie IT-Software der Ansätze des Wissensmanagements nicht verlieren, ist es hilfreich, zunächst die **übergeordneten Konzepte des Wissensmanagements** zu betrachten. Gerade die Vielfalt an Modellen in Verbindung mit dem generellen Mangel an Integration von Konzepten und Forschungsbefunden stellt eines der Hauptprobleme der Wissensmanagemententwicklung dar. Schneider spitzt dieses Defizit als „Management of Ignorance" zu: „By 2005 the area of knowledge management does not suffer from scarcity of approaches but rather from their overabundance. Although some concepts have gained visibility in the field, there is still no overarching framework" (Schneider 2006: 99).

5.2 Bausteine des Wissensmanagements nach Probst, Raub und Romhardt

Obwohl sich die Konzepte und Instrumente des Wissensmanagements rasant entwickelt haben, bleiben das grundlegende Anliegen und die Kernaufgaben relativ konstant. Anhand von unterschiedlichen Phasen können diese Bausteine des Wissensmanagements nachfolgend veranschaulicht werden.

Das Baustein-Modell von Probst, Raub und Romhardt (1997, 2006) ist eines der bekanntesten Modelle im deutschsprachigen Raum. Es wurde 1997 von den Autoren an der Universität Genf in Zusammenarbeit mit international tätigen Unternehmen entwickelt. Seitdem hat es zahlreiche Arbeiten zum Thema Wissensmanagement beeinflusst. Im Mittelpunkt dieses ganzheitlichen Ansatzes steht die Gestaltung, Nutzung und Entwicklung einer organisationalen Wissensbasis. Die Bausteine des Wissensmanagements gliedern sich in zwei Ebenen, auf denen sich die Elemente des Management-Regelkreises wiederfinden: die Steuerungs- und die Gestaltungsebene. Damit wird zwischen eher strategischen Aufgaben des Wissensmanagements (Steuerungsebene) und eher operativen Aufgaben (Gestaltungsebene) unterschieden (s. Abbildung 5.1).

Nachfolgend werden die einzelnen Bausteine kurz erläutert (vgl. dazu Probst et al. 2006: 25 ff.).

– **Wissensziele**

 Die Formulierung von Wissenszielen gibt den Maßnahmen des Wissensmanagements eine grundsätzliche Ausrichtung vor. Es lassen sich normative (z. B. Schaffung einer wissensbewussten Unternehmenskultur), strategische (z. B. Festlegung des organisatorischen Kernwissens und damit des zukünftigen Kompetenzbedarfs) und operative Wissensziele unterscheiden.

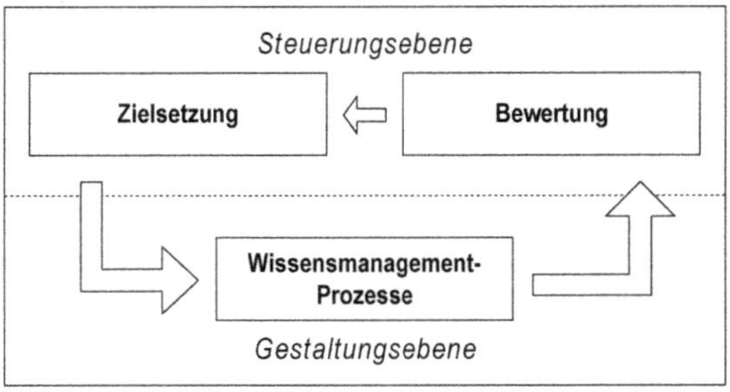

Abb. 5.1: Steuerungs- und Gestaltungsebene (Quelle: in Anlehnung an Probst et al. 2006).

– **Wissensidentifikation**
Bei der Wissensidentifikation geht es darum, sich über intern und extern bereits vorhandenes Wissen eine Übersicht zu verschaffen. Maßnahmen der Wissensidentifikation beziehen sich auf die Analyse und Beschreibung des Wissensstands der Organisation sowie auf die Ableitung des Bedarfs an zukünftigem Wissen.

– **Wissenserwerb**
Im Mittelpunkt steht hier die Steigerung der eigenen Wissensbasis mithilfe externer Quellen. Ein erhebliches und häufig nicht genutztes Potenzial des Wissenserwerbs besteht in der Aktivierung der Beziehungen zu Kunden, Lieferanten, Konkurrenten und Kooperationspartnern. Ebenso kann externes Wissen durch Rekrutierung von Experten oder durch die Akquisition innovativer Unternehmen eingekauft werden.

– **Wissensentwicklung**
Der Fokus liegt auf dem Aufbau neuer Fähigkeiten, Ideen, Produkte sowie verbesserter Prozesse. Klassischerweise sind Wissensentwicklungsaktivitäten in der Forschung und Entwicklung oder der Marktforschung eines Unternehmens verankert, aber relevantes Wissen kann letztendlich in allen Bereichen entstehen. In diesem Baustein geht es um den allgemeinen Umgang des Unternehmens mit neuen Ideen und um die Nutzung der Kreativität der Mitarbeiter.

– **Wissens(ver)teilung**
Betrachtet werden hier Möglichkeiten, die Distribution und Verfügbarkeit des vorhandenen Wissens zu optimieren. Die (Ver)teilung von Wissen im Unternehmen ist Voraussetzung dafür, dass isoliert vorhandene Informationen und Erfahrungen für die gesamte Organisation nutzbar gemacht werden können.

– **Wissensnutzung**
Nach erfolgreicher Identifikation und Verteilung wird die Anwendung von Wissen zum Nutzen des Unternehmens sichergestellt.

– **Wissensbewahrung**
Der Baustein der Wissensbewahrung beschäftigt sich damit, wie Unternehmen sich vor Wissensverlusten schützen können, z. B. durch Selektion von bewah-

rungswürdigem Wissen und angemessene Speicherung mittels Dokumentation von Erfahrungen, Vorgängen, Prozessen, Wissensweitergabe durch Modelllernen etc.

– **Wissensbewertung**
Durch die Wissensbewertung wird der Regelkreis des Wissensmanagements geschlossen. Es geht hier vor allem darum, den Erfolg oder Misserfolg der Wissensmanagement-Aktivitäten aufzuzeigen, um abschätzen zu können, ob sich die Investitionen in das Wissensmanagement gelohnt haben. Ausschlaggebend für den Erfolg der Bewertung ist die Wahl adäquater Indikatoren (wobei es hier nicht um eine monetäre Bewertung des Wissensbestands geht). Die Ergebnisse der Wissensbewertung fließen in den erneuten Zielbildungsprozess ein und veranlassen entsprechend angepasste Interventionen.

Im Zusammenhang sieht das Modell von Probst et al. (2006) wie folgt aus:

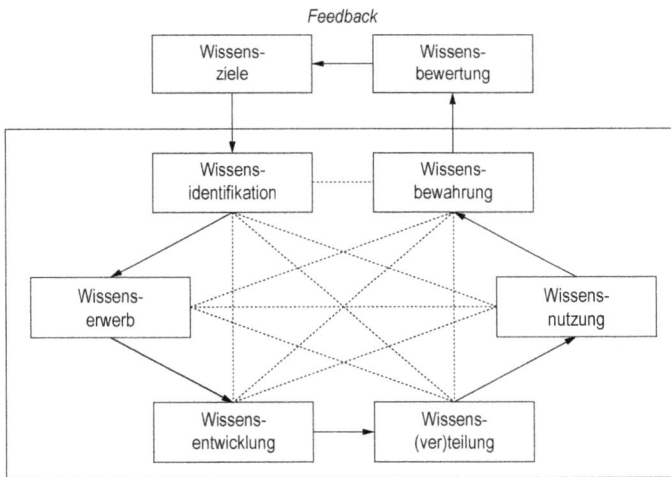

Abb. 5.2: Bausteine des Wissensmanagements (Quelle: Probst et al. 2006: 32).

Auch wenn sich dieses Modell in der Praxis bewährt hat, insbesondere weil es anschaulich und gut nachvollziehbar ist, existieren in Fachkreisen eine Reihe von kritischen Anmerkungen. Beispielhaft seien hier die schwierige Abgrenzbarkeit der einzelnen Schritte und ungenügende Hinweise zur konkreten Implementierung genannt.

5.3 Die Spirale des Wissens nach Nonaka und Takeuchi

Nonaka und Takeuchi (1995) haben in Fortführung des Ansatzes von Polanyi, der sich aus philosophischer Perspektive mit dem Wissensbegriff beschäftigt, auf der Grundlage einer ideengeschichtlichen Entwicklung des Wissens ein Modell entwickelt, das aufzeigt, wie Unternehmen organisationales Wissen erzeugen bzw. nutzbar machen. Sie verdeutlichen in ihrem Ansatz, dass eine Organisation nur Wissen generieren kann, wenn sie das implizit in den Köpfen der Mitarbeiter vorhandene Wissen externalisiert, also kollektiv zugänglich macht (s. dazu auch Kapitel 4.2.1, insbesondere Abbildung 4.6). Nonaka und Takeuchi operieren dabei mit dem Begriff der Wissensspirale. Damit wird der permanente Prozess des Transfers des individuellen Wissens zum Kollektiv und zurück bezeichnet. Dieses Modell (insbesondere die Unterscheidung zwischen implizitem und explizitem Wissen) wird in vielen anderen Ansätzen zum Wissensmanagement übernommen.

So nimmt beispielsweise auch Schüppel in seinem Modell der „Vier Akte des Wissensmanagements" (s. Kapitel 5.4) auf die Konzeption der Wissensspirale Bezug. Eine detaillierte Erläuterung des Prozesses der Wissenstransformation in Unternehmen finden Sie im Kapitel 11.3.2., wo ausführlich auf das Konzept von Nonaka und Takeuchi eingegangen wird.

5.4 Die vier Akte zum Wissensmanagement nach Schüppel

Der konzeptionelle Rahmen zum Aufbau von Wissensmanagement in einem Unternehmen beinhaltet nach Schüppel (1996) vier aufeinanderfolgende Akte, die auf die Ausschöpfung der prinzipiell erreichbaren Wissens- und Lernpotenziale eines Unternehmens gerichtet sind (vgl. Schüppel 1996: 192; s. Abbildung 5.3).

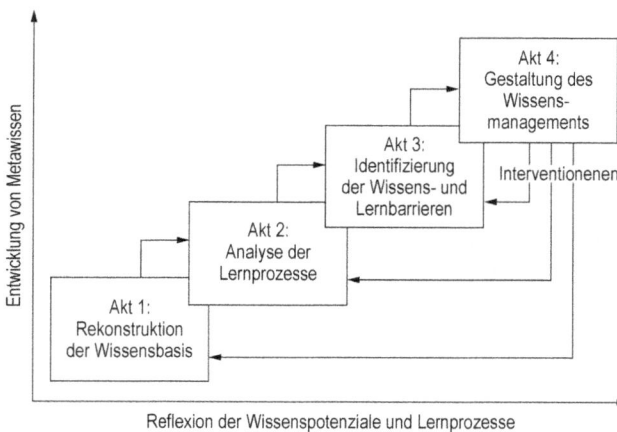

Abb. 5.3: Vier Akte des Wissensmanagements (vgl. Schüppel 1996: 193; with permission of Springer Nature).

Die „Dramaturgie" der vier Akte wird im Folgenden kurz erläutert (vgl. Schüppel 1996: 192 ff.):

- **1. Akt: Rekonstruktion der Wissensbasis**
  Im ersten Akt steht die systematische Auseinandersetzung mit den für das eigene Unternehmen charakteristischen Wissenselementen im Vordergrund. Ergebnis dieses Prozesses ist ein erster, grober Überblick über das Kernwissen des Unternehmens, das sein Überleben sichert.

- **2. Akt: Analyse der Lernprozesse**
  Im nächsten Schritt setzen sich die Organisationsmitglieder in selbstreflexiver Weise mit den individuellen und kollektiven Lernprozessen auseinander. Mithilfe dieser Analyse erfolgt eine Diagnose typischer Verlaufsmuster der Lernprozesse. Zudem erhält man einen Einblick darüber, wer mit welchem Wissen an diesen Lernprozessen beteiligt ist.

- **3. Akt: Identifizierung der Wissens- und Lernbarrieren**
  In Akt 3 wird eine Systematik struktureller und kultureller Lernbarrieren, die auf individueller und kollektiver Ebene auftreten können, herausgearbeitet. Entscheidend ist dabei die Frage, warum in den untersuchten Prozessen die Wissensbasen nicht ausreichend genutzt werden oder neues Wissen dort nicht aufgebaut wird.

- **4. Akt: Gestaltung des Wissensmanagements**
  Die ersten drei Akte dienen der Analyse der Ist-Situation im Unternehmen. Erst im vierten Akt steht das organisationale Wissen als Managementobjekt im Vordergrund. Erst jetzt ergibt die konkrete Ausgestaltung eines an das jeweilige Unternehmen angepassten Wissensmanagements Sinn. Dieser vierte Akt wird durch die Modellierung der Wissensspirale nach Nonaka und Takeuchi vollzogen, und zwar unter Berücksichtigung folgender Wissenspotenziale:
  - innere und äußere Wissenspotenziale mit der zentralen Frage nach den relevanten Wissensträgern
  - aktuelle und zukünftige Wissenspotenziale mit der Frage nach den relevanten Inhalten
  - explizites und implizites Wissen hinsichtlich von Sichtbarkeit und Kommunizierbarkeit
  - Erfahrungs- und Rationalitätswissen unter dem Gesichtspunkt der Reichhaltigkeit von Wissen

Dieser Ansatz stellt eher ein theoretisches Erklärungsmodell dar, für eine Implementierung ist es nur bedingt geeignet.

5.5 Integratives Wissensmanagement nach Pawlowsky

Nach Pawlowsky setzt sich ein integratives Wissensmanagement zum Ziel, „individuelles und kollektives Wissen auf der Grundlage unterschiedlicher Lernformen, Lerntypen und Lernprozesse so einzusetzen, dass organisationales Lernen gefördert wird" (Pawlowsky 1994: 311). Wissensmanagement wird im Rahmen dieses Ansatzes als zielgerichtete Gestaltung organisationaler Lernprozesse verstanden. Jeder Lernprozess ist durch die Merkmale des Wissenssystems bestimmt, so wie umgekehrt auch das Wissenssystem durch jeden Lernprozess Veränderungen unterliegt.

Da Pawlowsky seinen Ansatz des integrativen Wissensmanagements in den Kontext des organisationalen Lernens einbettet, finden hier sowohl Theorien des organisationalen Lernens (s. Kapitel 4) als auch grundlegende Phasen, Module oder Prozessschritte des Wissensmanagements, ähnlich denen der oben vorgestellten Ansätze Berücksichtigung. Aus diesem Grund wird das Modell in Kapitel 6 detailliert vorgestellt und bildet die Basis für die weiterführenden Ausführungen zum Management von Wissensprozessen.

5.6 Wissensorientierte Führung

In diesem Abschnitt betrachten wir die individuelle, personelle Führung, die sich vor dem Hintergrund der strategischen Unternehmensziele in der Interaktion mit den direkten Mitarbeitern zeigt. In einer Zeit, in der die Machtgrundlagen von klassischer Führung immer stärker erodieren, ist die Frage nach angemessener Führung, die Lernen und Wissensentwicklung fördert, alles andere als trivial. Nun ist die Frage nach der „richtigen", d. h. erfolgreichen Führung nicht neu. Seit jeher versteht man unter angemessener oder richtiger Führung bestimmte einflussnehmende Verhaltensmuster, die gemessen an dem beabsichtigten Ziel erfolgreicher sind als andere Verhaltensformen. Die Führungsforschung hat historisch die Persönlichkeit, die Führungsstile, die situativen Umstände und die Interaktionsprozesse genauer betrachtet, um „erfolgreiche" Führung zu identifizieren. In den letzten Jahrzehnten ist dabei deutlich geworden, dass es die *eine* gute Führung nicht gibt und dass Führungsverhalten nicht nur abhängig von den spezifischen Bedingungen und Zielen unterschiedlich wirksam ist, sondern dass der Führungsprozess ein komplexes wechselseitiges Entstehungsmuster der beteiligten Personen aufweist.

Führung entsteht gruppendynamisch gesehen also nicht, wenn der neue Vorgesetzte seinen Mitarbeitern die ersten Direktiven verkündet, sondern wenn es ihm gelingt, die Energien der Mitarbeiter auf definierte Ziele zu lenken. Klassische Definitionen von Führung betonen diesen einflussnehmenden Charakter von Führung:

Führung …
- „[…] ist der Prozess der Beeinflussung der Aktivitäten einer organisierten Gruppe in Richtung auf Zielsetzung und Zielerreichung." (Stogdill 1950)
- „[…] ist jede zielbezogene, interpersonelle Verhaltensbeeinflussung mit Hilfe von Kommunikationsprozessen." (Baumgarten 1977)
- „[…] ist die Fähigkeit, menschliche Ressourcen zur Durchsetzung bestimmter Ziele zu mobilisieren." (Welsh 1979)

- „[…] ist zielorientierte soziale Einflussnahme zur Erfüllung gemeinsamer Aufgaben in/mit einer strukturierten Arbeitssituation." (Wunderer u. Grundwald 1980)
- „[… kann man sehen] als den Prozess, der dazu führt, von anderen als Führungskraft wahrgenommen zu werden." (Lord u. Maher 1991)
- „[…] Führung ist die akzeptierte Beeinflussung anderer, die bei den Beeinflussten mittelbar oder unmittelbar ein intendiertes Verhalten auslöst." (Weibler 2001)

Betrachtet man solche Führungsdefinitionen, so haben sie zumeist eine verstandesorientierte, eine energetische und eine handlungsorientierte Komponente. Es geht darum, dass eine Botschaft verstanden wird, dass Motivation bzw. Handlungsenergie entsteht und dass eine gerichtete Handlung erfolgt. So ist auch der etymologische Ursprung des Wortes im germanischen („förjan") und schwedischen („föra") zu finden, was in etwa bedeutet: „eine Person oder ein Gegenstand, der den Weg weist, wonach sich andere richten" bzw. „in Bewegung setzen" – Führung als Aktionsverursachung und Bewegungssteuerung" (vgl. Kaltenstadler 1987).

Die Spannweite der Führungstheorien folgt stark der gesellschaftlichen Entwicklung von Werten (Franken, 2010) und reicht von der betriebswirtschaftlichen Rationalisierung der Arbeitsprozesse über verhaltensorientierte Human-Relations- bzw. Human-Resource-Ansätze und ganzheitliche Systemansätze bis hin zu Netzwerkansätzen sowie strukturell-interaktiven Führungsansätzen. Betrachtete die klassische Betriebswirtschaftslehre Führung als ein einseitig durch den Führenden gestaltbaren Prozess, so thematisieren heutige Ansätze Führung als wechselseitige Einflussnahme zwischen Führendem und Geführten. Während Führung im Sinne einer gerichteten Einflussnahme also überall stattfindet – in Universitäten, beim Militär, bei politischen Parteien, beim Sport und in Organisationen –, unterscheiden sich die Ziele: Geht es in Universitäten möglicherweise um die Ausrichtung intellektueller Kapazitäten und die Schaffung von Kompetenzen, die in bestimmten Kontexten Handlungsfähigkeit ermöglichen, steht beim Sport im Vordergrund, eine maximale Punktzahl zu erreichen, die die jeweilige Mannschaft in Führung bringt. Während es bei politischen Parteien vielleicht darum geht, die Mitglieder hinsichtlich einer bestimmten Themenstellung hinter sich zu versammeln, stehen im organisationalen Kontext zumindest formal gesehen ökonomische Ziele wie Leistungsprozesse oder -ergebnisse im Vordergrund. Damit ist der Zielbezug von Führung zwar nach wie vor ein zentrales Element der Führung, fraglich ist jedoch, ob die Verhaltensmuster der Führungsperson, die bei den Geführten zu entsprechender Motivation und Verhaltensausrichtung beitragen, unverändert sind.

In wissensintensiven Kontexten wird häufig eine Selbstorganisation der Personen betont, die den Wertschöpfungsprozess gestalten. So kann erfolgreiche Führung daher insbesondere in wissensintensiven Prozessen geteilte Führung erfordern, oder im Extremfall einen Verzicht auf Führung bedeuten. Einflussnahme beschränkt sich hier aus einem systemischen Führungsverständnis auf eine indirekte Rahmensteuerung, damit der Wertschöpfungsprozess durch autonome Kräfte gefördert und nicht durch Fremdsteuerung behindert wird. Führungseinfluss ist damit weniger extern durch Hierarchien und Positionen in der Organisation definiert, sondern wird dem Führenden durch die geführten Personen durch Vertrauen und Machteinräumung verliehen. Führung erhält so eine stärker dienende Funktion und soll die Geführten in ihrem zielbezogenen Handeln unterstützen. Viele Praktiken des Wissensmanagements gehen von derartig selbstorganisierten Prozessen aus und betrachten formale Führung als störende Einflussnahme. Letzlich entsteht aber auch in diesen Kontexten auf der Grundlage gruppendynamischer Prozesse Führung. In einem grundlegenden Verständnis kristallisiert sich Führung also stets als Mittelpunkt von Gruppenprozessen heraus, d. h. sie entwickelt sich aus der Interaktionen von Gruppenmitgliedern. Die Legitimität von Führung entsteht dann in den Augen der Geführten durch die Funktionalität des Führenden in der zielorientierten Unterstützung der Gruppe. Wie aber unterstützt Führung?

Geht man von einer betrieblichen Situation aus, die geprägt ist durch Komplexität, Dynamik und Paradoxien, so sehen wir, dass ein klassisches Verständnis von Führung hier an Grenzen stößt. Organisationen sind eben keine trivialen Systeme (v. Foerster), keine Maschine, die motivational geölt wird und verschiedene Stellschrauben (Produktions- und Kostenfunktionen im Sinne von Gutenberg) besitzt und optimal eingestellt werden kann, um zu funktionieren. Die organisationale Welt ist nicht so mechanistisch und simpel, wie unser kartesisches Weltbild uns lange hat glauben lassen, und die Menschen in ihr sind in ihrer Verhaltensvielfalt nicht auf die einfachen Gesetzmäßigkeiten eines Homo oeconomicus zu reduzieren. So betont Strümpel (1977), der Mensch sei in seinem organisationalen Verhalten voll von Eigensinn: Er sei beherrscht von Vorurteilen, launisch, impulsiv und schlecht informiert. Er sei wechselnden Einflüssen unterworfen, er vergesse oder verdränge manches, werfe manchmal auch Grundsätze und Weltanschauungen über Bord. Er funktioniere eben nicht nach den rationalen Prinzipien, die von der klassischen Wirtschaftstheorie unterstellt werden. Entscheidungen sind nicht einfach richtg oder falsch, sondern die „Zonen der Umgewissheit" (Böhle 2013) sind gewachsen und die Folgen vermeintlich rationalen Handelns sind bestimmt durch zahlreiche negative Nebeneffekte (Handy 1995, Böhle 2013). Gesellschaftliche und organisationale Realität ist mehrdeutig, es gibt viele sich widerstreitende Interpretationen, die Ziele sind oft unklar, und konfliktäre Zielzustände bestimmen die Realität. So sollen Organisationen global und gleichzeitig lokal ausgerichtet, groß in einer Hinsicht, klein in anderer Hinsicht sein. Einerseits zentralisiert, andererseits dezentralisiert, Mtarbeiter sollen einerseits mehr Autonomie haben, gleichzeitig Teil eines Teams sein, Vorgesetzte sollen einerseits stärker delegieren, andererseits gezielter kontrollieren. Dörner (1989) kennzeichnet die Umwelt durch eine drastisch wachsende Menge von Informationen, eine zunehmende Unklarheit zwischen möglichen Zielzuständen, intransparente Zusammenhänge, nichtlineare Enwicklungen, die schwer abzuschätzen sind, engmaschige Vernetzungen und indirekte schwer zuzuordnende Rückkoppelungsprozesse. Als dies macht eine monokausale Ursache-Wirkungslogik des Führungshandelns unmöglich.

Führung kann sich nicht mehr auf einfache lineare, kausale Wirkungszusammenhänge beziehen. Es geht um die Akzeptanz und das Management von Paradoxien, Dilemmata und Diversität. Es empfiehlt sich, das Einbringen verschiedener Perspektiven und Wissensarten und einen reflektierenden Umgang mit Annahmen (z. B. mithilfe des Dialogs, vgl. 11.3.4.1) in Wertschöpfungsprozessen gezielt zu fördern.

Die Gruppenebene scheint dabei mehr denn je der zentrale wissensorientierte Transmissionsriemen zu sein. Nicht nur, dass „immer mehr Menschen kurz- oder längerfristig in Teams arbeiten werden" (Rosenstiel 2009: 332), spielt hier eine Rolle, sondern zentral ist vor allem die Bedeutung der Gruppe und in erweiterter Form auch die Ebene der sozialen Netzwerke bei der Bewältigung von Komplexität. Bereits Peters und Waterman (1982) konstatierten, das Kleingruppen die grundlegenden Bausteine exzellenter Organisationen sind (Peters, Watermann 1982, 126). Systemtheoretische Perspektiven fokusieren primär auf die Gruppenebene als zentraler Ebene organisationalen Wandels und organisationalen Lernens. Senge (1990) argumentiert, dass Teamentwicklung den wichtigsten Ansatzpunkt organisationalen Lernens darstelle: „Team building is vital because teams, not individuals are the fundamental learning unit in modern organizations. This is were ‚the rubber meets the road', unless teams can learn, the organization cannot learn" (Senge 1990: 10). Auch Nonaka und Takeuchi (1995) heben die herausragende Bedeutung von Gruppen für Wissensteilung und Wissensentwicklungsprozesse in Organisationen hervor: „the interaction of tacit and explicit knowledge tends to take place at the group level" (1995: 198). Gruppen werden in diesem Zusammenhang nicht nur als Verbindungsglied zwischen dem Individuum und der Organisation gesehen, sondern als intervenierendes soziales System betrachtet, in dem gemeinsames Teilen von Bedeutungen und eine Sicht der Dinge entwickelt wird sowie Lernen und organisationales Verhalten stattfinden (Jelinek u. Litterer 1994). Gruppen, Teams und Netzwerke sind die Systemebenen, in denen die Verbindung von Individuum und Organisation stattfindet, die Ebene, auf der individuelles Verhalten Orientierung und Ausrichtung findet. Damit kommt der Teamführung und der Führung in Teams eine herausragende Bedeutung bei der Gestaltung der strategischen Erfolgsfaktoren von Organisationen zu. Ansatzpunkt ist daher insbesondere die Forschung zu Führung in Teams: „Indeed, we would argue that effective leadership processes represent perhaps the most critical factor in the success of organizational teams" (Zaccaro et al. 2001: 452). Auch wenn man von einer vermehrten Selbstorganisation von Teams, Gruppen, sozialen Netzwerk- sowie Projektstrukturen ausgeht und damit gruppenexterne Führung als weniger relevant erachtet, bilden sich in Gruppen immer Nuklei, die kollektive Energien bündeln, von denen soziale Tendenzen ausgehen und die diese Energien mehr oder minder stark lenken. Hier stoßen wir erneut auf ein sehr ursprüngliches Verständnis von Führung: „Der Führer ist immer der Mittelpunkt einer Tendenz und wenn man soziale Bewegungen/Entwicklungen studiert, so wird man stets einen solchen Mittelpunkt (Führer) entdecken" (Cooley, 1902, nach Bass 2008: 11). Damit sind im Kern sowohl gruppenexterne als auch gruppeninterne Führungsprozesse angesprochen.

In der Führungsliteratur wird von einem Wandel von der mechanistischen zur politischen Führung gesprochen (Handy 1996: 4; Schreyögg, Lührmann 2003: 4 ff.). Nehmen wir die Rudermannschaft als Analogie. Acht Personen versuchen, sich so schnell wie möglich rückwärts zu bewegen, ohne dass sie miteinander sprechen; sie werden gesteuert durch eine Person, die nicht rudern kann. Wer führt dieses Team? Das hängt davon ab: Im Rennen ist es die kleine Person am Ende des Bootes, die als Aufgaben-Führer den Takt und die Richtung vorgibt. Dann gibt es den Mannschaftskapitän, der die Verantwortung für die Mannschaft und die Zusammenstellung der Crew hat, der motiviert und organisiert. Schließlich gibt es den Trainer und Coach, der für das Training und die Entwicklung der Mannschaft verantwortlich ist. Die Führungsrollen wechseln in Abhängigkeit von den Aufgaben und Situationen, in denen sich Mannschaften befinden. Insbesondere im mittleren und höheren Management wird ebenso Führung auf Zeit verliehen, je nach Aufgaben und Situationen. Führungsmacht wird zeitlich befristet übertragen und auf bestimmte Einflussbereiche beschränkt. Beispielsweise wird in Projektgruppen, in denen Mitarbeiter verschiedener hierarchischer Ebenen auf Zeit zusammenarbeiten, oft einer Person die Führungsaufgabe übertragen. Es entwickeln sich parallel Hierarchien, in denen Personen mal als Führungskraft, dann wieder als Untergebene arbeiten. Schreyögg betont, dass damit Führung entmystifiziert werde „[...] der Anspruch, Einfluss auf einen bestimmten Personenkreis auszuüben, wird auf der Sach- und Zeitdimension relativiert (Schreyögg et al., 2003: 5). In wissensintensiven Kontexten ergeben sich häufig Situationen, in denen die Wissensmacht der Geführten eine wesentliche Rolle spielt. Führungskräfte müssen häufig Personen führen, die über eine hohe fachliche Kompetenz verfügen; oft sind diese Wissens- und Portfolioarbeiter ihren Vorgesetzen sogar überlegen. In Zeiten, in denen Wissen Macht darstellt, ist es nicht einfach, Personen, die über solche Wissensmacht verfügen, zu führen. Oft sind diese Experten auch nicht dauerhaft mit der Organisation verbunden, sondern nur noch zeitlich befristet tätig. Hierarchische Führung, klassische Rollenmuster, Befehlsfolgen von Vorgesetzten sind in solchen Konstellationen ungeeignete Handlungsmuster, um menschliches Verhalten auszurichten. Auch die Verhaltensweisen, die bisher der Stabilisierung von Führungsrollen dienten, wie z. B. die Dokumentation der Machtassymetrie in Symbolen, Ressourcen etc. verschwinden zunehmend. Räume, die Führung dokumentieren, wie Vorzimmer, Kantinen für leitende Mitarbeiter u. Ä. verschwinden zunehmend. Es wird erwartet, dass Führungskräfte ein eher kollegiales Verhältnis zu ihren Mitarbeitern zeigen („nicht mehr den Boss raushängen lassen"), das schlichte Erteilen von Weisungen ist immer weniger erwünscht. Führungskräfte sollen partnerschaftlich und systemisch handeln.

Es wird eine neue, ganzheitliche Denkweise gefordert. Von Führung wird erwartet zu erkennen, dass Ziele eingebettet sind in komplexe systemische Wechselwirkungen von Ursachen und Wirkungen. Gemeint ist damit nach Ulrich, Probst (1991: 11) ein integrierendes, zusammenfügendes Denken, das auf einem breiten Horizont beruht, von größeren Zusammenhängen ausgeht und viele Einflussfaktoren berücksichtigt, das weniger isolierend und zerlegend ist. Auch Senge (1990) beschreibt in seinem Ansatz der fünf Disziplinen ein Führungsverhalten, dass im Rahmen …

- … der ersten Disziplin („Personal Mastery") kontinuierlich die persönlichen Ziele verdeutlicht, diese präzisiert, die eigenen Energie fokussiert und Geduld aufbringt, die Realität möglichst objektiv zu erfassen;
- … der zweiten Disziplin („Mental Models") die Fähigkeit entwickelt, die inneren Bilder zu vermitteln und offen mit Anderen zu diskutieren;
- … der dritten Disziplin („Shared Visions") geteilte organisationale Zielausrichtungen entwickeln hilft und diese im Arbeitsverhalten nachdrücklich fördert;
- … der vierten Disziplin („Team Learning") eine Gruppenausrichtung erzielt, bei der das gemeinsame Ergebnis die Einzelleistungen der Gruppenmitglieder übertrifft;
- … der fünften Disziplin („System Thinking") eine ganzheitliche Sichtweise verfolgt, die dynamischen Wechselwirkungen durch unterschiedliche Perspektiven in der Organisation Rechnung trägt.

In der angelsächsischen Literatur werden unter dem Begriff der wissensorientierten Führung („Knowledge Leadership"; vgl. Skyrme 2000) Verhaltensmuster beschrieben, die organisationales Lernen fördern. Führung stellt hier quasi den Katalysator einer lernorientierten Unternehmenskultur dar. Untersuchungen zeigen, dass eine wissens- und lernorientierte Führung sich u. a. durch die Gestaltung eines kreativen Klimas, die Förderung des Lernens auf der individuellen und Gruppenebene und die Verkörperung eines entsprechen lernbezogenen Rollenmodells auszeichnet (Viitala 2004, Cavaleri et al. 2005, vgl. auch Sutton 2002).

Viitala (2004) beschreibt vier Dimensionen einer wissensorientierten Führung:

1. Aktive Förderung einer Lernorientierung
   Dies zeigt sich unter anderem in folgenden Verhaltensweisen: Vorgesetzte sprechen mit ihren Mitarbeitern über zukünftigen Organisationsziele, erklären zukünftige Ausrichtungsziele der Organisation mit Bezug zur eigenen Abteilung, diskutieren notwendige Fähigkeiten und Kompetenzen, die dazu erforderlich werden, besprechen Kundenrückmeldungen und Erwartungen, geben Rückmeldungen zur geleisteten Arbeit, unterstützen den Austausch und das Teilen von Wissen untereinander.

2. Förderung von individuellen und gruppenbezogenen Lernprozessen
   Dadurch, dass die Führungskraft die Kompetenzentwicklung der Mitarbeiter fördert, erkennt sie, welche Kompetenzen erforderlich sind, um die Arbeitsaufgaben zu bewältigen. Sie schätzt Stärken und Schwächen der Teammitglieder ein, erkennt besondere Leistungen an und gibt positive Rückmeldungen.

3. Verhalten als Rollenvorbild
   Die Führungsperson verfolgt von gemeinsam vereinbarten Veränderungen nachdrücklich, zeigt ein engagiertes und motiviertes Arbeitsverhalten und entwickelt die eigenen Fähigkeiten und Kompetenzen weiter.

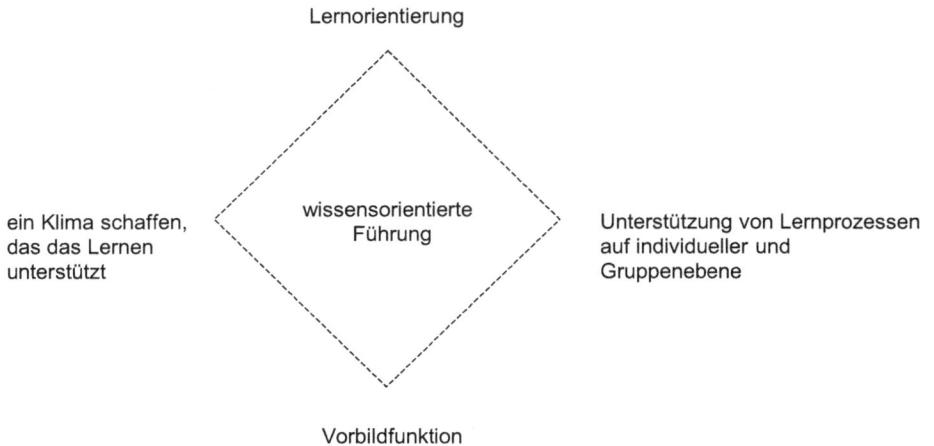

Abb. 5.4: Dimensionen wissensorientierter Führung nach Viitala (2004: 528; Übersetzung des Autors).

4. Entwicklung eines Klimas, das Lernen unterstützt
   Indem konstruktives Lernen aus Fehlern stattfindet, wird eine vertrauensvolle Arbeitsatmosphäre geschaffen. Die Führungskraft ist bereit, Rückmeldungen bezogen auf eigenes Verhalten anzunehmen, der Vorgesetzte kennt und schätzt die Ideen und Ansichten seiner Mitarbeiter.

Lakshman (2007) leitet aus einer qualitativen Analyse von wissensorientierten Verhaltensweisen einen Führungsstil ab, der dadurch gekennzeichnet ist, dass Führungspersonen besser in der Lage sind, Wissensnetzwerke zu entwickeln und so den Wissensaustausch zu fördern. Darüber hinaus nutzen wissensorientierte Führungskräfte Informationstechnologien und Wissensmanagement, um sich auf die wichtigsten internen und externen Kunden konzentrieren zu können. In seiner Studie kommt Lakshman zu dem Ergebnis, dass diese Führungsmuster mit organisationaler Leistungsfähigkeit einhergehen.

Reflexionsfragen

5.1 Aus welchen Bausteinen besteht das Wissensmanagement-Modell von Probst, Raub und Romhardt?

5.2 Erläutern Sie die vier Akte des Wissensmanagements nach Schüppel.

5.3 Benennen Sie wichtige Aspekte der wissensorientierten Führung

6 Ein integratives Modell organisationalen Lernens

Nach der Bearbeitung dieses Kapitels sollen Sie
- das integrative Modell des organisationalen Lernens mit seinen vier Bausteinen kennen, insbesondere
- wissen Sie, auf welchen Ebenen sich Lernen vollziehen kann,
- kennen Sie verschiedene Lernformen,
- differenzieren Sie zwischen Single-Loop-, Double-Loop- und Deutero-Learning und
- können Sie die verschiedenen Phasen organisationaler Lernprozesse differenzieren.

Betrachtet man die bisher vorgestellten unterschiedlichen Perspektiven des organisationalen Lernens (vgl. auch Pawlowsky 1994, 2001, 2003) sowie die Beiträge zum Wissensmanagement, so ergeben sich daraus eine Reihe von Implikationen für die Gestaltung organisationalen Lernens.[1] Die Ansätze aus Kapitel 2 beziehen sich mehrheitlich auf Ausschnitte oder ausgewählte Kernelemente des organisationalen Lernens. Zu-

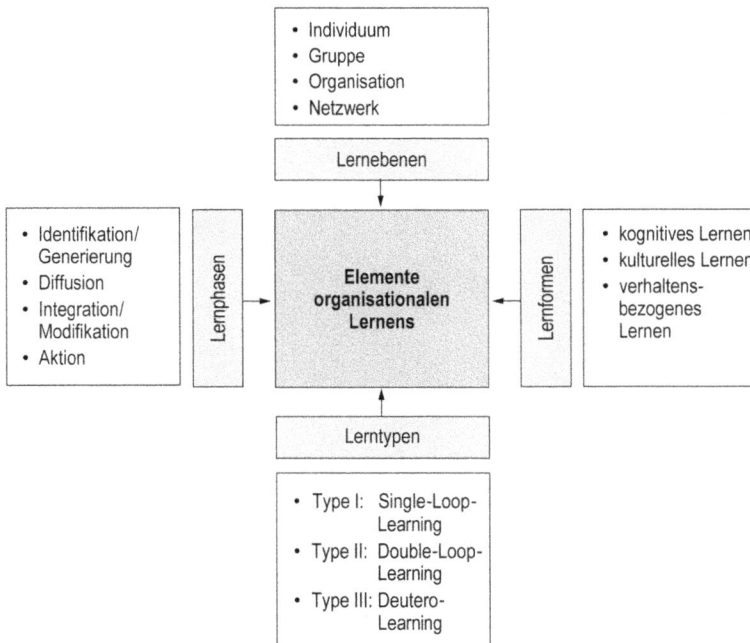

Abb. 6.1: Analyseebenen des organisationalen Lernens (Quelle: Eigene Darstellung).

---

1 Dieser Abschnitt ist eine leicht veränderte Fassung eines bereits publizierten Beitrags: Pawlowsky, Neubauer, 2004: 1280 ff.

https://doi.org/10.1515/9783110474930-006

gleich weisen sie aber auch einige übergreifende theoretische Elemente auf, deren Zusammenwirken in einem integrativen Modell abgebildet werden kann. So lassen sich **vier Dimensionen von organisationalen Lernprozessen** ableiten, die zwar im Sinne einer analytischen Trennung voneinander abgegrenzt werden können, allerdings auf vielfältige Weise miteinander in Wechselwirkung stehen (s. Abbildung 6.1):

– Ebenen des Lernens, von individuell bis zu interorganisational
– Formen des Lernens, wie z. B. kognitives, kulturbezogenes und verhaltensbezogenes Lernen
– Lerntypen, wie Single-Loop-, Double-Loop- und Deutero-Learning
– Phasen organisationaler Lernprozesse, wie Identifikation bzw. Generierung, Diffusion, Integration bzw. Modifikation und Aktion.

Diese vier Bausteine des organisationalen Lernens werden im Folgenden näher betrachtet.

6.1 Lernebenen

Zunächst ist organisationales Lernen von **individuellem Lernen** abzugrenzen. Um organisationale Lernprozesse konzeptualisieren zu können, definieren die meisten Konzepte weitere Lernebenen im Sinne von unterschiedlichen Wissenssystemen bzw. -trägern oder Lernsubjekten oberhalb der individuellen Ebene (s. Abbildung 6.2).

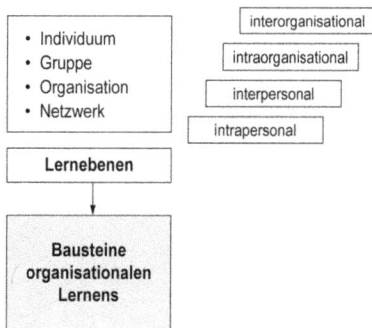

Abb. 6.2: Bausteine organisationalen Lernens – Lernebenen (Quelle: eigene Darstellung).

Eine besondere Bedeutung kommt dabei der **Gruppen- oder Teamebene** zu, zumal diese Systemebene als eine Vorstufe organisationalen Lernens bewertet wird. Insbesondere systemtheoretische und wissensbezogene Ansätze stellen die Bedeutung von Gruppen als zentrale Einheiten organisationalen Lernens heraus. Senge (1990) argumentiert beispielsweise, dass die Lernfähigkeit einer Organisation nur durch die Erhöhung der Lernfähigkeit von Gruppen gesteigert werden kann. Nonaka und Takeuchi heben die traditionelle Einbettung des Teamgedankens in der japanischen Kultur hervor. Gruppen werden nicht lediglich als die Verbindung zwischen Individuen und der Organisation verstanden, sie bezeichnen vielmehr das entscheidende „zwischengelagerte" soziale System, in dem Individuen lernen und organisationales Verhalten vollzogen wird. Gruppen entwickeln im Zeitablauf kollektiv geteilte Konstruktionen der Wirklichkeit.

Auf der nächsten Ebene wird in der Regel **intraorganisationales Lernen** problematisiert. Dabei stellt sich grundsätzlich die Frage, wie eine Organisation als Gesamtheit lernen kann. Neben der individuellen, gruppen- und intraorganisationalen Ebene wird zunehmend auch eine Netzwerk- bzw. interorganisationale Ebene des Lernens fokussiert (vgl. Schneider 1996). Die zugrunde liegende Fragestellung richtet sich hier auf das Lernen von Organisationen in Netzwerken und die Nutzung externer Wissenssysteme zur Förderung des Lernens.

Im Kern sollte daher jeder Ansatz des organisationalen Lernens zumindest die vier analytischen Systemebenen – die individuelle bzw. intrapersonelle Ebene, die Gruppen- oder interpersonelle Ebene, die Organisations- oder intraorganisationale Ebene und die Netzwerk- bzw. interorganisationale Ebene des Lernens – miteinander verbinden.

6.2 Lernformen

Die meisten Ansätze des organisationalen Lernens basieren auf mindestens einer der drei folgenden Lernformen, die jeweils eine existenzielle Form menschlichen Daseins repräsentieren: Denken, Fühlen und Handeln. Diese lassen sich – wenn auch mit unterschiedlicher Akzentuierung – bei den verschiedenen Ansätzen des organisationalen Lernens herausstellen.

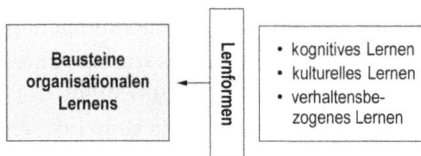

Abb. 6.3: Bausteine organisationalen Lernens – Lernformen (Quelle: eigene Darstellung).

Die Frage nach den Lernformen richtet sich im Kern nach dem lerntheoretischen Verständnis, das dem jeweiligen Ansatz zugrunde liegt.

Die Form des **kognitiven Lernens** resultiert aus den Ansätzen zur Auseinandersetzung mit Entscheidungsprozessen in Organisationen, geht allerdings weit über Konzepte der beschränkten Rationalität hinaus, indem eine Wert- und Einstellungsperspektive aufgenommen wird. Kognitive Systeme bezeichnen hier die zentralen Konzepte (s. 4.2). Ansätze, die auf einem kognitiven Verständnis des Lernens basieren, beziehen sich überwiegend auf Lernprozesse auf der individuellen und kollektiven Ebene.

Kulturelles (kulturbezogenes) Lernen hat seinen Ursprung in interpretativen Ansätzen des menschlichen Verhaltens und basiert auf der Auffassung, dass Organisationsmitglieder im Zeitablauf ein System intersubjektiv geteilter Bedeutungen (Konstruktionen der Wirklichkeit) entwickeln, das durch Artefakte wie z. B. Symbole, Metaphern, Rituale und Mythen, die wiederum durch Werte und Einstellungen getragen werden, vermittelt wird (s. 4.4).

Die **verhaltensbezogene** Perspektive hat ihren Ursprung in einer Vielzahl verschiedener Traditionen. Es geht dabei um Lernen, das sich im Handeln vollzieht (s. 4.5). So wird beispielsweise die Bedeutung pädagogischer Konzepte und experimentellen Lernens hervorgehoben, die besonders die Wechselwirkung von Handlung und Erfahrungslernen betonen. Die verhaltensbezogene Perspektive basiert aber auch auf soziotechnischen Ansätzen (z. B. Garratt 1990).

Im Gegensatz zu der Beschränkung auf eine dieser Perspektiven (oder eine Harmonisierung der Unterschiede) kann zugunsten eines umfassenden Verständnisses des Lernens eine komplementäre Betrachtung der drei Komponenten Kognition, Kultur und Handlung in einem integrativen Modell angestrebt werden. Ein Management des Lernens setzt das Verstehen dieser Prozesse voraus – nicht lediglich als eine Ausprägung kognitiven Lernens, sondern auch im Hinblick auf Werte, Einstellungen und Verhalten. Organisationsmitglieder müssen ihre Wirklichkeit nicht nur verstehen oder kreieren, sie müssen vielmehr die Notwendigkeit erkennen, ihre Hypothesen oder Wirklichkeitskonstruktionen anzupassen und die Fähigkeit entwickeln, sich entsprechend zu verhalten.

6.3 Lerntypen

Eine dritte Kategorisierung, die in der Literatur sehr häufig zu finden ist, basiert auf der von Argyris und Schön (1978) unter Bezugnahme auf Bateson (1972) vorgenommenen Unterscheidung zwischen Single-Loop-, Double-Loop- und Deutero-Learning. Andere Autoren haben ähnliche Typologien entwickelt (vgl. z. B. Hedberg 1981, 1999; Garratt 1990; Senge 1990). Generell liegt diesen Kategorisierungen aber die gemeinsame Annahme zugrunde, dass Lernen unterschiedliche Entfaltungs- oder Intensitätsgrade annehmen kann. Eine wesentliche Abgrenzung erfolgt zwischen Lernen als reaktive, restringierte Reaktion auf Veränderungen und Lernen als intentionalem Reifeprozess.

Typ I: Optimierung interner Anpassungsprozesse durch Anpassungslernen („idiosynkratische Adaption"): Kollektives Lernen vollzieht sich hier mit dem Vorgang der Wahrnehmung und Korrektur von Abweichungen zwischen Ergebnissen des organisationalen Verhaltens und der kollektiven Erfahrungswelt der Organisationsmitglieder. Die reine Verhaltensanpassung an interne und externe Umweltdynamik erfolgt mit dem Ziel, die organisationale Wissensbasis (wieder) in Einklang mit dem nicht veränderbaren Normengefüge der Organisation zu bringen. Die vorgegebenen Ziele, Normen und Standards, z. B. für Produktqualität, Umsatz oder Leistung, bleiben

Bausteine organisationalen Lernens

↑

Lerntypen

• Typ I: Single-Loop-Learning • Typ II: Double-Loop-Learning • Typ III: Deutero-Learning

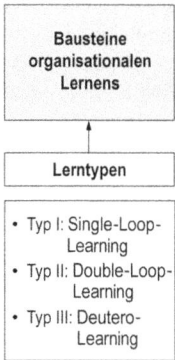

Abb. 6.4: Bausteine organisationalen Lernens – Lerntypen (Quelle: eigene Darstellung).

dabei grundsätzlich unberührt; sie werden vielmehr durch diesen Lerntypus stabilisiert. Nur der Wissensbestand über alternative Maßnahmen und Mittel in Reaktion auf veränderte Umwelteinflüsse wird so modifiziert, dass die Stimmigkeit zwischen Verhalten und Zielen der Organisation gesichert werden kann. Es handelt sich beim Single-Loop-Learning also um einen selbstregulierenden Prozess, bei dem negative Feedbackinformationen Anlass geben, sich an Vorgaben und Normen (wieder) anzupassen.

Ein Unternehmen – nennen wir es OL GmbH – hat im Rahmen seiner Zielplanung die Quartalsumsätze für das kommende Geschäftsjahr festgelegt. Im Verlauf des neuen Geschäftsjahres stellt sich heraus, dass die Ist-Umsätze zurückgehen und damit nicht den Erwartungen entsprechen, die geplanten Umsätze können nicht erreicht werden. Diese Abweichung von Ist- und Sollwerten führt zu Analysen, um die Ursachen für den Umsatzrückgang zu identifizieren. Daraufhin werden operative Korrekturmaßnahmen eingeleitet (verstärkte Werbung, erhöhter Einsatz der Verkaufsförderung), um die Umsatzziele doch noch zu erreichen. Die ursprünglich festgelegten Ziele und der Rahmenplan für die einzusetzenden Marketinginstrumente bleiben allerdings unverändert.

Typ II: Die Aufrechterhaltung der externen Anpassung an die Umwelt durch Veränderungslernen: Sofern Prozesse über eine reine Verhaltensanpassung hinausgehen und die das Organisationsverhalten determinierenden Normen und Ziele hinterfragt werden, wird von organisationalem Lernen des Typs II gesprochen. Das Double-Loop-Learning setzt voraus, dass die einzelnen, am Problemlösungsprozess beteiligten, Individuen bereit sind, sich von ihrer jeweils individuellen Zielstellung zu distanzieren und zugunsten der organisationalen Ziele anzupassen. Die Beobachtung beispielsweise, dass Kunden eines Unternehmens neben der Qualität eines Produktes insbesondere die Support- und Serviceleistungen schätzen, sollte dazu führen, dass Kostenreduktion und Personalabbau im Kundendienst überdacht werden. Die graduelle Höherstufung des Veränderungslernens wird insofern deutlich, als hier durch eine Auseinandersetzung mit den Zielen organisationalen Handelns der Kontext für das Anpassungslernen des Typs I verändert wird.

⚡ Die oben genannten operativen Korrekturmaßnahmen zeigen bei der OL GmbH nicht die gewünschte Wirkung. Die Umsätze gehen trotz verstärkter Werbung und Verkaufsförderung weiter zurück. Das reine Anpassungslernen ohne Veränderung von Zielen und aktuellen Standards ist somit unwirksam. In einem solchen Fall wird die OL GmbH einerseits die bisherigen Umsatzziele zu hinterfragen, andererseits über eine grundsätzliche Neuausrichtung ihres Marketinginstrumentariums (z. B. Social Media, Influencer) nachzudenken haben. Das Ergebnis dieses Lernprozesses könnten reduzierte Umsatzziele oder auch eine geänderte Preis- und Produktpolitik sein. Das heißt, es kommt in diesem Fall zu einer Überprüfung und Modifizierung der bisherigen Überzeugungen.

Typ III: Die Selbstreflexion und Anpassung der eigenen Lernprozesse durch **Deutero-Learning** (Prozesslernen): Die Grundlage dieses Lerntyps bildet die Problematik, dass Individuen angesichts ihres (unterschiedlich ausgeprägten) Routinisierungs- und Beharrungsbestrebens zu lernhinderlichen Verhaltensweisen neigen, so z. B. zum Ignorieren von Fehlern und Inkonsistenz ihres Verhaltens, zur Isolation gegenüber Veränderungen der internen und externen Umwelt oder zu mangelnder Kommunikationsbereitschaft. Die Widerstände gegen (kognitive) Neuorientierungen bieten Ansatzpunkte für ein Deutero-Learning. Ein erfolgreicher Abbau der Abwehrhaltung bedarf in erster Linie der Verdeutlichung und Verinnerlichung der Lernprozesse. Damit werden Sinnzusammenhänge, Vorgänge und Vorgehensweisen des Anpassungs- und Veränderungslernens reflektiert und bewusst gemacht. Das Ziel des Deutero-Learning besteht damit in der Verbesserung der Lernfähigkeit der Organisation. Dieser Lerntypus bildet zugleich die höchste Ebene des organisationalen Lernprozesses, da hier das Lernen selbst zum Gegenstand gemacht wird. Lernen auf dieser Ebene bedeutet nicht nur die reaktive Anpassung an Veränderungen der internen und externen Umwelt. Vielmehr werden die Ziele, Sinn- und Wirkungszusammenhänge des organisationalen Handelns reflektiert.

⚡ Würde die Geschäftsleitung der OL GmbH aufgrund der gemachten Erfahrungen dazu übergehen, künftig alle Entscheidungen, Handlungen und deren Auswirkungen im Marketingbereich (oder auch in anderen Funktionsbereichen) regelmäßig und systematisch hinsichtlich ihrer Zielwirksamkeit zu überprüfen und dies zudem zu einer Aufgabe sämtlicher Organisationsmitglieder zu machen, dann läge Deutero-Learning vor (Prozesslernen, Lernen auf einer Art Meta-Ebene). Das heißt, durch die Reflexion und Analyse der abgelaufenen Lernprozesse kommt es zu einer erhöhten Problemlösefähigkeit des Unternehmens.

Diese drei Lerntypen schließen sich in der Praxis nicht aus und lassen sich nicht trennscharf voneinander abgrenzen. Sie markieren vielmehr Extrempunkte eines Kontinuums, auf dem organisationale Lernprozesse in Abhängigkeit von der Intensität der Auseinandersetzung mit Zielen, Verhalten und Annahmen über Wirkungszusammenhänge zwischen Verhalten und Zielerreichung systematisiert werden können.

Es ist zu berücksichtigen, dass in Abhängigkeit von den spezifischen Rahmenbedingungen unterschiedliche Lerntypen geeignet sind. So kann in manchen Situationen ein Single-Loop-Learning im Sinne konditionierter Reaktionen durchaus sinnvoll

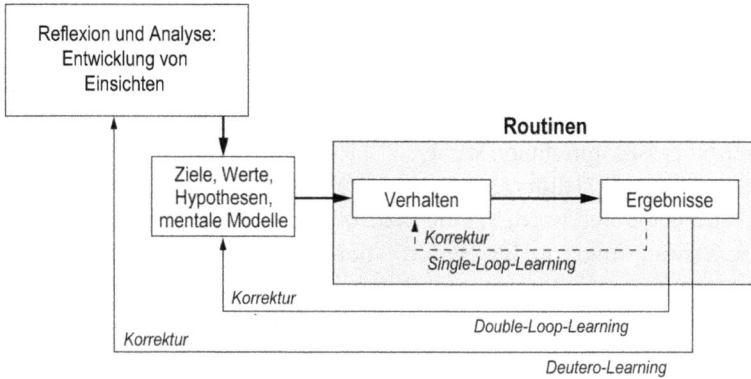

Abb. 6.5: Lerntypen (Quelle: eigene Darstellung).

sein (z. B. Eingriffe bei Routinefehlern am Fließband). Hier erfolgt also eine einfache Anpassung an definierte Normen (z. B. Spaltmaße) und Standard Operating Procedures. Es kann jedoch auch Veränderungs- und bzw. oder Prozesslernen (im Sinne eines tiefgreifenden Reflexionsprozesses) erforderlich sein, wenn die möglichen Konsequenzen für die Organisation oder die relevante Organisationseinheit von maßgeblicher Bedeutung sind (z. B. bei der Einführung neuer Technologien oder bei der Umstellung der Fertigung auf Gruppenarbeit).

6.4 Lernphasen

Neben der Abgrenzung der bislang beschriebenen Dimensionen organisationalen Lernens wird in der Literatur die Systematisierung organisationaler Lernprozesses mithilfe eines Lernkreislaufs vorgenommen, dazu existiert eine Vielzahl verschiedener Modelle. Unabhängig von der jeweiligen Ausformung sind sie grundsätzlich durch eine Differenzierung verschiedener Phasen des organisationalen Lernens gekennzeichnet.

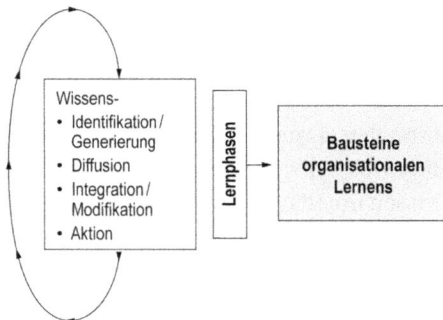

Abb. 6.6: Bausteine organisationalen Lernens – Lernphasen (Quelle: eigene Darstellung).

Dieser Phasengliederung liegt das Verständnis organisationalen Lernens als einem Veränderungsprozess der organisationalen Wissensbasis zugrunde, der wiederum durch mehrere Abschnitte charakterisiert werden kann. Diese beziehen sich jeweils auf bestimmte Zustände oder Merkmale, die die organisationale Wissensbasis im Ablauf des Lernprozesses annehmen kann.

Cyert und March (2006: 127) differenzieren beispielsweise Informationen, die von der Organisation aufgenommen werden, eine Distribution von Informationen in der Organisation, die Verdichtung von Inputinformationen und Outputinformationen z. B. in Form von Bestellungen an Lieferanten, Lieferungen an Kunden oder Werbung. Hedberg (1981) unterscheidet im Wesentlichen vier Phasen des Lernprozesses: Umwelteinflüsse, Selektion und Interpretation der Stimuli und Reaktion. Vier Lernphasen werden auch im Lernmodel nach Kolb (1976) vorgeschlagen: konkrete Erfahrungen, reflexive Wahrnehmung, abstrakte Konzeptualisierung und aktives Experimentieren. Huber (1991) sieht organisationale Lernprozesse als Abfolge von Wissensakquisition, Distribution, Interpretation und Speicherung. Ähnliche Lernphasen werden von Nonaka (1994) vorgeschlagen.

Im Allgemeinen lassen sich die folgenden, nicht notwendigerweise sequenziell ablaufenden Schritte des organisationalen Lernens unterscheiden (s. Abbildung 6.7):
– Identifikation/Generierung,
– Diffusion,
– Integration/Modifikation und
– Aktion.

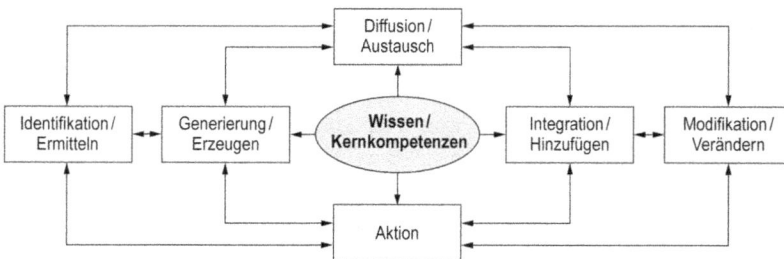

Abb. 6.7: Organisationales Lernen – Lernphasen (Quelle: eigene Darstellung).

Identifikation und Generierung

Am Ausgangspunkt der Betrachtung organisationalen Lernens stand das Ziel, die Anpassung der Organisation an ihre sich verändernde Umwelt zu optimieren. Dabei, können zwei Prinzipien der Gewinnung von Wissen unterschieden werden: Aus einer markt- bzw. umweltorientierten Perspektive wird mit der Wahrnehmung relevanter Umweltausschnitte und der systematischen Sammlung entsprechender Informationen (bereits existierendes) Wissen **identifiziert**. In Ergänzung wird aus einer ressourcenorientierten Perspektive Wissen intern **generiert**, so z. B. indem implizit vorhandene Wissensvorräte oder der Kombination expliziter Wissenspotenziale zur Schaffung neuen Wissens aufgezeigt werden (z. B. Nonakas „Socialization" 1994).

Diffusion

Um die auf der individuellen oder Gruppenebene gewonnene Informationen und Wissen der gesamten Organisation zugänglich zu machen und wertschöpfend einsetzen zu können, bedarf es der Diffusion (Verteilung bzw. Verbreitung) der relevanten Wissenselemente. Im Mittelpunkt des Erkenntnis- und Gestaltungsinteresses stehen hier Kommunikationsprozesse aus horizontaler, vertikaler oder zeitlicher Sicht (z. B. Nonakas „Externalization" 1994; Hubers „Distribution" 1991). Eine gute Diffusion zielt auf die Bereitstellung von Informationen und Wissen zur richtigen Zeit am richtigen Ort ab.

Integration und Modifikation

Soll die Problemlösungsfähigkeit einer Organisation nachhaltig erhöht werden, muss gewonnenes und diffundiertes Wissen der Organisation verankert werden. Grundsätzlich besteht dabei die Möglichkeit, neue Wissenselemente in eine bestehende und nicht veränderte Struktur zu **integrieren**. Entsprechend der Differenzierung unterschiedlicher Lerntypen kann die Verankerung neuen Wissens im Sinne eines Double-Loop-Learning auch als **Modifikation** der gegebenen Wissensstruktur erfolgen.

Aktion

Eine Erhöhung des organisationalen Problemlösungs- und Handlungspotenzials muss darüber hinaus wertschöpfend eingesetzt werden. Neues Wissen muss in konkrete Aktionen transformiert werden und in organisationale Routinen einfließen, um zu einer Verbesserung der Unternehmensprozesse und -leistungen zu führen. Aus der Gestaltungsperspektive eines Managements organisationaler Lernprozesse müssen darüber hinaus auch Aspekte einer systematischen Messung und Überwachung in das Kreislaufmodell aufgenommen werden: Auf Basis zu definierender Ziele und Erfolgsmaßstäbe sollte ein kontinuierliches Controlling organisationalen Lernens erfolgen.

Die vier genannten Bausteine – Lernebenen, Lernformen, Lerntypen und Lernphasen – können als konzeptionelle Eckpfeiler eines integrierten Verständnisses des organisationalen Lernens und des Wissensmanagements betrachtet werden. Sie werden in Kapitel 4 detailliert beschrieben.

Reflexionsfragen

? 6.1 Welche vier Bausteine beinhaltet das integrative Modell organisationalen Lernens?
6.2 Wie lassen sich die Lerntypen des Single-Loop-Learning, des Double-Loop-Learning und des Deutero-Learning voneinander abgrenzen?
6.3 In welchen Phasen läuft organisationales Lernen ab?

Zusammenfassung

Zur Systematisierung der vielfältigen Konzepte des organisationalen Lernens wurden in diesem Kapitel sechs Kernperspektiven vorgestellt:

1. Aus **entscheidungsorientierter Perspektive** werden Prozesse des organisationalen Lernens als Stimulus-Response-Modelle des Lernens aufgefasst. Nach diesem Verständnis führen Umweltschocks zu einer reaktiven Anpassung. Organisationen lernen somit aus ihren Erfahrungen, indem sie als komplexe, informationsverarbeitende Systeme das Entscheidungsverhalten der Vergangenheit reflektieren. Die mechanistische Sichtweise wird später um sozial-psychologische und kognitive Faktoren ergänzt (begrenzt rationales Entscheidungsverhalten) und durch Einführung von Verhaltensroutinen weiterentwickelt.

2. Unter der **kognitiven und Wissensperspektive** werden jeweils zwei Ansatzgruppen subsumiert: Die strukturellen und epistemologischen Ansätze der kognitiven Perspektive sowie die Kernkompetenz-Ansätze und wissensbasierten Ansätze der Wissensperspektive.

3. Die auf den Prinzipien der Kybernetik und den Managementtheorien basierte **systemtheoretische Perspektive** umfasst

   (a) traditionelle systemtheoretische Managementansätze, die eine System-Umwelt-Beziehung fokussieren und Wert auf Anpassung der internen Organisationsstruktur an die externe Komplexität legen,

   (b) systemdynamische Ansätze, die unter Lernen die Durchdringung und erfolgreiche Handhabung der komplexen System-Umwelt-Beziehung verstehen sowie

   (c) die Konzepte der Selbstorganisationsfähigkeit, nach deren Verständnis Institutionen zur Förderung der selbstreferenziellen Prozesse (als Grundlage der Problemlösefähigkeit) „Organizational Slack" aufbauen müssen.

4. Die Betrachtung der **Kulturperspektive** hat gezeigt, dass die Lernfähigkeit wesentlich durch den Wandel und die Entwicklung der organisationalen Lernkultur determiniert ist (kollektive Ebene).

5. Den Kern der Ansätze der **Action-Learning-Perspektive** bilden die eigenen Verhaltensweisen sowie die Reflexion über diese. Man erkennt darin die Bedeutung des experimentellen Lernens.

6. Schließlich stellt die **eklektische Perspektive** keine vollkommen neue Denkrichtung dar, sondern vielmehr eine Verbindung vorhandener Ansätze. Es entsteht ein Zusammenwirken von systemtheoretischen, kulturellen und entwicklungspsychologischen Elementen ergänzt um praktische Hinweise auf Basis der Action-Learning-Perspektive.

Zudem wurden ausgewählte Ansätze des Wissensmanagements vorgestellt:
-   die Bausteine des Wissensmanagements nach Probst, Raub und Romhardt als ein betriebswirtschaftlich orientierter, phasenorientierter Ansatz zum Wissensmanagement,
-   die Spirale des Wissensmanagements nach Nonaka und Takeuchi als ein wissenstheoretischer Ansatz, der vor allem den Wissensentwicklungsprozess fokussiert,
-   die vier Akte des Wissensmanagements nach Schüppel, der ein Modell entwickelt, mit dem typische Lern- und Wissensbarrieren überwunden werden sollen und damit explizit eine Verbindung zwischen Lern- und Wissensmanagementforschung herstellt sowie
-   das integrative Wissensmanagement nach Pawlowsky.

Dieses **integrative Modell** von Pawlowsky wurde detailliert vorgestellt. Kern dieses Ansatzes bilden die Lernebenen, Lernformen, Lerntypen und Lernphasen des organisationalen Lernprozesses (s. Abbildung 6.1). Diese wirken – abhängig von bestimmten Rahmenbedingungen wie spezifischen Routinen, Verhaltensnormen und strukturellen Eigenschaften einer Organisation – in unterschiedlichen Formen zusammen.

Zu Beginn wurde konstatiert, dass Wissensmanagement als Gestaltung und Abstimmung von Lernprozessen (Wissenstransformation) in und von Organisationen verstanden werden kann. Nachdem ausführlich die Bausteine des organisationalen Lernens behandelt wurden, stellt sich nun die Frage, wie ein Wissensmanagement dazu beitragen kann, organisationales Lernen zu fördern. Wissen und organisationales Lernen werden als zwei Seiten einer Medaille betrachtet, wobei Wissen in einer Organisation als Bestand (Wissensbasen der Organisation) gesehen und organisationales Lernen als Erneuerungsprozess dieses Wissensbestandes interpretiert werden kann (s. Abbildung 6.8).

Abb. 6.8: Organisationales Wissen und organisationales Lernen (Quelle: eigene Darstellung).

Wissen ist der Ausgangs- und der Zielpunkt organisationaler Lernprozesse. Entscheidend ist nun die Präzisierung des Wissens, das in Organisationen identifiziert, erneuert, verteilt und angewandt werden soll.

Hier gilt es zwei zentrale Fragen zu klären:

1. Wie kann relevantes Wissen in Organisationen erfasst werden und
2. wie können Wissensprozesse in Organisationen gemanagt werden?

Mit diesen Fragen beschäftigt sich das nachfolgende Kapitel.

Teil III: **Erfassung und Bewertung von Kompetenz und Wissen**

Einleitung

Ziel dieses Kapitels ist es, die Zugangs- und Zielperspektiven von Wissen zu erläutern, d. h. deutlich zu machen, wie die Ressource „Wissen" auf unterschiedlichen Ebenen erfasst werden kann und wie diese Zugangsebenen das Verständnis von Wissen in Organisationen prägen.

Sie werden nach der Erarbeitung dieses Kapitels fähig sein, die Handhabung von Wissen auf unterschiedlichen konzeptionellen Ebenen in der Organisation zu verstehen. Außerdem kennen Sie einige Ansätze, um Wissen auf der organisationalen Ebene zu identifizieren und zu bewerten und können dazu beitragen, derartige Instrumente im Unternehmen zu implementieren.

Bisher wurde von Wissen und Lernen gesprochen, und die Wissensstrukturen wurden sowohl als Voraussetzung als auch als Ergebnis von Lernprozessen betrachtet. Organisationales Lernen und organisationales Wissen wird als wesentliche Voraussetzung betrachtet, um den gesellschaftlichen und marktlichen Anforderungen Rechnung zu tragen. Ausgangsthese dieser Überlegungen ist: Information, Bildung, Humankapital und Wissen wird als Ressourcen wichtiger (vgl. auf einer allgemeinen Ebene z. B. Kreibich 1986; Crawford 1991, Bounfour, Edvinsson 2005). Die wesentliche Ressource zur Bewältigung und zur Gestaltung des Wandlungsprozesses ist damit nicht materiell-stofflicher, sondern immateriell-geistiger Natur. Das Wissenskonzept ist hier ähnlich wie alle Dispositionskonzepte (z. B. Kompetenzen, Qualifikationen, Einstellungen, Werte etc.) in einer eigentümlichen Zwitterrolle: zugleich Bedingung als auch Phänomen des Wandels.

–   Zum einen werden die Durchdringung der Gesellschaft mit Informationen und Wissen und die kontinuierliche Wachstumsbeschleunigung des Wissens selbst als Wesen des **Strukturwandels** von einer industriellen zu einer Wissens- und Informationsgesellschaft verstanden. Die Akkumulation und permanente Erneuerung sowie Vertiefung von Wissen wird hier zur Herausforderung, die es zu bewältigen gilt. Der Stand des Wissens wird zum Maßstab, an dem man sich zu orientieren hat. Wissen ist nicht Mittel, sondern Zweck. Die Erweiterung des Wissens selbst ist das Wesen gesellschaftlichen Fortschritts.

–   Zum anderen wird Wissen als Mittel und Vehikel zur **Bewältigung der gesellschaftlichen Dynamik** verstanden. „Qualifizierung für die Zukunft" gilt als populäre Leitlinie. Außerdem ist lebenslanges Lernen eine Maxime, um den kontinuierlichen gesellschaftlichen Fortschritt zu bewältigen. Wissen ist hier das Transportmittel, um der zunehmenden Geschwindigkeit der gesellschaftlichen Entwicklung folgen zu können. Unternehmen fallen im weltweiten Konkurrenzkampf zurück, wenn sie auf Digitalisierung sowie das neueste Know-how in der Verfahrens- und Prozesstechnologie (Industrie 4.0) verzichten. Individuen benötigen wiederum die neuesten Kenntnisse, um diese Technologie bedienen zu können. Und durch Digitalisierungsanforderungen und immer kürzere Lebenszyklen von Prozess- und Produktinnovationen schreitet auch die Entwertung der vorhandenen Qualifikationen immer schneller voran.[2]

Es handelt sich hier quasi um zwei Querschnittsaufnahmen eines Längsschnittprozesses, bei dem Wissen einerseits Bedingung, andererseits Ergebnis der Entwicklungsspirale darstellt. Wissen ist damit sowohl Instrument der Veränderung als auch Ergebnis des Veränderungsprozesses, gleichzeitig Werkzeug und Werkstück. Vorhandene Wissenspotenziale stellen den Rahmen zur Aufnahme neuer Wissensinhalte dar und verändern sich selbst im Zuge dieses Aneignungsprozesses. Dieser Doppelcharakter in einer Ursachen-Wirkungs-Spirale verleiht der Ressource Wissen eine besondere Bedeutung für die Entwicklungsdynamik von Organisationen.

Wendet man diese Überlegungen auf Unternehmungen an, ergibt sich folgendes Bild: Vor dem Hintergrund der beschriebenen strukturellen, geschäftsstrategischen und technologischen Veränderungen, die sich als Konturen der Informations- und Wissensgesellschaft abzeichnen, mag sich die Betrachtung von Unternehmen als „wissensverarbeitende Systeme" oder „Problemlösungssysteme" als hilfreich erweisen, um Prozesse verstehen zu lernen, Muster zu erkennen und geeignete Anpassungsstrategien entwickeln zu können. Diese Betrachtungsweise ermöglicht es Unternehmen, Komplexität und wechselnde Anforderungen zu bewältigen sowie neue Felder zu erschließen. Wissen ist hier der Rahmen, der die Informationsverarbeitungsfähigkeit ausmacht. Darüber hinaus ist Wissen ebenso Produkt: Aus dieser Perspektive sind Unternehmen auch als Wissensproduzenten zu betrachten. Ihre zu veräußernden Leistungen sind dann Ausdruck der Information, des Könnens und des Wissens, über das eine Organisation verfügt. Dabei kann es sich um Produkte (z. B. Tabletten, Automobile) oder um Dienste (z. B. Kreditkarten, Finanzdienstleistungen, Software, Solutions und Internetdienste) oder um Kombinationen beider Angebotsformen handeln (z. B. Kommunikation, Mobilfunk, Clouddienste). Entscheidend für den Unternehmens- und Geschäftserfolg ist die Frage, welchen Wert dieses Wissen für den Kunden hat.

Das „Sichtbarmachen" dieser unsichtbaren Ressourcen ist eines der wichtigsten Ziele des Wissensmanagements. Die Identifikation der immateriellen Ressourcen Wissen, Qualifikation und Kompetenzen und die grundlegenden Prinzipien des Manage-

---

2 Exemplarisch hat bereits Franz Xaver Kroetz (1981) diesen Konflikt in seinem Theaterstück „Nicht Fisch nicht Fleisch" in der Rolle des Edgar beschrieben. Edgar, Ende 30, der als Schriftsetzer noch Bleisatz gelernt hat und nun an einer Umschulung auf Fotosatz teilnehmen muss, empfindet diese Situation folgendermaßen: „Ich will aber nicht (umschulen). Ich hab gelernt, wie ich in dem Alter war, wo ein Mensch lernt, jetzt bin ich in dem Alter, wo ein Mensch etwas kann. Ich will kein Lehrling sein, dass Jüngere mir über die Schulter schauen und sich denken, wie stellt der alte Depp sich denn an! Ich habe einen Beruf, den lass ich mir nicht nehmen. Das ist mein Eigentum. Eine Arbeit kann man verlieren, aber den Beruf nicht."

ments dieser Ressourcen stehen im Vordergrund der nachfolgenden Ausführungen. Die immateriellen Ressourcen lassen sich auf unterschiedlichen Ebenen beschreiben, die im Folgenden erläutert werden.

7 Wissens- und Kompetenzerfassung auf unterschiedlichen Ebenen

Bevor auf die einzelnen Ebenen eingegangen wird, wird zunächst der Wissens- und Kompetenzbegriff allgemein definiert (ausführlich zu den Merkmalen des Wissens siehe Kapitel 8). Nach der Bearbeitung dieses Kapitels haben Sie einen Überblick darüber, auf welchen konzeptionellen Ebenen einer Organisation Wissen und Kompetenzen erfasst und gemanagt werden können und Sie kennen wesentliche Erfolgskriterien zu diesen Ebenen.

Die Begriffe Wissen und Kompetenz sind zwar in vielfältiger Weise miteinander verknüpft, doch gehen sie nicht vollständig ineinander auf. In der folgenden Tabelle sind eine Reihe von Definitionen von **„Wissen"** einander gegenübergestellt (s. Tabelle 7.1[1]):

Gemeinsame Grundlage einer Definition aus diesen unterschiedlichen Facetten des Wissensbegriffs ist eine auf Lernprozessen basierende Repräsentation von Erfahrungen über Zusammenhänge. Pragmatisch definieren Bullinger et al. (1997: 4): „Wissen [ist] die Kenntnis von Beziehungen zwischen Ursache und Wirkung, basierend auf einer systematischen Vernetzung von Informationen."

Die Fähigkeit, Wissen in Fertigkeiten um- und bei Problemlösungen einzusetzen, kann nach North (vgl. North 2005: 34) als **Kompetenz** bezeichnet werden. Kompetenzen konkretisieren sich also im Moment der Wissensanwendung. Weinert (2001: 27) definiert Kompetenzen mit einem ähnlichen Bezug zur Handlungssituation: Die „[...] bei Individuen verfügbaren oder durch sie erlernbaren kognitiven Fähigkeiten und Fertigkeiten, um bestimmte Probleme zu lösen sowie die damit verbundenen motivationalen, volitionalen und sozialen Bereitschaften und Fähigkeiten, um die Problemlösungen in variablen Situationen erfolgreich und verantwortungsvoll nutzen zu können."

Auch Erpenbeck (2014: 20) hebt die Handlungsfähigkeit als relevantes Element des Kompetenzbegriffs hervor, erweitert aber den Bezug auch auf Gruppen und Organisationen: „Der moderne Begriff Kompetenz wird seit den sechziger Jahren des 20. Jahrhunderts benutzt, um die selbstorganisierte, kreative Handlungsfähigkeit von Individuen oder kollektiven Subjekten, insbesondere die Kernkompetenzen von Unternehmen und Organisationen, zu kennzeichnen." (Siehe hierzu auch die Ausführungen von Hamel und Prahalad (1995) unter 8.1.)

Der Wissensbegriff umfasst überwiegend eine kognitive Dimension und vernachlässigt affektive und konative (handlungsorientierte) Komponenten, die bei Kompetenzen implizit enthalten sind.

---

1 Hiermit möchte ich Gido Regel für die Literaturzusammenstellung danken.

https://doi.org/10.1515/9783110474930-007

Tab. 7.1: Beispielhafte Definitionsansätze von Wissen.

Verfasser	Definition
Amelingmeyer (2002: 43)	„Wissen ist jede Form der Repräsentation von Teilen der realen oder gedachten Welt in einem körperlichen Trägermedium."
Güldenberg (2001: 161)	„Unter Wissen verstehen wir deshalb im folgendem die Gesamtheit aller Endprodukte von Lernprozessen, in denen Daten als Informationen wahrgenommen und Informationen in Form von strukturellen Konnektivitätsmustern in Wissensspeichern niedergelegt werden."
Oberschulte (1994: 62)	„Organisatorisches Wissen ist ein Subsystem der organisatorischen Intelligenz. Als Zustandsgröße umfasst es jegliche Kenntnisse, die der Organisation momentan zur Lösung von Fragestellungen zur Verfügung stehen. Organisatorisches Wissen stellt sowohl eine Ausgangsgröße als auch eine Ergebnisgröße des organisatorischen Lernens dar."
Davenport u. Prusak (1998: 32)	„Wissen ist eine fließende Mischung aus strukturierten Erfahrungen, Wertvorstellungen, Kontextinformationen und Fachkenntnissen, die in ihrer Gesamtheit einen Strukturrahmen zur Beurteilung und Eingliederung neuer Erfahrungen und Informationen bietet. Entstehung und Anwendung von Wissen vollziehen sich in den Köpfen der Wissensträger. In Organisationen ist Wissen häufig nicht nur in Dokumenten oder Speichern enthalten, sondern erfährt auch eine allmähliche Einbettung on organisatorischen Routinen, Prozesse, Praktiken und Normen."
Strasser (1993: 6. Hhg. Orig.)	„Als Wissen bezeichne ich gesamthaft diejenigen Annahmen über das ‚Selbst' bzw. die ‚Umwelt' eines Akteurs, einer Gruppe, einer Organisation, die auf das Denken, Entscheiden und Handeln dort Einfluss nehmen. Dazu gehören subjektive Erfahrungen und Erwartungen über Handlungsfolgen, subjektive Interessen, Ziele, Werte und Normen sowie selbstverständlich alle Informationen über die faktische Welt [...]."
Wiig (2000: 26)	„Knowledge is possessed by humans or inanimate agents as truths and beliefs, perspectives and concepts, judgements and expectations, methodologies and know-how. Knowledge is used to receive information – to recognize and identity; analyze, interpret, and evaluate, synthesize, assess and decide; adapt, plan, implement, an monitor – to act."

7.1 Individuumsebene

Eine auf die Individuumsebene gerichtete Auseinandersetzung mit dem Kompetenz- und Wissensbegriff findet vor allem in der Psychologie statt. Hier steht der Kompetenzbegriff in engem Zusammenhang mit den Begriffen Intelligenz und Potenzial.

Während der Intelligenzbegriff jedoch vor allem die kognitiven Fähigkeiten in den Vordergrund stellt und der Potenzialbegriff die sich daraus ergebenden Entwicklungsfähigkeiten des Individuums reflektiert, stellt der individuelle Kompetenzbegriff auf die Handlungs- und Problemlösungsfähigkeit des Individuums und im Arbeitskontext auf den individuellen Berufserfolg ab (s. Abbildung 7.1).

Zugangsebenen, Konzepte und Erfolgskriterien organisationalen Wissens

Bezugsebene	Konzepte	Erfolgskriterien
Individuum	A **individuelle Kompetenzen** Berufs-/Eignungsdiagnostik differenzielle Psychologie Testverfahren	individueller Berufserfolg

Abb. 7.1: Zugangsebene individuelle Kompetenzen (Quelle: eigene Darstellung).

So lässt sich Kompetenz in Anlehnung an Leontjew (1982) „als das System der innerpsychischen Voraussetzung, das sich in der Qualität der sichtbaren Handlung niederschlägt und diese reguliert", definieren. Auf der Individuumsebene stellen eignungsdiagnostische Verfahren die zentralen Ansätze dar. Sie erfassen individuelle Indikatoren mit der Zielsetzung, Prognosen für berufliche Eignung und beruflichen Erfolg ableiten zu können. Verfahren der Berufspädagogik und der differenziellen Psychologie stehen hier im Vordergrund (vgl. z. B. Erpenbeck, Rosenstiel 2007, Hacker 2005). Der instrumentelle Bezugspunkt ist dabei der zukünftige Berufserfolg.

Im Rahmen dieser Perspektive kann eine Kategorisierung des Kompetenzbegriffs in unterschiedliche Klassen vorgenommen werden. So wird beispielsweise differenziert zwischen Fach-, Methoden- Sozial- und Selbstkompetenz (vgl. z. B. Erpenbeck, Heyse 2007: 158 ff.; Frieling et al. 2000: 36).

7.2 Arbeitsplatzebene

Mit Blick auf die Arbeitsplatzebene steht der Wissens- und Kompetenzbegriff in engem Zusammenhang mit dem Begriff der Qualifikation. Danach bilden die Anforderungen des Arbeitsplatzes den Ausgangspunkt, in dessen Abhängigkeit das individuelle Vermögen der Aufgabenbewältigung bestimmt wird (vgl. Pawlowsky, Bäumer 1996: 7; Arnold 1997: 270). Qualifikation lässt sich demnach mit dem Erfüllungsgrad hinsichtlich zuvor definierter Anforderungen konkretisieren. Nun hat aber auch in der Berufspädagogik schon seit langem eine Weiterentwicklung dieser Perspektive eingesetzt. Dies zeigt sich insbesondere am Begriff der Schlüsselqualifikation (vgl. Mertens 1974). Auf dieser Ebene stehen die Erfassung von Qualifikationen und die daraus ableitbaren Ansätze des Skills Managements im Vordergrund (s. Abbildung 7.2).

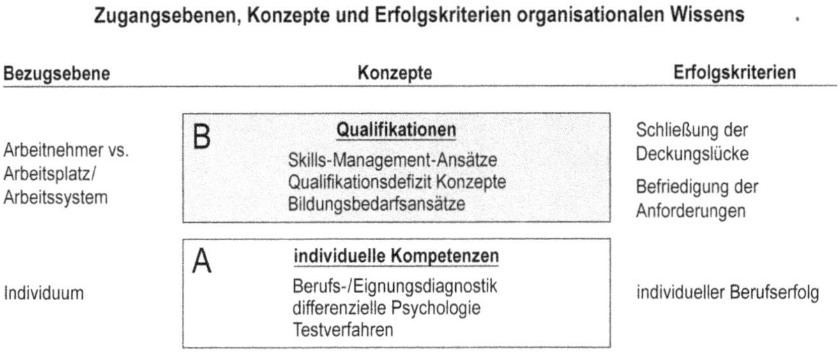

Zugangsebenen, Konzepte und Erfolgskriterien organisationalen Wissens

Bezugsebene	Konzepte		Erfolgskriterien
Arbeitnehmer vs. Arbeitsplatz/ Arbeitssystem	**B**	**Qualifikationen** Skills-Management-Ansätze Qualifikationsdefizit Konzepte Bildungsbedarfsansätze	Schließung der Deckungslücke Befriedigung der Anforderungen
Individuum	**A**	**individuelle Kompetenzen** Berufs-/Eignungsdiagnostik differenzielle Psychologie Testverfahren	individueller Berufserfolg

Abb. 7.2: Zugangsebene Arbeitsplatz (Quelle: eigene Darstellung).

Diese Perspektive richtet sich auf das Verhältnis zwischen Arbeitsplatz bzw. Arbeitssystem und der Qualifikation des Einzelnen hinsichtlich des Erfüllungsgrades seiner Aufgaben. Dieser wird anhand unterschiedlicher Fähigkeiten und Fertigkeiten gemessen, die den Anforderungsmerkmalen des Arbeitsplatzes gegenüber gestellt werden. Das impliziert, dass Fähigkeiten und Fertigkeiten, denen kein entsprechender Bedarf gegenübersteht, weder aus betrieblicher noch aus der Sicht von Arbeitnehmern das Kriterium der Zweckrationalität einer Verwertbarkeit im Arbeitsprozess erfüllen. Diese Zweck-Mittel-Relation ist aus einer betrieblichen Rationalität nur gegeben, wenn ein spezifisches Leistungsvermögen dazu dient, vorgegebene Arbeitsanforderungen zu erfüllen. Skills bzw. Qualifikationen haben lediglich die Funktion, die Deckungslücke zwischen Bestand und Bedarf zu schließen. Das Erfolgskriterium dieser Ansätze bemisst sich daher im Allgemeinen in der erfolgten Bedarfsdeckung. Als Beispiel wird in Abbildung 7.3 eine solche Soll-Ist-Differenz veranschaulicht, bei der unterschiedliche Zielgrößen (Soll = graue Fläche) als relevante Anforderungen an eine Führungsposition spezifiziert werden und die Ist-Ausprägungen einer Person (Ist=gestrichelte Linie) auf der Grundlage dieser Anforderungen abgebildet werden. Ziel ist die Schließung der identifizierten Lücke.

Als externes Kriterium für das Vorhandensein entsprechender Kompetenz kann erstens die **Schließung der Deckungslücke zwischen Arbeitsanforderungen und -vermögen** gesehen werden. Zweitens gilt es aber auch, die stärker zukunftsgerichtete dynamische Deckungsfähigkeit zu berücksichtigen, indem man die Frage präzisiert, was in absehbarer Zukunft vom Inhaber dieser Position an Qualifikationen erforderlich ist, um die damit verbundenen Aufgaben erfolgreich zu bewältigen.

Ein Kernproblem mit diesen Ansätzen besteht in der Benennung von **Soll-Qualifikationen** sowohl in der Gegenwart als auch der Zukunft. Woraus sind die jeweiligen Zielgrößen abgeleitet? Beobachtet man erfolgreiche Mitarbeiter und generalisiert deren Qualifikationen, wird der Erfolg quantitativ bemessen und systematisch in Bezug zu den Qualifikationen gesetzt? Nur selten finden sich in der Praxis des Skills-

Kompetenzrad

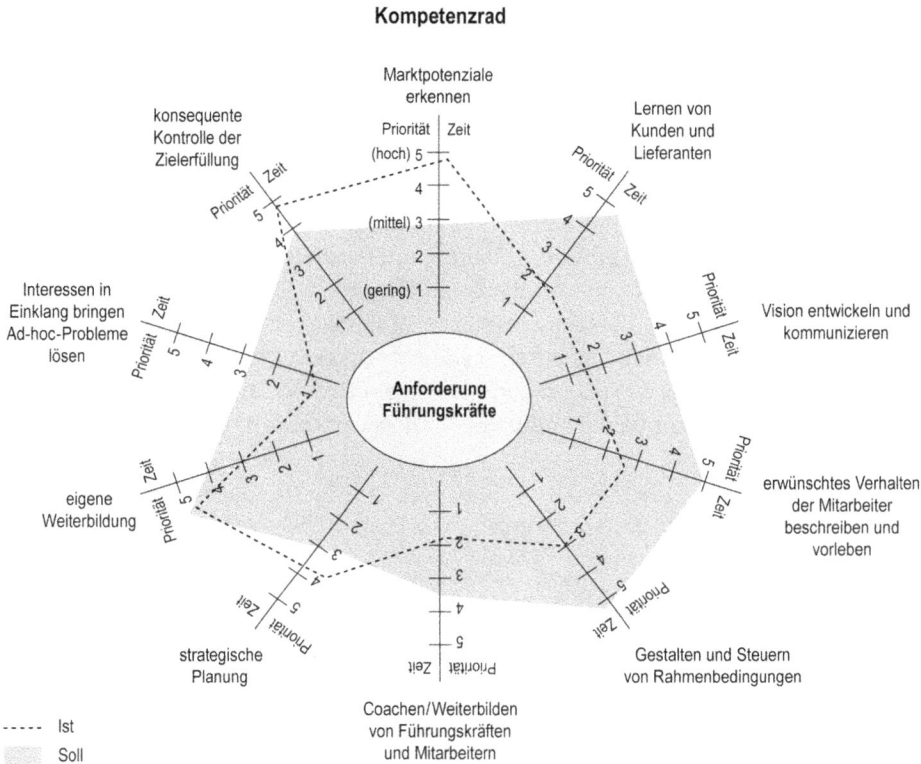

Abb. 7.3: Soll-Ist-Differenzen betrieblicher Qualifikationen am Beispiel des Kompetenzrades nach CSC Ploenzke (angelehnt an North, Reinhardt 2005: 111 ff.).

Managements Soll-Kategorien, denen empirische Evaluationen zugrunde liegen. Und wie kann man abschätzen, welche Qualifikationen zukünftige Anforderungen nötig machen? Hier liegen einige der Kernprobleme des betrieblichen Qualifikations- und Skills-Managements in der Praxis.

7.3 Gruppenebene

Kompetenz und Wissen auf der Gruppenebene wird vor allem in der Sozialpsychologie behandelt. Hier steht der Begriff in engem Zusammenhang mit der Interaktion bzw. Interaktionsfähigkeit. „Kompetenzen von Gruppen werden erschlossen aus Handlungen, die einzelne Personen nicht hervorbringen könnten, weil sie an die unmittelbare Interaktion gebunden sind, diese Handlungen also ausschließlich im Gruppenkontext auftreten können." (Baitsch 1996: 106)

Gleichwohl ist an der Interaktion immer auch das handelnde Individuum beteiligt. Da die Gruppenkompetenz jedoch nicht über die Summe individueller Sozialkompetenzen bestimmt werden kann, sondern es um die Qualität der sozialen Handlung als Ganzes geht, lässt sich Gruppenkompetenz als Selbststeuerungsfähigkeit von Gruppen präzisieren. „Kompetenz von Gruppen entspricht der Qualität des Verlaufs der Steuerung von Gruppenprozessen" (Baitsch 1996: 107). Im Ergebnis schlägt sich Gruppenkompetenz in der Handlungs- und Leistungsfähigkeit von Gruppen nieder.

Seit den 1950er-Jahren gibt es im Rahmen der sozialpsychologischen Gruppenforschung zahlreiche Versuche, Gruppenkompetenzen im Sinne von Interaktionen zu erfassen. Grundlage ist das Zusammenspiel der Mitglieder einer Gruppe und die Gruppendynamik. Neuere Messkonzepte sind stärker funktionalisiert und betrachten neben den Problemlösungsprozessen auch die Ergebnisse der Gruppe. Als Erfolgsindikatoren lassen sich damit die **Handlungs- und Leistungsfähigkeiten** von Gruppen benennen.

Zugangsebenen, Konzepte und Erfolgskriterien organisationalen Wissens

Bezugsebene	Konzepte		Erfolgskriterien
Gruppe/ Abteilung	**C**	**Gruppenkompetenz** Interaktionsprozessanalyse (Bales) Kasseler-Kompetenz-Raster	Handlungs- und Leistungsfähigkeit von Gruppen
Arbeitnehmer vs. Arbeitsplatz/ Arbeitssystem	**B**	**Qualifikationen** Skills-Management-Ansätze Qualifikationsdefizit-Konzepte Bildungsbedarfsansätze	Schließung der Deckungslücke Befriedigung der Anforderungen
Individuum	**A**	**individuelle Kompetenzen** Berufs-/Eignungsdiagnostik differenzielle Psychologie Testverfahren	individueller Berufserfolg

Abb. 7.4: Zugangsebene Gruppe (Quelle: eigene Darstellung).

Ein weiterer Ansatz zur Analyse von Gruppenkompetenzen kann mit dem Konzept des transaktiven Wissens beschrieben werden (vgl. Becker et al. 2006). **Transaktives Wissen** ist das wechselseitige Wissen der Teammitglieder darüber, wer was weiß und kann, d. h. es beinhaltet Wissen um das Wissen der anderen. Dieser Ansatz „ist in der soziokognitiven Teamforschung mittlerweile als zentraler Erfolgsfaktor einer gelungenen Kompetenzkoordination erkannt worden [...]. Dieser sorgt dafür, dass Informationen innerhalb eines Teams korrekt zugeordnet, nachgefragt und verknüpft werden können" (Oelsnitz, Busch 2007: 113 f.; Kneisel 2015).

7.4 Organisationsebene

Auf der vierten Ebene können eine Vielzahl von Ansätzen identifiziert werden, die Wissen und immaterielle Ressourcen auf der organisationalen Ebene zu erfassen versuchen. Der Schwerpunkt liegt dabei auf der Erfassung von **Bestandsgrößen**, die wiederum danach unterschieden werden können, ob sie strategische Elemente des organisationalen Wissens erfassen (z. B. Balanced Scorecard) oder ob sie auf eine monetäre Bewertung abzielen (z. B. Tobin's q; s. dazu Kapitel 9). Darüber hinaus können **Wissensprozesse** in Verbindung mit Geschäfts- und Wertschöpfungsprozessen unter diagnostischen Gesichtspunkten betrachtet werden.

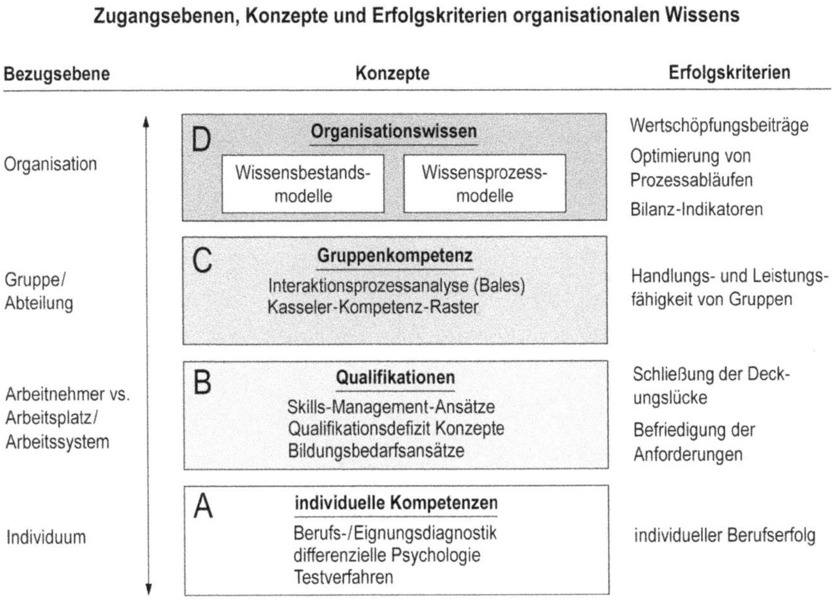

Zugangsebenen, Konzepte und Erfolgskriterien organisationalen Wissens

Bezugsebene	Konzepte		Erfolgskriterien
Organisation	**D**	**Organisationswissen**	Wertschöpfungsbeiträge
		Wissensbestands-modelle · Wissensprozess-modelle	Optimierung von Prozessabläufen
			Bilanz-Indikatoren
Gruppe/ Abteilung	**C**	**Gruppenkompetenz** Interaktionsprozessanalyse (Bales) Kasseler-Kompetenz-Raster	Handlungs- und Leistungs-fähigkeit von Gruppen
Arbeitnehmer vs. Arbeitsplatz/ Arbeitssystem	**B**	**Qualifikationen** Skills-Management-Ansätze Qualifikationsdefizit Konzepte Bildungsbedarfsansätze	Schließung der Deck-ungslücke Befriedigung der Anforderungen
Individuum	**A**	**individuelle Kompetenzen** Berufs-/Eignungsdiagnostik differenzielle Psychologie Testverfahren	individueller Berufserfolg

Abb. 7.5: Zugangsebene Organisation (Quelle: eigene Darstellung).

Die Erfolgsgrößen sind hier entweder entsprechende immaterielle Indikatoren wie z. B. Erneuerungs- und Entwicklungsfähigkeit der Organisation oder betriebswirtschaftliche Erfolgsgrößen. Organisationen verfügen über eine Vielzahl von Wissensquellen und -basen. Nun ist nicht alles, was in Wissensbasen oder in den Geschichten der Organisationen an Lehren und Erfahrungen verankert ist, unbedingt Wissen im Sinne einer wettbewerbsrelevanten Ressource. Was ist Wissen genau; und welches Wissen ist relevant im Sinne eines Wissensmanagements? Dieser Frage wird im folgenden Kapitel nachgegangen.

Reflexionsfragen

7.1 Benennen Sie die unterschiedlichen Ebenen, auf denen Wissen und Kompetenzen in Organisationen erfasst und gemanagt werden und geben Sie zu diesen Ebenen die jeweiligen Erfolgskriterien an.

7.2 Was unterscheidet die Arbeitsplatzebene von der Gruppenebene und welche Ansätze dominieren bei der Erfassung der intangiblen Ressource „Wissen" auf diesen beiden Ebenen?

8 Merkmale von Wissen

Nach der Lektüre dieses Kapitels
- wissen Sie, wie aus Wissen Wettbewerbsvorteile generiert werden können,
- können Sie den Wissensbegriff von anderen ähnlichen Begriffen abgrenzen,
- differenzieren Sie zwischen implizitem und explizitem Wissen und
- ist Ihnen bekannt, wie sich Wissen abhängig von der Anschlussfähigkeit und Kontextgebundenheit unterschiedlich schnell verbreiten kann.

8.1 Wissen und Wettbewerbsvorteile

Im Sinne der hier vertretenen Position ist solches Wissen relevant, das der Organisation nachhaltige Wettbewerbsvorteile gegenüber ihren Konkurrenten verschafft. Hamel und Prahalad (1995) sprechen hier von Kernkompetenzen der Organisation. Kernkompetenzen sind solche Kompetenzen, die in der Wahrnehmung des Kunden einen überdurchschnittlichen Nutzen (Mehrwert) begründen (vgl. Hamel, Prahalad 1995; Freiling 2000) und damit der Organisation eine ökonomische Quasi-Rente sichern (vgl. dazu z. B. Duschek 2002). „Eine Kernkompetenz wird vor allem dadurch zu einer Quelle für Wettbewerbsvorteile, dass sie im Konkurrenzkampf unverwechselbar ist und einen Beitrag zum Kundennutzen bzw. einen positiven Kostenbeitrag leistet." (Hamel, Prahalad 1995: 315)

Wie können nun solche Kernkompetenzen identifiziert und das damit verknüpfte relevante Wissen erfasst und gemanagt werden? Hamel und Prahalad (1995: 337) erklären: „Eine Firma kann ihre Kernkompetenzen nicht aktiv entfalten, wenn sich das Management nicht darüber einig ist, worin diese Kernkompetenzen bestehen. Das bedeutet, dass die Fähigkeit eines Unternehmens zur Nutzung seiner Kernkompetenzen von der Klarheit der Definition, die dieses Unternehmen von seinen Kernkompetenzen zu geben imstande ist, und von der Stabilität des Konsens über diese Definition abhängt."

Betrachtet man die Diskussion zu Kernkompetenzen genauer, so sieht man: Organisationskompetenz und organisationales Wissen haben ein theoretisches Fundament im ressourcenorientierten Ansatz (vgl. z. B. Wernerfelt 1984, 1995). Dieser Ansatz ist zum herrschenden Paradigma in der Strategieforschung avanciert (vgl. Wernerfelt 1995; Sydow, Ortmann 2001), wodurch sich die entsprechend hohe Aufmerksamkeit erklären lässt, die in den vergangenen Jahren der Organisationskompetenz zuteilwurde.

Der **ressourcenorientierte Ansatz** identifiziert in den knappen, heterogenen Ressourcen einer Organisation, die nicht imitierbar und nicht substituierbar sind sowie beim Kunden einen hohen Nutzen stiften, die nachhaltigen strategischen Wettbewerbsvorteile (= Kernkompetenzen). Hierzu lassen sich in besonderer Weise imma-

https://doi.org/10.1515/9783110474930-008

terielle Ressourcen, wie z. B. organisationales Wissen oder Werte und Einstellungen von Mitarbeitern rechnen (vgl. z. B. Grant 1996).

An dieser Stelle müssen wir uns zwangläufig näher mit dem **Wissensbegriff** beschäftigen (vgl. z. B. Polanyi 1966, 1985; Pautzke 1989; Bullinger et al. 1997; North 2005). Die Abgrenzung des Begriffs zu verwandten Konzepten wie beispielsweise Gedächtnis, Intelligenz, Bewusstsein, Kompetenz, Fähigkeiten, Bildung, Erfahrungen, Einsicht, Einstellungen, Kognitionen und Erkenntnis ist fließend. Gemeinsam ist diesen Konzepten die Vorstellung, dass es sich um subjektive Repräsentationen von Wirklichkeit handelt, die in mehr oder minder ausgeprägter Form als Dispositionen von Wahrnehmung und Verhalten betrachtet werden können.

Der Wissensbegriff umschließt damit im Einzelnen
– Know-how, d. h. die auf den Handlungskontext anwendbare Kognition,
– Vermittlung, d. h. die Überführung der Information in einen Sinnzusammenhang,
– Erfahrung als implizites, kontextgebundenes Wissen, das sich im Zeitverlauf entwickelt,
– Verständigung als Aufbau einer Sinngemeinschaft und
– das daraus resultierende soziale Handlungsvermögen (vgl. insbesondere Blackler 1995; Baecker 1998).

An dieser Präzisierung des Wissensbegriffes wird erstens deutlich, dass Wissen durch Werte und Einstellungen geprägt wird, weil diese die Bildung von Sinngemeinschaften und gemeinsam geteilten Wirklichkeitskonstruktionen fördern, die für sich genommen ebenfalls als Kernkompetenzen verstanden werden können. Zweitens wird nachvollziehbar, weshalb durch Wissen aus ressourcenorientierter Perspektive nachhaltige strategische Wettbewerbsvorteile resultieren können. Organisationales Wissen unterliegt in seiner Entstehungsgeschichte sozialer Komplexität und kausaler Ambiguität und ist von daher nicht imitierbar. Dies bedeutet, dass das spezifische Wissen in einer Organisation das Ergebnis einer sehr spezifischen Geschichte und des Zusammenwirkens einer Vielzahl von Entstehungsbedingungen, zumeist Interaktionen zwischen den betrieblichen Akteuren, darstellt. Organisationales Wissen ist damit eine wesentliche Kernkompetenz der Unternehmung. Dabei werden gemeinsam geteilte Sinnsysteme und Wirklichkeitskonstruktionen als Teil des organisationalen Wissens berücksichtigt.

Zur Kernkompetenz der Organisation können darüber hinaus ihre spezifischen Personalpraktiken oder Kommunikationsinstrumente gerechnet werden, wenn es ihnen gelingt, das organisationale Wissen zu fördern (vgl. Barney, Wright 1998).

Damit lassen sich Organisationskompetenzen im Sinne immaterieller Ressourcen spezifizieren, auffindbar in organisationalem Wissen, einschließlich der Sinngemeinschaften und sie fördernder Instrumente. Ihre externe Erfolgswirkung lässt sich als ressourcenorientierte Überlegungen in einer überdurchschnittlichen ökonomischen

Rente erkennen, die durch einen spezifischen Kundennutzen erzielt wird. Etwas allgemeiner formuliert müssten sich Kernkompetenzen in hohen Wertschöpfungsbeiträgen niederschlagen und messen lassen.

Der Kernkompetenzansatz war in den 1990er-Jahren einer der wichtigsten Managementansätze. Es reicht heute allerdings nicht allein aus, Kernkompetenzen zu haben. Aufgrund der schnellen Veränderungen in Märkten, Beziehungen und Technologien veraltet das Wissen in relativ schnell oder kann von Wettbewerbern kopiert werden. Daher besteht die Herausforderung vor allem darin, schneller zu lernen als die Konkurrenz, d. h. Kernkompetenzen müssen permanent weiterentwickelt oder neu entwickelt werden. In diesem Zusammenhang wird deutlich, dass die **Fähigkeit zur Innovation** ein bedeutender Faktor im Ringen um Kunden und Märkte ist.

Bevor im Kapitel 9 differenzierte Ansätze zur Erfassung von Organisationswissen erläutert werden, wird in nachfolgenden Abschnitten der Wissensbegriff spezifiziert.

8.2 Die Wissenstreppe

Das Konzept der Wissenstreppe von North veranschaulicht, dass Wissen einen Aggregatzustand der intangiblen Ressourcen einer Organisation darstellt und durch unterschiedliche „Veredelungs-" und Zustandsformen beschrieben werden kann. Es stützt sich auf Informationen und geht aus deren Verarbeitung hervor.

Ziel der wissensorientierten Unternehmensführung nach North ist es, aus Informationen Wissen zu generieren und dieses in nachhaltige Wettbewerbsvorteile umzusetzen. Dazu ist es nötig, alle Stufen der Wissenstreppe (s. Abbildung 8.1) zu gestalten (vgl. North 2005: 31; North et al. 2018).

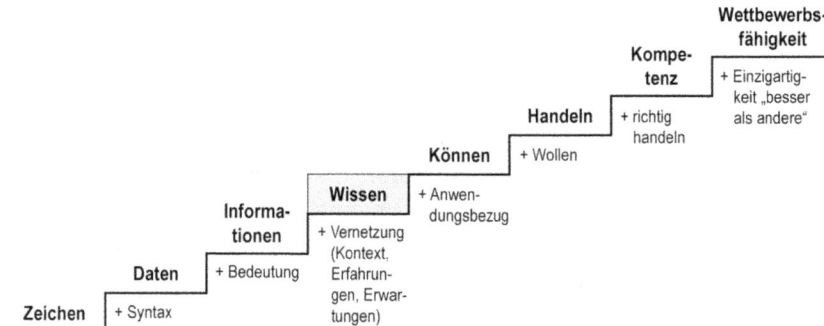

Abb. 8.1: Wissenstreppe (vgl. North 2005: 32).

Nachfolgend werden die Grundbegriffe der Wissenstreppe kurz erläutert werden (vgl. North 2005: 32 ff.):

- **Zeichen, Daten, Informationen**
  Zeichen (z. B. Buchstaben, Ziffern) werden durch Ordnungsregeln (z. B. eine Syntax) zu Daten, d. h. sie sind die kleinsten Datenelemente. Daten stellen Symbole dar, die noch nicht interpretiert oder bewertet sind (z. B. beliebige Zeichen bzw. Zeichenfolgen oder auch das rote Licht an der Ampel). Wird den Daten allerdings eine Bedeutung zugewiesen, werden sie zu Informationen (z. B. 5 % Umsatzsteigerung im Quartal, Preis eines Notebooks 1.400 Euro, Außentemperatur 0° Celsius usw.). Solange diese Informationen nicht mit anderen gespeicherten Informationen vernetzt werden, sind sie für den Betrachter allerdings wertlos.
- **Wissen**
  Wissen ist der Prozess der zweckdienlichen Vernetzung von Informationen. Informationen werden durch Erfahrungen und Erwartungen einer Person an diese gebunden und bilden dadurch Wissen, das immer kontextspezifisch und personengebunden ist.
- **Können, Handeln, Kompetenz, Wettbewerbsfähigkeit**
  Wissen (wissen Was) wird nur sichtbar, wenn es in ein Können (wissen Wie) umgesetzt wird, das sich in entsprechenden Handlungen zeigt. Es geht hier also um die Umsetzung von Wissen in Fertigkeiten (Können). Das Können wird allerdings nur in Handlungen umgesetzt, wenn eine Motivation dafür besteht. Handlungen liefern messbare Ergebnisse, wie eine Person, Gruppe oder Organisation aus Informationen Wissen generiert und dieses anwendet, um Probleme zu lösen. Diese Fähigkeit (Wissen in Können um- und bei Problemlösungen einzusetzen), bezeichnet man als Kompetenz, die durch Einzigartigkeit zu Wettbewerbsfähigkeit führt.

Eine Aufgabe des Wissensmanagements besteht nun in der Identifikation, Handhabung und Veredelung der immateriellen Ressourcen mit dem Ziel, Kernkompetenzen und damit erhöhte Wettbewerbspotenziale daraus zu entwickeln. Seitens des **strategischen Wissensmanagements** ist also die Frage zu klären, welche Kompetenzen (und daraus abgeleitet: welches Wissen und Können) erforderlich sind, um wettbewerbsfähig zu sein. Wissensziele sind dabei aus Unternehmenszielen abzuleiten. Das **operative Wissensmanagement** beschäftigt sich primär mit der Vernetzung von Informationen zu Wissen, Können und Handeln. Dabei spielt insbesondere die Gestaltung der Transferprozesse von individuellem zu kollektivem Wissen (und vice versa) eine bedeutende Rolle. North et al. (2018) ergänzen die Wissenstreppe 2018 zur Wissenstreppe 4.0 durch digitalen Technologien (z.B. neuronale Netze, Big-Data Analytics, Collaboration, Assistenssysteme, Block-chain u. a.) mit deren Hilfe die einzelnen Stufen gestaltet werden können. Dabei besteht nach wie vor ein zentrale Aufgabe in der Unterstützung von Konversionsprozessen zwischen implizitem und explizitem

Wissen (s. Abbildung 8.2). Aus diesem Grund sollen diese beiden Wissensarten im nachfolgenden Abschnitt detailliert erläutert werden.[1]

8.3 Explizites und implizites Wissen

Die Unterscheidung von explizitem und implizitem Wissen geht auf Polanyis (1966) Differenzierung in „tacit" und „explicit knowledge" zurück. **Tacit knowledge** oder implizites Wissen wird von Polanyi (1966) als persönliches, kontextspezifisches und schwierig zu formalisierendes sowie kommunizierbares Wissen beschrieben. „Wir [...] wissen [mehr], als wir zu sagen wissen" (Polanyi 1985: 14). Damit sind die subjektiven Wirklichkeitsbilder, die kognitiven Modelle, die Erfahrungsprozesse als auch konkrete Fähigkeiten und Fertigkeiten angesprochen, die Menschen sich im Erfahrungslernen und Handeln angeeignet haben. Das heißt, implizites Wissen ist mit dem Handeln verwachsen und an den Erfahrungsträger gebunden. Es kann von diesem selbst nicht oder nur unvollständig in Worte gefasst werden.

Explizites oder kodifiziertes Wissen hingegen ist leicht sprachlich übertragbar und in einer formalen Form auch in Daten umwandel- und verarbeitbar. Es handelt sich um das rationale, digitalisierbare Wissen, das in formalisierbarer Form in Theorien und Handlungsanweisungen abbildbar und nicht an ein Subjekt gebunden ist.

Das explizite Wissen, z. B. detaillierte Prozessbeschreibungen, Patente und Organigramme, kann mithilfe von Sprache bzw. Text artikuliert und transferiert werden. Implizites Wissen, z. B. die kunstvolle Beherrschung eines Instrumentes oder die Fertigkeit eines Bäckers, einen Teig so zu kneten, dass dieser besonders geschmeidig wird, basiert dagegen auf individuellen Erfahrungen und kann nicht oder nur sehr schwer durch sprachliche Mittel artikuliert oder transferiert werden.

In Unternehmen sind generell beide Wissensformen vorhanden. Das implizite Wissen steckt sozusagen in den Köpfen der Mitarbeiter (ist damit unsichtbar) und kommt situationsbezogen zur Anwendung. Explizites Wissen existiert in den Köpfen

Wissen	
explizit	**implizit**
formal, artikulierbar, kodifizierbar	schwer artikulierbar, schwer mitteilbar
Beispiele	**Beispiele**
• Texte • Organigramme • Gebrauchsanweisungen • Personalstrategie	• Musizieren, Radfahren • Führungsverhalten • Fehlerdiagnosen an Maschinen

Abb. 8.2: Explizites und implizites Wissen (Quelle: eigene Darstellung).

1 Zur Differenzierung von Wissensarten vgl. auch Wiig 1993; Oberschulte 1994; Gilbert 2012.

der Mitarbeiter, aber auch in unternehmerischen Standards, Leitlinien, Handbüchern, Anweisungen und anderen verfügbaren Dokumenten.

Insbesondere Nonaka und Takeuchi (1995) haben die besondere Leistungsfähigkeit zahlreicher japanischer Unternehmen auf die Fähigkeit der Entwicklung („Ba") und den Umgang mit implizitem Wissen in ihren Organisationen zurückgeführt und darauf aufbauend ihren Ansatz der **Wissensspirale** formuliert (vgl. dazu auch 5.3), wo der Ansatz detailliert dargestellt ist), bei der implizites Wissen in explizites Wissens transformiert wird („knowledge conversion", Nonaka, Takeuchi 1995: 61) und damit neues Wissen in der Organisation geschaffen und auf unterschiedlichen Ebenen verteilt wird.

In unserem Kulturkreis mit der Tradition eines abendländischen Rationalismus ist die Hauptaufmerksamkeit auf explizites, rational begründbares und objektivierbares Wissen gerichtet. Dieser Wissenstypus dominiert unser Verständnis in Organisationen. Das Fortschrittsmodell, das diesem Paradigma zugrunde liegt, beschreibt Wissensanreicherung als Prozess rationaler Welterkenntnis, eine Addition von Erkenntnissen. Demgegenüber ist die Entwicklung auf der Grundlage von implizitem Erfahrungswissen eng verknüpft mit den handelnden Personen, deren Weltbilder, Erfahrungen und Fähigkeiten. Beide Wissensformen sind im Rahmen von Wissensmanagementprozessen zu berücksichtigen (vgl. Büssing et al. 2003a; Schreyögg et al. 2003).

8.4 „Flüchtigkeit" und Kontextgebundenheit von Wissen

Eng mit der Unterscheidung in implizites und explizites Wissen verbunden ist die Differenzierung nach „**Stickiness**" (Hippel 1994) oder „**Slipperiness**" (Schumpeter 1934) von Wissen.

> **!** Wissen ist „sticky"
> Wissen, das eng mit dem Umfeld und der Entstehung gekoppelt ist und häufig körper- und kontextgebunden ist.
>
> Oder
>
> Wissen ist „slippery"
> Wissen, das sich sehr schnell verbreitet und verteilt und das eine hohe Anschlussfähigkeit zu anderen Kontexten hat.

Wissen ist dann „sticky" (d. h. „klebrig", kontextgebunden), wenn die Wissensstruktur des Empfängers zum Zeitpunkt der Wissensübertragung nur geringe Kompatibilität zur empfangenen Nachricht aufweist. Dies bedeutet, dass dieses Wissen nicht (oder nur schwer) vermittelbar ist und keine oder nur geringe **Anschlussfähigkeit** besitzt. Würde man einem Laien beispielsweise die neuesten Erkenntnisse aus dem Bereich der Chip-Fertigung anvertrauen, könnte diese Person mit dem Wissen nicht unmittelbar etwas Produktives anfangen. Umgekehrt ist Wissen dann „slippery" („flüchtig"), wenn eine hohe Anschlussfähigkeit besteht und wenn das Wissen beispielsweise in weltweiten Datennetzen verteilt und genutzt werden kann. Es kann sich so ohne weitere Kosten oder Anstrengungen ausbreiten und wird damit quasi zu einem öffentlichen Gut.

Wissen ist nicht per se „sticky" oder „slippery", sondern in Abhängigkeit von der Passung mit anderem Wissen mehr oder weniger anschlussfähig. Dies bezieht sich nicht nur auf Personen, sondern auch auf Systeme wie Gruppen, Abteilungen, Organisationen und Netzwerke.

Ein Beispiel für Wissen, das sehr „slippery" sein kann, sind Quellcodes von entsprechender Software, die demnach auch sorgfältig gehütet werden. Andererseits kann die Übertragung von Wissen zwischen zwei Unternehmen, die durch Fusionen oder Übernahmen zueinander kommen, als sehr „sticky" beschrieben werden. So kann vorhandenes implizites Wissen, z. B. in einem Konzern, zwar einen Wettbewerbsvorteil für diese Unternehmenseinheiten bieten. Jedoch sind gerade diese organisationalen Wissensbestände sehr stark kontextspezifisch („sticky"), d. h. sie sind stark durch spezifische unternehmens-, nationalkulturelle und auch institutionelle Interaktionsmuster geprägt. Es ist daher oft sehr schwer, dieses gewachsene Erfahrungswissen über diese Grenzen hinweg zu transferieren.

8.5 Weitere Klassifizierungsmöglichkeiten zu Wissensformen

Wissen lässt sich nach weiteren Kriterien klassifizieren, z. B. nach seinen Trägern oder nach unterschiedlichen Wissensarten.

Wissensträger: individuelles vs. organisationales (kollektives) Wissen

Individuelles Wissen ist das Wissen einer Einzelperson, organisationales Wissen bildet das Wissen einer Gruppe bzw. Organisation. Dieses stellt mehr als die Summe des individuellen Wissens der Gruppen- bzw. Organisationsmitglieder dar, da sich aus den Beziehungen innerhalb der Organisation Synergieeffekte erzielen lassen. Organisationales Wissen sind nicht allein die Kenntnisse der Organisationsmitglieder, sondern es äußert sich auch in Verhaltensregeln („Spielregeln"), Standards oder der Unternehmenskultur.

Wissensarten

Wissen kann in unterschiedlichsten Formen vorliegen. Es kann – wie bereits in Kapitel 8.3 erläutert – explizit oder implizit sein. Verwandt mit dieser Differenzierung ist auch die Unterscheidung zwischen prozeduralem und deklarativem Wissen. **Deklaratives Wissen** (oder Faktenwissen) repräsentiert Kenntnisse über die Realität und hält feststehende Tatsachen, Gesetzmäßigkeiten oder Sachverhalte fest. **Prozedura-**

les Wissen bezieht sich auf Operationen und Prozesse, die der Verarbeitung von Informationen dienen und unterliegt individuellen Konstruktionsleistungen. Es stellt Wissen über Handlungsabläufe dar, das vor allem durch Übung gewonnen wurde.

Eine weitere Unterscheidung differenziert dahingehend, ob sich das Wissen auf konkrete Objekte bezieht (**Objektwissen**) oder ob es sich um Wissen über (Objekt-) Wissen, sogenanntes **Metawissen** handelt.

❗ Wissen
- beinhaltet subjektive Bedeutungszuweisung,
- ist implizit oder explizit,
- ist in unterschiedlichem Maße personen- und kontextgebunden,
- ist unterschiedlich flüchtig oder kontextgebunden (slippery oder sticky),
- ist individuell oder organisational und
- ist prozedural oder deklarativ.

Reflexionsfragen

❓ 8.1 Begründen Sie unter Rückgriff auf den Kernkompetenzansatz wie Wissen in Organisationen Wettbewerbsvorteile ermöglichen kann.

8.2 Wissen lässt sich in Bezug auf verschiedene Dimensionen unterscheiden. Folgende Unterscheidungen können für das Management von Wissen relevant sein:
- Daten, Information und Wissen,
- implizites und explizites Wissen,
- deklaratives und prozedurales Wissen.

Skizzieren Sie jeweils die Unterschiede.

8.3 Nennen Sie Beispiele für individuelles und organisationales Wissen in Ihrem Unternehmen. Überlegen Sie, welches organisationale Wissen in Ihrem Unternehmen eine Kernkompetenz darstellen könnte.

---

9 Intellectual-Capital-Management – Bewertung von Wissen

Ein wichtiger Strang der Ansätze eines Wissensmanagements hinterfragt den Wert des intellektuellen Kapitals in Organisationen. Folgende Ansätze versuchen in unterschiedlicher Weise, den Wert des Wissens und Intellektuellen Kapitals zu bestimmen. Nach der Lektüre dieses Kapitels
- kennen Sie die historischen Wurzeln und Kerngedanken der Human-Capital-Ansätze,
- können Sie begründen, warum vermehrte Anstrengungen zur Erfassung und Bewertung von organisationalem Wissen unternommen werden,
- differenzieren Sie zwischen deduktiv-summarischen und induktiv-analytischen Ansätzen zur Bewertung von Wissen,
- haben Sie einen Überblick über differenzierte Ansätze zur Präzisierung der immateriellen Werte von Organisationen und können diese beispielhaft anwenden, insbesondere
- wissen Sie, wie mithilfe des Skandia Navigators Wissenskapital erfasst wird,
- können Sie den Ansatz des Intangible-Assets-Monitor von Sveiby erläutern,
- sind Sie in der Lage, Ansätze zur Wissensbilanzierung in Unternehmen anzuwenden und
- können Sie den an immateriellen Bestandgrößen orientierten Ansatz des Performance-Measurement-Systems in seinen Grundzügen erklären.

9.1 Human-Capital-Ansätze: „Wissen bringt Zinsen"

Ein ehemaliger Personalvorstand einer deutschen Großbank betitelte 2005 seinen Vortrag „Wissen bringt Zinsen" und griff damit eine klassische Kernhypothese der Human-Capital-Forschung auf. So hat sich die Ökonomie, insbesondere die National- und Bildungsökonomie, mit der Frage nach einem Return on Investment in Bildung und Qualifikationen in mannigfacher Weise beschäftigt. Der Theoriestrang, der die neueren Ansätze der Humankapital-Theorie ausmacht, hat seine Wurzeln in der Volkswirtschaftslehre, in der versucht wurde, Wertansätze für den einzelnen Menschen und „das durch alle Mitglieder einer Volkswirtschaft verkörperte Kapital (oder Vermögen) zu errechnen" (Schoenfeld 1974: 2). Nachfolgende betriebswirtschaftlichen Versuche zur Erfassung des „Geistkapitals" (Schmidt 1982) verbinden US-amerikanische Ansätze des Human Resource Accounting (Likert 1969), Überlegungen der Bildungsökonomie (Becker 1964; Schultz 1986), Ansätze einer europäisch geprägten Humanvermögensrechnung (Dierkes, Bauer 1973; Dierkes 1974; Schmidt 1982; Haunschild 2004), Personalcontrollingansätze (Potthoff, Trescher 1986; Berthel 2004) sowie Bildungscontrollingkonzepte (Bronner, Schröder 1983).

https://doi.org/10.1515/9783110474930-009

> **!** Eine **Definition von Humankapital** der OECD (1996a: 22) lautet:
> Human capital is defined as the knowledge that individuals acquire during their lifetime and use to produce goods, services or ideas in market or non-market circumstances.

Ähnlich argumentiert Becker (1964) in seiner bekannten Definition, dass die Entwicklung von Humankapital als „activities that influence monetary and psychic income by increasing the resources in people" (Becker 1964: 1) verstanden werden kann. Wenn man diese klassischen Definitionen betrachtet, so wird deutlich, dass eine **Abgrenzung der Konzepte** Human Capital, Intellectual Capital und Wissen schwierig ist und dass die Übergänge zwischen den Konzepten fließend sind. Gemeinsam ist diesen Ansätzen jedoch die Annahme, dass diese immateriellen Ressourcen eine wesentliche Bedeutung bei der Wertschöpfung auf der Ebene des Individuums, der Organisation und ganzer Volkswirtschaften haben.

Betrachtet man die Human-Capital-Diskussion, so wird zumeist auf die klassischen Arbeiten von Schultz (1961) und Becker (1964) verwiesen, jedoch hat der schwedische Ökonom Westermann bereits beobachtet, dass die Leistungsfähigkeit des schwedischen Schiffbaus Mitte des 18. Jahrhunderts weit hinter der Leistungsfähigkeit von Holland und England zurückgeblieben war. Er führte dies auf ein Defizit an „industrial knowledge" zurück. Industrielles Wissen bezeichnete er als Fähigkeit zur Organisation der Arbeit und als Kenntnisse im Umgang mit neuen Maschinen (vgl. Eliasson et al. 1987). In der klassischen volkswirtschaftlichen Perspektive dominiert ein Verständnis von Wissen, Qualifikationen und Bildung als „stehendes Kapital". Zur Frage, ob die Fähigkeiten des Menschen als Kapital zu interpretieren sind, äußerte sich Adam Smith (1776) in seinem Werk „An inquiry into the nature and causes of wealth of nations" (deutsche Übersetzung: „Natur und Ursachen des Volkswohlstandes", erschienen 1933) dahingehend, dass nicht nur Maschinen, Werkzeuge und Gebäude, sondern auch „die erworbenen nutzbringenden Fähigkeiten aller Einwohner oder Glieder der betreffenden Volkswirtschaft" als stehendes Kapital zu interpretieren sind, für das kennzeichnend ist, „dass es Einkommen oder Gewinn abwirft, ohne in Umlauf gesetzt zu werden oder den Betrieb zu verlassen" (Hüfner 1970: 12). Deutlich charakterisiert Smith den „Abschreibungscharakter" und die „technische" Hilfsfunktion von Qualifikationen in diesem Zusammenhang:

> Der Erwerb solcher Fähigkeiten macht infolge der Notwendigkeit, die betreffenden Menschen während der Zeit ihrer Ausbildung, ihres Studiums oder ihrer Lehrlingszeit zu unterhalten, stets Geldausgaben erforderlich, die sozusagen in einen Menschen gestecktes, stehendes Kapital darstellen. Diese Fähigkeiten bilden nicht nur einen Teil des Vermögens der gesamten Volkswirtschaft, der er angehört. In derselben Weise lässt sich die gesteigerte Geschicklichkeit eines Arbeiters als eine Art Maschine oder Werkzeug betrachten, die die Arbeit erleichtert oder abkürzt, und die, wenn sie auch Ausgaben verursacht, diese doch mit Gewinn zurückzahlt. (Smith 1933: 176 f. zit. nach Hüfner 1970: 12)

Die Ressource Wissen und Qualifikation geht dementsprechend in die klassische Ökonomie nur insoweit ein, als sie unmittelbare Produktivitätsgewinne verspricht. In dieser Logik des „ökonomischen Ertrags" hat sich dann auch die **nationalökonomische Humankapitaltheorie** entwickelt, in der in unterschiedlicher Weise Bildungsinvestitionen in ihrem persönlichen Einkommensertrag und/oder volkswirtschaftlichem Wachstumsertrag untersucht werden. So ist die implizite Bedeutung von Wissen im Rahmen der volkswirtschaftlichen Theoriebildung evident (Hüfner 1970). Schultz (1986) betitelt die zwei einleitenden Abschnitte seiner klassischen Abhandlung zur Ökonomik der Armut mit den Thesen: „Der Produktionsfaktor Boden wird überbewertet" (Schultz 1986: 6) und „Die Qualität der handelnden Menschen wird unterbewertet" (Schultz 1986: 9). Entscheidend ist die Erkenntnis, dass Ressourcen durch Fortschritte im Wissen zu vermehren sind. „Die wirtschaftliche Bedeutung des Bestandes und der Bonität von Ackerland nimmt in dem Ausmaß ab, wie die Bedeutung des Humankapitals – des Wissens und der Fertigkeiten der Menschen – zunimmt." (Schultz 1986: 8)

Die Relevanz von Wissen und Bildung als wesentliche Werttreiber ist der These einer Wissensgesellschaft inhärent. Nach OECD-Schätzungen wächst der Anteil der Wissensarbeit jährlich mit etwa 3 %, und etwa 70 % der Wertschöpfung entfällt auf immaterielle Faktoren (vgl. Eustace 2003). Diese Entwicklungen zur Wissensgesellschaft (vgl. Kapitel 1) haben zur Folge, dass neue Indikatoren gesellschaftlichen Fortschritts entwickelt werden müssen (vgl. Mertens, van der Meer 2005, zitiert in: Bounfour, Edvinsson 2005: 87).

Im Folgenden werden die Entwicklungen und Ansätze zum Intellectual-Capital-Management (ICM) auf der organisationalen Ebene näher betrachtet.

9.2 Immaterielle Ressourcen: Wissen und Unternehmenswert

Ein Grund, warum vermehrte Anstrengungen unternommen werden, Wissen in Organisationen zu erfassen und zu bewerten, besteht in der unzureichenden Abbildung des Wertes von Organisationen anhand klassischer Finanzindikatoren. Die **Differenz zwischen dem Anlagewert** (Buchwert) eines Unternehmens und dem **Börsenwert** (Marktwert) klafft seit einigen Jahrzehnten immer weiter auseinander, sodass nach den Faktoren zu fragen ist, die diese Differenz ausmachen. Insbesondere bei wissensintensiven Unternehmen, z. B. Forschungs- und Entwicklungszentren, Informationstechnik- und Softwareunternehmen, Plattformunternehmen, Unternehmensberatungen oder Werbeagenturen, wird diese Differenz zunehmend größer.

Betrachtet man die üblichen Bilanzen von Unternehmen, die das Kapital, die im Unternehmen steckt, dokumentieren sollen, so ist der Vergleich mit einem Eisberg durchaus passend: Der kleinste Teil des Eisbergs entspricht dem, was in einer Bilanz dargestellt ist. Der größere Wertanteil von Unternehmen befindet sich allerdings „un-

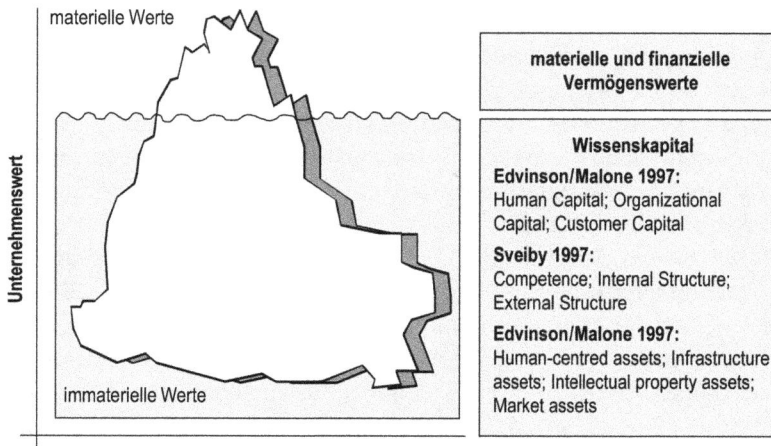

Abb. 9.1: Der Gesamtwert von Unternehmen besteht aus materiellen und immateriellen Werten (Quelle: eigene Darstellung).

ter der Wasseroberfläche", ist also unsichtbar. Dieser Teil umfasst alles, was ein Unternehmen an Wissen, Können, Kundenbeziehungen und anderen immateriellen Werten besitzt (s. Abbildung 9.1).

Wir erkennen also, dass mit herkömmlichen Bewertungsmethoden der Finanzanalyse nur noch ein geringer Teil des (Börsen-)Wertes von Hightech- und wissensintensiven Unternehmen erfasst werden kann (zum Teil nur noch 10 %).

Nimmt man die klassische **Gewinn- und Verlust-Rechnung,** so werden Investitionen in wissensbezogene Leistungen, z. B. in die Kompetenz der Mitarbeiter, als Ausgabe verbucht. Es handelt sich um einen Kapitalabfluss, der sich bei den Aktiva nicht in der Erhöhung des Anlagevermögens niederschlägt. Auch die bilanzielle Perspektive verschleiert eher den Bestand an möglichen immateriellen Erfolgsfaktoren und führt tendenziell dazu, die gegenwärtigen Vermögens- und zukünftigen Ertragslagen zu unterschätzen. Immaterielle Vermögenswerte werden nur dann berücksichtigt, wenn sie sich im Eigentum des Unternehmens befinden. Auf der Aktivseite einer handelsrechtlichen Bilanz finden wir unter Anlagevermögen nur solche „immateriellen Vermögensgegenstände", für die Eigentumsrechte geltend gemacht werden können, d. h. wenn sie geschützt werden können und der Besitz eindeutig ist (§ 266 Abs. 2 HGB). Darunter fallen:

– Konzessionen, gewerbliche Schutzrechte und ähnliche Rechte und Werte sowie Lizenzen an solchen Rechten und Werten,

– Geschäfts- oder Firmenwert (sofern entgeltlich erworben) und

– geleistete Anzahlungen.

Prinzipiell gilt hier, dass immaterielle Wirtschaftsgüter, die von Dritten entgeltlich erworben werden, in der Bilanz ausweispflichtig sind. Hierzu zählen hauptsächlich Lizenzen, Konzessionen und erworbene Patente. Hinzu kommen geleistete Anzahlungen auf immaterielle Wirtschaftsgüter. Nicht aktiviert werden dürfen demgegenüber:

– Gründungskosten sowie Kosten für die Eigenkapitalbeschaffung (§ 248 Abs. 1 HGB),

– immaterielle Vermögensgegenstände des Anlagevermögens, die nicht entgeltlich erworben wurden (§ 248 Abs. 2 HGB),

– ein selbstgeschaffener Firmenwert („Goodwill") oder ähnliche selbstgeschaffene immaterielle Werte.

Dies bedeutet, dass hochqualifizierte Mitarbeiter, eine innovationsfreundliche Unternehmenskultur und wirkungsvolle Forschungs- und Entwicklungs-Strukturen nicht im Besitz des Unternehmens sind und folglich in der Bilanz nicht aufgeführt werden (vgl. Reinhard 2002: 226 f.; Bodrow, Bergmann 2003: 68 f.).

Auch die Gebote des **Shareholder-Value-Managements** scheinen in der Praxis vielfach den Grundprinzipien immaterieller Wertschöpfungspotenziale entgegenzuwirken und im Falle wissensintensiver Unternehmen mitunter substanzgefährdend zu sein. Wenn man die angestrebte Kapitalrentabilität als Ziel des Shareholder Value betrachtet, so lässt sich die Rentabilität als Verhältnis des Reinertrags zum eingesetzten Kapital ausdrücken. Eine Erhöhung der Rendite kann also durch Addition zum Zähler (Erhöhung der Nettoerträge) oder durch Subtraktion vom Nenner (Reduzierung des eingesetzten Kapitals) erfolgen. Nun ist es wesentlich einfacher, vom Nenner zu subtrahieren als zum Zähler zu addieren, d. h. Ausgaben in Personal, Forschung, Entwicklung usw. zu kürzen als die Nettoerträge zu erhöhen. Um den Nenner zu senken, braucht man nicht viel mehr als den Rotstift. Es werden daher in vielen Fällen unter dem Banner Shareholder Value die Investitionen in das geistige Kapital zurückgefahren, Personalausgaben reduziert, Wissensträger entlassen, Forschung zurückgefahren, Bildungsabteilungen abgebaut und Weiterbildung reduziert.

Es stellt sich immer mehr die Frage nach den **verdeckten Kosten der Kosteneinsparung**, denn es ist sehr schwer, den Verlust zu messen, der dadurch entsteht, dass ein Kunde nie kontaktiert wurde, da das Personal fehlte. Es ist ebenfalls unmöglich, den Verlust zu messen, der dadurch entsteht, dass ein Produkt nie entwickelt werden konnte, weil das Forschungsbudget zusammengestrichen wurde. Schließlich ist der Verlust nicht erfassbar, der entsteht, wenn die Lern- und Erneuerungsfähigkeit im Unternehmen zum Erliegen kommt, da keine Investitionen in die Weiterbildung der Mitarbeiter vorgenommen wurden. Mintzberg spricht von einem Raubbau an Unternehmen im Namen des Shareholder Values:

> Wir erleben gerade einen massiven Produktivitätsverlust im Namen der Produktivitätssteigerung. Die Frage ist doch: Stärkt man die Prozesse im Unternehmen, die langfristig Erfolg sichern – wie Produktentwicklung, Mitarbeiter- und Kundenloyalität – mit massiven Kosten- und Personalre-

duktionen oder schwächt man sie? Das Shareholder-Denken hat all diese langfristigen Prozesse stark unter Druck gesetzt. [...] In der sogenannten Old Economy wird gerade nur ausgebeutet, was in der Vergangenheit aufgebaut wurde. Viele US-Manager sind dabei, die Institutionen zu zerstören, die ihnen ihre Boni zahlen. (Bierarch, 2000, Wirtschaftswoche Nr. 46 Jahrgang 2000: 196)

Angesichts dieser Gemengelage hat sich das Interesse an der Erfassung und Bewertung der immateriellen Ressource bzw./Werte verstärkt. Hier sind insbesondere die International Accounting Standards (IAS) zu nennen, die infolge der schon länger bestehenden Notwendigkeit immaterielle Wirtschaftsgüter in den USA zu bewerten, wichtige Impulse liefern. Bevor auf ausgewählte Ansätze genauer eingegangen wird, geben wir zunächst einen kurzen Überblick über mögliche Bewertungsmethoden.

9.3 Überblick zu den Bewertungsansätzen

Es lassen sich grundsätzlich deduktiv-summarische und induktiv-analytische Ansätze unterscheiden (vgl. North 2005: 219, Matzler et al. 2006, Patalas-Maliszewska 2013)

Deduktiv-summarische Ansätze definieren den Wert der organisationalen Wissensbasis über den Unterschied zwischen Marktwert und Buchwert eines Unternehmens. Bei diesen Ansätzen wird das immaterielle Vermögen über deduktiv abgeleitete Indikatoren in monetärer Form bewertet. Die Unterschiede zwischen Markt- und Buchwert werden dabei allerdings nicht oder nur teilweise erklärt. Zur operativen und strategischen Steuerung eines Unternehmens unter Wissensgesichtspunkten sind diese Indikatoren daher nicht als alleinige Größen geeignet (vgl. North 2005: 219).

Zu diesen Ansätzen zählen beispielsweise die Marktwert-Buchwert-Relationen und Tobin's q.

– **Marktwert-Buchwert-Relationen**
Dies ist der einfachste Ansatz zur Bewertung des immateriellen Vermögens. Man stellt dabei auf die Differenz zwischen Marktwert (Börsenkurs x Anzahl der Aktien) und Buchwert (Bilanz) ab und nimmt dabei an, dass alles, was nicht in die Bilanz aufgenommen werden kann, auf immateriellen Vermögensbestandteilen beruht. Ist beispielsweise ein Unternehmen wie Microsoft auf dem Markt ca. 507 Milliarden US-Dollar wert, hat aber nur einen Buchwert von 89 Milliarden US-Dollar, so ist nach dieser Methode der Wert der organisationalen Wissensbasis mit 418 Milliarden US-Dollar zu beziffern. Dieser einfachen Berechnung stehen allerdings gravierende Nachteile gegenüber: Börsenkurse verändern sich ständig, was aber nicht zwangsläufig zu einer Änderung des immateriellen Vermögens führt. Sinkt der Börsenwert beispielsweise um 5 % und bleibt der Buchwert gleich, bedeutet dies nicht automatisch, dass der Wert der Wissensbasis um 5 % sinkt. Zudem sind auch Buchwerte durch die Wahrnehmung von Wahlrechten bei der Bilanzierung beeinflussbar. Und die Aussage, dass das immaterielle Vermögen von Mircosoft

418 Milliarden US-Dollar wert ist, ist nur von eingeschränktem Nutzen und gibt keine Hinweise darauf, welche Maßnahmen Manager oder Investoren daraus ableiten könnten oder sollten (vgl. North 2005: 220 f.)

- **Tobin's q**

In diesem Ansatz von James Tobin wird das Verhältnis q vom Marktwert eines Vermögensgegenstandes (einzelne Anlagen wie Maschinen, Fahrzeuge, einzelne Personen oder die gesamte Organisation) zu seinen Wiederbeschaffungskosten betrachtet. Dieser Ansatz wurde zwar nicht zur Bewertung der organisationalen Wissensbasis geschaffen, kann aber dafür verwendet werden. Ist q > 1, liegt der Marktwert über den Wiederbeschaffungskosten und spiegelt den Wert von Investitionen in Technologie und Mitarbeiter wider. Eine Ressource mit hohem q erzielt hohe Gewinne, da diese Ressource schwerer imitierbar ist und für nachhaltige Wettbewerbsvorteile sorgt. Ist q < 1, liegt der Marktwert dieses Vermögensgegenstandes unter den Kosten seiner Wiederbeschaffung und besitzt vermutlich nur einen geringen Anteil an Wissen. Aufgrund dieser Bewertung kann beispielsweise das Ziel verfolgt werden, möglichst wenig Vermögensgegenstände im Unternehmen zu halten, bei denen q < 1 ist; dafür aber jene zu fördern und zu mehren, deren Quotient über 1 liegt (vgl. North 2005: 221 f.).

Induktiv-analytische Ansätze bieten eine umfangreichere Betrachtung des immateriellen Vermögens. Sie beschreiben und bewerten bestimmte Elemente der Wissensbasis bzw. immaterieller Vermögenswerte mit dem Ziel, Ansatzpunkte zu ihrer Entwicklung zu liefern. Daher sind sie den sogenannten steuerungsorientierten Managementsystemen zuzuordnen. In dieser Gruppe existieren viele (ähnliche) Ansätze. Es lassen sich dabei zwei grundsätzliche Typen unterscheiden: Einerseits geht es um die Beschreibung und Bewertung unterschiedlicher Bestandteile der organisationalen Wissensbasis sowie weiterer Elemente des immateriellen Vermögens. Zu diesen Ansätzen gehört beispielsweise der Intangible-Assets-Monitor von Sveiby, die Ansätze zur Wissensbilanzierung und die Methode der FiMIAM (Rodov et al. 2002). Andere Grundideen fassen finanzielle sowie nicht-finanzielle Kennzahlen zu einem Steuerungsinstrument für die Organisation zusammen, wie z. B. der Skandia Navigator von Edvinsson und Malone, der sich an die Balanced Scorecard anlehnt (vgl. North 2005: 223). Mithilfe dieser Ansätze lassen sich Organisationen durch eine neue Brille betrachten und neue immaterielle Wertschöpfungsfaktoren erfassen. Im Kern versuchen diese Systeme genau die Erfolgsfaktoren zu erfassen, die für Geschäftsprozesse in der Wissensgesellschaft wichtig werden. Es werden sowohl finanzielle Indikatoren als auch Kundenorientierung, Prozessmanagementkompetenzen, Personalpotenziale sowie Erneuerungs- und Entwicklungspotenziale erfasst und zur Grundlage einer Bewertung und strategischen Führung gemacht.

In den folgenden Abschnitten werden ausgewählte Instrumente zur Erfassung von Kompetenz und Wissen auf der Organisationsebene dargestellt. Sie lassen sich grundsätzlich in **Bestands- und Prozessmodelle** unterteilen:

– Die **Bestandsmodelle** folgen zumeist einer betriebswirtschaftlich-bilanztechnischen Perspektive der Abbildung immaterieller Vermögenswerte. Ihnen gelingt es nicht, den Kompetenz- und Wissensbegriff in ihrer ganzen Bandbreite zu erfassen. Gleichwohl können sie wichtige Anhaltspunkte für einen auch operationalisierbaren Wissensbegriff liefern und damit als Schritt in Richtung Kernkompetenzerfassung verstanden werden. Zudem dominieren sie derzeit noch das Instrumentenspektrum auf Organisationsebene und bedürfen von daher der eingehenderen Auseinandersetzung.

– **Prozessmodelle** sind aufgrund ihrer größeren Nähe zum spezifischen Kontext bzw. Sinnsystem der Organisation besser in der Lage, das Grundverständnis von Wissen und insbesondere das Grundverständnis von Wissen als organisationale Kernkompetenz zu reflektieren.

Bei der Differenzierung zwischen Bestands- und Prozessmodellen handelt es sich um eine analytische Unterscheidung. In der Praxis finden sich gerade unter den elaborierteren Ansätzen oftmals Hybridmodelle, die sowohl Bestands- als auch Prozessdimensionen integrieren. In der nachfolgenden Darstellung werden die Instrumente danach verortet, welche Perspektive bei ihnen überwiegt.

9.4 Intellectual Capital Navigator – Skandia Navigator

Der Skandia Navigator ist ein Instrument zur Erfassung von Wissenskapital (Intellectual Capital), für dessen Entwicklung die Arbeiten der Manager und Berater Leif Edvinsson und Thomas Malone federführend waren (vgl. Edvinsson, Malone 1997). Dieses Instrument wurde erstmalig in dem schwedischen Versicherungs- und Finanzdienstleistungsunternehmen Skandia und seinen Tochterunternehmen eingesetzt und hat sich in der Praxis bewährt. Das Konzept ist mehr oder weniger modifizierbar und lässt sich auf die speziellen Erfordernisse unterschiedlicher Unternehmen ausrichten. Bevor der Skandia Navigator dargestellt wird, soll zunächst dessen konzeptionelle Herkunft kurz erläutert werden.

Edvinsson war zwischen 1991 und 1999 Chief Knowledge Officer bei dem schwedischen Versicherungskonzern Skandia AFS und gilt als der Vorreiter unter den Managern in Sachen Erfassung und Management von Wissenskapital. Seine Ausgangsargumentation besteht in der Kritik an der klassischen Rechnungslegung, die nicht in der Lage ist, Auskunft über die wissensbezogenen Wertschöpfungskomponenten zu liefern:

> In an age when not only companies but entire product categories can disappear overnight, and where competitors may change their relationships and their relative market shares daily, earning statements and balance sheets offer little more than snapshots of where the company has been. Even worse, most of those snapshots are skewed or aimed at the wrong subject. After all,

who cares how much land the company owns if its technology is not going to be accepted by the market? And how valuable is inventory, except as landfill, if the market has adopted a different standard? (Edvinsson, Malone 1997: 9)

In einer Reihe von Veröffentlichungen (vgl. Edvinsson 1997; Edvinsson, Malone 1997; Roos et al. 1998) verdeutlicht Edvinsson die Vorteile des Skandia Navigators zur Erfassung von Wissenskapital, der inhaltlich starke Berührungspunkte mit der Argumentation von Sveiby aufweist (siehe dazu den nächsten Abschnitt). Die beiden Ansätze unterscheiden sich zum einen hinsichtlich ihres theoretischen Gehalts – Edvinsson verzichtet weitestgehend auf die theoretische Begründung seiner Indikatoren – und zum anderen hinsichtlich ihres Umfangs – Edvinsson und Malone schlagen 165 Indikatoren zur Erfassung von Wissenskapital vor – und schließlich hinsichtlich ihres Verbreitungsgrades: Der Skandia Navigator war bis Ende der 1990er-Jahre zum Führungsinstrument des Skandia-Konzerns avanciert, wobei hier lokale Anforderungen berücksichtigt wurden: Zum einen nutzen die einzelnen Skandia-Gesellschaften unterschiedliche Indikatoren zur Erfassung des Wissenskapitals; zum anderen ist jeder Regionalleiter von Skandia AFS verpflichtet, vier relevante Kennzahlen des Messsystems zu benennen und zu verdeutlichen, welche Zuwächse im Laufe der nächsten Periode zu erwarten sind.

Ausgangspunkt des Skandia Navigators war die Idee, den Wert des Wissenskapitals aus der Differenz zwischen Markt- und Buchwert herzuleiten. Wissenskapital wird dann – ähnlich wie bei Sveiby (1997) – in weitere Dimensionen, Kategorien und Unterkategorien ausdifferenziert. Wissenskapital besteht nach Edvinsson und Malone (1997) aus Humankapital und Strukturkapital, wobei Strukturkapital wieder in Kundenkapital und Organisationskapital ausdifferenziert wird, dem weitere Ausdifferenzierungen folgen (s. Abbildung 9.2).

Abb. 9.2: Strukturmodell des Wissenskapitalansatzes im Skandia Navigator (vgl. Skandia 1998: 4).

Die Komponenten des obigen Wissenskapitalmodells von Edvinsson und Malone (1997) finden sich im Skandia Navigator wieder. Der Navigator wurde erstmals 1994 als Anhang zum Jahresbericht des Unternehmens Skandia präsentiert und enthielt etwa 30 Indikatoren (von 165 von Edvinsson und Malone vorgeschlagenen Messgrößen), mit denen **fünf Schwerpunktbereiche des Unternehmens** beschrieben wurden. Diese Schwerpunktbereiche sind:
– der finanzielle Fokus,
– der Kundenfokus,
– der Prozessfokus,
– der Mitarbeiterfokus und
– der Erneuerungs- und Entwicklungsfokus.

Diese fünf Dimensionen lassen sich in drei zeitlich zu differenzierende Gruppen anordnen (s. Abbildung 9.3). Monetäre Kennzahlen zur Vergangenheit werden insbesondere durch die Finanzperspektive (z. B. Verzinsung Gesamtkapital, operative Ergebnisse) deutlich. Zu den Kennzahlen zur Gegenwart gehören kunden- (z. B. Anzahl Policen) und mitarbeiterorientierte Kennzahlen (z. B: Vollzeitmitarbeiter, Fluktuation) sowie Prozessparameter (z. B. Anzahl von Verträgen pro Mitarbeiter, Verwaltungsaufwendungen in Relation zu Prämien). Im Mittelpunkt steht das durch die Mitarbeiter verkörperte Humankapital, welches als aktive Kraft im Unternehmen alle anderen Bereiche berührt. Weiterbildungs- und Entwicklungsparameter stellen Kennzahlen zur Zukunft dar (z. B. Altersstruktur der Mitarbeiter, Lernmotivation, Bindequalität der Mitarbeiter). Bei jedem Fokus geht es darum, versteckte Werte eines Unternehmens zu identifizieren und sie nach Möglichkeit durch Indizes auszudrücken.

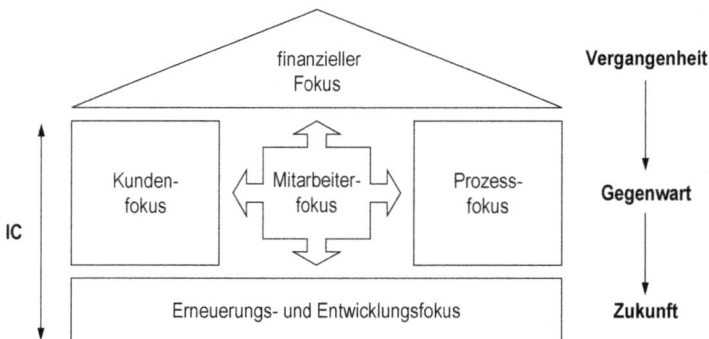

Abb. 9.3: Schwerpunktbereiche des Skandia Navigators (vgl. Skandia 1998).

Nachfolgend sind die wichtigsten Kategorien des Skandia Navigators zusammengefasst (s. Tabelle 9.1).

Tab. 9.1: Kategorisierung Skandia Navigator.

Kriterium	Erklärung
1. Analyseebene Auf welcher Anwendungsebene werden Kompetenzen erfasst?	Hinsichtlich der Analyseebene stellt der Skandia Navigator ein Instrument zur Erfassung von Wissenskapital auf organisationaler Ebene dar. Für Skandia liegt die Zielsetzung darin, mit der Veröffentlichung des Navigators – als Anhang zum „normalen" Geschäftsbericht – Informationen für Investoren, Kunden, aber auch für die eigenen Mitarbeiter bereitzustellen.
2. inhaltliche Dimension Handelt es sich bezüglich des Untersuchungsgegenstandes um Wissensbestände oder Wissensprozesse?	In Bezug auf die inhaltliche Dimension lässt sich festhalten, dass hier Wissensbestände erfasst werden. Die grundlegende Überlegung ist, dass die hier verwendeten Indikatoren Mittel und Output der Wirksamkeit einzelner wissensbezogener Wertschöpfungsaspekte darstellen.
3. Beurteilungsdimension Findet eine Erfassung bzw. Bewertung in Form einer Selbstbeurteilung (Akteure) oder einer Fremdbeurteilung (Außenstehende) statt?	Untersucht man die Beurteilungsdimensionen genauer, so wird deutlich, dass sich die Indikatoren weitestgehend aus einer Kombination von externem und internem Berichtswesen und einem funktionierenden Personal-Controlling-System ergeben. Ein Beispiel hierfür ist der Indikator „Weiterbildungsausgaben/Mitarbeiter" oder „Anzahl von Verträgen/Mitarbeiter". Damit wird eine Fremdbeurteilung aufgrund objektiver Daten vorgenommen.
4. Methoden Mit welchen Methoden erfasst das Instrument Kompetenzen? Werden die Kompetenzen in einer Verlaufsanalyse oder als Bestandsaufnahme erfasst?	Es handelt sich um eine quantitative Erfassung der Ausprägung der einzelnen Indikatoren (auf Verhältnisskalenniveau). Die Erfassung erfolgt zum jeweiligen Ende einer Periode und stellt letztlich eine Bestandsaufnahme dar.
5. Messindikatoren Welche Messindikatoren und Bewertungsdimensionen werden in der Untersuchung verwendet?	Die Erfolgskriterien ergeben sich gemäß der Zielsetzung von Skandia – Erstellung eines Berichtssystems für relevante Stakeholder – aus dem Abschlussbericht (Bilanz, GuV) von Skandia.
6. zeitliche Dimension Werden vergangene oder zukünftige Leistungen und Wissensprozesse bewertet?	Hier werden sowohl vergangene Leistungen bewertet (alle Indikatoren mit monetären Bezügen) als auch versucht wird, zukünftige Leistungspotenziale abzuschätzen (alle Indikatoren aus der Kategorie Erneuerung/Entwicklung).

Tab. 9.1: (Fortsetzung)

Kriterium	Erklärung
7. Zielperspektive	
	Aus der Zielperspektive lässt sich der Skandia Navigator als externes Berichtssystem auffassen: Hier wird klar, dass es zum einen darum geht, bisherige Investitionen in Wissenskapital zu legitimieren und deren Effekte – zumindest ansatzweise – zu belegen, und zum anderen darum, dass den Investoren und Kunden von Skandia plausibel gemacht wird, auch in Zukunft mit einem ertragsstarken und innovativen Unternehmen rechnen zu können. Zusammengefasst bedeutet dies, dass der Einsatz des Skandia Navigators hauptsächlich eine strategische Zielsetzung verfolgt, die allerdings eng mit operativen Zielen, nämlich der Realisierung der jeweiligen Zielgrößen, verknüpft ist.

9.5 Intangible-Assets-Monitor bzw. Celemi Monitor

Der Intangible-Assets-Monitor (IAM) ist ein Instrument zur Erfassung von immateriellem Vermögen, für dessen Entwicklung die Arbeiten des schwedischen Wissenschaftlers und Beraters Sveiby federführend waren (vgl. z. B. Sveiby 1989, 1997, 1998). Das Instrument wird in einer Reihe schwedischer Unternehmen wie z. B. PLS-Consult, WM-data und bei Celemi – dort unter dem Namen „Celemi Monitor" – eingesetzt.

Im Mittelpunkt von Sveibys Argumentation steht die Annahme, dass eine Orientierung am „alten Paradigma" – Wertschöpfung ausschließlich aus finanzwirtschaftlicher Perspektive zu betrachten und zu messen – nicht zielführend sein kann: „If we measure the new, like knowledge, with the tools of the old, we won't ‚see' the new." (Sveiby 1997: 1) Damit wird die Möglichkeit, Wissenskapital objektiv messen zu können, abgelehnt, da Wissensbestands- und Wissensflussgrößen prinzipiell nur unzureichend in monetären Größen erfassbar sind. Daher geht es für Sveiby in seinen weiteren Arbeiten darum, ein neues Bezugssystem zu entwickeln, das der „Natur" des Untersuchungsgegenstands besser gerecht wird.

Eine weitere Kernannahme von Sveiby ist, dass es letztlich Menschen sind, die in einer Organisation wertschöpfend tätig sind. Von Menschen erzielte Gewinne sind lediglich ein **Maßstab** dafür, wie Menschen erfolgreich zusammenarbeiten. Finanzieller Erfolg sollte daher nicht als Produktivität des Anlagevermögens interpretiert werden:

> Human knowledge has very little to do with money, and very few people handle money. If the notion of people as revenue creators is reasonably correct, we therefore have to come closer to ‚the source' of their knowledge if we wish to measure it more accurately. This is why I argue that non-financial indicators probably are superior to financial ones. (Sveiby 1997: 1)

Diese Perspektive führt laut Sveiby zur Konsequenz, menschliche Handlungen – basierend auf dem Know-how ihrer jeweiligen Akteure (competence) – in den Mittelpunkt seiner Betrachtung zu stellen. Von menschlichen Kompetenzen sind wiederum Strukturen abhängig, die sich entweder einer internen (internal structures) oder einer externen Perspektive (external structures) zuordnen lassen:

Wissenskapital = Kompetenz der Mitarbeiter + interne Struktur + externe Struktur (vgl. Sveiby 1998: 19) !

Im Folgenden werden die Dimensionen des Wissenskapitals kurz erläutert (vgl. Sveiby 1998: 28 f.; Bodrow, Bergmann 2003: 83 f.).

– **Kompetenz der Mitarbeiter**: Hier steht die Hypothese im Mittelpunkt, dass die Wissenseigner die maßgeblichen Besitzer der Produktionsmittel in einem wissensintensiven Unternehmen darstellen. Kompetente Menschen mit ihren Fähigkeiten, Ausbildung, Erfahrung, Werten und sozialer Kompetenz gelten somit als der wichtigste Produktionsfaktor eines (Wissens-)Unternehmens. Die hier benannten Faktoren gehören letztendlich alle dem Mitarbeiter und nicht dem Unternehmen. Kompetente Mitarbeiter handeln schließlich so, dass materielle und immaterielle Vermögenswerte geschaffen werden können.

– Die Dimension **„interne Struktur"** umfasst Strukturen, Konzepte, Patente, Informationssysteme sowie die Unternehmenskultur, also Elemente, die dem Unternehmen „gehören" und zentrale Aspekte seiner internen Effizienz darstellen. Die interne Struktur unterscheidet sich von der Kompetenz der Mitarbeiter dadurch, dass sie sich nicht von selbst verändert bzw. erneuert: Kompetenzen, Wissen usw. verändern oder erhöhen sich durch eine Vielzahl – aus Unternehmenssicht – nicht-intentionaler Einflussfaktoren, z. B. durch Privatinteressen, Eigeninitiativen usw. Das heißt, Veränderung bzw. Verbesserung findet nicht ausschließlich durch Investitionen in das Humankapital statt. Demgegenüber basiert die Gestaltung oder Verbesserung der internen Struktur auf zweckbezogenen und somit expliziten Investitionen.

– Unter der Dimension **„externe Struktur"** werden die externen Beziehungen eines Unternehmens (mit Kunden/Lieferanten) und die daraus resultierenden Vermögenswerte subsumiert. Die externe Struktur umfasst auch Markennamen, Warenzeichen oder das Image eines Unternehmens.

Zusätzlich zu der inhaltlichen Differenzierung des Wissenskapitals sieht Sveiby für jeden dieser drei Bereiche **Indikatoren** vor für
– Wachstum und Erneuerung,
– Effizienz und
– Stabilität des Unternehmens.

Diese Differenzierung wird von Sveiby theoretisch nicht begründet. Aus Sicht des Autors handelt es sich bei dieser weiteren Kategorisierung um eine Maßnahme, um die Komplexität des Messsystems für die Anwender, also die Führungskräfte, zu reduzieren. Die Tabelle 9.2 gibt eine Übersicht zu möglichen Indikatoren der oben aufgeführten Dimensionen.

Tab. 9.2: Ausgewählte Indikatoren des Wissenskapitals (angelehnt an Sveiby 1998: 229 ff.).

	externe Struktur	interne Struktur	Kompetenz der Mitarbeiter
Wachstum/ Erneuerung	Gewinn pro Kunde, Steigerung des Marktanteils, Qualitätsindex	Investitionen in Informationstechnologie und F&E, Zeitanteil für interne F-&E-Aktivitäten	Anzahl Berufsjahre, Ausbildungsstand, Kosten für Weiterbildung
Effizienz	Index der Kundenzufriedenheit, Umsatz pro Kunde, Erfolgsquote bei Ausschreibungen	Umsatz pro Mitarbeiter, Anteil von Verwaltungsmitarbeitern	Anteil von Spezialisten im Unternehmen, Wertschöpfung pro Spezialist
Stabilität	Anteil von Stammkunden, Altersstruktur der Kunden, Kaufhäufigkeit, Umsatzanteil von Großkunden	Alter des Unternehmens, Fluktuationsrate der Mitarbeiter, Anteil neuer Mitarbeiter	Durchschnittsalter, Betriebszugehörigkeit, Gehaltsniveau, Fluktuationsrate bei Spezialisten

Die konzeptionellen Grundlagen von Sveiby finden in dem Messinstrument **Intangible-Assets-Monitor** (IAM) Anwendung und werden zur Erfassung bzw. Überwachung von Wissenskapital bzw. immateriellem Vermögen in einer Reihe von Unternehmen eingesetzt.

Für jedes der neun Felder im IAM (s. Tabelle 9.2) sollten vom Management ein bis zwei Kennzahlen sorgfältig ausgewählt werden. Unter mehr Kennzahlen würde laut Sveiby die Übersichtlichkeit leiden.

Der Aufbau des IAM wird anhand des Fallbeispiels Celemi, einem schwedischen Unternehmen, das Trainingsinstrumente entwickelt und vertreibt, dargestellt (s. Tabelle 9.3). Der Celemi Monitor – wie der IAM bei Celemi genannt wird – stellt ein Instrument dar, das sich in der Praxis bewährt hat: Aufbauend auf den konzeptionellen Arbeiten von Sveiby hat Celemi bereits im Jahr 1994 damit begonnen, den IAM als Messsystem für Wissenskapital – und somit als externes und internes Kommunikationsinstrument – einzusetzen.

Tab. 9.3: Celemi-Monitor 1994–1995 (vgl. Sveiby 1998: 263).

Unsere Kunden (externe Struktur)		Unsere Organisation (interne Struktur)		Unsere Mitarbeiter (Kompetenz)	
Wachstum/Erneuerung		**Wachstum/Erneuerung**		**Wachstum/Erneuerung**	
Umsatzsteigerung	44 %	IT-Investitionen in % der Wertschöpfung	11 %	durchschnittliche Berufserfahrung 7,8 Jahre	−25 %
Imageverbessernde Kunden	40 %	Organisationsverbessernde Kunden	44 %	Kompetenzverbessernde Kunden	43 %
		F&E in % der Wertschöpfung	18 %	Gesamtkompetenz der Experten 298 Jahre	43 %
		Gesamtinvestitionen in % der Wertschöpfung	33 %	durchschnittlicher Ausbildungsstand 2,3 [a]	0 %
Effizienz		**Effizienz**		**Effizienz**	
Veränderung des Durchschnittsumsatzes pro Kunde	4 %	Veränderung des Anteils der Verwaltungsmitarbeiter [b]	4 %	Wertschöpfung pro Experte 867 000 Skr	−13 %
		Veränderung des Pro-Kopf-Umsatzes je Verwaltungsmitarbeiter	−20 %		
Stabilität		**Stabilität**		**Stabilität**	
Wiederholungsaufträge	66 %	Anteil neuer Mitarbeiter	64 %	Fluktuation der Experten	10 %
Umsatzanteil der fünf größten Kunden	41 %	Betriebszugehörigkeit der Verwaltungsmitarbeiter	3 %	Durchschnittsalter aller Mitarbeiter 34.0 Jahre	−12 %

[a] Ausbildungsstand: Grundschulabschluss = 1, Gymnasium = 2, Universität = 3.
[b] Verwaltungsmitarbeiter sind alle Mitarbeiter außer Experten; Experten sind alle Mitarbeiter, die direkt mit Kunden in Projekten arbeiten sowie die Topmanager.

Nachfolgend auch hier die wichtigsten Merkmale des IAM in einer Übersicht (s. Tabelle 9.4).

Tab. 9.4: Kategorisierung und Zusammenfassung Intangible-Assets-Monitor (IAM).

Kriterium	Erklärung
1. Analyseebene Auf welcher Anwendungsebene werden Kompetenzen erfasst?	In Bezug auf die Analyseebene stellt der IAM ein Instrument zur Erfassung von Wissenskapital auf organisationaler Ebene dar. Zwar werden auch einige Indikatoren in dem Messsystem berücksichtigt, die sich auch auf anderen Anwendungsebenen verorten lassen (wie z. B. durchschnittliche Berufserfahrung), doch liegt die Zielsetzung letztendlich darin, mit der Veröffentlichung der „unsichtbaren Wissensbilanz" Informationen für Investoren, Kunden, aber auch den eigenen Mitarbeitern bereitzustellen.

Tab. 9.4: (Fortsetzung)

Kriterium	Erklärung
2. inhaltliche Dimension Handelt es sich bezüglich des Untersuchungsgegenstandes um Wissensbestände oder Wissensprozesse?	Wissensbestände werden hier erfasst. Die verwendeten Indikatoren stellen ein Mittel dar, den Output und die Wirksamkeit einzelner wissensbezogener Wertschöpfungsaspekte abzubilden. So unterstellt beispielsweise die traditionelle Humankapitaltheorie (Becker 1962) einen Zusammenhang zwischen Bildung und Einkommen, was sich wiederum durch eine höhere Produktivität der gebildeteren Mitarbeiter erklären lässt.
3. Beurteilungsdimension Findet eine Erfassung bzw. Bewertung in Form einer Selbstbeurteilung (Akteure) oder einer Fremdbeurteilung (Außenstehende) statt?	Die Indikatoren ergeben sich weitestgehend aus einer Kombination von externem und internem Berichtswesen und einem funktionierenden Personal-Controlling-System. Ein Beispiel hierfür ist der Indikator „Wertschöpfung bzw. Experte" oder „durchschnittliche Unternehmenszugehörigkeit pro Verwaltungsmitarbeiter". Damit wird eine Fremdbeurteilung aufgrund objektiver Daten vorgenommen. Daneben existieren einige Indikatoren, die sich auf eine subjektive Einschätzung des Managements beziehen, wie z. B. die Differenzierung nach Kunden, die Gewinn bringen, die die Kompetenz erhöhen und die das Image des Unternehmens verbessern. Der IAM stellt hauptsächlich ein Instrument zur Erfassung von Wissen dar, das allerdings durch monetäre Bewertungsdimensionen ergänzt wird, woraus sich – über einige Perioden hinweg – Schlussfolgerungen aus Investition in Wissenskapital und dem finanziellen Ertrag ergeben sollen.
4. Methoden Mit welchen Methoden erfasst das Instrument Kompetenzen? Werden die Kompetenzen in einer Verlaufsanalyse oder als Bestandsaufnahme erfasst?	Es handelt sich um ein quantitatives Erfassen der Ausprägung einzelner Indikatoren (auf Verhältniskalenniveau), die durch einige Ratings (auf Nominalskalenniveau) und Befragungen (Kundenzufriedenheit, Mitarbeiterzufriedenheit auf Intervallskalenniveau) ergänzt werden. Die Erfassung erfolgt zum jeweiligen Ende einer Periode und stellt eine Bestandsaufnahme dar.
5. Messindikatoren Welche Messindikatoren und Bewertungsdimensionen werden in der Untersuchung verwendet?	Die Erfolgskriterien ergeben sich gemäß der Zielsetzung – Erstellung eines Berichtssystems für relevante Stakeholder – aus dem Abschlussbericht (Bilanz, GuV) des Unternehmens.
6. zeitliche Dimension Werden vergangene oder zukünftige Leistungen und Wissensprozesse bewertet?	Sowohl vergangene Leistungen (alle Indikatoren mit monetären Bezügen) werden bewertet als auch versucht wird, zukünftige Leistungspotenziale abzuschätzen (alle Indikatoren aus der Kategorie Wachstum bzw. Erneuerung).

Tab. 9.4: (Fortsetzung)

Kriterium	Erklärung
7. Zielperspektive	
	Der IAM hat zum Ziel, das externe Berichtswesen zu ergänzen: Hier wird deutlich, dass es zum einen darum geht, bisherige Investitionen in Wissenskapital zu legitimieren und deren Effekte – zumindest ansatzweise – zu belegen, und zum anderen darum, den Investoren und Kunden zu erklären, dass sie auch in Zukunft mit einem ertragsstarken und innovativen Unternehmen rechnen können. Zusammengefasst bedeutet dies, dass der Einsatz des IAM hauptsächlich eine strategische Zielsetzung verfolgt, die allerdings eng mit operativen Zielen, nämlich der Realisierung der jeweiligen Zielgrößen, verknüpft ist.

9.6 Wissensbilanzen

Im Folgenden werden zwei Ansätze zur Wissensbilanzierung dargestellt: das mittlerweile zum Standard-Referenzmodell avancierte ARC-Modell aus Österreich sowie die darauf aufbauende deutsche Methode „Wissensbilanz – Made in Germany".

Eine Wissensbilanz ist ein Instrument zur gezielten Darstellung und Entwicklung des Intellektuellen Kapitals einer Organisation. Sie zeigt die Zusammenhänge zwischen den organisationalen Zielen, den Geschäftsprozessen, dem Intellektuellen Kapital (IK) und dem Geschäftserfolg einer Organisation auf und beschreibt diese Elemente mittels Indikatoren. (BMWi 2006: 13)

9.6.1 Wissensbilanz des Austrian Research Centers – ARC

Die Wissensbilanz des Austrian Research Centers (ARC), des größten angewandten Forschungszentrums Österreichs, ist ein kennzahlenorientiertes Instrument zur Erfassung von Wissenskapital, für dessen Entwicklung die Arbeiten der österreichischen Wissenschaftler Ursula Schneider und Günther Koch sowie Manfred Bornemann und Karl-Heinz Leitner federführend waren (vgl. Koch et al. 2000, Bornemann, Leitner 2002, Leitner 2006).

Aufbauend auf der Diskussion, dass Wissen als wertgenerierende Ressource aufzufassen ist und dass das traditionelle Berichtswesen nicht genügt, um entsprechende wissensbezogene Wertschöpfungseffekte zu erfassen, ist es gerade für Forschungsunternehmen wie das Austrian Research Center notwendig, hierfür andere Wege zu beschreiten: So werden Investitionen in wissensbasierte Güter sowie Forschung und Entwicklung (Publikationen, Software, Handbücher etc.) und deren Outputs – die Erarbeitung von neuen Methoden, Gewinnung von Prozess-Know-how oder Entwicklung von Modellen – in den bestehenden Jahresberichten nicht dokumentiert. Die nur unsystematisch erfolgte Dokumentation solcher Leistungen erschwert es vor dem Hintergrund mehrjähriger und kostenintensiver Forschungsprogramme, Werte und Potenziale, aus denen das Unternehmen in Zukunft seine Wertschöpfung ableiten will, für externe Bezugsgruppen (Stakeholder) hervorzuheben und zu legitimieren. Mittels der Wissensbilanz soll es gelingen, höhere Transparenz in den Wertschöpfungsprozess der ARC zu bringen und damit das Vertrauen der Stakeholder, z. B. Banken, Kunden, Lieferanten etc., zu erhöhen. Aber auch nach Innen zeigt eine Wissensbilanz Wirkung: Sie macht den Mitarbeitern die inhaltliche Weiterentwicklung verständlich, und sie erlaubt es, Ziele zu setzen und das intellektuelle Kapital als Beitrag zur Wettbewerbsfähigkeit zu steigern.

Der ARC-Wissensbilanz, die erstmals 1999 als Muster-Wissensbilanz vorgelegt wurde, liegt ein Prozessmodell zugrunde, das einen Wissenskreislauf innerhalb des Unternehmens über die Zeit abbildet (s. Abbildung 9.4).

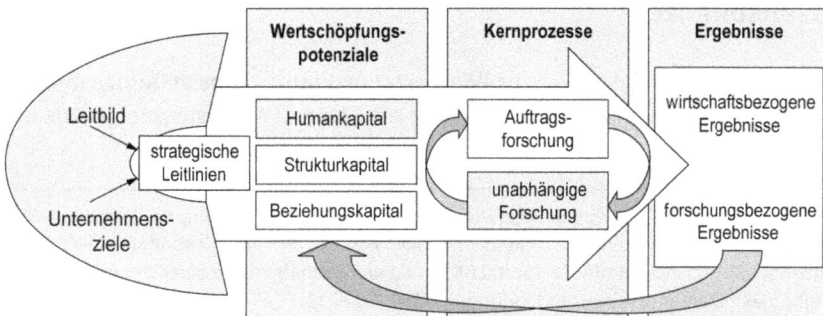

Abb. 9.4: Wissensbilanzmodell des ARC (angelehnt an Koch et el. 2000, North 2005: 218; ARC 2008).

Aus der Abbildung lassen sich folgende **Strukturelemente der Wissensbilanz** identifizieren:

– Der Prozess der wissensbezogenen Wertschöpfung beginnt mit der Definition von (Wissens-)Zielen, die aus dem Unternehmensleitbild bzw. der Unternehmensstrategie abgeleitet werden. Sie bilden den Rahmen für den Einsatz des Wissenskapitals des ARC.

– Das Wissenskapital selbst wird in – die häufig anzutreffende dreiteilige Klassifikation – Humankapital (Mitarbeiterkompetenzen, Mitarbeiterverhalten etc.), Strukturkapital (IT, geistiges Eigentum, Prozessorganisation, Organisationskultur etc.) und Beziehungskapital (Kundenbeziehungen, Lieferantenbeziehungen, Beziehungen zur Öffentlichkeit etc.) unterteilt (vgl. Sveiby 1997; Edvinsson, Malone 1997). Das intellektuelle Vermögen ist die Grundlage für den Leistungsprozess.

– Die Kernprozesse der Forschungsorganisation des ARC stellen die Auftragsforschung und die unabhängige Forschung dar. Durch diese Prozesse werden die drei Wissenskapitalarten in neues Wissenskapital transformiert.

– Zur Bewertung der Unternehmensleistungen wird der Gewinn als eine nur bedingt geeignete Maßzahl betrachtet. Daher werden im Modell immaterielle Ergebnisse definiert, die erst in Folgeperioden finanziell wirksam werden.

Je oben aufgeführtem Modellelement (Human-, Struktur-, Beziehungskapital, Kernprozesse, Ergebnisse) werden Kennzahlen oder Indikatoren definiert. In periodischen Abständen werden die Werte erhoben und mit den definierten Zielen verglichen. Das Management leitet aus den Ergebnissen dieses Soll-Ist-Vergleichs seinen Aktionsplan für die nächste Periode ab.

In Tabellen 9.5 bis 9.8 werden die zentralen Dimensionen und Indikatoren der Wissensbilanz des ARC aus dem Jahr 2007 auszugsweise wiedergegeben.

Tab. 9.5: Humankapitel (Ausschnitte) aus der ARC-Wissensbilanz 2007 (vgl. ARC 2008: 54).

Human Resources	2007
Anzahl der Mitarbeiter/-innen (Vollzeitäquivalent)	916,2
Anzahl der Mitarbeiter/-innen (Köpfe)	976,0
Anzahl der wissenschaftlichen Mitarbeiter/-innen (Köpfe)	527,0
Anteil der wissenschaftlichen Mitarbeiter/-innen in % (Köpfe)	54,0
Zugänge Mitarbeiter/-innen gesamt (VZÄ)	151,3
Zugänge wissenschaftliche Mitarbeiter/-innen (VZÄ)	95,8
Abgänge Mitarbeiter/-innen gesamt (VZÄ)	145,0
Abgänge wissenschaftliche Mitarbeiter/-innen (VZÄ)	84,0
Pensionierungen gesamt (VZÄ)	11,4
Personalaufwand am Gesamtaufwand in %	58,7
Frauenanteil in %	24,6
Aufwand für die Personalentwicklung in 1.000 Euro	601,2
Weiterbildung	
Weiterbildungstage pro Mitarbeiter/-in gesamt	2,1

Abschließend ist festzuhalten, dass die ARC-Wissensbilanz ein Instrument darstellt, das sich in der Praxis bewährt hat. Seit seiner Pilotierung im Jahr 1999 werden die immateriellen Vermögenswerte des ARC regelmäßig erfasst. Das an dem ARC erstmals erprobte Wissensbilanzmodell stellt zudem den Ursprung der im deutschsprachigen Raum bekannten Wissensbilanzen dar und hat die nationale sowie internationale Entwicklung maßgeblich geprägt. Eine Reihe österreichischer, deutscher und schwedischer Unternehmen, Banken, Forschungsorganisationen sowie

Universitäten haben das Referenzmodell des ARC aufgegriffen und für die eigenen Bedürfnisse adaptiert[1]. Österreich hat sogar ab 2006 als erstes Land weltweit die Wissensbilanz zur gesetzlichen Verpflichtung für die jährliche Berichterstattung aller Universitäten gemacht.[2] Auch hier stand das ARC-Wissensbilanzmodell Pate.

Tab. 9.6: Struktur- und Beziehungskapital aus der ARC-Wissensbilanz 2007 (vgl. ARC 2008: 54).

Strukturkapital	2007
Investitionen in % der betrieblichen Erträge	4,86
Trefferquote (Bewilligungen) bei beantragten EU-Forschungs-programmen in %	50
akkreditierte Prüfverfahren	866
Beziehungskapital **projektorientierte Kooperation und Vernetzung**	
Anzahl neuer EU-Projekte	23
Anzahl geschäftsfeldübergreifender Auftragsprojekte	64
Anzahl geschäftsfeldübergreifender Projekte der unabhängigen Forschung	21
Forschungstätigkeit im Ausland (Anzahl der Auslandsaufenthalte von Mitarbeiter/-innen, die mindestens einen Monat dauern)	13
Anzahl internationaler Forscher/-innen	103
Anzahl internationaler Forscher/-innen mit freien Dienstverträgen	48
Anzahl der Dissertant(inn)en	142
Anzahl Diplomand(inn)en	91
Vorträge bei wissenschaftlichen Konferenzen pro wiss. Mitarbeiter/-in	0,90

Tab. 9.7: Kernprozesse aus der ARC-Wissensbilanz 2007 (vgl. ARC 2008: 55).

Programm- und Auftragsforschung	2007
Anteil unabhängige Forschung an Gesamtaufwendungen in %	48
Anzahl neu akquirierter Kundenauftragsprojekte	652
Projekterlöse aus Kundenprojekten inkl. Kleinprojekte in Mio. Euro	37.722
Umsatzvolumen/Projekt (ohne Kleinprojekte) in Euro	55.118
Auftraggeber/-innen Inland in % der Projekte	65

---

1 Vgl. auch https://www.slideshare.net/guenterkochat/aws-konferenz-vortrag-gk-13023516 (Stand: 5.11.2017)
2 Vgl. z. B. Leistungsbericht und Wissensbilanz 2016 der Universität Wien: https://www.univie.ac.at/fileadmin/user_upload/startseite/Dokumente/LB_2016_web.pdf (Stand 22.11.2018)

Tab. 9.8: Ergebnisse aus der ARC-Wissensbilanz 2007 (vgl. ARC 2008: 55).

wirtschaftsbezogene Ergebnisse	2007
Summe betrieblicher Erträge in TEuro	126.329
Markterfolg in %	55
Anzahl neuer Kunden	311
Koordination von EU-Projekten und Netzwerken	17
Verhältnis Prime Contractor/gesamt EU-Projekte in %	21
Anzahl Kunden – Aus- und Weiterbildung	1.526
forschungsbezogene Ergebnisse	
Publikationen in wissenschaftlich referierten Zeitschriften	151
Publikationen in wissenschaftlich referierten Zeitschriften pro wiss. Mitarbeiter/-in	0,29
Anzahl der Publikationen in Zukunftstechnologiefeldern in %	54
Patente erteilt	40
nationale Patentanmeldungen	36
internationale Patentanmeldungen	22
Lehraufträge pro wiss. Mitarbeiter/-in	0,17
abgeschlossene Dissertationen	32
Habilitationen	2

9.6.2 Wissensbilanz – Made in Germany

Im Rahmen einer Projektreihe des Bundesministeriums für Wirtschaft und Arbeit (aktuell Bundesministerium für Wirtschaft und Technologie – BMWi) wurde in Anlehnung an die ARC Wissensbilanz (siehe 9.6.1) vom Arbeitskreis Wissensbilanz seit 2003 eine Methode entwickelt, mit der insbesondere KMU mehr Transparenz hinsichtlich der eingesetzten immateriellen Ressourcen erhalten können.

Die Methode „Wissensbilanz – Made in Germany" setzt bei der Strategiebildung in Unternehmen an und präzisiert die eingesetzten Wissensressourcen in der Organisation in Anlehnung an die Methodik des IC-Rating. Es werden **drei verschiedene Kapitalarten** unterschieden (vgl. BMWi 2008: 6; Mertins et al. 2007):

- Das **Humankapital** einer Organisation beinhaltet alle Fähigkeiten und Kompetenzen der Mitarbeiter, die im unternehmerischen Umfeld zur Anwendung kommen. Das Humankapital ist im Besitz der Mitarbeiter, die ihr Wissen mit nach Hause oder auch zum nächsten Arbeitgeber mitnehmen können. Es kann nicht vollständig von der Organisation kontrolliert werden.
- Das **Strukturkapital** einer Organisation umfasst die Organisations- und Kommunikationsstruktur sowie die technische Infrastruktur, das heißt, all jene Strukturen, die bestehen bleiben, wenn die Mitarbeiter nach der Arbeit die Organisation verlassen.

– Das **Beziehungskapital** einer Organisation beschreibt alle Beziehungen, Netzwerke und Bindungen zu Kunden, Lieferanten, sonstigen Partnern sowie zur Öffentlichkeit.

Bezogen auf diese drei Kapitalarten werden Einflussfaktoren identifiziert, die direkte oder indirekte Auswirkungen auf den Geschäftserfolg und die Zielerreichung
einer Organisation haben. Die jeweilige Wissensbilanzierung in Organisationen geht
von einer engen Verknüpfung dieser Kapitalarten und der Unternehmensstrategie
aus.

Der im Rahmen dieses Projektes entwickelte „Leitfaden zur Erstellung einer Wissensbilanz" (BMWi 2006) ist als ein Instrument für KMU gedacht, mit dem sie ihre
immateriellen Unternehmenswerte strukturiert darstellen und (zumindest im Ansatz)
bewerten können. Es wurde ein anschauliches Strukturmodell entwickelt (s. Abbildung 9.5), das einerseits als internes Steuerungsinstrument dient und Hilfestellung
bei Entscheidungsfindungen gibt, andererseits aber auch als Werkzeug zur Bestand-
aufnahme des Intellektuellen Kapitals im Unternehmen genutzt werden kann, um dieses besser an externe Stake- und Shareholder kommunizieren zu können (vgl. BMWi
2008: 6 f.).

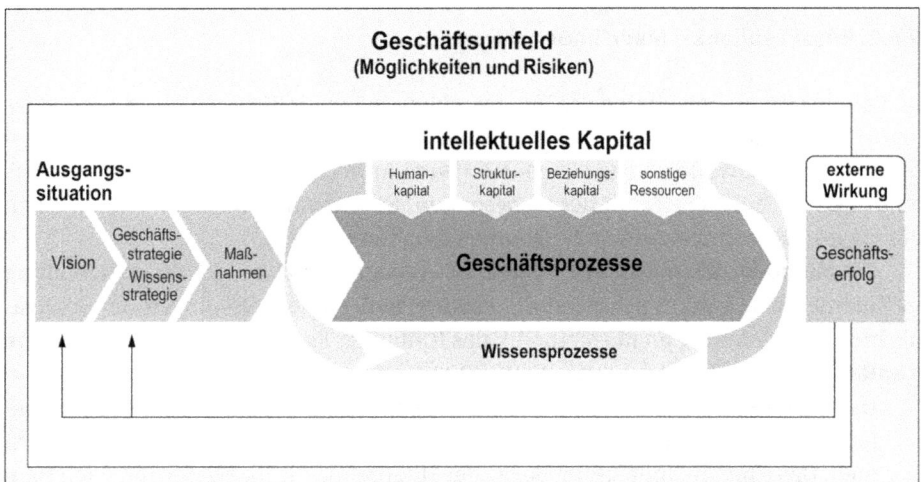

Abb. 9.5: Strukturmodell der „Wissensbilanz – Made in Germany" (BMWi 2006: 17).

Die Entstehung einer Wissensbilanz kann man sich als einen Aushandlungsprozess über mehrere Workshops hinweg vorstellen. Diese sollten bereichs- und hierarchieübergreifend besetzt sein. Die Erstellung einer vollständigen Wissensbilanz läuft im Allgemeinen **in sechs Schritten** ab (vgl. BMWi 2006: 18 ff.).[3]

1. **Beschreibung der Ausgangssituation**
   Erfassen und Dokumentieren von Möglichkeiten und Risiken im Geschäftsumfeld (z. B. bezüglich Kunden, Wettbewerber, Lieferanten, Mitarbeiter, soziales Umfeld, Konjunktur, politische Entwicklungen etc.) sowie der strategischen Ausrichtung der Organisation

2. **Erfassung des intellektuellen Kapitals**
   Verdeutlichen der unternehmensspezifischen Leistungsprozesse, um daraufhin ihre Einflussfaktoren aus den Bereichen Human-, Struktur- und Beziehungskapital zu analysieren
   Beispiele für Einflussfaktoren aus dem Bereich des Humankapitals: Aus- und Weiterbildung von Mitarbeitern, Mitarbeitermotivation, Aufbau sozialer Kompetenzen, Aufbau von Führungskompetenz etc.
   Beispiele für Einflussfaktoren aus dem Bereich des Strukturkapitals sind Organisation von Führungsprozessen, interne Kooperation und Kommunikation, Transfer und Sicherung von Wissen sowie Entwickeln von Innovationen etc.
   Beispiele für Einflussfaktoren aus dem Bereich des Beziehungskapitals sind Pflege der Beziehungen zu Kunden und Lieferanten, soziales Engagement, Öffentlichkeitsarbeit, Integration externen Wissens oder Pflege der Beziehungen zu Investoren und Eignern.

3. **Bewertung des intellektuellen Kapitals**
   Bewertung der Einflussfaktoren mithilfe einer Bewertungsskala (0–120 %) nach Quantität, Qualität und Systematik, um ein Stärken-Schwächen-Profil des intellektuellen Kapitals zu erstellen.

4. **Erarbeitung von Indikatoren für das intellektuelle Kapital**
   Hinterlegen der Einflussfaktoren mit messbaren Indikatoren in Form von Zahlen und Fakten

5. **Kommunikation des intellektuellen Kapitals**
   Interne und/oder externe zielgruppenspezifische Kommunikation der Ergebnisse, z. B. in Form von Vorträgen/Gesprächen oder als schriftlicher Bericht

6. **Steuerung des intellektuellen Kapitals**
   Analyse von Wirkungszusammenhängen der immateriellen Einflussfaktoren mittels Sensitivitätsanalyse und Darstellung der Ergebnisse in einem Wirkungsnetz

---

3 Eine ausführliche Anleitung finden Sie im „Leitfaden zur Erstellung einer Wissensbilanz ", herausgegeben vom BMWi (2006) http://www.bmwi.de/Redaktion/DE/Downloads/W/wissensmanagement-fw2013-teil3.html, (Stand: 5.11.2017).

Auf den Internetseiten des Arbeitskreises Wissensbilanz[4] finden Sie weitere Materialien zur „Wissensbilanz – Made in Germany", so beispielsweise eine Reihe von ausgewählten Wissensbilanzen, die mit dieser Methode erstellt wurden, weiteres Informationsmaterial sowie eine Software („Wissensbilanz-Toolbox"), die kostenfrei heruntergeladen werden kann. Diese Software unterstützt kleine und mittelständische Unternehmen dabei, das intellektuelle Kapital ihres Unternehmens selbstständig zu bewerten und führt den Anwender durch komplexe Prozesse wie die Bewertung einzelner weicher Faktoren. In dem integrierten Lernprogramm werden zudem die Grundlagen der Wissensbilanzierung erklärt. Die Kategorien der Wissensbilanz sind in folgender Tabelle zusammengefasst (s. Tabelle 9.9).

Tab. 9.9: Kategorisierung und Zusammenfassung Wissensbilanzen.

Kriterium	*Erklärung*
1. Analyseebene Auf welcher Anwendungsebene werden Kompetenzen erfasst?	Die Wissensbilanz stellt ein Instrument zur Erfassung von Wissenskapital auf organisationaler Ebene dar.
2. inhaltliche Dimension Handelt es sich bezüglich des Untersuchungsgegenstandes um Wissensbestände oder Wissensprozesse?	Bei der ARC-Wissensbilanz werden Wissensbestände erfasst. Die grundlegende Überlegung ist, dass die hier verwendeten Indikatoren ein Mittel und Output der Wirksamkeit einzelner wissensbezogener Wertschöpfungsaspekte darstellen. Bei der „Wissensbilanz – Made in Germany" werden zusätzlich Wissensprozesse berücksichtigt (vor allem durch die Erfassung der Wirkungszusammenhänge im Wirkungsnetz).
3. Beurteilungsdimension Findet eine Erfassung bzw. Bewertung in Form einer Selbstbeurteilung (Akteure) oder einer Fremdbeurteilung (Außenstehende) statt?	Die Indikatoren ergeben sich aus einer Kombination von externem und internem Berichtswesen sowie einem funktionierenden Projekt- und Personal-Controlling. Damit wird eine Fremdbeurteilung aufgrund objektiver Daten vorgenommen.
4. Methoden Mit welchen Methoden erfasst das Instrument Kompetenzen? Werden die Kompetenzen in einer Verlaufsanalyse oder als Bestandsaufnahme erfasst?	Es handelt sich um ein quantitatives Erfassen der Ausprägung der einzelnen Indikatoren (auf Verhältnisskalenniveau). Die Erfassung erfolgt zum jeweiligen Ende einer Periode und stellt letztlich eine Bestandsaufnahme dar. Die Erfolgskriterien ergeben sich gemäß der Zielsetzung der Wissensbilanz – Erstellung eines Berichtssystems für relevante Stakeholder, um somit ein stärkeres Commitment zu erzielen.

---

4 Vgl. www.akwissensbilanz.org (Stand: 5.11.2017)

Tab. 9.9: (Fortsetzung)

Kriterium	Erklärung
5. Messindikatoren Welche Messindikatoren und Bewertungsdimensionen werden in der Untersuchung verwendet?	Die Wissensbilanz stellt ein Instrument zur Erfassung von Wissen dar, das allerdings durch monetäre Bewertungsdimensionen ergänzt wird, woraus sich – über einige Perioden hinweg – Schlussfolgerungen aus Investition in Wissenskapital und dem finanziellen Ertrag ergeben werden.
6. zeitliche Dimension Werden vergangene oder zukünftige Leistungen und Wissensprozesse bewertet?	Es werden hier vergangene Leistungen bewertet. Aus einer Betrachtung der bisherigen Wirkungszusammenhänge in den jeweiligen Organisationen werden zukunftsbezogene Potenziale abgeleitet und zum Gegenstand einer Wissensstrategie. Es wird in der Wissensbilanz versucht, auch zukünftige Leistungspotenziale zu bewerten.
7. Zielperspektive	Allgemein wird mit der Erstellung von Wissensbilanzen das Ziel verfolgt, die externe Kommunikation zwischen der Organisation und ihrem Geschäftsumfeld (Stakeholder) zu verbessern. Andererseits soll die Wissensbilanz die Entscheidungsfindung im Rahmen der internen Unternehmenssteuerung unterstützen und ist damit zugleich als ein Instrument der Strategie- und Organisationsentwicklung zu verstehen.

9.7 Performance-Measurement-System

Dieser von Günther (2001) entwickelte Ansatz nimmt die Defizite bisheriger Bewertungsansätze zum Ausgangspunkt. Diese liegen – wie eingangs dargestellt – darin, dass immaterielle Werte des Unternehmens nach § 248 Abs. 2 HGB nicht aktiviert werden können. Von dieser Regelung gibt es lediglich einzelne Ausnahmefälle nach IAS/IFRS bzw. US-GAAP für Entwicklungskosten, Computersoftware, Werbeausgaben oder Tonträger- und Filmrechte. Da immaterielle Werte von Anlegern bei Kaufentscheidungen jedoch durchaus ins Kalkül gezogen werden, gibt es gerade im tertiären, durch immaterielle Werte geprägten, Sektor ein zunehmendes Auseinanderfallen von Markt- und Buchwerten. Aber auch im industriellen Sektor nimmt diese Tendenz zu. Dementsprechend sucht Günther nach Bewertungsansätzen immaterieller Unternehmenswerte, die in der Lage sind, das von Sveiby (1997) aufgezeigte Konzept der unsichtbaren Bilanz auszufüllen. Danach bedarf es einer Bewertung der externen und internen Struktur des Unternehmens sowie der Kompetenz der Mitarbeiter.

Eine von Günther und Grüning (2000) durchgeführte Performance Measurement-Studie in 182 Unternehmen zeigt, dass die Unternehmensleitungen den immateriellen Ressourcen als Objekt in der Balanced Scorecard mittlerweile zwar ähnliche Relevanz einräumen wie klassischen materiellen oder finanziellen Ressourcen, deren Abbildung in den Performance-Measurement-Systemen jedoch hinter dieser Relevanz zurück bleibt. Die Hauptursachen dafür liegen in der schwierigen wirtschaftlichen Messbarkeit. Bei der Bewertung immaterieller Ressourcen stellen die Validität (Wird gemessen, was gemessen werden soll?) und die Reliabilität (Wird bei wiederholter Messung das Gleiche gemessen?) eine große Herausforderung dar, weil diese Werte sich nur indirekt oder auf Basis weicher Größen (z. B. Kundenzufriedenheit, Imagewerte, Patentstatistiken) erfassen lassen.

> **!** Das von Günther vorgeschlagene **Performance-Measurement-System** sieht sowohl eine Erfassung aller immateriellen Unternehmenswerte im Sinne einer möglichst umfassenden Bestandsaufnahme (Inventur) als auch ihre monetäre Bewertung mit dem Ziel der wertorientierten Unternehmenssteuerung vor. Es handelt sich damit um einen an immateriellen Bestandsgrößen orientierten Ansatz zur Erfassung und Bewertung von Kompetenzen auf organisationaler Ebene im Rahmen der Unternehmensrechnung.

Eine Unterteilung in Selbst- und Fremdbewertung erweist sich dabei als wenig aussagekräftig. Üblicherweise erfolgt die Bewertung durch unternehmenseigene Controller, jedoch als Evaluation von Unternehmenswerten im Sinne einer Fremdbewertung.

Als im Rahmen der Bestandsaufnahme zu erfassende immaterielle Werte schlägt Günther in Anlehnung an Krüger und Homp (1997) die in Tabelle 9.10. zusammengefassten Kategoriensysteme und Indikatoren vor. Er räumt dabei ein, dass es unter den genannten immateriellen Werten sowie zwischen immateriellen Werten und dem Sach- und Finanzkapital zu Überlappungen kommt und die immateriellen Werte nie vollständig erfassbar sein werden.

Tab. 9.10: Inventar immaterieller Werte (eigene Darstellung in Anlehnung an Günther 2001: 44 und Krüger, Homp 1997: 32).

Kategorien	Indikatoren
rechtliche Rahmenbedingungen	**Rechte:** Konzessionen, gewerbliche Schutzrechte, Patente, Lizenzen, Markenrechte, Urheber- und Verlagsrechte, Gebrauchsmuster, Warenzeichen, Geschmacksmuster **rechtsähnliche Werte:** Belieferungsrechte, Brennrechte, Braurechte, Wassernutzungsrechte, Optionsrechte, Wettbewerbsverbote
Ressourcenvorteile	**rechtsähnliche Werte:** Belieferungsrechte, Verschmutzungsrechte, Wassernutzungsrechte **wirtschaftliche Werte:** Standortvorteile
Interaktionsvorteile	**wirtschaftliche Werte:** Lieferantenbeziehungen, Beschaffungslogistik, Kundenbeziehungen, Vertriebsnetz, Distributionsnetz etc. **Rechte:** Markenwerte
Integrationsvorteile	**wirtschaftliche Werte:** Verfahrens-Know-how, Fabrikationsverfahren, Rezepturen, Logistik-Know-how, Mitarbeiterwissen

Um nun im Rahmen der Unternehmensführung eine Steuerung immaterieller Werte vornehmen zu können, hält Günther ihre **monetäre Bewertung** für erforderlich. Hierfür schlägt er fünf alternative Bewertungsansätze vor:

1. Bewertung immaterieller Werte auf der Basis von **Zukunftserfolgswerten**
   Dieser Ansatz wird im Zusammenhang mit der Bewertung der Kundenbeziehung bzw. des Kundenstamms thematisiert. Hierbei geht es darum, einen Customer Life Time Value zu errechnen, indem beispielsweise markenbezogene Rückflüsse und markenbezogene Kosten gegenübergestellt werden.

2. **Multiplikatoransätze**
   Hier wird für jeden immateriellen Unternehmenswert ein Multiplikatorwert gebildet, mit dem der monetäre Wert errechnet wird. Beispiel: Wert des Kundenstamms = Anzahl der Kunden x Multiplikator; Humankapital = Anzahl der Mitarbeiter x Multiplikator.

3. **Anschaffungs- und Herstellungskosten**
   Bewertungsansatz für entgeltlich erworbene immaterielle Vermögensgegenstände bzw. Wirtschaftsgüter des Anlagevermögens nach Handels- und Steuerrecht.

4. **Übergewinn-Ansätze**
   Von der Boston Consulting Group unter der Bezeichnung Real Asset Value Enhancer (RAVETM) entwickelter Ansatz zur Bewertung des Kundenstamms (CustonomicsTM) und des Humankapitals (WorkonomicsTM). Hierbei werden die Kosten pro Kunde bzw. Mitarbeiter in Beziehung gesetzt zur Wertschöpfung pro Kunde bzw. Mitarbeiter. Je höher die Wertschöpfung pro Kunde bzw. Mitarbeiter, je höher der Übergewinn.

5. **Indikatorenansätze**
   Hier geht es darum, Ursache-Wirkungs-Beziehungen bei der betrieblichen Steuerung immaterieller Werte zu erfassen, auch wenn ein direkter Wertbeitrag einer Maßnahme nicht ermittelt werden kann. Günther fasst darunter beispielsweise den Skandia Navigator oder die Wissensbilanz des Austrian Research Centers (ARC), also Zusatzbilanzen zum Jahresabschluss.

Nachfolgend das Performance-Measurement-System im Überblick (s. Tabelle 9.11):

Tab. 9.11: Kategorisierung und Zusammenfassung Performance-Measurement-System.

Kriterium	Erklärung
1. Analyseebene Auf welcher Anwendungsebene werden Kompetenzen erfasst?	Der Ansatz bezieht sich auf die Organisationsebene.
2. inhaltliche Dimension Handelt es sich bezüglich des Untersuchungsgegenstandes um Wissensbestände oder Wissensprozesse?	Es werden ausschließlich Wissensbestände in Form immaterieller Werte erfasst.

Tab. 9.11: (Fortsetzung)

Kriterium	Erklärung
3. Beurteilungsdimension Findet eine Erfassung bzw. Bewertung in Form einer Selbstbeurteilung (Akteure) oder einer Fremdbeurteilung (Außenstehende) statt?	Es finden eine Erfassung im Sinne einer Inventarisierung und eine anschließende monetäre Bewertung statt. Diese erfolgt durch unternehmenseigene Controller, jedoch als Evaluation von Unternehmenswerten im Sinne einer Fremdbewertung.
4. Methode Mit welchen Methoden erfasst das Instrument Kompetenzen? Werden die Kompetenzen in einer Verlaufsanalyse oder als Bestandsaufnahme erfasst?	Die Erfassung und Bewertung von Kompetenzen auf organisationaler Ebene geschieht im Rahmen der Unternehmensrechnung.
5. Messindikatoren/Bewertungsdimensionen Welche Messindikatoren und Bewertungsdimensionen werden in der Untersuchung verwendet?	Es wird eine Vielzahl immaterieller Werte auf der Grundlage fünf unterschiedlicher Verfahren zu ihrer monetären Wertbestimmung einbezogen. Hierbei handelt es sich um Zukunftserfolgswerte, Multiplikatorenansätze, Anschaffungs- und Herstellungskosten, Übergewinn-Ansätze sowie Indikatorenansätze.
6. zeitliche Dimension Werden vergangene oder zukünftige Leistungen und Wissensprozesse bewertet?	Das Instrument argumentiert im Kern gegenwartsbezogen. Durch die Integration von Zukunftserfolgswerten kommt jedoch ansatzweise auch eine Zukunftsperspektive in den Ansatz hinein.
7. Zielperspektive	Das Ziel liegt in der Bilanzierung immaterieller Vermögenswerte einer Organisation.

Reflexionsfragen

9.1 Was versteht man unter intangiblen Werten einer Organisation?

9.2 Welche zwei Gruppen von Bewertungsansätzen lassen sich grundsätzlich unterscheiden? Kennzeichnen Sie diese kurz!

9.3 Wie ist nach den Marktwert-Buchwert-Ansätzen das Verhältnis von Börsenwert, tangiblen und intangiblen Werten einer Organisation?

9.4 Welche immateriellen Vermögensgegenstände können auf der Aktivseite einer handelsrechtlichen Bilanz ausgewiesen werden?

9.5 Erläutern Sie, warum eine „Shareholder-Value-Logik" die strategischen Wertschöpfungspotenziale einer Organisation häufig übersieht!

9.6 Welche Dimensionen fasst Edvinsson im Rahmen des Skandia Navigators unter dem Begriff „Wissenskapital"?

9.7 Wie definiert Sveiby den Begriff des Wissenskapitals? Erläutern Sie die entsprechenden Dimensionen kurz!

9.8 Was bilanziert man in einer Wissensbilanz?

9.9 In welchen Schritten wird üblicherweise eine Wissensbilanz (angelehnt an die Methodik des BMWi-Projektes) erstellt?

9.10 Welche Kategoriensysteme unterscheidet Günther im Rahmen seines Performance-Measurement-Systems?

9.11 Recherchieren Sie im Internet nach beispielhaften Wissensbilanzen von Unternehmen und interpretieren Sie diese anhand der erworbenen theoretischen Kenntnisse.

Zusammenfassung

In diesem Kapitel stand die Frage nach der Erfassung und Bewertung von Kompetenz und Wissen im Vordergrund. Zunächst haben wir die unterschiedlichen Ebenen betrachtet, auf denen diese Ressourcen in Organisationen behandelt und zugänglich gemacht werden:
- Individuumsebene,
- Arbeitsplatzebene,
- Gruppenebene und
- Organisationsebene.

Die dominanten Ansätze des Wissensmanagements versuchen, überwiegend auf der Organisationsebene Indikatoren für Wissen zu präzisieren. Es geht dabei um die Frage, welches Wissen Wettbewerbsvorteile generieren kann. Um die immaterielle Ressource Wissen näher zu fassen, wurden in Kapitel 9.2 unterschiedliche Dimensionen des Wissens erläutert:
- die Frage nach den Wettbewerbsvorteilen durch Wissen,
- der explizite und implizite Charakter von Wissen und
- die Anschlussfähigkeit und Übertragungsdynamik von Wissen.

In 9.3 wurden ausgewählte Ansätze eines Intellectual-Capital-Managements beschrieben, die zum Ziel haben, Wissen in Organisationen zu bewerten. Viele dieser Ansätze sind in enger Verknüpfung mit der Unternehmenspraxis entstanden, so z. B. der Skandia Navigator von Edvinsson, der Celemi-Monitor bzw. Intangible-Assets-Monitor von Sveiby als auch die ARC-Wissensbilanz.

Generell kann der Nutzen der Wissensbilanzierung für Unternehmen als hoch eingeschätzt werden und manifestiert sich vor allem in folgenden Aspekten (vgl. BMWi 2008):
- Managementinstrument zur internen Steuerung,
- Kommunikation der immateriellen Unternehmenswerte an externe Stakeholder,
- ergänzendes Screeninginstrument, um Geschäftsprozesse zu optimieren,
- wichtige Grundlage für das Risikomanagement eines Unternehmens,

- Unterstützung bei der Realisierung von Wachstumszielen und
- positive Einflussnahme bei der Unternehmensbewertung im Rahmen einer Kreditvergabe.

In Zukunft ist mit weiteren Neuerungen bezogen auf die Wissensbilanzierungspraxis zu rechnen. So geht man beispielsweise davon aus, dass Wissensbilanzen in den nächsten Jahren zertifizierbar und damit vergleichbar werden oder dass die immateriellen Werte von Unternehmen, Abteilungen, Personen und Qualifikationen sich in stärkerem Maße als bisher auch monetär berechnen lassen und Eingang in die Finanzberichterstattung finden. Auch geht man davon aus, dass in absehbarer Zeit die Transformationen zwischen Human-, Beziehungs- und Strukturkapital modellierbar werden und sich quantitativ bestimmen lassen (vgl. Koch 2008).

Teil IV: **Management von Wissensprozessen**

Einleitung

In diesem Kapitel stellt nicht das Wissen an sich und die Bedeutung von Wissen für Unternehmen bzw. Organisationen das Novum dar, sondern die bewusste Fokussierung der Wissensprozesse und deren geplante Förderung sowie die strategische Verankerung der Thematik in Anlehnung an die Unternehmensstrategie.

So behandeln wir in diesem Kapitel, wie **Wissensprozesse in Organisationen** gehandhabt werden können. Im ersten Teil werden typische Zugangsformen als Eintrittspfade zu einem Wissensmanagement im Unternehmen bzw. in einer Organisation beschrieben. Die Kenntnis dieser Zugangswege erleichtert die Implementierung geeigneter Ansätze. Im zweiten Teil werden Phasen und Funktionen des Managements von Wissensprozessen unterschieden. Nach der Bearbeitung dieses Kapitels kennen Sie die dargestellten Prozessmanagementphasen und können ein integratives Vorgehen selbstständig und problemorientiert konzipieren.

10 Warum Wissensmanagement?

Der Einstieg einer Organisation in das Wissensmanagement kann sehr unterschiedlich sein. So mag der Ausgangspunkt, über Wissensmanagement nachzudenken, beispielsweise darin bestehen, dass Informationen und Dokumente schwer aufzufinden sind oder dass Mitarbeiter mit wichtigem Erfahrungswissen das Unternehmen verlassen. Oder das Unternehmen beabsichtigt, durch ein strategisches Wissensmanagement einen Wettbewerbsvorteil gegenüber seinen Hauptkonkurrenten aufzubauen. In diesem Kapitel wird erläutert, welche Ausgangspunkte bzw. **Zugangspfade** sich unterscheiden lassen und welche Implikationen sich daraus für ein Wissensmanagement ergeben.

Nach Bearbeitung dieses Kapitels haben Sie folgende Lernziele erreicht:
- Sie wissen, dass sich aus strategischen Zielen des Unternehmens auch Wissensziele ableiten lassen, die einen Zugang zum Wissensmanagement eröffnen.
- Sie können erläutern, inwiefern der Reifegrad eines Unternehmens den Umgang mit Wissen bzw. Wissensmanagement beeinflusst und welche Implementierungspfade von Wissensmanagement unterschieden werden können.
- Sie können erklären, was unter strategiegestaltender Weiterbildung zu verstehen ist und welcher Bezug zum Wissensmanagement besteht.
- Sie können das geschäftsprozessorientierte Wissensmanagement in seinen Grundzügen charakterisieren.
- Sie wissen, dass über die Erstellung von Wissensbilanzen die Unternehmen für ihre immateriellen Ressourcen sensibilisiert werden können. Zudem sind Sie in der Lage, bei der Erstellung derartiger Wissensbilanzen mitzuwirken.
- Sie kennen Diagnostik- und Analyseverfahren als einen weiteren Zugangspfad zum Wissensmanagement im Unternehmen.

10.1 Ausgangspunkt: Strategiebildung

Welches Wissen braucht eine Organisation und welches Wissen gilt es zu managen? Diese grundlegende Frage ist einer der zentralen Ansatzpunkte für erfolgreiches Wissensmangement, da es keinen Selbstzweck darstellt, sondern der organisationalen Entwicklung und dem organisationalen Lernen dient und die Überlebens- und Wettbewerbsfähigkeit unterstützt (Al-Laham 2003). Im Grunde geht es hier um eine veränderte Perspektive bei der Strategieentwicklung. Waren wir es gewohnt, den organisationalen Transformationsprozess als Abfolge von arbeitsteiligen Schritten bei der Veredlung von Rohstoffen oder Halbfertigprodukten zu systematisieren, geht es nun um eine zweite Ebene, bei der immaterielle Wissensziele und -prozesse im Vordergrund stehen. Angesichts der aus wettbewerbsrelvanten Gründen nowendigerweise hohen Intelligenz von Produkten bzw. hybriden Produkt-Dienstleistungskombinatio-

https://doi.org/10.1515/9783110474930-010

nen stellt sich diese Frage nicht nur bei reinen Wissensprodukten, sondern auch in klassichen Geschäftsfeldern: Welches ist das integrierte Wissen bzw. welches sind relevante Wissensprozesse, die in die Geschäftsprozesse einfließen müssen bzw. aus ihnen abgeleitet werden können? Im Zuge der Digitalisierung (vgl. Gassmann, Sutter 2016), die letzlich eine hochdynamische Entmaterialisierung wirtschaftlicher Prozesse darstellt, geht es mehr denn je um das Wissensfiltrat, dass eine Optimierung alter und Entwicklung neuer digitaler Geschäftsmodelle ermöglicht. Ein Hersteller klassischer Heizungsanlagen beispielsweise konzentriert sich nicht mehr nur auf seine innovativen technischen Kernprodukte, sondern sucht nach neuen Anknüpfungspunkten („Touchpoints zum Kunden"), die sich aus der Konnektivität der Wärmeerzeuger und aus dem Nutzungsverhalten von Kunden ergeben. So bietet er inzwischen Wärme und Kühlung als Komplettlösungen im Abonnement an. Oder in der Versicherungswirtschaft mit nutzungsabhängigen Kundendaten wie z. B. „Pay how you drive", werden komplett neue Geschäftsmodelle entwickelt (vgl. Kapitel 5.1.6 Phase 6).

⚡ Beispiel Porsche
„Porsche hat es durch Echtzeit- und voraussagenden Analysen geschafft, das Kundenmanagement auf eine ganz neue Ebene zu bringen. Das Unternehmen hat es verstanden, dass die Anforderungen ihrer schon jetzt sehr anspruchsvollen Kunden immer anspruchsvoller wird – und hat deshalb seine Prozesse und Serviceleistungen einem digitalen Tuning unterzogen. Porsche kann nun viel flexibler und schneller auf die wechselnden Anforderungen reagieren oder sogar pro aktiv agieren. Dank einer speziellen Kundendatenbank, automatischen und reproduzierbaren Prozessen sind bei Porsche die Kundendaten in der gesamten Organisation zugänglich. Wenn in einer Porsche-Niederlassung ein Auto durch einen potentiellen Kunden konfiguriert wird, der Kunde sich aber erst einmal gegen eine Kauf entscheidet, greift Porsche auf die Stammdaten des Kunden zurück und schickt eine personalisierte Kommunikation an den Kunden. Das ganze ist 100 % automatisiert. Porsche macht das auch nur für Kunden, die für einen Kauf eines Sportwagens potentiell in Frage kommen. Um diese Kunden herauszufiltern, analysiert Porsche die Kaufbereitschaft mit Hilfe von Echtzeit-Analysen und Echtzeit-Segmentierung, um Kaufverhalten zu identifizieren. Diese personalisierte und smarte Herangehensweise wandelt mehr potentielle Kunden in echte Kunden um." (Denecken 2014).

Wie kann nun praktisch aus diesen neuen strategischen Chancen Wissensmanagement abgeleitet werden?

Lehner benennt eine Reihe von Methoden bzw. Audits zur systematischen Erhebung von „relevantem wettbewerbskritischen Wissen" (Lehner 2006: 214):
- „Wissensaudits und Wissensanalyse,
- Methoden des strategischen (Wissens-)Managements: z. B. Skill Mapping, Skill-Cluster-Analyse, wissensbasierte SWOT-Analyse sowie Identifikation von Kernkompetenzen,
- Methoden der Wissenserhebung in Verbindung mit dem Kompetenz- bzw. Skillmanagement,
- Methoden der Wissenserhebung in Verbindung mit der Erstellung von Wissenskarten und
- Erhebung von Wissen in bzw. aus Geschäftsprozessen."

Auch wenn man mit diesen Methoden verfügbares Wissen auf unterschiedlichen Systemebenen der Organisation (vgl. Kapitel 2) erhebt, entbindet dies einen nicht von der wesentlichen Aufgabe, Wissensziele zu spezifizieren. Eine Präzisierung von Wissenszielen ist immer auch eng mit der Unternehmensstrategie verbunden. Der Prozess zur Definition von Wissenszielen ist im Kern ein Strategieentwicklungsprozess, bei dem eine gemeinsame Konstruktion der betrieblichen Ziele und der relevanten Umwelt(-entwicklungen) erfolgen muss.

Probst et al. (2006) beschreiben den Zugang zum Wissensmanagement anhand des Schrittes „Wissensziele definieren". Hier steht im Vordergrund, die Wissensvorteile gegenüber anderen Mitbewerbern auszubauen und für das operative Geschäft nutzbar zu machen, indem normative, strategische und operative Wissensziele definiert werden. So unterscheiden sie Strukturen, Aktivitäten und Verhalten auf drei Zielebenen (vgl. Probst et al. 2006: 40 f.):

- **Normatives Management:** Normative Wissensziele betreffen die Ebene der Unternehmensverfassung (z. B. rechtliche Strukturen und deren Auswirkung auf Wissensmanagement, Geheimhaltungsregeln), der grundlegenden Unternehmenspolitik (z. B. Vision, Wissensleitbilder, kritische Wissensfelder) sowie alle Aspekte der Unternehmenskultur (z. B. Kultur der Wissensteilung, Innovationsgeist, Kommunikationsintensität).
- **Strategisches Management:** Mithilfe strategischer Wissensziele, die für langfristige Programme festgelegt werden, soll die Vision des Unternehmens verwirklicht werden. Betroffene Bereiche sind vor allem: Organisationsstrukturen (z. B. Konferenz- bzw. Berichtssysteme, Erfahrungszirkel, Managementsysteme), Programme (Kooperationen, Aufbau von Kernkompetenzen und Informatisierung) sowie Problemverhalten (Orientierung an Wissenszielen, problembezogene Wissensidentifizierung).
- **Operatives Management:** Operative Wissensziele sollen zur Umsetzung der strategischen Programme auf der Ebene der täglichen Unternehmensaktivitäten beitragen. Dies betrifft vor allem organisatorische Prozesse (z. B. Steuerung von Wissensflüssen, Wissensinfrastruktur), Aufträge (Wissensprojekte, Expertensysteme etc.) sowie Leistungs- und Kooperationsverhalten (z. B. Wissensteilung und Wissensumsetzung in Verhalten).

Nur selten wird ein Unternehmen jedoch ad hoc Wissensmanagement als ganzheitliche Unternehmensführungsstrategie einführen und entsprechend umsetzen wollen. Wissensziele werden selten explizit formuliert – Unternehmensstrategien konzentrieren sich auf markt- und wettbewerbsrelevante Ansatzpunkte und Ziele. Auch operative Ziele, wie beispielsweise die Erhöhung der Kundenzufriedenheit in einem Geschäftsfeld, haben ebenso wenig expliziten Bezug zu Wissenszielen. Aber aus derartigen strategischen Zielen lassen sich in der Regel Wissensziele ableiten.

10.2 Ausgangspunkt: Reifegrade und Einführungspfade

Zumeist stehen Einstiegsmuster im Vordergrund, die zu gewissen Grade von der bisherigen Entwicklung, Ausrichtung und Kultur sowie den Märkten der Organisation abhängig sind. Dies veranschaulicht North (2005) mit seiner Annahme vom Reifegrad eines Unternehmens, wobei Reifegrad hier etwas undifferenziert unterstellt, dass es fortschrittliche und weniger fortschrittliche Unternehmen gibt. Zweifellos gibt es jedoch Unternehmen, die im Hinblick auf ihre imateriellen Ressourcen eine mehr oder minder ausgeprägte Sensibilität haben, nicht zuletzt auch aufgrund der Geschäftsprozesse und der Marktbedingungen, in denen sie angesiedelt sind. North (2005: 27 ff.) unterscheidet zwischen den „wissensmäßig unsensibilisierten Unternehmen" und den „wissens-orientierten Unternehmen" durch Einschätzung der Kultur, des Unternehmensleitbildes, der Führungsgrundsätze, der Kennzahlen in Verbindung mit Wissensprozessen, der Berücksichtigung von non-finanziellen Indikatoren im Berichtswesen und der Bewertung von Wissensträgern.

Ein ähnlicher Zugang wird von North (2005) in Abhängigkeit vom Umgang mit Wissen in der Organisation beschrieben. Je nachdem, in welcher „Veredelungsstufe" die Ressource Wissen in der Unternehmung eingesetzt wird (d. h. auf welcher Stufe der Wissenstreppe das Unternehmen sich befindet), unterscheidet er unterschiedliche Reifegrade (siehe dazu auch die Ausführungen zu den Merkmalen von Wissen im Kapitel 8 sowie Abbildung 10.1).

IT-Lösungen stehen im Vordergrund, wenn es primär um ein Informations- und Datenmanagement oder ein Expertensystem geht. Bei der Lösung spezifischer Einzelprobleme in der Organisation geht es dann bereits um die Einbeziehung von Mitar-

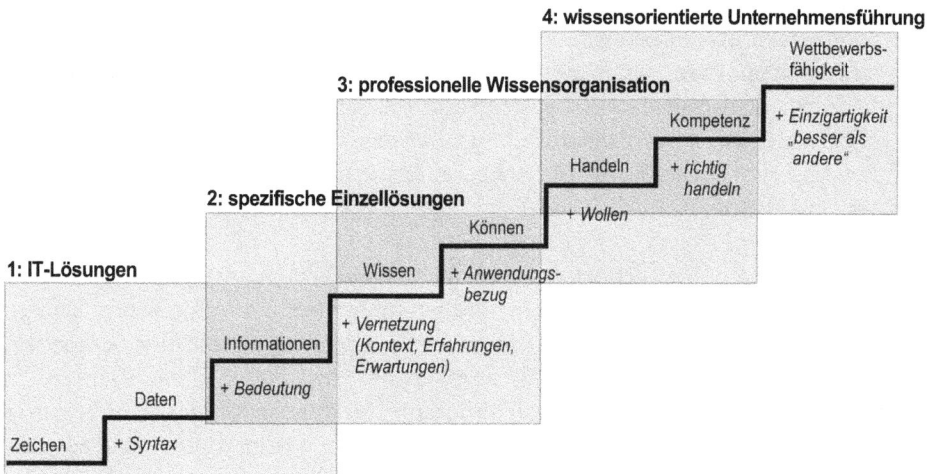

Abb. 10.1: Reifegrade wissensorientierter Unternehmensführung (vgl. North 2005: 36).

beitern, deren Wissen, Kompetenz und Erfahrungshintergründe. Eine professionelle Wissensorganisation umfasst ferner eine Entwicklung und Transparenz von Kernkompetenzen in der Organisation, und eine wissensorientierte Unternehmensführung zielt auf einen ganzheitlichen Einsatz von Wissen und Kernkompetenzen im Sinne einer höheren Wettbewerbsfähigkeit ab.

In engem Zusammenhang mit diesen Reifegraden unterscheidet North vier unterschiedliche Einführungspfade von Wissensmanagement (vgl. North 2005: 307 ff.):

- Einerseits existiert ein an den Informations- und Kommunikations (IuK)-Technologien orientierter Pfad: Im Vordergrund steht die Implementierung neuer IuK-Systeme unter Wissensgesichtspunkten. Intranets, Diskussionsforen, Gelbe Seiten, Wissenslandkarten oder Best-Practice-Datenbanken werden als Einstieg eingerichtet. Zudem werden Interessierte durch Wissensverantwortliche zum Mitmachen motiviert, es bilden sich informelle und formelle Netzwerke und der Wissensaufbau wird durch Anreizsysteme und aktive Managementunterstützung weiter gefördert.
- Der zweite Einführungspfad beginnt mit der Benennung eines Koordinators für den Wissenstransfer, der den Wissensaustausch anregt und vorlebt. Daraus entstehen themenbezogene Netzwerke, die durch eine adäquate informationstechnische Infrastruktur unterstützt werden. Die zunächst informelle Zusammenarbeit wird nach und nach formalisiert, durch Anreizsysteme honoriert und vom Management unterstützt.
- Ein dritter Pfad lässt sich als Best-Practice-Pfad bezeichnen, der ausgehend von einem Veränderungsdruck, z. B. durch internes oder externes Benchmarking, um Prozesse und Routinen zu optimieren. Es entstehen dann Interessensnetzwerke, die Informationen gezielt in Datenbanken ablegen und Diskussionsforen unterhalten und schließlich auf eine veränderte Unternehmenskultur hinwirken, wobei organisationale Strukturen und Anreizsysteme unter Wissensgesichtspunkten angepasst werden.
- Der vierte Einführungspfad ist top down angeregt, indem die Unternehmensleitung Ziele des Wissensmanagements aufgreift und beispielsweise Arbeitskreise oder Ähnliches bildet und Pilotprojekte anregt. Informelle Netzwerke formieren sich, die IuK-Infrastruktur wird gemäß Zielsetzungen ausgebaut, die Mitarbeiter werden zur Nutzung motiviert und der Wissensaufbau bzw. -transfer wird durch Anreizsysteme und ständiges internes Marketing unterstützt.

Welcher Einführungspfad vom Unternehmen konkret gewählt wird, hängt von den spezifischen Gegebenheiten ab. Wichtig ist, dass der gewählte Pfad zum Unternehmen passen muss (vgl. North 2005: 312).

10.3 Ausgangspunkt: betriebliche Weiterbildung und Personalentwicklung

Das Interesse an einer Implementierung von Wissensmanagement in Organisationen kann ferner vom Human-Ressources-Bereich und dem Personalmanagement veranlasst sein (vgl. Pawlowsky, Bäumer 1996: 187). Während die betriebliche Weiterbildung und Personalentwicklung im Allgemeinen eine **strategieerfüllende** Funktion (im Sinne eines Qualifikationsmanagements) beinhaltet, d. h. die Human Resources, die Kompetenzen und Qualifikationen der Mitarbeiter an die vorgegebenen Anforderungen des Arbeitsplatzes anzupassen beabsichtigen, wird auch gezielt nach dem Wissen, den Kompetenzen und speziellen Erfahrungen von Mitarbeitern gefragt. Diese Aspekte können Ausgangspunkte eines **strategiegestaltenden** Verständnisses – im Sinne eines Wissensmanagements – von Weiterbildung sein.

Hier steht die Frage im Vordergrund, wie „die Schaffung von Lern- und Entwicklungsfähigkeit des Unternehmens auf der Grundlage von Wissen ermöglicht wird (Gestaltungsfunktion)" (Pawlowsky, Bäumer 1996: 188). Es geht dabei nicht wie im Qualifikationsmanagement primär um die Zielsetzung, das Wissen der Mitarbeiter an die betrieblichen Anforderungen der Organisation anzupassen, sondern vielmehr darum, die Organisation durch die Wissensentwicklung und den -austausch der Mitarbeiter weiterzuentwickeln und lernfähig zu machen. Dieser Ansatzpunkt fragt nach dem besonderen, vielleicht einzigartigen Erfahrungswissen, das wertvoll ist und hinsichtlich der Marktchancen weiterentwickelt werden kann. Zahlreiche Un-

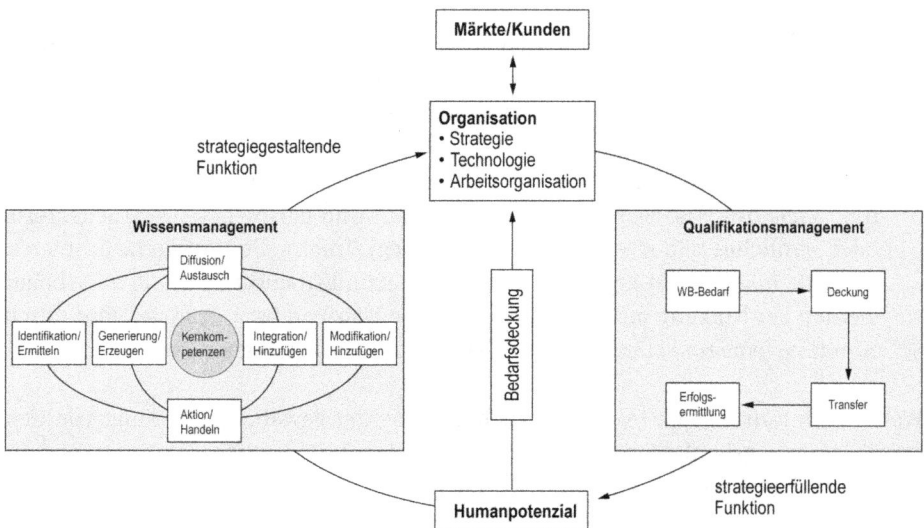

Abb. 10.2: Strategieerfüllende und strategiegestaltende Funktion der Weiterbildung (in Anlehnung an Pawlowsky, Bäumer 1996).

ternehmen haben in den letzten Jahrzehnten ihr Angebotsportfolio auf der Grundlage ihrer besonderen Kompetenzen ausgerichtet. Oftmals geht es dabei um besondere Erfahrungen, die im Rahmen von Geschäftsprozessen entstehen (z. B. Logistik- und Planungskompetenzen) und die selbst vermarktet werden können. Ein solcher Zugangspfad geht von den verfügbaren Qualifikationen, Kompetenzen und dem Wissen in der Organisation aus. Beide Sichtweisen werden in Abbildung 10.2 zusammenfassend dargestellt.

10.4 Ausgangspunkt: Geschäftsprozesse

Ein weiterer Ansatzpunkt für Wissensmanagement geht von Geschäfts- und Ablaufprozessen in Organisationen aus und fragt nach dem Wissen, das bisher eingesetzt und weiterentwickelt wird (Heisig 2002, vgl. auch Lehner 2006: 212 ff.). Der Anknüpfungspunkt hier sind die Kernprozesse in Organisationen und die Frage nach den parallel ablaufenden Wissensprozessen. Nach diesem Ansatz entsteht Wissen in Geschäftsprozessen, wird aber gleichzeitig auch genutzt, d. h. Wissen ist hier sowohl Output als auch Input.

Prozesse der Leistungserbringung und des Kundennutzens basieren auf den Kernkompetenzen des Unternehmens. Jedes Unternehmen sollte daher bestrebt sein, diese zu erhalten bzw. auszubauen (vgl. Kapitel 3). Darauf fokussiert letztendlich das Wissensmanagement. Das heißt, im Rahmen des Geschäftsprozessorientierten Wissensmanagements (GPO-WM®[1]) werden die Maßnahmen des Wissensmanagements mit den wertschöpfenden Geschäftsprozessen des Unternehmens verbunden. Die Geschäftsprozesse stellen dabei den Kontext von Wissensmanagement dar und bestimmen die relevanten Wissensinhalte. Aufgabe des GPO-WM® ist es vor allem, Analyse, Modellierung, Umsetzung, Ausführung, Kontrolle und Weiterentwicklung von wissensintensiven Geschäftsprozessen zu unterstützen. Dabei spielen die vier Kernaktivitäten des Wissensmanagements (Wissenserzeugung, -speicherung, -verteilung und -anwendung) eine wesentliche Rolle. So erfolgt die Anwendung von Wissen im Rahmen der Prozessbearbeitung und/oder es entsteht dabei Erfahrungswissen. Zudem kann Wissen unmittelbar mit der Entstehung in Prozessen weitergegeben und/oder bewahrt werden. Wann welche Wissensaktivitäten ausgeführt werden, hängt von der konkreten Prozessbearbeitung ab. Die Wissensmanagementaktivitäten können ihrerseits auch als Geschäftsprozesse betrachtet werden (vgl. Abbildung 10.3). Hier können die Wertschöpfungsprozesse dahingehend präzisiert werden, welches Wissen an den verschiedenen Schritten der Geschäftsprozesskette (z. B: Schritte 1–13)

---

[1] GPO-WM® ist das eingetragene Markenzeichen für die Methode des Geschäftsprozessorientierten Wissensmanagements. http://www.enzyklopaedie-der-wirtschaftsinformatik.de/lexikon/daten-wissen/Wissensmanagement/Wissensmanagement--Konzepte-des/Prozessorientiertes-Wissensmanagement

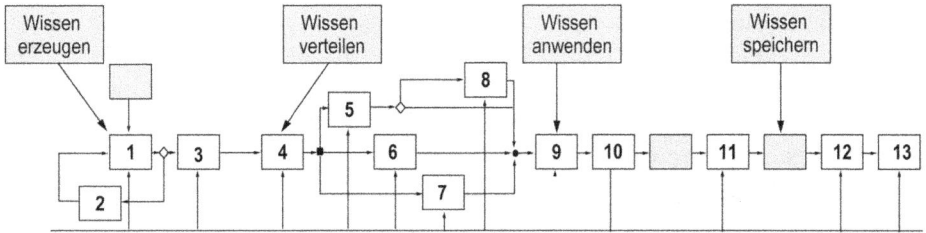

Abb. 10.3: Methode des geschäftsprozessorientierten Wissensmanagements (in Anlehnung an Heisig 2002).

entsteht, geteilt werden sollte, angewendet wird und ggf gespeichert werden muss. Die praktische Umsetzung kann in nachfolgenden Projetschritten erfolgen.

Die **Vorgehensweise beim GPO-WM®** gliedert sich nach Heisig in drei Phasen mit acht Projektschritten (s. Abbildung 10.4). In der ersten Phase (Schritte 1–2) erfolgt die Abstimmung der Strategie und die konkrete Zieldefinition für das Wissensmanagement-Projekt. Die zweite Phase (Schritte 3–5) dient vor allem der Analyse und Gestaltung des ausgewählten Geschäftsprozesses. Die anschließende dritte Phase ist die Einführungsphase (Schritte 6–8; vgl. Heisig 2002: 259 ff.).

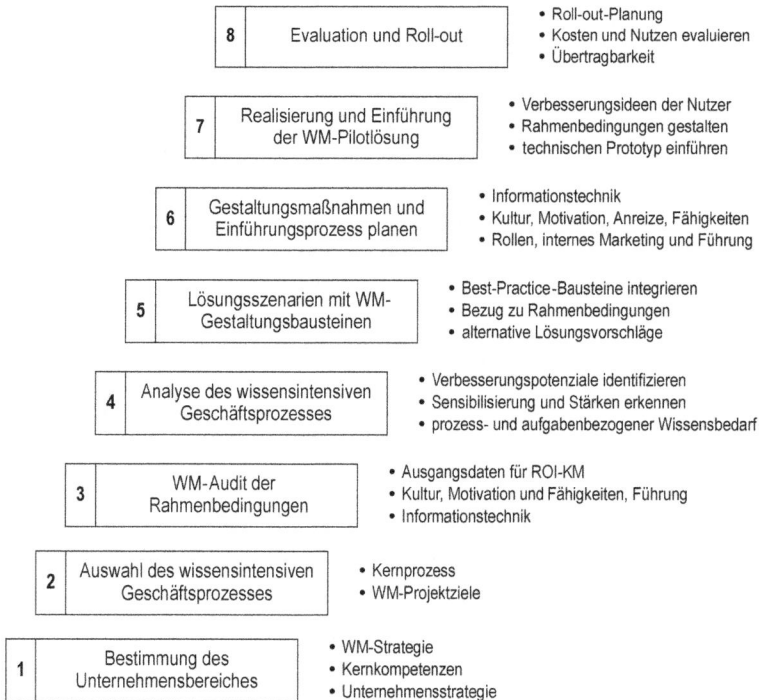

8	Evaluation und Roll-out	• Roll-out-Planung • Kosten und Nutzen evaluieren • Übertragbarkeit
7	Realisierung und Einführung der WM-Pilotlösung	• Verbesserungsideen der Nutzer • Rahmenbedingungen gestalten • technischen Prototyp einführen
6	Gestaltungsmaßnahmen und Einführungsprozess planen	• Informationstechnik • Kultur, Motivation, Anreize, Fähigkeiten • Rollen, internes Marketing und Führung
5	Lösungsszenarien mit WM-Gestaltungsbausteinen	• Best-Practice-Bausteine integrieren • Bezug zu Rahmenbedingungen • alternative Lösungsvorschläge
4	Analyse des wissensintensiven Geschäftsprozesses	• Verbesserungspotenziale identifizieren • Sensibilisierung und Stärken erkennen • prozess- und aufgabenbezogener Wissensbedarf
3	WM-Audit der Rahmenbedingungen	• Ausgangsdaten für ROI-KM • Kultur, Motivation und Fähigkeiten, Führung • Informationstechnik
2	Auswahl des wissensintensiven Geschäftsprozesses	• Kernprozess • WM-Projektziele
1	Bestimmung des Unternehmensbereiches	• WM-Strategie • Kernkompetenzen • Unternehmensstrategie

Abb. 10.4: Vorgehensmodell beim GPO-WM ®(Heisig 2002: 260).

Besonders relevant ist der vierte Prozessschritt: die **Analyse und Beschreibung der (wissensintensiven) Hauptprozesse** auf der Detaillierungsebene der Aufgabe einer Organisationseinheit, daher wird dieser Schritt genauer erläutert. Die Arbeitsaufgaben bzw. Aktionen im ausgewählten Geschäftsprozess werden möglichst realitätsnah und allgemein verständlich für alle Beteiligten beschrieben. Jede Aktivität wird daraufhin analysiert, wie sie zur Erzeugung, Speicherung, Verteilung und Anwendung von Wissen beiträgt. Daraus ergibt sich ein sogenanntes Wissensaktivitätsprofil des untersuchten Geschäftsprozesses. Es zeigt, inwieweit die betrachteten Aufgaben die Kernaktivitäten des Wissensmanagements enthalten, d. h. Wissen erzeugen, speichern, verteilen und anwenden. Danach ist das Wissensaktivitätsprofil auf Geschlossenheit zu prüfen, d. h. ob die Kernaktivitäten zu einem geschlossenen Prozess verknüpft sind. Für jede identifizierte Kernaktivität wird zudem die Qualität der methodischen Umsetzung beurteilt. Das Ergebnis ist eine Bewertung der aktuell eingesetzten Methoden, mit denen der jeweiligen Kernaktivität durchgeführt wird und zu welchem Grad die vorhandenen Ressourcen, wie Personen, Organisationseinheiten, Dokumente oder Datenbanken, diese Aktivität unterstützen. Durch diese Analyse wird deutlich, ob der Geschäftsprozess bezüglich der Wissensprozesse oder der benötigten Ressourcen zu verbessern ist (vgl. Heisig 2002: 262 ff.).

10.5 Ausgangspunkt: Wissensbilanz

Im Zuge der Einführung von Basel II im Jahr 2004 hat insbesondere bei kleinen und mittleren Unternehmen (KMU) das Interesse an Qualität hinsichtlich der eigenen Managementprozesse und der Human Resources zugenommen. Letztlich war damit die Hoffnung verknüpft, im Rahmen von Kreditbewertungen auch die Handhabung von immateriellen Ressourcen als Qualitätsmerkmal und damit als Prädiktor zukünftigen Geschäftserfolgs einbeziehen zu können. Wenn auch ihre Bewertung in monetären Größen bislang nur unzureichend möglich ist, so zeigt sich, dass die Anwendung der Wissensbilanz in Unternehmen dafür sorgt, dass den immateriellen Ressourcen mehr Aufmerksamkeit geschenkt wird. Geschäftsleitungen und Mitarbeiter entwickeln im Verlauf der Umsetzung ein Gefühl für die Bedeutung von immateriellen Ressourcen und verknüpfen sie mit den Unternehmensstrategien. Wissensbilanzen versprechen eine Sensibilisierung für immaterielle Ressourcen in der Organisation und ermöglicht somit einen Einstieg ins Wissensmanagement, das eng an die Geschäftsprozesse und zukünftigen Strategien der Organisationen angelehnt ist. Zunächst müssen die relevanten Wissensressourcen entdeckt werden, bevor die entsprechenden Strategien umgesetzt werden. Die Grundlagen der Wissensbilanzierung sind in Teil III „Erfassung und Bewertung von Kompetenz und Wissen" beschrieben worden (vgl. Alwert et al. 2013).

Im Folgenden wird die Umsetzung der Wissensbilanz am Beispiel eines mittelständischen Unternehmens beschrieben (Quelle: K^3 Knowledge Laboratory®, www.akwissensbilanz.org):

⚡ Ausgangssituation Fallbeispiel

Der Softwareentwickler und Dienstleister Datasoft ist ein wissensbasiertes Unternehmen. Der Geschäftsführer und Inhaber Herr Dienstle weiß, dass der Wert des Unternehmens fast ausschließlich im Wissen seiner Mitarbeiter liegt. Gegenüber seiner Bank war der immaterielle Faktor Wissen nicht berechenbar. Herr Dienstle fragt sich, wie der Geldwert der Datasoft gegenüber Kapitalgebern tatsächlich bestimmbar ist.

Um den Einsatz des Unternehmenswissens zu optimieren und damit den Wert Unternehmens zu steigern, möchte Datasoft den Produktionsfaktor Wissen messbar machen. Folgende Fragen stellt sich die Geschäftsführung:
– Welchen Wert hat das Wissen des Unternehmens?
– Welche Maßnahmen sind nötig, um dieses Wissen gezielt weiterzuentwickeln?
– Wie kann der Wert des Unternehmens nach außen dargestellt werden?

Durch eine Wissensbilanz soll eine objektive, messbare Grundlage für die Steuerung des Wissens im Unternehmen geschaffen werden. Datasoft versucht dadurch seinen Wert und den ROI (Return on Investment) seiner Maßnahmen hinsichtlich des Wissensmanagements messbar und (auch nach außen) darstellbar zu machen. Die Datasoft nahm zunächst an einem geförderten Projekt des Bundesministeriums für Wirtschaft und Technologie teil („Wissensbilanz – Made in Germany"). Über die Teilnahme an diesem Projekt konnte Datasoft Unterstützung erhalten und erstellte mithilfe einer Gruppe von Forschern eine erste Wissensbilanz.

Ausgangspunkt dafür war der Wunsch der Geschäftsführung, den Wert des Unternehmens darstellen zu können. Diese Maßnahme sollte es ermöglichen, zusätzlich zu einer klassischen Bilanz, Kapitalgebern und allgemein externen Stakeholdern auch den immateriellen Wert des Unternehmens deutlich zu machen. Während sich die klassische Bilanz auf gegenwärtige und materielle Werte bezieht, können durch eine Wissensbilanz – so die Hoffnung – auch immaterielle Werte (Wissen) gemessen werden, die auch in einem sich rasch wandelnden Markt für die zukünftige Entwicklung des Unternehmens sprechen. Wissen sollte daher in Ergänzung zur klassischen Bilanz in Aktiva und Passiva und als konkreter Eurowert des Unternehmens ausgewiesen werden.

Um dieses Ziel zu erreichen, nimmt Datasoft Kontakt zum Team des Forschungsprojekts des BMWi auf. Datasoft schließt sich daraufhin einer Gruppe von mehreren Unternehmen an, bei denen die Erstellung einer Wissensbilanz erprobt und weiterentwickelt werden soll.

Der Lernprozess, eine Wissensbilanz zu erstellen, basiert vor allem auf Learning-by-doing. Datasoft muss zunächst die Grundüberlegungen und Vorgehensweisen zur Erstellung einer Wissensbilanz erlernen. In vier Workshops bei Datasoft führt das Team des Förderprojekts durch die Erstellung der Wissensbilanz. Dies geschieht in folgenden Schritten:

1. Bewertung des intellektuellen Kapitals

Intellektuelles Kapital besteht aus Human-, Struktur- und Beziehungskapital (s. Abbildung 10.5). Für jede dieser drei Kapitalarten werden Einflussfaktoren identifiziert, wobei in den meisten Unternehmen ein Großteil der Einflussfaktoren identisch sind, ihre Ausprägung und Bedeutung sich allerdings unterscheidet

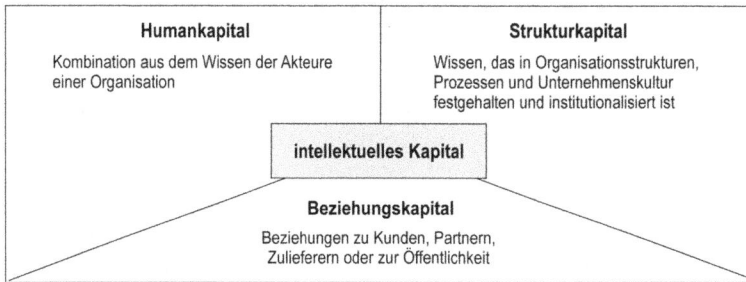

Abb. 10.5: Bestandteile des Intellektuellen Kapitals (Quelle: K³ Knowledge Laboratory®).

Datasoft identifizierte die folgenden **Einflussfaktoren**:
Humankapital (HK):
- HK1: Serviceorientierung
- HK2: Fachkompetenz
- HK3: Sozialkompetenz
- HK4: Führungskompetenz
- HK5: Mitarbeitermotivation

Strukturkapital (SK):
- SK1: lernfördernde Arbeitsumgebung
- SK2: vertrauensbasierte Unternehmenskultur
- SK3: wissensorientierte Prozesse und Methoden
- SK4: Wissenstransfer
- SK5: Produktivität, Prozessleistung
- SK6: Innovation

Beziehungskapital (BK):
- BK1: Kundenorientierung
- BK2: neue bzw. potenzielle Mitarbeiter
- BK3: Marke Datasoft

Jedem dieser Einflussfaktoren wurde ein Zielwert zugeordnet. Der vorgegebene Bewertungsrahmen lag dabei zwischen 0 und 120 %. Dies machte deutlich, dass ein Einflussfaktor auch besser ausgeprägt sein konnte als notwendig (100 %).

Abschließend wurde die aktuelle Ausprägung des Einflussfaktors nach drei Kriterien bewertet:
- Qualität
- Quantität
- Systematik

Die Teilnehmer bekamen dabei wie Preisrichter Karten, auf denen sie benoteten, ob ein Einflussfaktor seine optimale Ausprägung (d. h. seinen Zielwert) zwischen 0 und 120 % erreicht hatte. Reihum hielt man für jeden Einflussfaktor die Karten hoch. So wurde beispielsweise HK4 (Führungskompetenz) in der Qualität als hoch eingeschätzt, quantitativ jedoch als zu gering verbreitet gesehen und hinsichtlich der Systematik der Förderung als unzureichend eingestuft.

Wichen die Bewertungen der Teilnehmer deutlich voneinander ab, wurden die Gründe diskutiert, und es wurde versucht, eine Einigung bezüglich der Bewertung zu finden. War dies nicht möglich, einigte man sich auf einen „offiziellen Wert" für die externe Darstellung im Intellectual Capital Report, der für alle vertretbar war, und eine differenziertere Darstellung mit unterschiedlichen Meinungen für den internen Gebrauch der Geschäftsführung.

Ein häufiger Grund für unterschiedliche Bewertungen der Einflussfaktoren lag darin, dass die Mitarbeiter aus unterschiedlichen Unternehmensbereichen und Standorten nur über einen eingeschränkten Überblick über die Ausprägung eines Einflussfaktors im gesamten Unternehmen verfügten. Um auch deutlich unterschiedliche Ausprägungen nach Bereich und Standort zu erfassen, wäre die Erstellung einer Wissensbilanz jedes einzelnen Unternehmensbereichs bzw. Standorts notwendig. Dies würde aber sowohl den Aufwand erhöhen als auch die spätere Ableitung von Maßnahmen für das gesamte Unternehmen verhindern. Datasoft plant daher, weiterhin nur eine Wissensbilanz zu erstellen.

2. Erstellung eines Wirkungsnetzes aus allen Einflussfaktoren

Aus den Einflussfaktoren wurde ein Wirkungsnetz entwickelt, dass die Zusammenhänge zeigt (s. Abbildung 10.6).

Sie wurden als wichtige Einflussfaktoren identifiziert und in ihrem Verhältnis zueinander spezifiziert.

Im Laufe der Erstellung der Wissensbilanz für Datasoft wurde deutlich, dass Wissen dadurch nicht im Sinne einer klassischen Bilanz in Aktiva und Passiva sowie in konkreten Eurowerten messbar ist. Stattdessen werden Einflussfaktoren, d. h. Komponenten des intellektuellen Kapitals durch die subjektiven Einschätzungen der Mitarbeiter von Datasoft, die zum Projektteam gehörten, bewertet. Die begrenzten

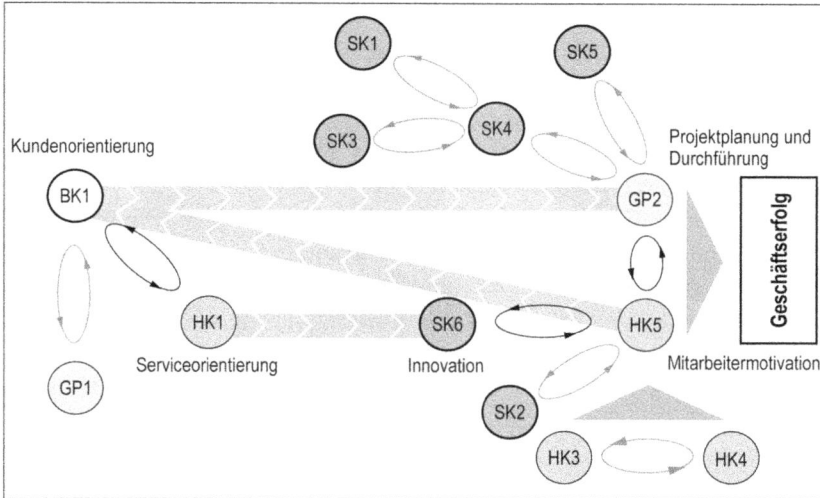

Abb. 10.6: Einflussfaktoren des intellektuellen Kapitals (Quelle: K3 Knowledge Laboratory®, www. akwissensbilanz.org (Stand: 6.3.2014), Abkürzungen siehe oben)

Möglichkeiten der Wissensbilanz (d. h. Wissen doch nicht in Eurowerten messbar zu machen) wurden als gegenwärtiger Stand der Entwicklungen akzeptiert. Der Sinn einer Bewertung des intellektuellen Kapitals im Unternehmen wurde aber auch von der Geschäftsführung weiterhin bestätigt. Dafür und für die Ableitung und Durchführung von geeigneten Wissensmanagement-Maßnahmen wurde die Stelle einer Wissensmanagerin geschaffen und eine neue Mitarbeiterin eingestellt.

Ein Jahr später erstellte Datasoft ihre zweite Wissensbilanz ohne externe Unterstützung und spezifizierte dabei die Vorgehensweise und Ableitung von Maßnahmen nach den Bedürfnissen des Unternehmens. Anstelle von Wissensbilanz spricht Datasoft nun von einem Intellectual Capital Report, da es nicht gelungen ist, das Wissen tatsächlich in einem Geldwert messbar zu machen. Die Erfahrung war aber trotzdem so hilfreich, dass das Unternehmen konkrete Maßnahmen ableitete, um den internen Umgang mit Wissen zu optimieren, die nun umgesetzt werden.

10.6 Ausgangspunkt: Diagnostik- und Analyseverfahren

Ein weiterer Zugangspfad zum Wissensmanagement in Organisationen besteht im Einsatz von Analyse- und Diagnostikinstrumenten. In Organisationen, die sich ihrer Wissensressourcen als Wettbewerbsvorteile bewusst sind bzw. die bereits wissensintensive Prozesse managen, mag das Hauptmotiv in der Überprüfung und Verbesserung dieser Prozesse liegen.

Am Lehrstuhl Personal und Führung der TU Chemnitz wurde mit der Wissensdiagnostik ein Instrument entwickelt und erprobt, mit dessen Hilfe Organisationen einzelne Unternehmensbereiche, Geschäftsprozesse oder Abteilungen bzw. Arbeitsbereiche analysieren können und in die Lage versetzt werden, Stärken und Schwächen im Prozess der eigenen Wissensverarbeitung zu erkennen und diese Informationen für das Wissenscontrolling zu nutzen.

Im Zentrum steht die Prozessperspektive des Wissensmanagements, in der verschiedene Aktivitäten der Wissensidentifikation, -generierung, -diffusion, -integration, -modifikation und des Transfers evaluiert werden. Jede dieser idealtypischen, nicht notwendigerweise sequenziellen Phasen des organisationalen Lernprozesses beinhaltet wichtige Verhaltensweisen und Routinen, von denen theoretisch begründet anzunehmen ist, dass sie Lernprozesse in Organisationen fördern und konkrete Erfolgsfaktoren darstellen.

Der zur Analyse eingesetzte Fragebogen beinhaltet Fragen zu unterschiedlichen Prozessphasen des Wissensmanagements. So werden die Phasen der Wissensidentifikation, -generierung, -diffusion, -speicherung, -modifikation und die Umsetzung von Wissen anhand von typischen Verhaltensmerkmalen erfragt. Die Mitarbeiter bewerten aus ihren Erfahrungen die Situation an ihrem Arbeitsplatz bzw. an den Schnittstellen zu anderen Arbeitsplätzen nach der Ist- und Soll-Situation (Wie ist es bei uns und wie sollte es bei uns sein?). Die Ergebnisse dieser kollektiven Einschätzung bilden den organisationalen Umgang mit Wissen ab und können wesentliche Defizite aufdecken. Im Rahmen der Validierung des Instrumentes hat sich gezeigt, dass die Bewertungsunterschiede der Mitarbeiter eines Bereichs bei den gewählten Items relativ gering sind, d. h. man ist sich in der Regel recht einig, was die Bewertung der Ist- und der Soll-Situation betrifft. Detaillierte Informationen zu dieser Art von Wissensdiagnostik finden Sie im Kapitel 13 zur Implementierung von Wissensmanagementprojekten.

10.7 Ausgangspunkt: Spezifische Problemstellung und Erfahrungsdatenbanken (K³ Knowledge Laboratory®)

Ein weiterer, vielleicht der häufigste Ansatzpunkt für Wissensmanagement stellt ein praktisches Problem dar, das im Unternehmen gelöst werden muss oder eine Verbesserung, die umgesetzt werden soll. Zumeist ist hier anfangs kein unmittelbarer Bezug zum Wissensmanagementansatz erkennbar, sondern im Vordergrund steht das Problem und im Verlauf seiner Lösung wird auf Konzepte, Instrumente und Ansätze des Wissensmanagements zurückgegriffen. Aus einer Übersicht von Praxisprojekten, die im Rahmen von Masterstudiengängen zum Wissensmanagement durchgeführt wurden[2] ergeben sich eine Reihe von idealtypischen Projektthemen (s. Abbildung 10.7).

---

2 https://www.tu-chemnitz.de/wirtschaft/bwl6/wissensmanagement/ (Stand: 5.11.2017).

Abb. 10.7: Projektcluster im Rahmen des Masterstudiengangs Wissensmanagement an der TU Chemnitz (Quelle: eigene Darstellung).

Für diese Problemstellungen wurden im Rahmen von Studienprojekten Lösungsansätze entwickelt und implementiert, die im **K³ Knowledge Laboratory®** systematisch dargestellt wurden.

Einen zusätzlichen Anhaltspunkt zur Art der Problemlösungen, die Unternehmen durch Wissensmanagementaktivitäten verfolgen, lässt sich aus Studien hinzuziehen, die nach den Motiven bzw. Arten von Wissensmanagementprojekten fragten. Im Zeitraum Dezember 2005 bis März 2006 wurden deutschlandweit 2.342 mittelständische Unternehmen zu ihren Wissensmanagementaktivitäten befragt (vgl. Pawlowsky et al. 2006). Betrachtet wurde zunächst der allgemeine Stand des Wissensmanagements in den Unternehmen. Dazu wurden 14 Wissensmanagemenaktivitäten abgefragt. Abbildung 10.8 zeigt die Verbreitung entsprechender Handlungsmuster, die als Wissensmanagementaktivitäten interpretiert werden können (linke Hälfte) und das geplante Ausmaß der zukünftigen Umsetzung (rechte Hälfte).

Die größte Verbreitung finden Maßnahmen des Informationszugangs: 82 % aller KMU verfügen über Mittel, um ihren Mitarbeitern Informationen zur Verfügung zu stellen, und 76 % verschaffen ihren Mitarbeitern Zugang zum Internet. Dies spricht dafür, dass der Mittelstand die Bedeutung von Informationszugängen erkennt und entsprechende Infrastrukturen bereithält. Die Internetnutzung wird zukünftig weniger stark wachsen als andere Bereiche – ein Indiz für eine gewisse Sättigung in diesem Feld. 80 % der befragten KMU haben explizit Maßnahmen, um aus Erfolgen und Misserfolgen von vergangenen Projekten zu lernen; auch zukünftig sind hier bei vergleichsweise vielen Unternehmen (22 % aller KMU) weitere Aktivitäten zu erwarten. Weiterhin stehen kontinuierliche Weiterbildung und interne Mitarbeiterschulungen (jeweils 74 %) oben in der Liste der aktuell durchgeführten Maßnahmen. Diese sollen zukünftig von 22 % bzw. 17 % der KMU ausgebaut werden. Derzeit weniger stark verbreitet –

	Anteil der Unternehmen, der Maßnahmen besitzt	Anteil der Unternehmen, der Maßnahmen künftig verstärkt
Kooperation mit Forschungsinstitutionen und Hochschulen	21	13
Dokumentation von Mitarbeiterwissen	35	10
von anderen Unternehmen lernen	40	16
Wissen ausscheidender Mitarbeiter bewahren	43	13
Kunden und Lieferanten in die Entwicklung einbeziehen	45	17
Vernetzung von Spezialisten	48	13
Personen mit besonderen Erfahrungen erkennen	51	11
Umsetzung von Ideen in neue Produkte unterstützen	51	17
Wissensdefizite bei Mitarbeitern erkennen	55	22
kontinuierliche Weiterbildung	74	22
interne Mitarbeiterschulungen	74	17
Internetzugang für Mitarbeiter	76	9
Lernen aus Projekterfahrungen	80	22
Informationszugang für Mitarbeiter	82	17

Angaben in Prozent (n=2342)

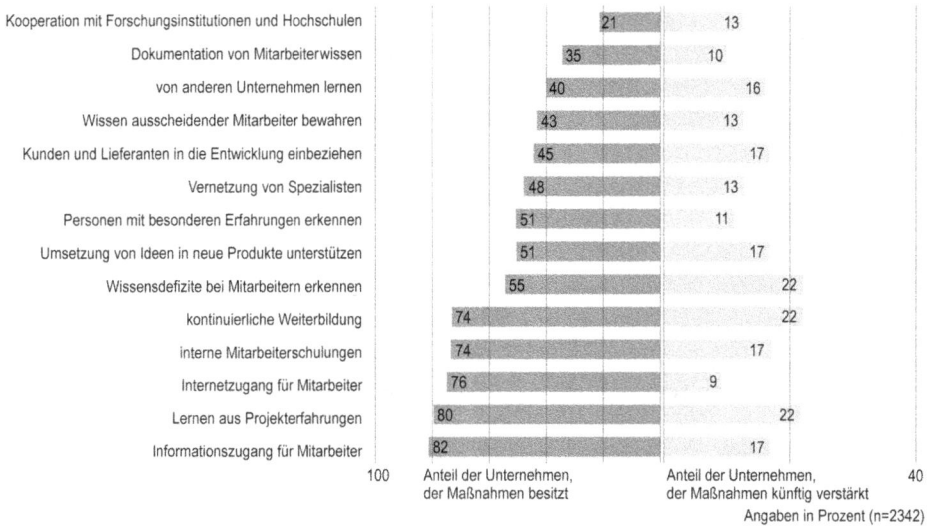

Abb. 10.8: Verbreitung und geplante Aktivitäten ausgewählter Wissensmanagementmaßnahmen im Mittelstand (vgl. Pawlowsky et al. 2006a: 10).

aber ein künftiges Wachstumsfeld – ist das Lernen von anderen Unternehmen. 40 % der Unternehmen sind hier aktuell aktiv und 16 % wollen ihre Anstrengungen in Zukunft intensivieren (Pawlowsky et al. 2006a, 10 f). Unabhängig von der Verbreitung der einzelnen Themen, zeigt dies, dass Projekte ein wichtiger Ausgangspunkt für Wissensmanagement darstellen.

Das K³ Knowledge Laboratory®

Ausgehend von immer wiederkehrenden typischen Problemstellungen wurden im Rahmen eines Projektes (BMWi-Förderprojekt METORA – Netzwerk für Wissenskooperation (2004–2009)) eine Erfahrungsdatenbank entwickelt, in der eine Reihe von etablierten Lösungsmuster im K³ Knowledge Laboratory® aufbereitet wurden.

Aus dem Problemlösungsinteresse von Unternehmen, wie sie in den vorangegangenen Projekten und repräsentativen Untersuchungen zutage treten, wurde die Konzeption des K³ Knowledge Laboratory® abgeleitet. Die Beschreibung von Problemlösungsprojekten und Fallstudien ist Bestandteil vieler Veröffentlichungen zum Wissensmanagement. Seltener hingegen wird der Prozess der betrieblichen Einführung bzw. Umsetzung solcher Lösungen thematisiert. Nahezu jeder dieser Versuche, Wissensmanagement zu implementieren, hat einen Changeprozess in der Organisation zur Folge. In der Erfahrungsdatenbank K³ Knowledge Laboratory® wurden diese Prozesse detailliert dargestellt. Sie werden in **Problem-Handlungs-Kombinationen** (PHKs) untergliedert, wodurch sich ihr Informationsgehalt immens steigert und somit für eine Vielzahl unternehmerischer Handlungsszenarien Erfahrungsdaten aus erster

Hand angeboten werden konnten. Die Logik hinter dieser Art von Erfahrungsdatenbank, die im Prinzip in jedem Unternehmen aufgebaut werden kann, ist Folgende: Ein Austausch von Erfahrungen zum Wissensmanagement ist auf verschiedene Art und Weise möglich. Das Effizienteste wäre wohl ein direkter und persönlicher Austausch zwischen Praktikern. Es gibt viele Gründe, wieso ein solcher Austausch nur selten stattfindet – mit dem oftmals herrschenden Konkurrenzverhältnis, in dem Abteilungen oder Unternehmen zueinander stehen, mit chronischem Zeitmangel infolge des operativen Drucks und einem gering ausgeprägten Networking sind nur einige der bekanntesten benannt. Mit dem K^3 Knowledge Laboratory$^®$ können diese Schwierigkeiten umgangen werden, indem es solche Erfahrungen aus erster Hand virtualisiert und deren Austausch quasi simuliert. Zunächst erheben hierzu Dritte, z. B. Mitarbeiter aus der Personalabteilung retrospektiv die vorliegenden Erfahrungen aus Einführungsprozessen von Wissensmanagementmaßnahmen durch Interviews. Schritt für Schritt treten während dieser empirischen Erhebung alle personellen, organisatorischen und technischen Gesichtspunkte zutage, die im Einführungsprozess eine Rolle gespielt haben. Dabei zeigte sich im ursprünglichen Projekt eines immer wieder: In jedem Praxisprojekt sind sowohl technische, organisatorische als auch personelle Aspekte von Belang. So werden die einzelnen Prozesse in Teilschritte zerlegt, die sich als untergeordnete Teilprobleme und Handlungen zu deren Lösungen verstehen lassen (Problem-Handlungs-Kombinationen,, PHKs). Diese kleinsten Erfahrungsbausteine können losgelöst vom ursprünglichen Projektkontext in andere Kontexte übertragen werden und potenzieren somit die Erfahrungen zu einzelnen Problemen und zu deren Lösungen. So lassen sich durch Rückgriff auf Erfahrungsprozesse aus anderen Projekten eigene Projektplanungen vornehmen und Anregungen zu den verwendeten Instrumenten und Lösungen holen.

Durch diese Berichte aus erster Hand und ihre Form der Aufarbeitung in einer relationalen Datenbank (dies kann auch als Ontologie oder neuronales Netzwerk modelliert werden) entsteht ein Diskursuniversum, bestehend aus einer Vielzahl von unterschiedlichen Elementen (Einführungsprozesse, PHKs, Instrumente), die in vielfältigen Relationen zueinander stehen. Bei den Berichten handelt es sich nicht nur um Best Practices, sondern um „ungeschönte Erfahrungen", da auch problematische Projektschritte dokumentiert wurden. In O-Tönen wird geschildert, was Mitarbeiter und Führungskräfte konkret erlebt haben, welche Schwierigkeiten aufgetreten sind und welche Lösungen gefunden wurden. Diese Erfahrungen stehen als Texte zur Verfügung und werden an geeigneter Stelle durch Ton-, Bild- oder Videodokumente ergänzt.

Damit dient dieser Zugang zu Wissensmanagementerfahrungen anderer Unternehmen dazu, eigene Fragen und Lösungsansätze zu präzisieren. Der Nutzer kann sich interaktiv mit dem bisherigen Erfahrungsmaterial auseinandersetzen und seine eigenen Projektkonzepte und -pläne erstellen. Zusätzlich schlägt das K^3 Knowledge Laboratory$^®$ geeignete Instrumente vor, die der beschriebenen Problemlösung dienen können.

Dem interessierten Nutzer eröffnet sich in dieser Art von Erfahrungsdatenbank ein mentales Netzwerk aufbereiteter Erfahrungen in mehreren Zugängen.

- Plant der Nutzer bereits ein bestimmtes Vorhaben, setzt er sich mit den qualitativ erhobenen Erfahrungsberichten anderer Unternehmen auseinander, entdeckt durch die Informationen über die Projekte ähnliche Problemlagen und wird auf neue, möglicherweise auch für sein Vorhaben relevante Probleme und deren Lösungsmöglichkeiten aufmerksam.
- Oder der Nutzer kennt typische Methoden und Werkzeuge des Wissensmanagements bereits und möchte sich darüber informieren, wie diese genau eingeführt worden sind.
- Und auch der Nutzer, der sich ganz allgemein über das Thema Wissensmanagement informieren möchte, findet seinen Einstieg über zentrale Aspekte, die in den vorliegenden Unternehmensberichten dargestellt sind.

10.8 Ausgangspunkt: Informations- und Kommunikationstechnologie

Wissensmanagement und Informationstechnologien sind mittlerweile untrennbar miteinander verbunden (Petkoff 1998; Bullinger et al. 2000a; Seifried, Eppler 2000; Frank et al. 2001; Klosa 2001; Maier 2007; BITKOM 2007; Gronau 2009; Borghoff et al. 2013; Bächle 2016). In vielen frühen Projekten wurde Wissensmanagement mit Technologie und Software gleichgesetzt, häufig auch mit der Erkenntnis, das die Mitarbeiter diese trotz erheblicher Investitionen nicht nutzten. Mittlerweile weisen zahlreiche Darstellungen von Informationstechnologie (IT) in Verbindung mit Wissensmanagement auf die zentrale Rolle der Beteiligten hin (vgl. z. B. Rao, 2005:1). IT-Instrumente sollen, wie der Begriff nahelegt, Werkzeuge und nicht Selbstzweck für Wissensmanagementprozesse darstellen. Dennoch ist in vielen Organisationen die IT-Abteilung das Einfallstor für Wissensmanagementansätze, zumal die IT- und Softwarebranche häufig auch der Wegbereiter für Trends im Wissensmanagement ist (Bullinger et al. 2000a). Der Verband BITKOM hat über viele Jahre mit der jährlichen Know-Tech-Konferenz das Thema Wissensmanagement im deutschsprachigen Raum geprägt.[3] In vielen Organisationen ist daher der Einstieg über die IT-Welt ein natürlicher Pfad, zumal Investitionen in Technologien eine hohe Sichtbarkeit und legitimatorische Funktion besitzen.

Aufgrund der Entwicklungsgeschwindigkeit neuer IT-Werkzeuge ist es wenig sinnvoll, einzelne Produkte oder Anwendungen zu beschreiben, daher wird hier vielmehr

---

3 http://www.knowtech.net/ (Stand: 21.03.2018).

nur eine knappe Übersicht gegeben und die Bedeutung von IT und Software als Querschnittsfunktion betont sowie der funktionelle Charakter von IT skizziert. Betrachtet man die Einführung von IuK-Technologien eine Stufe über der Anwendungsebene, geht es zunächst darum, sämtliche Wissensprozesse, die auch in den verschiedenen Phasenmodellen des Wissensmanagements unterschieden werden, mittels Technologie zu unterstützen. Dies kann die Identifikation und Speicherung von Wissen ebenso wie den Austausch als auch die konkrete Anwendung beinhalten. Aufgrund der engen Verknüpfung dieser Technologie mit intern und extern verfügbaren Daten können IuK-Technologien zunehmend auch im Bereich von Data Mining, Big Data Analytics, Cognitive Computing, Ontologien, Semantic Web und neuronalen Netzen eingesetzt werden und damit für die Wissensentwicklung nutzbar gemacht werden. Wählt man Wissensmanagementphasen als Ausgangspunkt für die Implementierung dieser Technologien, so ist nachfolgende Systematisierung in Anlehnung an Rao (2005: 38 [Übersetz. d. A.]) hilfreich:[4]

Tab. 10.1: Wissensprozesse und IT-Instrumente (Quelle: in Anlehnung an Rao 2005: 38).

Wissensprozesse	IT-unterstützte Instrumente	Beispiel Anbieter
Wissensentwicklung	Business Intelligence, Knowledge Business Objects, Creation Discovery, E-Learning	Business Objects, Skillsoft, Orbital
Kodifizierung von Wissen	Content-Management-Systeme, Dokumenten-Management, Kategorisierung, Abstraktion, Taxonomie	Interwoven Autonomy
Auffinden von Wissen	Suche, Visualisierung	Google, AskJeeves Inktomi, Inxight
Wissensnutzung	Workflow, Kollaboration, Helpdesk	eRoom, Intraspect PeopleLink
Wissensteilung	Wissensportale, Agenten	Plumtree, AskMe
Wissensevaluation	Online-Experten-Communitys, Assessment, Ratings	IBM
Wissens-Tracking (Expertensuche)	E-Mail-Mining, Gelbe Seiten	Tacit
Wissenspersonalisierung	Expertise Locators, Kommunikation, Konferenzschaltungen, Kollaboration	AskMe
Gesamtspektrum Wissensmanagement	Wissensmanagement Suites	Hummingbird, Open Text, Verity, IBM

---

4 Bei spezifischen Produkten sollten ihre kurzen Lebenszyklen berücksichtigt werden.

Eine ähnliche Klassifizierung und Zuordnung von Methoden zu einzelnen Wissensmanagementphasen findet sich bei Lehner (2006: 201):

Tab. 10.2: Überblick über Methoden des Wissensmanagements (Lehner 2006: 201).

unterstütze Wissensprozesse / Klassifikation der Methoden	Wissensziele definieren	Wissen bewerten	Wissen identifizieren	Wissen erwerben	Wissen entwickeln	Wissen (ver)teilen	Wissen nutzen	Wissen bewerten
Förderung des Wissensaustauschs und der Wissensnutzung								
Lessons Learned			x		x		X	x
Best Practice Sharing			x		x	X	x	
Story Telling/Learning History			X		X	X	X	x
Repräsentation von Wissen								
Wissenskarten	x		X	x	x	X	x	x
Ontologien			X			X	x	x
Prozessmodellierung			X			x	x	X
Planung								
Wissensintensitätsportofolio	X	x						
Wissensmanagementprofil	X	x						
Knowledge Asset Road Map	X							
Organisation								
Communities of Practice				x	x	X	x	
Bewertung								
deduktiv-summarische Ansätze		X						
induktiv-analytische Ansätze	x	X						
KMMM		X						
Benchmarking		X						
Vorgehensmodelle								

Eine eindeutig Zuordnung von Instrumenten und Methoden zu den Phasen des Wissensmanagements ist relativ beliebig, kann jedoch als Orientierungspunkt gesehen werden. Andererseits verdeutlicht dies, dass die Phasen in der praktischen Umsetzung ineinanderfließen und deshalb eine analytische Differenzierung stärker unterstützen.

IuK-Technologie ist vor allem bei nachfolgenden Anwendungsfeldern unverzichtbar (vgl. Rao 2005:3 ff.):
– Content Management
– Wissens-Taxonomien/-Ontologien
– Groupware
– Online Communities of Practice
– Enterprise Portals
– soziale Netzwerke
– E-Learning
– Innovations- und Ideenmanagementsysteme
– Boundary Spanning Tools

Quer zu den einzelnen Prozessphasen kann eine weitere Differenzierung dahingehend vorgenommen werden, dass die Kodifizierung und das Content-Management vor allem bei repetitiven, expliziten Wissensflüssen d. h. Wissen, das wiederverwertbar ist und das die Effizienz und Effektivität von Standardprozessen erhöht, erfolgt (vgl. Schnauffer et al. 2004). Kollaborative Prozesse sind eher geeignet, um Wissensentwicklung und Innovationen zu unterstützen.

Eine gutes Content-Management-System muss in der Lage sein, sehr unterschiedlich strukturierte Quellen zu verarbeiten, seien es Videos, Texte, externe Internetseiten etc. Wichtig ist auch die Qualität der hinterlegten Informationen und die Benutzerfreundlichkeit. Enttäuschte Nutzer werden den Einsatz dieser Systeme vermeiden. Man sollte sich auch Gedanken über die Pflege und Administration des Systems machen: Wer pflegt und aktualisiert die Daten, wer übernimmt die Qualitätskontrollen? Je nach Anwendungsgebiet ist die Schnittstelle und Integration zu Wertschöpfungsprozessen herzustellen, sind Archivfunktionen bereitzustellen und ist Mehrsprachigkeit anzubieten.

Das Content-Management-System und die Wissensmanagement Plattform eines großen deutschen Handelsunternehmens beinhalteten eine Vielzahl von Funktionen und stellten eine hochentwickelte State-of-the-Art-Lösung dar. Bei der Einführung dieser Plattform gab es jedoch erhebliche Akzeptanzprobleme, die im Wesentlichen mit Nutzenerwägungen zu tun hatten. Daher gilt es auch, sich bei technisch elaborierten Lösungen bewusst zu machen, welcher Nutzen durch die entprechenden Technologien geschaffen wird und wie die Plattform und das Content-Management-System in die Ablaufprozesse integriert werden können. In der Regel sollte jeder Implementierungsprozess mit einer Wissensdiagnostik bzw. mit einer geschäftsprozessorientierten Wissensanalyse beginnen, bei der Informations- und Kommunikationsprozesse und damit einhergehende Wissensanforderungen ermittelt werden.

Gleiches gilt für die Abbildung und Klassifikation von Wissen, z. B. im Rahmen von Wissenstaxonomien und Ontologien.[5] Diese hierarchischen Einteilungen von Wissensrepräsentationen in Klassen können mehr oder minder standardisiert erfolgen (Mindmaps, Taxonomien, Thesauri, Topic Maps, Ontologien; vgl. Pfuhl 2012).[6] Auch hier müssen die Klassifikationssysteme und semantischen Netze den Anforderungen und strategischen Zielen ebenso wie der Sprache der Nutzer entsprechen. Studer (2016) verweist bei der Erstellung von Ontologien auf einen grundsätzlichen Zielkonflikt „[...] zwischen dem sogenannten ‚Sharing Scope‘, und dem Maß an Anwendungsunabhängigkeit einerseits und dem Modellierungsaufwand bzw. der zeitlichen Stabilität einer Ontologie andererseits" (Studer 2016). Zu berücksichtigen ist dabei auch, dass Taxonomien und Ontologien niemals abgeschlossen sind, sondern sich fortwährend durch Integration von Nutzerwissen weiterentwickeln müssen.

Zur Unterstützung von Kollaborationsprozessen ist eine Unterscheidung nach Zeitpunkt und Ort der beteiligten Personen sinnvoll, um die technischen Lösungen zu definieren (s. Tabelle 10.3).

Tab. 10.3: IT-Instrumente nach Standort der Beteiligten und Zeitpunkt des Austausches (Roa 2005: 35, Übersetzung des Autors).

	gleiche Zeit (synchron)	unterschiedliche Zeit (asynchron)
gleicher Standort	Digital Whiteboard Presentations, unmittelbare Abfragen	geteilte Infrastruktur
verschiedene Standorte	Chat, Messaging, Videokonferenzen	E-Mail, Arbeitsfluss

Nonaka und Toshihiro (2001) beschreiben unterschiedliche IT-gestützte Kollaborationsinstrumente, die für verschiedene Phasen des Wissensspiralmodells eingesetzt werden können (vgl. Rao 2005: 38):

- Sozialisation: Webcams, Videokonferenzen, Virtual Reality Tools
- Externalisierung: P2P-Netzwerke, Expertensysteme, Online Communities of Practice

---

5 „Eine Ontologie ist ein formales Wissensmodell, das im Wissensmanagement, in Experten- und Multiagentensystemen, bei der Informationsintegration und insbesondere im Semantic Web für die Bereitstellung von Wissensstrukturen, für Wissensorganisation oder als Basis der automatisierten Wissensverarbeitung genutzt wird" (Studer 2016; vgl. auch Lehner 2006: 210).

6 http://www.enzyklopaedie-der-wirtschaftsinformatik.de/lexikon/daten-wissen/ Wissensmanagement/Wissensmodellierung/Wissensreprasentation/Semantisches-Netz/ Taxonomien (Stand: 21.03.2018).

- Kombination: Abstrahierung, Klassifikation, Clustern
- Internalisierung: Wissensdatenbanken, E-Learning, Visualisierung

Angesichts der Fülle an technologischen Möglichkeiten zur Unterstützung von Wissensmanagementprozessen und des damit verbundenen Implementierungsaufwandes sollte immer kritisch hinterfragt werden, welche Prozesse unterstützt werden sollen und welcher zusätzliche Nutzen damit generiert wird bzw. werden soll. Dies ist nur vor dem Hintergrund einer sorgfältigen Bestimmung von strategischen Wissenszielen und einer Wissensprozessdiagnostik (vgl. Häuser et al. 2002) möglich.

Reflexionsfragen

10.1 Wählen Sie aus den unterschiedlichen Zugangspfaden zum Wissensmanagement einen Ansatz aus und begründen Ihre Auswahl

10.2 Was versteht man unter einer strategiegestaltenden Weiterbildung und welcher Bezug besteht hier zum Wissensmanagement?

10.3 Erläutern Sie den groben Ablauf eines geschäftsprozessorientierten Wissensmanagements! Gehen Sie dabei besonders auf die konkrete Analyse wissensintensiver Geschäftsprozesse ein.

10.4 Warum geht es bei der „Wissensbilanz – Made in Germany" nicht vorrangig um die Bilanzierung von Wissen?

10.5 Wie wird intellektuelles Kapital im Rahmen der „Wissensbilanz – Made in Germany" operationalisiert?

10.6 Beschreiben Sie anhand der Aufteilung in Human-, Struktur- und Beziehungskapital das intellektuelle Kapital in Ihrer Organisation in Ansätzen.

10.7 Erläutern Sie das Prinzip des K^3 Knowledge Laboratory®.

11 Management von Wissensprozessen: Ansätze und Instrumente

Im vorangegangenen Kapitel 10 wurden unterschiedliche Zugänge zum Thema Wissensmanagement beschrieben. Je nach Voraussetzungen, Unternehmensgröße, Strategietypen, Branchen, Reifegrad des Unternehmens, bisherigen Erfahrungen mit Wissensprozessen oder den verfügbaren Ressourcen sowie verfügbarer IT-Infrastruktur können sehr unterschiedliche Zugangsformen gewählt werden. Interessant ist in diesem Zusammenhang auch die unterschiedliche kulturspezifische Interpretation von Wissensmanagement. Wie Lucko und Trauner (2005: 11) hervorheben, wird der Begriff in verschiedenen Kulturen unterschiedlich interpretiert: Demnach steht in Europa hauptsächlich das Messen von Wissen im Vordergrund, während in den USA die Managementperspektive priorisiert wird, und man in Japan auf die Wissensentwicklung und Wissensteilung in Organisationen fokussiert.

Unabhängig davon ist das gemeinsame Ziel, Wissen bewusst zu nutzen, um Wettbewerbsvorteile zu realisieren. Wissensmanagement muss also in jedem Fall einen Nutzen in der Organisation stiften. Mittels Wissensmanagement soll strategisch relevantes Wissen **identifiziert** und neues Wissen **entwickelt** werden, Menschen sollen das Wissen innerhalb der Organisation **austauschen und teilen**, das Wissen soll vor Verlust geschützt, **abgespeichert und gesichert** werden, und eine **Aktualisierung des Wissens** durch Lernprozesse sollte eine Veränderung der Optionen in der Organisation zur Folge haben. Anders formuliert: Neues Wissen muss sich auch in **Handlungen** niederschlagen. Damit sind im Prinzip die wichtigsten Nutzendimensionen eines Wissensmanagements benannt.

Die Unterteilung des organisationalen Lernzirkels in unterschiedliche Prozessphasen des Wissensmanagements: Identifikation, Generierung, Diffusion, Integration bzw. Modifikation, Aktion (vgl. dazu auch Kapitel 5.5) erscheint mitunter etwas abstrakt, dient aber der Unterscheidung von Handlungsfeldern und der analytischen Differenzierung. Zum einen wird deutlich, dass es unterschiedliche Aufgaben zu realisieren gilt, zum anderen hilft diese Unterscheidung dabei zu überprüfen, ob der Lernkreislauf auch geschlossen ist, d. h. ob der Prozess ganzheitlich betrachtet wird (s. Abbildung 11.1).

In diesem Kapitel werden neben einem ersten Überblick die Wissensprozessphasen thematisiert.

Nach der Bearbeitung des Kapitels haben Sie
- sich einen ersten Überblick über die Phasen des Wissensprozesses in Organisationen verschafft, und
- können wichtige Instrumente und Verfahren den Phasen zuordnen sowie die Schritte ihrer Umsetzung erläutern.

https://doi.org/10.1515/9783110474930-011

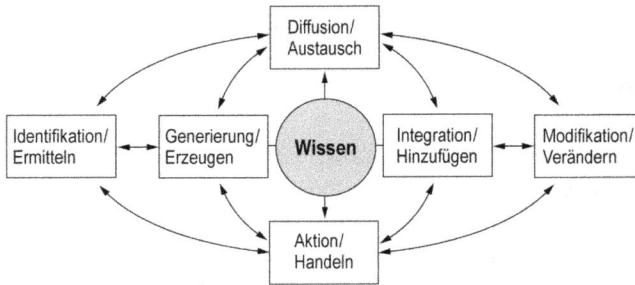

Abb. 11.1: Organisationale Lernphasen des Wissensmanagements nach Pawlowsky (1994, 1998).

11.1 Prozessphasen im Überblick

Eine zentrale Zielsetzung des Wissensmanagements wurde mit der Fähigkeit organisationalen Lernens beschrieben (vgl. Kapitel 4). Die Umsetzung organisationalen Lernens in einem organisationalen „Wissensgebäude" ist als Prozess zu verstehen, bei dem idealerweise unterschiedliche Phasen identifiziert werden können.

Mit variierenden Bezeichnungen und in divergierender Abfolge enthalten die meisten Ansätze organisationalen Lernens in der Literatur mehrere Teilprozesse beziehungsweise Lernphasen: Eine Identifikation und Generierung von relevanten Informationen und Wissen, ihre Verteilung bzw. Diffusion, eine Bearbeitung, Integration sowie Speicherung in bestehende Wissenssysteme und eine Umsetzung des Gelernten in Routinen, Verhalten und Strukturen.

– Im Rahmen des **Input-, Aufnahme- oder Identifikationsprozesses** werden Ereignisse, Informationen und Wissen in Umweltausschnitten oder innerhalb der Organisation wahrgenommen.

– Der zweite relevante Prozess organisationalen Lernens ist ein **Verteilungsprozess**. Identifizierte Informationen werden durch Informations- und Kommunikationskanäle verteilt und diffundieren im System.

– Alle Prozess-Modelle beziehen sich ferner mehr oder weniger explizit auf einen **Verarbeitungsprozess**. Die Integration von Informationen, Erkenntnissen und Wissen in das jeweilige Wissenssystem bzw. in die organisationalen Handlungstheorien, Interpretationsschemata oder kognitiven Landkarten geht mit einer Modifikation des Wissens bzw. einem Speicherungsprozess einher.

– Schließlich ist auch die **Verhaltensebene** in den meisten Schemata enthalten: Neue Erkenntnisse und Gelerntes müssen in Verhaltensroutinen umgesetzt und im Arbeitsverhalten praktiziert werden.

Der Bezug zu Prinzipien eines Wissensmanagements ist auch hier unmittelbar ersichtlich. Wenn die beschriebenen Phasen bei Lernprozessen in Organisationen eine Rolle spielen, ohne dass notwendigerweise alle Schritte sequenziell durchlaufen werden, so stellt sich für ein Wissensmanagement die Frage, welche Gestaltungschancen sich für die einzelnen Phasen bieten. Wie kann auf verschiedenen Ebenen des Systems (Individuum, Gruppe, Organisation) beispielsweise die Identifikation relevanten Wissens gefördert werden? Wie kann die Verbreitung unterstützt werden, wie kann eine Integration des Wissens in bisherige Routinen erfolgen? Und wie kann das Gelernte schließlich in Verhalten umgesetzt werden? Zusammenfassend kann man aus diesen Dimensionen ein Rahmenmodell ableiten, das die grundlegenden Bausteine enthält und damit einen Ansatzpunkt für die Gestaltung eines Managements der Ressource Wissen bietet.

Verwendet man dieses konzeptionelle Rahmenmodell als theoretisch fundierte Gestaltungsempfehlung bzw. als Checkliste, so kann man mithilfe der aufgezeigten Dimensionen Strukturen und Prozesse in Organisationen betrachten, die organisationales Lernen unterstützen. Die Lernphasen dienen dabei als Ausgangspunkt für die Gestaltungsüberlegungen eines Wissensmanagements in Organisationen, wobei es unerheblich ist, in welcher Abfolge Lernprozesse erfolgen. Das Modell dient vielmehr als Blaupause, um wissensrelevante Prozesse zu hinterfragen und organisationale Bedingungen zu gestalten[1]

Im Folgenden werden die einzelnen Phasen des Wissensprozesses im Detail beschrieben, wobei unterschiedliche Gestaltungsfelder, Entscheidungsebenen und Instrumente[2] angesprochen werden.

11.2 Identifikation von Wissen

Wie identifiziert ein Unternehmen relevantes Wissen? In den vorangegangenen Abschnitten wurde die Erfassung und Bewertung von Wissen in Organisationen behandelt, und es wurden Zugangspfade zum Thema Wissensmanagement aufgezeigt. Dabei wurde zwischen unterschiedlichen Ebenen (Individuum, Gruppe, Organisation) differenziert, und es wurden unterschiedliche steuerungsorientierte Managementsysteme unterschieden. Wir haben als Ziel des Wissensmanagements die organisationale Lernfähigkeit sowie die Optimierung der organisationalen Wissensbasis hervorgehoben. Entscheidend ist zunächst die Identifikation des relevanten Wissens. Als relevantes Wissen wurde solches Wissen definiert, das der Organisation hilft, Wettbewerbsvorteile zu generieren. Dazu wurde unter anderem der Ansatz der Kernkompe-

---

1 Eine Checkliste zur Einführung von Wissensmanagement findet sich auch unter BITKOM (2007): Wissensmanagement-Prozess-Systematik, https://www.bitkom.org/Bitkom/Publikationen/ Leitfaden-Wissensmanagement-Prozess-Systematik.html (Stand: 21.03.2018).
2 Eine gute Dokumentation zur Entwicklung von Verfahrensweisen und Instrumenten des Wissensmanagements findet sich in der folgenden Podcast-Reihe https://cogneon.de/mgmt20/ (Stand: 6.11.2017), vgl. auch Roehl 2000; Remus 2002, Bernard A., Tichkiewitch 2008.

tenzen beschrieben und die theoretische Grundlage ressourcenorientierter Ansätze dargestellt. Um diese Kernkompetenzen zu identifizieren, bieten sich unterschiedliche Wege an.

11.2.1 Externe und interne Wissensidentifikation als Aufgabe des Wissensmanagements

Bei der Identifikation von Information und Wissen geht es im Kern um eine gezielte Durchlässigkeit (Permeabilität) der Außenhaut der Organisation und um interne Sensoren, um Wissen und Kompetenzen identifizieren zu können. So stellt sich die Frage, welches Wissen in der Umwelt für die Organisation relevant ist (extern) und welches Wissen (intern) identifiziert werden muss, transparent bleiben soll und nicht verlorengehen darf. Das **Hauptanliegen der Identifikationsphase** besteht darin, relevantes internes und externes Wissen sichtbar zu machen.

Internes Wissen umfasst dabei vor allem das Wissen der Mitarbeiter und vorhandene Kompetenzen (u. a. in Strukturkapital wie z. B. Geschäftsprozesse und Routinen) in der Organisation. **Externes Wissen** kann einerseits durch technische Lösungen identifiziert werden (z. B. Content Management, Data Mining und Big-Data-Analysen), andererseits aber auch durch nicht-technische Ansätze, wie in sozialen Netzwerken,

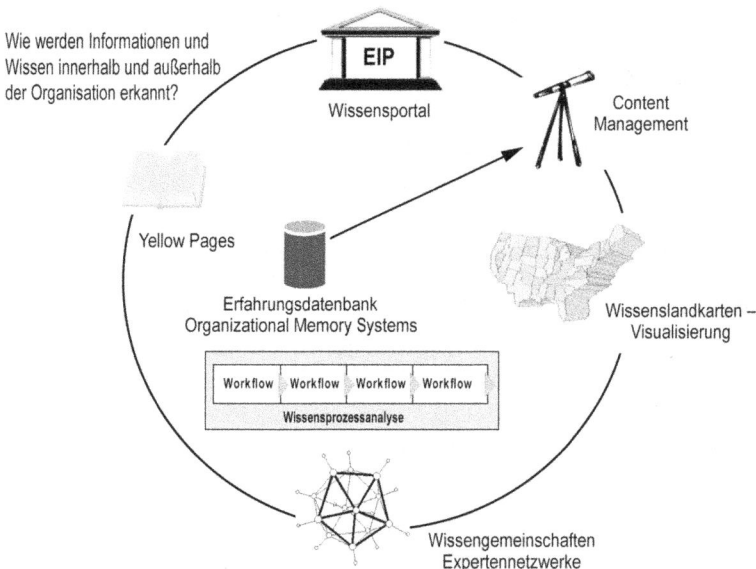

Abb. 11.2: Beispiele der Wissensidentifikation durch interne und externe Sensoren (Quelle: eigene Darstellung).

Wissensgemeinschaften und systematisches Boundary Spanning, also bereichsübergreifendes Denken, gesichtet werden.

Angesichts der massiven Zunahme an potenziell zugänglichen Wissensbasen und Informationsquellen im Umfeld von Organisationen kommt der Frage der Selektion eine entscheidende Bedeutung zu.

11.2.2 Selektion von relevantem Wissen

Es liegt auf der Hand, dass Organisationen angesichts komplexer und dynamischer Umfelder in zunehmendem Maße Informationen und Wissen extern hinzuziehen müssen, um Entscheidungsprozesse zu gestalten. Der im Verlauf der 1960er- und 1970er-Jahre eingetretene Wandel vom Produzenten- zum Konsumentenmarkt ist in Deutschland durch eine wesentliche geschäftspolitische Trägheit gekennzeichnet gewesen. Es lassen sich in den vergangenen Jahrzehnten spektakuläre Beispiele für Identifikationsprobleme anführen. So wurden in verschiedenen Branchen Trends bzw. potenzielle Kundenbedürfnisse zu spät erkannt. Dies trifft auf die Foto- und Optikindustrie, die Unterhaltungselektronik und zum Teil auch auf die Automobilindustrie zu.

Entscheidend an diesen Beispielen ist die Tatsache, mit welchen „Sensoren" die Umwelt wahrgenommen wird und wie Informationen und Wissen aus der Umwelt in die Organisation gelangen und dort interpretiert werden. Erfolgt der Informationsinput eher durch einen „Flaschenhals", den die Informationen überwinden müssen, um nach „innen" zu gelangen, oder handelt es sich um eine permeable Außenhaut, die ganzflächig an allen relevanten Schnittstellen zur Umwelt Informationen und Wissen „einatmet"?

In diesem Zusammenhang wird der Begriff des „Gatekeeper" erneut verwendet.[3] Ursprünglich stammt der Begriff aus der Journalismus- und Diffusionsforschung und bezeichnet Meinungsführer, die als „Torwächter" bei der Verbreitung von Informationen, sei es zu Inhalten der Massenmedien oder zur Diffusion von Innovationen fungieren (Lippmann 1922; Lewin 1947; Lazarsfeld, Katz 1962; Rogers 1962; Merton 1968). Diese Gatekeeper haben in sozialen Systemen eine Relais- und Verstärkerfunktion bei der Diffusion und Adoption von Inhalten und der Verbreitung von Verhaltensmustern.

In Netzwerkorganisationen wird diesen Meinungsführer erneut eine hohe Bedeutung bei der Selektion und Interpretation von Informationen zugemessen. So stellt sich die Frage, welche Personen diese Filterfunktionen wahrnehmen, ob dies mit offiziellen Rollen verbunden ist oder ob es sich um informelle Meinungsführer in Netzwerken handelt. Darüber hinaus muss geklärt werden, inwieweit diese Selektionsfunktion mit organisationalen Zielen abgestimmt ist. Gleichzeitig stehen Informatio-

---

3 http://www.gfwm.de/gfwm-themen-12-schwerpunkt-gatekeeper/ (Stand: 6.11.2017).

nen durch das Internet und soziale Medien mehr denn je allen Mitgliedern einer Organisation offen und damit können Gatekeeper nur dann in sozialen Netzen Akzeptanz finden, wenn ihre Informationen Nutzen und Orientierung für ihre „Follower" schaffen. Damit ist die formale Definition von Gatekeeperrollen nur eingeschränkt möglich und sinnvoll. Im Sinne eines organisationalen Wissensmanagement wäre es daher zu empfehlen, themenspezifische „Meinungsführer", „Influencer" und „Hubs" zu identifizieren, um diese aktiv bei der Gestaltung von Meinungsbildungsprozessen einzubeziehen. In gewissem Umfang liegen derartige soziometrisch basierte Analysen auch bei Wissensgemeinschaften (Communities of Practice und Expert Locators) zugrunde.

Geht man von den Kernkompetenzen einer Organisation aus, so lohnt sich die Frage, welches die relevanten Sensoren für die Umfeldwahrnehmung sind, die wichtige Informationen kontinuierlich identifizieren. Im Zuge der Total Quality und Total-Customer-Orientierung, verbesserter Data-Mining- und Big-Data-Verfahren, Descriptive und Predictive Analytics, neuer Web Services (z. B.: Amazon Web Services Inc.) sind eine Vielzahl von Instrumenten und Angebote entwickelt worden, um die Bedürfnisse, die Zufriedenheit und das Verhalten von Kunden zu ermitteln. Auch hier handelt es sich häufig jedoch um Aufgaben von Spezialabteilungen bzw. Online-Rückmeldungen unter Vernachlässigung der wertvollen alltäglich anfallenden Informationen, die z. B. durch Kundendienstkontakte und andere Boundary Spanners entstehen, oder durch Reklamationen und Beschwerden als Feedbackprozesse an die Organisation zurückfließen.

Der Büromöbelhersteller *Hermann Miller* erfasst in vierteljährlichen Abständen systematisch Händler- und Kundenfeedbacks über eine Vielzahl von Kriterien – von Lieferungspünktlichkeit bis zu Qualitätsstandards –, die allesamt im Rahmen von vierteljährlichen Equity Commitees lohnrelevant ausgewertet werden. So wird Feedback aus der Umwelt systematisch zur Steuerung interner Anreizprozesse verwendet.

Im *Ritz CarltonHotel* füllt jeder Mitarbeiter mit direktem Kundenkontakt Informationsdateien von jeder Kundenanfrage aus. Diese Daten plus die vom Kunden geäußerten Wünsche werden gespeichert und bei einem erneuten Besuch des Gastes ausgedruckt und den zuständigen Hotelmitarbeitern gegeben. Es ist unschwer vorstellbar, dass mit einer derartig differenzierten Gästebetreuung ein hohes Maß an Kundenzufriedenheit generiert werden kann.

Diese Beispiele machen deutlich, dass durch eine systematische Identifikation von relevantem Wissen und Informationen aus der Umwelt Lernprozesse in Organisationen initiiert werden können, die unmittelbar dazu beitragen, die Kernkompetenzen der Organisation weiterzuentwickeln oder neue Kernkompetenzen zu entdecken. Gerade im Marketingbereich ermöglichen in den letzten Jahren Analytics-Verfahren eine erhebliche Verbesserung in der Prognose von Konsumentenverhalten. Die Fülle der externen Daten und Informationen muss gezielt reduziert und hinsichtlich ihrer Bedeutung für die Geschäftsziele der Organisation evaluiert werden. Wie dies zu realisieren ist, wird in den nächsten Abschnitten thematisiert.

11.2.3 Geschäftsprozessanalyse als Grundlage für die Wissensidentifikation

Die Identifikation von Wissen ist eine komplexe Aufgabe. Wie eingangs dargestellt, ist es notwendig, aus der vorhandenen Informationsflut und den existierenden Kompetenzen das relevante Wissen zu identifizieren. Hierzu müssen geeignete Kriterien entwickelt werden, mit deren Hilfe die Wichtigkeit und der potenzielle Wert der Informationen abgeschätzt werden können. Ein wichtiges Kriterium liegt in der Frage, welche Relevanz solche Informationen für das Kerngeschäft besitzen. Konsequenterweise ist es zunächst notwendig, eine Geschäftsprozessanalyse vorzunehmen und darauf aufbauend diese Abläufe aus der Wissensperspektive zu beleuchten. Neben dem bereits dargestellten GPO-WM® (s. Kapitel 10.4) werden vermehrt sogenannte grafische Modellierungstools (z. B. ARIS, Visio, Aenays) eingesetzt, um Geschäfts- und Ablaufprozesse zu modellieren und in einem zweiten Schritt ihnen die notwendigen Wissensressourcen zuzuordnen. So können beispielsweise bei bestimmten Schritten entsprechende Verweise auf Dateien, Ordner, Links, Datenbanken und Programmen hinterlegt sein, die dem Nutzer helfen, Wissen abzurufen oder neues Wissen zu hinterlegen.

Somit gilt es, einerseits bei den einzelnen Schritten nach dem benötigten Wissen, andererseits nach dem entstehenden Wissen zu fragen, um einen optimalen Wissenseinsatz zu gewährleisten und aus diesen Prozessen erneut Wissen zu extrahieren, das als Grundlage dienen kann, interne Abläufge zu optimieren.

Petkoff (1998: 336) verdeutlicht, wie das ARIS-Konzept genutzt werden kann, um Wissensprozesse parallel zum Arbeitsablauf in einer Organisation zu beschreiben. Personen, die in dem Wissensprozess involviert sind, werden in ihrer Rolle als „Experten" für die Relevanz von spezifischen Wissensinputs befragt. Ihre Antworten stellen einen Maßstab dar, anhand dessen die Wichtigkeit einzelner Informationen und Inhalte für die jeweiligen Prozessschritte erfasst wird. Eine solche Vorgehensweise führt zu einer systematischeren Identifikation relevanten Wissens und reduziert die Beliebigkeit der Auswahl von Wissensinhalten und -quellen.

11.2.4 Instrumente und Methoden zur Wissensidentifikation

Zur Unterstützung der Identifikationsphase kommen eine Vielzahl von Instrumenten infrage, die eine Sensibilisierung für das geschäftliche Umfeld einer Organisation fördern und die internen Wissensressourcen sichtbar machen.

Eine zentrale unterstützende Rolle bei der Auswahl und Interpretation von Informationen spielen unterschiedlichste Content-Management-Ansätze. Neben informationstechnologischen Sensorien, Data-Warehouse-Systemen und Content-Management-Prozessen erweisen sich hier insbesondere auch solche Werkzeuge als sinnvoll, die die vielfältig bestehenden „externen" Kontakte als systematische Quelle von Informationen und neuem Wissen nutzen. Zu nennen sind hier systematische Internet- und Big-Data-Analysen, die mittels entsprechend ausgefeilter „Scanning"-, Crawler-Werkzeuge oder definierter Algorithmen im Internet oder in Netzwerken vorgenommen werden. Ferner spielen Interventionen wie Best-Practice-Benchmarkings oder systematisches Boundary Spanning, gezielte Analysen von Foren, Blogs und Social Networks (z. B. Netnography[4]): mit wichtigen Bezugsgruppen (z. B. Kunden, Lieferanten, Aktionäre, Pressure Groups), Überwachung des Informationsflusses am Point of Sale, Förderung des Dialogs mit den Kunden sowie Aktivitäten des Customer-Relationship-Managements eine wesentliche Rolle.

Viele Unternehmen haben individuelle Ansätze entwickelt, um gezielt – beispielsweise abhängig von Geschäftsstrategien – bestimmte Ausschnitte der Umwelt zu beobachten und relevantes Wissen durch internen Workflow (z. B Topic Management) zu extrahieren. So versuchen beispielsweise Versicherungsunternehmen mittels zahlreicher physischer und virtueller Sensoren durch frühzeitiges Erkennen von Risiken Chancen und Gefahren zu managen, indem Informationsströme aus Gesetzgebung, Politik, Kundengruppen, Umwelteinflüssen durch Naturkatastrophen usw. in Prädiktormodelle einbezogen werden.

Durch die Entwicklung von neuen Web-Services und Cloud-Angeboten eröffnen sich völlig neue Möglichkeiten, Informationen und Wissen aus dem Netz zu generieren. Tsui (2017) spricht von der Intelligenz der Cloud. In der Cloud werden Verbindungen hergestellt zwischen Menschen, zwischen Menschen und Maschinen und zwischen Maschinen. Aus diesen Vernetzungen entsteht neues Wissen. Beispiele hierfür sind die zahlreichen Korrelationen, die mittels Predictive Analytics aus den Cloud-Daten abzuleiten sind. Siegel (2016) hat hierzu eine Reihe von Predictive-Analytics-Beispielen aus Bereichen wie Privatleben, Kriminalitätsbekämpfung oder Regierungsarbeit aufgeführt: So wurde von Microsoft eine Technologie gefördert, die auf der Grundlage von GPS-Daten Vorhersagen über individuelle Standorte Jahre im Voraus ermöglicht. HP hat eine Maßzahl entwickelt („Flight Score"), die die Kündigungswahrscheinlichkeit anzeigt. Shell kann die Wahrscheinlichkeit von Sicherheitsvorfällen bei Arbeitsteams in Ölraffinerien valider abschätzen.[5]

Fragen oder Probleme, die in der Cloud nicht IT-gestützt lösbar sind, können auch über Expertennetzwerke oder klar definierte Gruppen von Wissensarbeitern analysiert werden. Amazon Web Services haben im Rahmen ihrer Demand-Cloud-Computing-Plattform mittlerweile ein soziales Crowdsourcing-Netzwerk[6] entwickelt, in dem mittels menschlicher Intelligenz Aufgaben ausgeführt werden können, an der künstliche Intelligenz gegenwärtig noch scheitert jedoch permanent hinzulernt.

---

4 http://www.community-of-knowledge.de/fileadmin/user_upload/attachments/pb_ OpenJournalOfKnowledgeManagement_CoK_r.pdf (Stand: 12.12.2018).
5 vgl. Siegel 2016, http://proquest.tech.safaribooksonline.de/book/databases/business-intelligence/ 9781119145677/182-examples-of-predictive-analytics-a-cross-industry-compendium-of-mini-case (Stand: 12.11.2017).
6 https://www.mturk.com (Stand 18.01.2019).

Auch die **interne Identifikation** von verfügbarem Wissen und vorhandenen Kompetenzen ist ein zentrales Anliegen des Wissensmanagements und Voraussetzung für organisationale Lernprozesse. So wurden in den letzten Jahren eine Vielzahl von Skills-Management- und Kompetenzerfassungs-Methoden sowie HR-Analytics-Anätzen entwickelt. Zur Förderung interner Lernprozesse lassen sich ebenfalls zahlreiche Sensorien für wertschöpfungsrelevante Wissensressourcen entwickeln. Kompetenz- und Wissensdatenbanken, Organizational-Memory-Systeme, Einsatz von internen Wissensmaklern und andere Instrumente unterstützen die Identifikation internen Wissens. Im Folgenden illustrierten vier Beispiele das Thema traditionelle „Identifikationstools": Quick Market Intelligence, Yellow Pages, Wissenslandkarten und ein Storytelling-Projekt.

11.2.4.1 Quick Market Intelligence

Die Intervention Quick Market Intelligence (QMI; vgl. Dixon 1994: 96 f.) wurde ursprünglich von der Einzelhandelskette Wal-Mart entwickelt und diente dazu, den Prozess aus Informationssammlung und -interpretation, Entscheidungsfindung und Aktionsumsetzung zu beschleunigen.

Ablauf bei Wal-Mart

Regionalmanager verbringen einige Tage (z. B. von Montag bis Donnerstag vor dem eigentlichen Treffen) damit, die eigenen Verkaufsstellen und die Filialen der Konkurrenz zu besuchen. Freitags treffen sie sich dann gemeinsam mit den Haupteinkäufern, Hauptabteilungsleitern, Filialleitern und einer Auswahl von Verkäufern in einem „Town Meeting" (ca. 80 bis 100 Personen) und diskutieren ihre Eindrücke (vgl. Dixon 1994: 96). Während dieser Treffen werden qualitative Eindrücke und anekdotenhafte Erlebnisse dieser „Besuchsreise" ausgetauscht. Die Themen und Tagesordnungspunkte sind größtenteils abhängig von den Informationen, die während der Reisen und Beobachtungen gesammelt wurden, aber auch von sonstigen Themen, die die Teilnehmer als wichtig erachten. Aus den Diskussionen ergeben sich wichtige Interventions- und Verbesserungsansätze sowie Strategien und Aktionspläne. Auf diesen „Town Meetings" werden gleichzeitig Personen identifiziert, die für die Umsetzung der jeweiligen Aktivitäten verantwortlich sind. Die konkreten Aktionspläne und Resultate des Treffens werden per Video aufgezeichnet und den weiteren Filialleitern der Region zugänglich gemacht.

Dieses Werkzeug dient einer Sensibilisierung der Organisationsmitglieder für das Geschäftsumfeld. Ohne Einsatz von spektakulärer Hard- oder Software werden die Mitarbeiter ermutigt, eine Rolle einzunehmen, um bereichsübergreifend Informationen zu sammeln und so Erfahrungen in die Organisation hineinzutragen, gemeinsam zu diskutieren und auf dieser Grundlage Aktionspläne zu vereinbaren.

Dixon (1994) berichtet, dass der Erfolg von QMI darauf basiert, dass die herausgearbeiteten Geschäftsoptionen stets mit ableitbaren Handlungskonsequenzen verknüpft sind. Der Hauptvorteil des Instrumentes besteht darin, dass sich verschiedene Beteiligte aus unterschiedlichen Bereichen treffen, um breitgefächerte Informationen und Daten aus verschiedenen Perspektiven und Positionen heraus zu sammeln, zu interpretieren und diese dann in praktische Problemlösungen zu übersetzen.

Im Lichte unseres konzeptionellen Modells organisationalen Lernens (vgl. Kapitel 3) fördert dieses Werkzeug (QMI) das Lernen auf unterschiedlichen Ebenen: Es können einzelne Personen und Gruppen sowie komplette Organisationseinheiten in den Lernprozess einbezogen werden. Hinsichtlich der Lerntypen ist die Einordnung davon abhängig, wie die Moderation während der Meetings gestaltet wird. Prinzipiell ist sowohl Single-Loop-Learning als auch – unter Berücksichtigung bestimmter Reflexionsprozesse – Double-Loop-Learning realisierbar. Hinsichtlich der Lernformen ermöglicht QMI sowohl kognitive als auch kulturelle Lernschwerpunkte. Schließlich entfaltet QMI seine Wirkungsweise insbesondere bei der Identifikation von internen und externen Informationen und deren Einspeisung in den internen Verarbeitungsprozess von Informationen.

11.2.4.2 Yellow Pages, Wissenskarten und Wissensräume

Ein weiteres Instrument, das dazu beiträgt, die Transparenz organisationsinternen Wissens zu vergrößern, sind die sogenannten **Yellow Pages**. Der Name basiert auf den Branchen-Telefonbüchern „Gelbe Seiten". Die Yellow Pages systematisieren Wissen dadurch, indem Wissen geordnet in einem Personenregister oder Lexikon abgelegt wird. Damit haben alle Organisationsmitglieder die Möglichkeit, Informationen über Wissensträger zu erhalten und mit diesen Kontakt aufzunehmen.

Beispielsweise hat Hoffman-La Roche das Fachwissen seiner Wissenschaftler auf der ganzen Welt erfasst und in einer Datenbank gespeichert. Ferner sind typische Probleme, wie z. B. bestimmte Schritte in einem Produktentwicklungsprozess erfasst und hinsichtlich der potenziellen Problemlöser der Organisation systematisiert. Dies gibt den Mitarbeitern eine gewisse Transparenz in Bezug auf das vorhandene Wissen. Außerdem können interne Wissensbasen miteinander verzahnt werden (vgl. Probst et al. 2006).

Viele Unternehmen setzten Yellow Pages ein, um Lebensläufe, Fähigkeiten, Kompetenzen aus Projekterfahrungen, Sprachen, IT-Fertigkeiten und andere Hintergründe intern zu dokumentieren und einen Zugriff auf dieses Wissen zu ermöglichen, wie z. B. bei der Commerzbank mit dem karrierebezogenen Skillmanagementsystem ComSkill. Bei Holcim werden Yellow Pages eingesetzt, und bei VW identifiziert und lokalisiert der Expert Finder Wissensträger und Experten im gesamten Volkswagen-Konzern.[7]

In der Regel werden Yellow Pages bottom up erstellt, da die Mitarbeiter in einem bestimmten Bereich die Kompetenzen selbst am besten beurteilen können. Zudem ist es vorteilhaft, wenn die Eintragungen freiwillig erfolgen, denn nur so kommt auch die Bereitschaft zur Wissensweitergabe bzw. zur Unterstützung zum Ausdruck. Vor

---

7 Neben den Yellow Pages als Verzeichnis interner Experten können natürlich ebenso Verzeichnisse externer Experten angelegt werden, die sich Blue Pages nennen (vgl. Lehner 2006: 192).

der Einführung sollte geklärt sein, ob Yellow Pages im Unternehmen wirklich gewünscht werden und ob die entsprechenden Rahmenbedingungen dafür gegeben sind (vgl. Lehner 2006: 192). Die Implementierung erfolgt in der Regel anhand von vier Schritten:[8]

1. Festlegung von Kontext und Inhalt
2. Erfassung relevanter Kompetenzträger
3. Aufbereitung und Strukturierung der Daten und Informationen
4. Verknüpfung und Einbindung in unterstützende IT-Werkzeuge

Oft werden Yellow Pages oder Expertensuchsysteme in Verbindung mit Intranets und Portalen sowie Wissensmanagement-Systemen wie „Knowledge Miner" und „Knowledge Cafe" eingeführt.

In einer **Projektevaluation eines Yellow-Page-Projektes** sind folgende Ergebnisse, die durchaus für die Stärken und Schwächen in Großorganisationen typisch sind, zu konstatieren:

Tab. 11.1: Beispielhafte Projektevaluation eines Yellow-Page-Projektes.

Ziel: Errichtung einer Kommunikationsplattform zur Identifizierung geeigneter Experten im Pilotbereich Forschungs- und Entwicklungsabteilung	
Stärken	**Schwächen**
– Ist-Analyse des vorhandenen Wissens	– Projekt wird als reines IT-Projekt gesehen
– Mitarbeiter wurde von Anfang an in die Entwicklung mit einbezogen	– Wissen wird nicht als wertschöpfender Faktor gesehen
– IT-System kann die Anforderungen sehr gut abdecken	– intransparenter Nutzen der Lösung
– gute Projektkommunikation	– geringe Motivation der Mitarbeiter, am Projekt teilzunehmen
– gute Projektorganisation	– fehlende Organisationsentwicklung
	– Management kein Vorbild für Projekt
	– wechselnde Zuständigkeiten bzw. Verantwortlichkeiten im Projekt
	– auftretende Probleme werden zu wenig im Projektverlauf berücksichtigt

---

8 Vgl. auch Mittelstand Digital (04/2014): E-Business Lösung – Yellow Pages, Bundesministerium für Wirtschaft und Energie, in: Leitfaden yellow pages: https://kommunikation-mittelstand.digital/content/uploads/2017/06/Leitfaden-yellow-pages-experten-im-unternehmen-finden.pdf (Stand: 18.05.2019).

5 Ein großes Pharmaunternehmen setzt eine intranetbasierte Software (KnoweldgeMail) ein, um Expertenprofile im Unternehmen aus einer automatisch laufenden kontinuierlichen E-Mail-Analyse weltweit zu extrahieren. Damit können die Profile unabhängig von schnell veralteten Eintragungen in Gelben Seiten in Echtzeit identifiziert werden. Wenn das System eine signifikante Anzahl von Schlüsselbegriffen aus den Mails extrahiert hat, bekommt der User eine Nachricht mit der Anfrage, ob seine Expertise im Intranet veröffentlicht werden darf.

Derzeit setzt Cisco Virtual Reality Instrumente ein, um Kompetenznetzwerke „begehbar" zu machen. Auf der Grundlage von visualisierten organisationalen Netzwerkanalysen können Personen Kompetenznetzwerke begehen und mittels Virtual-Reality Brillen und Handsensoren spezifische Wissenscluster identifizieren.[9]

TrustSphere verwendet quantifizierte E-Mail-Kommunikation als Grundlage, um verschiedene Netzwerktypen zu analysieren: tägliche Arbeitsnetzwerke, soziale Netzwerke, Mentoren-, Innovations- und Expertennetzwerke.[10]

In einer vergleichbaren, technisch weniger aufwendigeren Form werden **Wissenskarten** eingesetzt, um die Transparenz internen Wissens zu erhöhen. Allgemein gesagt stellen diese Karten visualisierte Verzeichnisse von verdichteten Wissensquellen, -beständen, -strukturen, -anwendungen und -entwicklungspfaden dar und stellen diese Informationen in den Kontext der Organisation. Wissenskarten unterstützen einzelne Mitarbeiter, Teams oder Abteilungen dabei, das in der Organisation vorhandene Wissen zu verstehen und zu nutzen. Die dabei kartografierte, intellektuelle Landschaft besteht primär aus Verweisen auf Experten (Wissensprofilen), dokumentierten Erfahrungen (z. B. Lessons Learned, Projekt-Debriefings oder Fallstudien) und formalisierten Prozessen (vgl. Eppler 2002: 38 ff.).

Probst et al. (2006: 67 f.) und Eppler (2002) unterscheiden verschiedene **Typen von Wissenskarten**. Eppler differenziert je nach Inhalt zwischen fünf verschiedenen Wissenskarten (vgl. Eppler 2002: 42 f.):

– **Wissensquellenkarten**
  Diese Karten strukturieren die im Unternehmen vorhandene Expertise. Hier steht die Frage im Vordergrund, wo relevantes Wissen zu finden ist. Es kann dabei in der Regel eine Suche nach bestimmten Kriterien vorgenommen werden, z. B. Fachgebiet der Experten, Dauer ihrer Erfahrung etc. Yellow Pages stellen eine praktische Umsetzungsmöglichkeit von Wissensquellenkarten dar.
– **Wissensbestandskarten**
  Diesen Typ kann man sich als eine Art visuelle Wissensbilanz vorstellen. Er kann der Bestand des Wissens, über den Einzelne, Teams, Organisationseinheiten oder

9 Barozzi, G. (2017): From Hierarchies to Network of Teams – A New People Analytics Era. Vortrag: London People Analytics Forum 30.11.2017.
10 Newman, G. (2017): Social Capital: The Data you Need to Understand the Hidden Networks in Your Organisation. Vortrag: London People Analytics Forum 29.11.2017.

Organisationen als ganzes verfügen, sichtbar machen. Zudem geht es um die Bewertung der Relevanz dieses immateriellen Vermögens für die Organisation oder dessen Marktwert.

– **Wissensstrukturkarten**

Diese Art strukturiert ein Wissensgebiet logisch in seine jeweiligen Untergebiete. Die Karten dienen vor allem der Darstellung von Fähigkeiten, die für eine spezifische Aufgabe, die Erstellung einer konkreten Leistung oder die Durchführung von Prozessen bedeutsam sind. Dadurch können Mitarbeiter ein Wissensgebiet besser verstehen und neue Kenntnisse besser einordnen.

– **Wissensanwendungskarten**

Dieser Kartentyp verdeutlicht, welches Wissen in welchen Prozess- oder Projektschritten bzw. in einer spezifischen Situation zur Anwendung kommt, d. h. Geschäftsvorfällen oder einzelnen Prozessschritten wird das relevante Wissen zugeordnet. Oft finden sich hierbei auch Verweise auf die jeweiligen Wissensträger. So könnten Mitarbeiter z. B. erfahren, wie sie einen Projektantrag erstellen oder mit wem sie reden müssen, wenn ein Markt-Pre-Test misslingt.

– **Wissensentwicklungskarten**

Mit diesen Karten werden die notwendigen Schritte zum Aufbau einer Kompetenz (auf individueller, Team- oder Organisationsebene) gezeigt. Sie stellen sozusagen visualisierte Lernpfade dar.

Wissenslandkarten lassen sich mit einer Reihe von **Visualisierungstechniken** (vor allem Mapping-Techniken) gestalten. Welche Methode konkret geeignet ist, hängt von der Art der Wissenskarte ab. So sind vor allem bei Wissensstrukturkarten das Concept Mapping oder Baumdarstellungen zweckmäßig. Bei Wissensanwendungskarten eignen sich beispielsweise eher Flussdiagramme oder Prozesskarten (vgl. Eppler 2002: 44 f.).

Auch die **Konstruktion von mehrdimensionalen Wissensräumen** eröffnet Möglichkeiten, Wissen nach wichtigen Dimensionen abzulegen. KPMG und KnowledgePark[11] arbeiten z. B. mit mehrdimensionalen Raummodellen, wobei das Wissen nach Produkten, Ländern oder Quellen im dreidimensionalen Raum abgelegt werden kann (vgl. dazu auch Abschnitt 13.1.6).

Klassifiziert man Yellow Pages, Wissenskarten und -räume, so wird deutlich, dass diese Instrumente Lernen auf Gruppen- und Abteilungsebene oder in der gesamten Organisation unterstützen können. Sie fördern nicht unbedingt einen spezifischen Lerntypus, vielmehr sind die Lerntypen davon abhängig, wie die Wissensquellen innerhalb der Organisation genutzt werden. Primär dienen solche „Navigationsinstrumente" einer Erweiterung und Erhöhung der Transparenz der kognitiven Wis-

---

11 Siehe auch www.knowledgepark-ag.de (Stand: 23.11.2018).

sensbasis der Organisation. Darüber hinaus vermittelt ihr Einsatz aber auch eine wichtige Botschaft bezüglich der Lernkultur und Vertrauensbasis in einer Organisation, sodass auch hier mit entsprechenden Wirkungen zu rechnen ist.

11.2.4.3 Storytelling

Projektarbeit stellt in vielen Unternehmen die charakteristische und erfolgsentscheidende Arbeitsweise dar. Wie können die Erfahrungen, die dabei von immer neu zusammengesetzten Teams gemacht wurden, reflektiert und an weitere Teams transferiert werden?

Mit dem Instrument des Storytellings kann Wissen in Form von Geschichten sichtbar gemacht sowie verteilt bzw. geteilt werden.

Aus früheren Erfahrungen und Weiterbildungen zu Wissensmanagement-Methoden brachte der Geschäftsführer Pabel Wissen über die Methode Storytelling mit, die am Massachusetts Institut of Technology entwickelt worden ist. Er selbst hatte aber noch keine ausreichende praktische Erfahrung bei der Anwendung der Methode. Außerdem war ihm klar, dass die Methode einen viel zu hohen Aufwand für den Einsatz in ihrem Unternehmen erforderte.

Mit der Unternehmensberatung story consult setzte man daraufhin ein Pilotprojekt auf. Dabei wurden zwei Ziele verfolgt: Klärung, ob die Methode Storytelling grundsätzlich von den Mitarbeitern angenommen wird sowie parallele Entwicklung einer weniger aufwendigen Variante dieser Methode.

Pabel: „Der Pilot hatte den Sinn festzustellen, ob Storytelling als Projekt-Debriefing überhaupt bei uns laufen kann. Es ist nicht von vornherein klar, ob unsere Mitarbeiter bereit sind, sich gegenseitig ihre Erfahrungen zu erzählen oder ob die sagen: Was ist denn das für ein Käse? Wir sind hier gewohnt, unsere Erfahrungen oder unsere Lessons Learned über Checklisten auszutauschen und alles andere kommt für uns gar nicht infrage."

Die Methode war von den Teilnehmern des Pilotprojekts sehr gut angenommen worden und sie erarbeiteten eine 60-seitige Dokumentation über ihre Erfahrungen mit einem bestimmten Prozess. Der Aufwand war aber wie erwartet zu groß. Außerdem wurde deutlich, dass durch die Einzelinterviews projektexterner Personen, die daraus eine gemeinsame Story erstellten, die Teilnehmer nicht direkt mit den Aussagen ihrer Kollegen konfrontiert und zur Reflexion der Unterschiede angeregt wurden. Es blieb aber die Erkenntnis, dass die hohe Qualität der beim Storytelling genutzten Erfahrungsgeschichten über das subjektive Erleben der Projektarbeit der richtige Ansatzpunkt ist, um ein eigenes Vorgehen zu entwickeln und die Identifikation von Wissen im Unternehmen zu verbessern.

Storytelling eignet sich nicht nur zur Identifikation von Wissen, sondern auch zur Wissensentwicklung sowie zur Wissensverteilung im Unternehmen.[12]

---

12 Weiterführende Informationen zum Storytelling siehe Forschungsbericht von Reinmann-Rothmeier, Erlach und Neubauer: „Erfahrungsgeschichten durch Story-Telling – eine multifunktionale Wissensmanagement-Methode", abrufbar im Internet unter http://epub.ub.uni-muenchen.de/235/1/FB_127.pdf (Stand: 30.12.2008).

11.2.5 Leitfragen zur Wissensidentifikation

Ausgehend von den Kernkompetenzen lassen sich für jede Organisation Erkundungen vornehmen, bei denen gezielt hinterfragt wird, wie Informationen identifiziert werden, um diese Kompetenzen weiterzuentwickeln. Leitfragen für eine solche Diagnose lauten beispielsweise:

- Welches sind die wichtigsten Ausschnitte der Umwelt vor dem Hintergrund der Kerngeschäfte bzw. zukünftiger Strategien?
- Welche relevanten Informationen existieren in diesen Umfeldern?
- Von wem werden welche Informationen gesammelt?
- Wie systematisch werden diese Informationen gesammelt?
- Welche Mitarbeiter haben Boundary-Spanning-Funktionen?
- Welche Instrumente werden – mit welcher Güte – zur Umfeldwahrnehmung eingesetzt? Wie systematisch werden die Daten ausgewertet und die Resultate genutzt?
- Wer interpretiert diese Informationen?
- Wem werden diese Informationen wie und wann zugänglich gemacht?
- Welche Datenquellen und Umweltsensoren gibt es, die bisher nicht systematisch berücksichtigt wurden?
- Welche Experten gibt es in der Organisation und sind deren Kompetenzen bekannt?
- Welches Erfahrungswissen haben die Mitarbeiter und wie wird es identifiziert?

Die Identifizierung von Wissen ist die Grundlage für die Wissensentwicklung, welche im nachfolgenden Kapitel thematisiert wird.

11.3 Wissensentwicklung bzw. Generierung von Wissen

Die zweite Prozessphase – die Wissensentwicklung bzw. Generierung neuen Wissens – überschneidet sich mit der Wissensidentifikationsphase, denn die Identifikation neuen Wissens kann für die Organisation auch als Wissensgenerierung verstanden werden. Darüber hinausgehend liegt der Kern der Wissensgenerierung jedoch im Entwickeln von neuen Ideen und im Innovationsmanagement der Organisation. Diese Phase kann daher als ein zentraler Faktor für die Wettbewerbsfähigkeit von Unternehmen betrachtet werden. Aus diesem Grund gebührt dieser Phase im Folgenden besondere Beachtung.

Wissensgenerierung wird in den unterschiedlichen Modellen des Wissensmanagements (vgl. z. B. Pawlowsky 1994, 1998; Probst et al. 2006) zunächst als eine Phase des organisationalen Lern- und Wissensprozesses behandelt, bei der es um die Entwicklung, Entstehung und/oder Gewinnung von neuem Wissen geht. Das Erzeugen neuen Wissens aus verfügbaren Wissensbeständen, aus der Kombination von externem und internem Wissen und aus der Übersetzung von implizitem Wissen in explizit verfügbares Wissen stellt dabei eine Kernaufgabe des Wissensmanagements dar.

Probst et al. (2006: 113) schreiben dem Baustein der Wissensentwicklung eine besondere Bedeutung zu: Im Fokus steht die Entwicklung neuer Fähigkeiten, neuer Produkte oder Dienstleistungen, besserer Ideen und leistungsfähigerer Prozesse. Angesprochen sind all die Managementanstrengungen, die das Unternehmen bewusst unternimmt, um bisher intern noch nicht bestehende Fähigkeiten zu entwickeln oder gar intern und extern noch nicht existierende Fähigkeiten, Ideen, Produkte etc. zu kreieren.

11.3.1 Wissensgenerierung – wie entsteht neues Wissen?

Wie die Forschung zu Kreativitäts- und Innovationsprozessen zeigt, ist der Vorgang der Wissensentwicklung sehr komplex: Wissensbildung in diesem Bereich kann nicht „programmiert" bzw. „verordnet" werden. So ist die Frage, wie man neues Wissen entwickelt, nicht auf der Basis einer trivialen Anwendung von Lernwerkzeugen zu beantworten. Aber organisationale Rahmenbedingungen können so gestaltet und unterstützende Methoden so eingesetzt werden, dass sich die Wahrscheinlichkeit, neues Wissen zu entwickeln und somit Innovationen zu fördern, erhöht. Dabei kommt den Prozessen, die Umwandlung, Kombination und Weitergabe von Wissen bzw. den gezielten Wissensaustausch beinhalten, eine zentrale Bedeutung zu.

Ein schwedischer Telekommunikationszulieferer hat sog. Widerspruchssitzungen (Mottal-Meetings) eingerichtet, in denen zu gezielter Gegenrede bezogen auf Strategien, Routinen und Verfahrensweisen aufgefordert wird.

Shell veranstaltet bereits seit den 1970er-Jahren in regelmäßigen Abständen „Szenario-Planning-Workshops" auf der Top-Management-Ebene weltweit. Diese mehrtägigen Szenarien-Arbeiten dienen dazu, die grundlegenden Geschäftsstrategien und die dahinter liegenden Annahmen zu überprüfen. Hier werden bewusst „abenteuerliche" Zukunftsbilder gezeichnet, um die bestehenden Routinen gezielt mit Neuem und Unerwarteten zu konfrontieren. Shell war der einzige Mineralöl-Konzern, der ein Szenario für die Energiekrise Anfang der 1970er-Jahre entwickelt hatte und auf dieser Grundlage sehr flexibel reagieren konnte.

Peter Senge am Center for Organizational Learning des MIT setzt in zahlreichen Unternehmen spezielle Team-Learning-Verfahren, wie z. B. die Methode des Dialogs (s. Kapitel 11.3.4.1) und „Mentale Modelle" ein, um kollektive Kreativität in Gruppen zu fördern.

Mittlerweile spielen Netz- und Online-Communitys eine immer größere Rolle bei der Wissensgenerierung durch sogenanntes Open Innovation und Crowd Sourcing. Hier werden Konsumenten in ihrem Nutzungsverhalten auf Plattformen beobachtet oder explizit dazu aufgefordert, mit Lösungsansätzen oder Ideen zur Wissensgenerierung beizutragen (vgl. Bartl 2010).

Wissensgenerierung kann also auf sehr unterschiedliche Art in Organisationen oder in Wechselwirkung mit einer relevanter Umwelt gefördert werden. Ein generelles Problem bei jeglicher Entwicklung bzw. Entstehung neuen Wissens ist die Rolle bestehenden Wissens. Hedberg (1981, 1999) prägte dafür den Begriff des **„Unlearning"**, d. h. die Fähigkeit bestehendes Wissen zu verlernen. Die Philosophie und die neuere Psychologie verdeutlichen in Denk- und Forschungstraditionen, dass wir in hohem Maße in den Strukturen und Inhalten unseres bisherigen Wissens verhaftet sind. Bestehendes Wissen ist der Ausgangspunkt und gleichzeitig der Endpunkt für Lernprozesse.

Ein **Wissenssystem** ist ein Netzwerk von Annahmen über die Realität, das durch subjektive Hypothesen und übergeordnete Theorien verbunden ist. Diese Theorien ermöglichen eine Erklärung von Erfahrungen und dienen gleichzeitig als Interpretationsrahmen für nachfolgende Ereignisse. **!**

Wissensgenerierung beinhaltet damit die Entwicklung von neuen Erkenntnissen über einen bestimmten Bereich der Realität, wobei sich dies in Innovationen, beispielsweise veränderten Produkten und Prozessen niederschlagen kann. Wissen ist also das Ergebnis der Gesamtheit der Erfahrungen, die ein Mensch gemacht hat. Erfahrungen können wiederum als subjektive Auswertungen von solchen Informationen betrachtet werden, die als relevant beurteilt werden. Unsere Aufmerksamkeit und Wahrnehmung ebenso wie die Verarbeitung und Bewertung neuer Eindrücke erfolgt also in den Koordinaten unseres bisherigen Wissens. Die Frage der Entwicklung von Neuem ist damit auch immer eine Frage des Einflusses des Bestehenden auf das potenziell Neue oder anders formuliert: Die Macht bestehenden Wissens beeinflusst die Entdeckung des Neuen. Zur Entstehung neuen Wissens ist folglich eine gewisse Distanz zu bisherigem Wissen notwendig.

Dieses grundlegende **Prinzip der „Befreiung vom bisherigen Wissen"** als Voraussetzung zur Entwicklung neuen Wissens ist auch in der Literatur zu organisationalem Lernen wiederzufinden:

Während einfache Lernvorgänge im Sinne von Anpassungslernen auf der ersten Ebene sich darin erschöpfen, Fehlerursachen bei Normabweichungen zu identifizieren und zu korrigieren, unterziehen Double-Loop-Learning-Prozesse die Handlungstheorien der Organisation einer kritischen Prüfung, indem sie Umweltbeobachtungen analysieren. Durch diese Evaluation von „Neuem" in der Umwelt findet Entwicklungslernen erst statt. Hedberg (1981) bezeichnet diesen Lerntypus als „turnover-learning" und sieht als wesentliche Voraussetzung dafür die Fähigkeit des Systems zum Verlernen („unlearning") von bisherigen Handlungstheorien und -routinen (vgl. Nyström, Starbuck 1984).

Es wäre übertrieben, jeden Prozess der Wissensgenerierung als kreativen und schöpferischen Akt zu verstehen. Vielmehr ist es sinnvoll, den Grad der Neuigkeit von Wissen in Relation zum bestehenden System zu sehen. So kann bestimmtes Wissen für eine Organisation fundamental neu sein, ohne dass dieses Wissen intern entwickelt wurde. Entscheidend ist aber auch hier, dass im System **Freiräume** bestehen, die die Wahrnehmung und Implementierung des neuen Wissens ermöglichen. Ebenso wie das Individuum für neues Wissen offen genug sein muss, ist es für Gruppen und Organisationen wichtig, „Spielräume" für neues Wissen, Ideen, Praktiken und Prozesse zu gewährleisten.

Der folgende Abschnitt gibt einen **Überblick** über verschiedene Ansätzen der Wissensgenerierung, bevor sie danach im Einzelnen betrachtet werden.

Die für die Wissensentwicklung relevanten Forschungserkenntnisse lassen sich in sehr unterschiedlichen Forschungs- und Theorietraditionen verorten. Eine Rolle spielen unter anderem:

– die wissenschaftstheoretische Epistemologie,
– die Lernpsychologie,
– die Innovationsforschung,
– die Forschung zu Gruppenprozessen und Gruppendynamik,
– die Kreativitätsforschung sowie
– die Ansätze organisationalen Lernens.

Bezogen auf die Gestaltungsphase „Wissensgenerierung" steht dabei weniger die Betrachtung dieser Forschungstraditionen oder gar deren komplexen Aussagensysteme im Vordergrund, sondern eher die pragmatische Fragestellung, welchen Erklärungs- und Gestaltungsbeitrag unterschiedliche Erkenntnissysteme bei der praktischen Wissensgenerierung in Unternehmen leisten können. Dabei sollen Anregungen für gezielte Suchstrategien in Abhängigkeit von spezifischen Fragestellungen der Wissensgenerierung gegeben werden.

Insbesondere die japanische Literatur ist reich an Beispielen zur Gestaltung dieser Prozesse in Organisationen (vgl. Nonaka, Takeuchi 1997). Aus Fallstudien von Produktentwicklungsprozessen in japanischen Unternehmen leitet Nonaka (1992) zahlreiche Implikationen für die Wissenserzeugung ab. Zum einen zeichnen sich diese Ansätze durch eine sehr weitgehende unternehmensweite Systematisierung solcher Prozesse und zum anderen durch eine Verschmelzung von rationalen und kulturbezogenen sowie sozio-emotionalen Elementen aus, die einen fruchtbaren Nährboden für Wissenserzeugung darstellen. Der Kern all dieser Praktiken beruht auf einer Integrationsleistung, bei der Wissensbasen miteinander kombiniert und Bedingungen für die Entwicklung und Entstehung neuen Wissens geschaffen werden.

Um das Feld der Wissensgenerierung zu systematisieren wird folgende Untergliederung nach Abstraktionsebenen vorgenommen (s. Tabelle 11.2):

Auf der **individuellen Ebene** kann Wissensgenerierung als individuelle Aneignung neuen Wissens, als Lernen, als Problemlösen und als kreativer Akt verstanden werden. Im Vordergrund stehen hier neben den umfangreichen Ansätzen der Weiterbildung und Personalentwicklung Ansätze zur Förderung der Kreativität.

Eine zentrale Ebene der Wissensgenerierung stellt die **soziale Gruppen- und Netzwerkebene** dar. Hier können gruppendynamische Prozesse sowohl als Kata-

Tab. 11.2: Konzepte der Wissensgenerierung nach Abstraktionsebenen.

	relevante Konzepte für Prozesse der Wissensgenerierung	Quellen
Individuum	individuelle Lernprozesse und Wissensentwicklung, Kreativitätstechniken	Lernpsychologie Kreativitätsforschung
Gruppe	Entscheidungsprozesse in Gruppen Entwicklung von Wissen in Gruppen: Team-Learning, Dialog Learning Networks, Communities of Practice	Gruppendynamik, Teambuilding
Organisation	Weiterbildung und Personalentwicklung organisationale Wissenssysteme Vorschlagswesen und Ideenmanagement Barrieren von Innovations- und Wissenserneuerung SECI-Spirale in Organisationen: Hypertext-Organisation	Ansätze organisationalen Lernens Innovationsforschung Weiterbildung und Personalentwicklung Knowledge Creation Theory
Interorganisation	Aneignung externen Wissens: Kauf von Wissensprodukten, Berater und Experten, Benchmarking, Unternehmenskauf, Übernahme, Fusionierung, Stakeholder, Wissen durch Projekte, Netzwerkmanagement	Strategieforschung, Netzwerkforschung Mergers Kooperationsforschung

lysatoren als auch als Barrieren für neues Wissen und Kreativität wirken. Da die Gruppe auch als sozialer Transmissionsriemen für organisationale Wissenserneuerung fungiert, ist die Betrachtung dieser Ebene für organisationale Wissensgenese und -diffusion von besonderer Bedeutung.

Die **Organisation** stellt als systemische Einheit den Hauptfokus für Prozesse der Wissensentwicklung dar. Ausgehend vom traditionellen Vorschlagswesen und der betrieblichen Weiterbildung über das Innovationsmanagement und Ansätze organisationalen Lernens bis zum Knowledge Creation Model (s. 11.3.2) lassen sich Anhaltspunkte zur Förderung der Wissensentwicklung in Organisationen ableiten.

Schließlich ist auch die **organisationsübergreifende Ebene** für die Aneignung und möglicherweise Entwicklung neuen Wissens von Bedeutung. Unternehmen vergleichen sich im Rahmen von Benchmarks mit Konkurrenten, kooperieren mit Zulieferern, beteiligen sich gezielt in Forschungs- und Entwicklungs-Netzwerken und fusionieren, um sich wertschöpfungsrelevantes Wissen anzueignen (siehe hierzu beispielsweise Hauschildt; Salomo 2007: 67 ff.; Child 2001: 657 ff.).

Bevor auf diese Ebenen im Einzelnen in den nächsten Abschnitten eingegangen wird, wird das Knowledge Creation Model detailliert vorgestellt, auf das in der Literatur immer wieder Bezug genommen wird und das großen Einfluss auf die folgende

Literatur und Forschung zum Thema Wissensmanagement ausübte: Es geht um das Modell der Wissensgenerierung nach Nonaka und Takeuchi. Mit ihrem Modell erklären die Autoren die Wissensgenerierung auf der individuellen, der Gruppen- und der Organisationsebene.

11.3.2 Modell der Wissensgenerierung nach Nonaka und Takeuchi und das Konzept des „Ba"

Der Theorieansatz von Nonaka und Takeuchi unterscheidet sich von statischen Auffassungen und Erklärungsmodellen des Wissensmanagements, indem er Wissen definiert als „[...] dynamic human process of justifying personal belief toward the ‚truth'" (Nonaka, Takeuchi 1995: 58). Zudem betonen sie die aktive und subjektive Natur von Wissen.

Viele theoretische Erklärungsansätze zum Wissensmanagement sehen Organisationen als wissensverarbeitende Systeme. Diese begrenzte Sichtweise kritisieren Nonaka und Takeuchi und weisen auf das Potenzial von Organisationen hin, selbst neues Wissen und neue Informationen zu kreieren. Um diesen von innen nach außen wirkenden Prozess zur Entstehung von Innovationen zu erklären, entwickeln sie „a new theory of organizational knowledge creation" (Nonaka, Takeuchi 1995: 56).

Kerninhalt ihres Modells bildet die sogenannte **Spirale zur Wissensgenerierung**. Sie entsteht aus dem Zusammenwirken von implizitem und explizitem Wissen (vgl. Kapitel 2) auf der individuellen Ebene und entwickelt sich durch Interaktion fort zu höheren ontologischen Dimensionen. Diese Ausweitung kann sowohl auf horizontaler als auch auf vertikaler Organisationsebene erfolgen.

Die Wissensspirale weitet sich in zwei Dimensionen aus – die epistemologische einerseits und die ontologische Dimension andererseits.

– Auf der **epistemologischen Dimension** (vertikale Achse) finden Austauschprozesse zwischen explizitem und implizitem Wissen statt. Explizites Wissen lässt sich einfach in formaler, systematischer Sprache ausdrücken (z. B. Berechnungsverfahren für Produktpreise). Implizites Wissen hingegen resultiert aus persönlicher Erfahrung, ist kontextspezifisch und nur schwierig kommunizierbar (z. B. Herstellen einer bestimmten Konsistenz für Substanzen).

Während westliche Ansätze der Wissensgenerierung explizites Wissen in den Vordergrund stellen und die japanische Tradition die Bedeutung des impliziten Wissen betont, gehen Nonaka und Takeuchi von notwendiger Interaktion und gegenseitiger Ergänzung beider Wissensformen aus. In diesem Zusammenhang sprechen sie auch von „knowledge conversion" als sozialen Prozess zwischen Individuen. Es finden demnach interaktive, spiralförmige Umwandlungen der expliziten Sprachvorgaben in implizites Prozesswissen und umgekehrt statt. Dabei werden vier Arten dieser Austauschprozesse unterschieden, welche die Basis des SECI-Modells (siehe unten Abbildung 11.3) bilden.

Aus den verschiedenen Austauschformen resultieren unterschiedliche **Formen von Wissen**:

- sympathized knowledge
- conceptual knowledge
- systemic knowledge
- operational knowledge

Da die Wissensinhalte zusammenwirken, kann z. B. „sympathized knowledge" über Kundenbedürfnisse zu explizitem konzeptuellem Wissen bezüglich neuer Produktkonzepte führen.

- Die **ontologische Dimension** der horizontalen Achse repräsentiert die unterschiedlichen Organisationsebenen. Streng genommen entsteht Wissen in den Köpfen der Individuen und verbreitet sich durch Interaktion auf der Gruppenebene in der Gesamtorganisation. Letzterer kommt dabei im Wesentlichen Unterstützungsfunktion zu.

Verfolgt man die Entwicklung der Austauschprozesse im Zeitablauf, so werden demnach zwei Wissensspiralen erkennbar: Ausgehend von einem personenbezogenen Reservoir an Kreativität und Ideen verbreitet sich das entstandene Wissen durch Interaktion über die Abteilungs- und Organisationsgrenzen hinaus. Gleichzeitig finden Wechselwirkungen zwischen explizitem und implizitem Wissen statt.

Den **Kern des SECI-Modells** bildet – wie bereits erwähnt – die Annahme, dass der Prozess der Wissensgenerierung als Wechselbeziehung bzw. Interaktion zwischen explizitem und implizitem Wissen stattfindet. Man unterscheidet vier grundlegende Muster von Austauschprozessen, die zur Entstehung neuen Wissens führen können und damit sozusagen den Motor des Wissensentwicklungsprozesses darstellen. Die Schaffung von strukturellen und prozessualen Voraussetzungen für diesen Austausch ist eine zentrale Aufgabe für die Phase der Wissenserzeugung.

Diese Austauschprozesse sind in Abbildung 11.3 dargestellt und durchlaufen in ihrer Abfolge den Prozess einer spiralförmigen Entwicklung. Das SECI-Modell dient als abstrakte Veranschaulichung des „selbst-transzendierenden" Prozesses und kann in der Praxis verschiedenartig umgesetzt und konkretisiert werden.

Die vier **Grundprozesse der Wissensgenerierung** (Wissenskonversion) beschreiben Nonaka und Takeuchi folgendermaßen:

- **Sozialisation** (Entstehung von „sympathized knowledge") meint die Weitergabe impliziten Wissens zwischen Individuen, ohne dass dabei die Ebene des impliziten Wissens verlassen wird. Diese Form des Erfahrungslernens entsteht bei gemeinsamen Aktivitäten, z. B. unter Kollegen am Arbeitsplatz, indem man Handeln, Denken und Fühlen des anderen versteht. Damit setzt Sozialisation physische Nähe und direkte Interaktion voraus, da das Wissen nur durch Teilen einer physischen Umgebung vermittelbar ist (vgl. auch Seidel 2003). Indem persönliches Wissens geteilt wird, entsteht ein gemeinsamer Wissensraum. Zum Beispiel

| implizites Wissen | *Zielpunkt* | explizites Wissen |

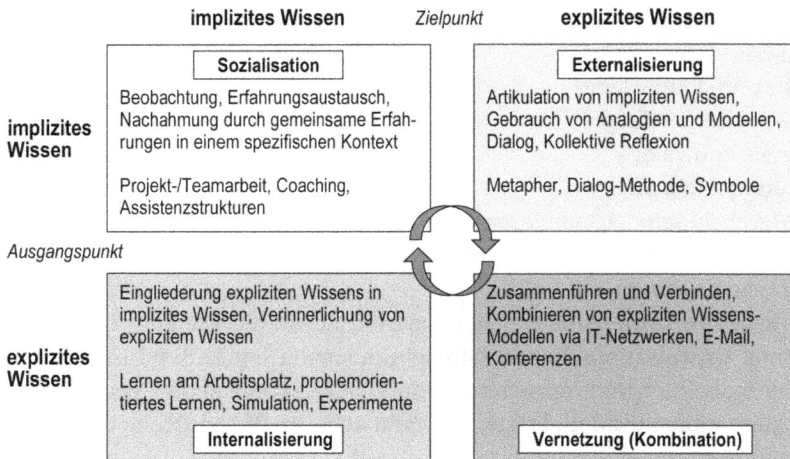

	implizites Wissen	explizites Wissen
implizites Wissen	**Sozialisation** Beobachtung, Erfahrungsaustausch, Nachahmung durch gemeinsame Erfahrungen in einem spezifischen Kontext Projekt-/Teamarbeit, Coaching, Assistenzstrukturen	**Externalisierung** Artikulation von impliziten Wissen, Gebrauch von Analogien und Modellen, Dialog, Kollektive Reflexion Metapher, Dialog-Methode, Symbole
explizites Wissen	Eingliederung expliziten Wissens in implizites Wissen, Verinnerlichung von explizitem Wissen Lernen am Arbeitsplatz, problemorientiertes Lernen, Simulation, Experimente **Internalisierung**	Zusammenführen und Verbinden, Kombinieren von expliziten Wissens-Modellen via IT-Netzwerken, E-Mail, Konferenzen **Vernetzung (Kombination)**

Ausgangspunkt

Abb. 11.3: Grundprozesse der Wissensentwicklung (Nonaka, Takeuchi 1997: 72).

lernt der Auszubildende vom Meister durch Beobachtung, Imitation und gemeinsamer Übung. Folgende Konzepte fallen ebenfalls in diese Kategorie: Training on the Job, (informelle) Communities of Practice, Coaching, Mentor-Mentee-Systeme, Trainee-Programme.

– **Externalisierung** (Entstehung von „conceptual knowledge"). Dieser zweiter und entscheidender Schritt in der Wissenskonversion erfordert in erster Linie die (mündliche oder schriftliche) Ausformulierung des durch Sozialisation erworbenen, impliziten Handlungswissens, d. h. den Transfer in explizites Wissen. Der Einzelne nutzt zur Artikulation anschauliche Beschreibungen und Formulierungen (Metaphern, Analogien, Modelle) und lässt die Gruppe dadurch an seinem Erfahrungswissen teilhaben. Externalisierung stellt einen Schlüsselprozess der Wissensgenerierung dar. In der Praxis spielen zwei Schlüsselfaktoren eine Rolle: Gesprächstechniken sowie Ausdrucksmöglichkeiten, um die Ideen und Vorstellungen einerseits zu verbalisieren und andererseits die Übersetzung von Fachsprache in leichter verständliche Sprache. Folgende Instrumente und Methoden sind hier anzusiedeln: Mind Mapping, Wissenskarten, Storytelling, Lessons-Learned-Berichte, Interviews, Ideenmanagement, Qualitätszirkel etc.

– **Kombination** (Entstehung von „systemic knowledge") bezeichnet den Vorgang der Verbindung von expliziten „Wissensvorräten", d. h. hier soll das im Zuge der Externalisierung gewonnene explizite Wissen mit anderem expliziten Wissen verknüpft werden und damit komplexere und systematischere Einheiten expliziten Wissens bilden. Voraussetzungen dafür sind das Gespräch, der Verbreitungsprozess und die Systematisierung des Wissens. Durch die Kombination von vorhandenem Wissen kann vollkommen neues Wissen entstehen (z. B. wenn explizit

vorliegende Technologien erfolgreich auf neue Anwendungsgebiete übertragen werden), das
- aufgenommen und in den Wissensbestand integriert,
- unter den Organisationsmitgliedern verteilt und
- in Form von Dokumenten (Pläne, Reports, Marktdaten) schriftlich festgehalten werden muss.

Häufig genutzte Instrumente sind neben Schriftstücken beispielsweise gemeinsame Meetings, Portale bzw. Intranet, Suchmaschinen, Expertensysteme, Data Mining, Data Warehouse oder der Einsatz von Groupware.

- **Mit Internalisierung** (Entstehung von „operational knowledge") ist die Verinnerlichung neu geschaffenen, expliziten Wissens gemeint, d. h. die Umwandlung formalen, kodifizierten Beschreibungswissens in implizites Handlungswissen. Dies erfordert, dass das neue Wissen nicht nur relevant ist, sondern dass auch Trainings- und Anwendungsmöglichkeiten bestehen. Die Umsetzung kann neue Strategien, Taktiken, Innovationen oder Verbesserungen zur Folge haben. Die übungsbasierte Anwendung im Rahmen virtueller Simulationen und grafische Veranschaulichungen erleichtern die Annahme und Übernahme des neuen Wissens. Die Internalisierung ist dem „Learning by Doing" verwandt.

Instrumente zur Unterstützung der Internalisierung können sein: Rollenspiele, Planspiele, Simulationen, Projektarbeit, Handbücher, Workshops etc.

Dem oben skizzierten vierstufigen Zyklus von Sozialisation – Externalisierung – Kombination – Internalisierung folgen immer wieder neue Zyklen, sodass ein spiralförmiger Entwicklungsprozess entsteht. Ausgangspunkt ist demnach immer das implizite Wissen eines Organisationsmitgliedes, Endpunkt die kollektive Internalisierung. Nonaka und Takeuchi (1997) weisen darauf hin, dass eine ausgewogene Mischung aus allen vier Formen der Wissenstransformation anzustreben ist.[13]

Nonaka betont, dass es eines entsprechenden Kontextes bedarf, um die Generierung neuen Wissens zu ermöglichen. Er grenzt sich damit von einer eher westlich geprägten Sichtweise ab, die Wissen losgelöst vom Kontext betrachtet. Er folgt damit der Auffassung von der Kontextbezogenheit des Wissens und führt in diesem Zusammenhang das Konzept „Ba" ein (vgl. Nonaka, Konno 1998), das die Prozesse der Wissensgenerierung in Beziehung zu einem Raum bzw. Ort setzt, an dem sie stattfinden können. „Ba" ist ein gemeinsamer, aktivierender „Wissensraum", der kollektive Wissensgenerierungsprozesse ermöglicht und damit für die Erzeugung neuen Wissens von besonderer Bedeutung ist. Im Folgenden wird dieses japanische Konzept kurz vorgestellt.

---

13 Siehe hierzu auch spezielle IuK-Technologien, die die einzelnen Phasen unterstützen, unter 10.8 Ausgangspunkt: Informations- und Kommunikationstechnologie.

„**The Concept of Ba**" von Nonaka und Konno (1998) kann Antworten auf folgende Fragen geben: Welche Voraussetzungen müssen für die Wissensgenerierung erfüllt sein? Wo ist der Wissensbildungsprozess räumlich anzusiedeln? Kann man Wissen entwickeln wie andere Ressourcen?

Das Konzept geht zurück auf den japanischen Philosophen Kitaro Nishida (1970) und wurde von Shimizu (1995) weiterentwickelt. „Ba" ist ein japanisches Wort mit vielschichtiger Bedeutung. Sinngemäß bedeutet es Ort, Platz, Raum (engl. place), wo etwas geschieht:

> [...] ba can be thought of as shared space for emerging relationships. This space can be physical (e. g., office, dispersed business space), virtual (e. g., e-mail, teleconference), mental (e. g., shared experience, ideas, ideals), or any combination of them. What differentiates ba from ordinary human interaction is the concept of knowledge creation. Ba provides a platform for advancing individual and/or collective knowledge. (Nonaka, Konno 1998: 40)

Wichtig ist, dass in diesem Raum eine Synthese von gemeinschaftlicher Rationalität und Intuition den Nährboden für Wissensgenerierung darstellt. „Ba" ist in diesem Sinne eine Plattform, ein Gefäß oder ein Resonanzraum für Wissen, in dem der Einzelne die Grenze seines individuellen Wissens überschreitet und sich in einem gemeinsamen Wissensraum, also in einem gemeinsamen Kontext mit anderen bewegt. Der Einzelne ist Voraussetzung für den gemeinsamen Kreativitätsprozess, der sich durch Synergien zwischen rationalen und intuitiven Prozessen herausbildet. „Ba" kann aus verschiedenen Ebenen zu einem Gesamtkonzept bzw. Gesamthintergrundwissen auf kollektiver Ebene zusammengeführt werden, dem sogenannten „**Basho**". Das Individuum ist in den Wissensraum der Gruppe eingebettet, die Gruppe ist Bestandteil des Wissensraums der Organisation und das Unternehmen ist Teil des Wissensraums des Marktes bzw. der Umwelt. Die Gesamtheit dieser internen und externen „Bas" bildet das „Basho". Für eben diesen Wissensraum müssen auf verschiedenen Ebenen der Organisation die strukturellen, kulturspezifischen und führungsabhängigen Voraussetzungen geschaffen werden.

Wissen ist in den gemeinsamen Kontext („Ba") eingebettet und wird dort durch eigene Erfahrung oder Reflexion über die Erfahrung anderer erlangt. Die Trennung des Wissens von diesem gemeinsamen Kontext verwandelt es in Information, die unabhängig von „Ba" kommuniziert werden kann (vgl. Nonaka et al. 2000: 14).

Analog zu den vier Formen der Wissenstransformation (SECI-Modell) existieren vier verschiedene **Typen von „Ba"**. Die „Bas" bilden sozusagen eine Art Fundament der Wissensspirale. Das Schlüsselkonzept für das Verständnis von „Ba" ist dabei die Interaktion zwischen den beteiligten Personen und ihrer Umwelt (vgl. Nonaka et al. 2000: 16 ff.):

– originating ba (individuelle Face-to-Face-Interaktion) – korrespondiert mit der Sozialisation
– dialoguing ba (kollektive Face-to-Face-Interaktion) – korrespondiert mit der Externalisierung

- systemising ba (kollektive virtuelle Interaktion) – korrespondiert mit der Kombination von Wissen
- exercising ba (individuelle virtuelle Interaktion) – korrespondiert mit der Internalisierung (Learning by Doing)

Nonaka und Konno stellen Unternehmen vor, die „Ba" eingeführt haben. Der Kern jedes Projekts wird im Folgenden kurz dargelegt. Die abschließenden Implikationen fassen den Inhalt noch einmal zusammen.

Toshiba setzte eine interne „Ba"-Gruppe ein, die die Funktion der persönlichen Wissensverbindung innerhalb der bestehenden Organisation wahrnimmt. Diese „ADI Group" ist für die Schaffung eines Klimas verantwortlich, in dem das wertvolle Wissen zu neuen Produkten und Geschäftsbereichen zusammengeführt wird.

Mayekawa Seisakusho (Marktführer im Bereich industrielle Gefriergeräte) besitzt ein Managementsystem bestehend aus einer Gruppe unabhängiger Unternehmen. Diese haben jeweils ca. 25 Mitarbeiter und sind auf ein Spezialgebiet fokussiert. Durch die hohe Autonomie können die Unternehmen schneller auf Marktbedürfnisse reagieren. „Ba" wird damit nicht von der Organisation selbst bestimmt, sondern zu einem wesentlichen Teil durch die Umwelt, vor allem die Kunden, gebildet.

Diese Beispiele zeigen, dass die Einführung und Nutzung von „Ba" sehr unterschiedlich ausgestaltet sein kann. Toshiba nutzt eine unternehmensweite Plattform, und die Kultur bei Mayekawa Seisakusho sieht vor, dass das Wissen und strategische Impulse zu einem erheblichen Anteil aus Umwelteinflüssen stammen.

Die erste wichtige Implikation ist die, dass „Ba" eine essenzielle Basis für Wissensgenerierung darstellt. Das Wissen ist zum Teil Ergebnis von Feedback-Prozessen vom Markt und somit Quelle für weiteres Wachstum und Veränderung. Wissensgenerierung ist nach diesen Überlegungen ein dynamischer Prozess, der gemanagt werden kann. Dabei kommt dem Topmanagement die Aufgabe zu, die Entstehung von Wissen zu fördern. Dies kann durch gedankliche Visionen oder Zuwendung in Form von Zeit und Energie geschehen.

Diese Ansätze lassen einen fließenden Übergang zu Open-Innovation- und Crowd-Sourcing-Verfahren erkennen. Erweitert man die zwischen Organisation und ihrer relevanten Umwelt auf die virtuellen Arenen (Online-Communitys, Blogs, Foren, Social Networks), so ergeben sich zahlreiche Möglichkeiten „Ba's" auch hier zu gestalten und/oder zu nutzen. Bartl (2010) beschreibt „Netnography" als Methode, bei der Innovationen aus Online Communitys abgeleitet werden: Der Austausch von aktiven Konsumenten im Netz wird systematisch zur Entwicklung von neuen Produkt- und Dienstleistungsinnovationen genutzt. Ausgehend von einer Definition des Innovationsbereichs werden entsprechende Online Communitys identifiziert, beobachtet und nach Bedürfnissen und Nutzen analysiert, um schließlich daraus neue Produkt-Dienstleistungskombinationen abzuleiten (vgl. Abbildung 11.4).

1	2	3	4	5
Definition des Innovationsfeldes	Communitysuche und -auswahl	Communitybeobachtung und Beitragsspeicherung	qualitative Analyse und Identifikation von Consumer Insights	Überführung von Consumer Insights in Produkt- und Servicelösungen

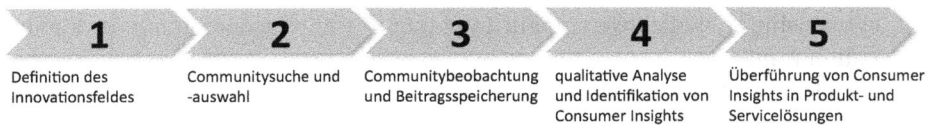

Abb. 11.4: Methodische Schritte der Netnography (Quelle: Bartl 2010: 8).

In dem Bereich Selbstbräunung greift NIVEA auf die lebhafte Diskussion in Bräunungsforen zurück, um Consumer Insights [4] und Innovationsfelder für diese Produktkategorie zu identifizieren. Es ist überwältigend, wie viel spezialisierte Bräunungsforen mit mehreren 10.000 Usern existieren. www. abtan.com, www.tantalk.com, www.tanfx.com, www.tantoday.com, www.tanningbeauty.com, www. sunless.com, www.thetanforum.com, www.iamtan.com sind nur einige davon. Weiterhin haben sich Bodybuilder (z. B. www.bodybuilding-magazin.de) als die wohl fortschrittlichste Anwendergruppe, sogenannte Lead User, herausgestellt. Sie müssen für ihre Wettkämpfe die ideale Bräune präsentieren und greifen zu eigenen Bräunungsmischungen und Autolackierpistolen, um den perfekten Teint zu erreichen. [...] Durch eine Analyse der verwendeten Profilbilder und Avatare der User lassen sich sogenannte „Consumer Tribes" oder „Konsumvölkchen" abgrenzen, die für jede Community charakteristisch und zumeist auch einzigartig sind. Typischerweise verwendet die Selbsbräunungscommunity auch ihre eigene Sprache. „Racoon eyes" sind ein feststehender Begriff für die weißen Augenränder, die nach einem Sonnenbad mit Augenschutz zurückbleiben. Selbstbräuner werden hier zur kosmetischen Korrektur eingesetzt. Über 3.000 Anwenderstatements sind in die Analyse eingeflossen. Sie berichten von Bräunungsunfällen und von Maßnahmen, diese sogenannten „Tanning Desasters" wieder zu beseitigen. Hier wird mitunter auf drastische Mittel wie Zitronensäure, heißen Duschen oder Nagellackentfernern zurückgegriffen. Eigenkreationen, Anwendungsroutinen und Selbstbräunung als Life Style sind weitere heiß diskutierte Themen. Die Netnography erlaubt ungefilterte und unverfälschte Einblicke in die Anwendungswelten der Kunden. Als Ergebnis werden die gewonnenen Erkenntnisse gemeinsam mit Produktentwicklern und Designern in völlig neue Produkt- und Kommunikationslösungen übersetzt. Produktverbesserungen, neue anwendungsorientierte Nutzertypologien und die Markenwahrnehmung sind weitere Lösungsdimensionen, die durch den Einbezug des Kundendialoges in Bräunungscommunities neue Qualität erfahren. (Bartl 2010: 9)

11.3.3 Wissensentwicklung – die individuelle Ebene

Wissensentwicklung läuft im Gehirn des Menschen ab. Interne und externe Daten interagieren in einem Wechselspiel miteinander und werden bewusst und unbewusst zu neuen Informationsmustern und Bedeutungsinhalten kombiniert. Eine wichtige Rolle spielt in diesem Zusammenhang die **Kreativität** des Einzelnen.

Csikszentmihalyi (1997), Psychologe an der Universität von Chicago, hat sich in einer Reihe von Studien mit diesem Thema beschäftigt. Seine zentralen Fragen beschäftigen sich mit der Entstehung des Phänomens „Kreativität". So untersuchte er zwischen 1990 und 1995 eine Gruppe von 91 außergewöhnlich kreativen Personen mittels Tiefeninterviews. Csikszentmihalyi arbeitete auf dieser Basis ein Muster des **kreativen Prozesses** heraus, das aus fünf Phasen bzw. Schritten besteht (vgl. Csikszentmihalyi 1997: 119 ff.):

1. Vorbereitungsphase
   Bewusst oder unbewusst beschäftigt man sich mit mehreren problematischen Fragen, weil sie Interesse oder Neugier wecken.
2. Inkubations- oder Reifephase
   Ideen unterhalb der Schwelle der bewussten Wahrnehmung geraten in Bewegung. Hier entstehen ungewöhnliche Verknüpfungen und Kombinationen, da Informationen nicht in gewohnter linearer, logischer Weise verarbeitet werden.
3. Einsicht
   In dieser Phase werden Teile des Puzzles plötzlich als Ganzes erlebt und wahrgenommen.
4. Bewertung
   In diese Phase muss sich die Person entscheiden, wie wertvoll oder lohnend die Einsicht ist. Zweifel müssen überwunden und die verinnerlichten Maßstäbe geprüft werden.
5. Ausarbeitung
   Jetzt wird die Idee ausgearbeitet und systematisch entwickelt. Dies ist bei Weitem die längste und anstrengendste Phase.

Csikszentmihalyi (1997) betont, dass diese Phasen nicht sequenziell linear durchlaufen werden, sondern dass es sich hierbei um einen rekursiven Prozess handelt, bei dem viele Wiederholungen durchlaufen und zahlreiche Schleifen gezogen werden.

Wie lassen sich individuelle Kreativität und Innovativität fördern? Die neuartige Kombination einzelner Elemente kann sinnvolle Erkenntnisse hervorbringen.

Das grundlegende Prinzip der Kreativität ist die Zusammenführung bisher unverbundener Wissensbausteine. Kreativität ist also die Fähigkeit zur Produktion neuer Ideen und Problemlösungen (vgl. Probst et al. 2006: 118).

So ist auch zu erklären, dass bei unterbewusst ablaufenden Informationsverarbeitungsprozessen unerwartet Geistesblitze auftreten. Will man sich nicht allein auf zufällig auftretende Ideen verlassen, kann man gezielt **Kreativitätstechniken** anwenden.

Im Laufe der vergangenen Jahre haben intensive Forschungen eine Reihe leistungsfähiger Methoden und Instrumente hervorgebracht, die zur Wissensentwicklung eingesetzt und als „Kreativitätstechniken" bezeichnet werden. Selten wird aber darauf hingewiesen, dass halbherzig vorbereitete und durchgeführte Verfahren kontraproduktiv sein können. Ein ausgesprochener Wille zur Veränderung und die Umsetzung erfolgversprechender Ideen können derartigen Frustrationserlebnissen vorbeugen.

Die einzelnen Techniken sind in Tabelle 11.3 aufgeführt. Für den erfolgreichen Einsatz ist ein Überblick zu den Techniken allerdings nicht ausreichend, da Probe-

Tab. 11.3: Systematik der Kreativitätstechniken (in Anlehnung an Koppelmann 1993: 97).

Gruppe	Erklärung	Beispiele (indivduell/kollektiv)	Anmerkung
prospektive Methoden	Prognose zukünftiger Zustände	– Delphi-Methode (K) – Szenariotechnik (K) – Trendprojektionen – visionäre Prognosen	(externe) Experten erforderlich
systematische Lösungsansätze	Sammlung und Ordnung relevanter Lösungsalternativen	– Fragenkataloge (I) – Methode der Negation – Attribute Listing (I) – Funktionskombinationen	erfordert Vorstrukturierung des Untersuchungs-bereichs
logisch-diskursive Techniken	analytische Methoden der Abstraktion oder Zerkleinerung; bewusst und systematisch	– Heuristik – Funktionsanalyse (K) – morphologische Methode – progressive Abstraktion – Bionik – Problemlösungsbaum	rational begründbare Lösungen entstehen
intuitiv-kreative Methoden	unbewusste Bildung von Analogien und Assoziationen	– Brainstorming (K) – Methode 635 (K) – Synektik (K) – laterales Denken	Möglichkeit für spontane und überraschende Einfälle

durchführungen nötig und Unsicherheiten erst bei der Anwendung erkannt werden. Eine **Systematik der Techniken** zeigt aber, welche Grundrichtungen von Methoden zu unterscheiden sind.

Es lässt sich zwischen **Individual- und Gruppentechniken** – in Tabelle 11.3 mit (I) und (K) gekennzeichnet – unterscheiden. Die konkrete Auswahl einer Methode ist dann auf den jeweiligen Anwendungsfall abzustimmen. Techniken, die weder mit (I) noch mit (K) gekennzeichnet sind, können theoretisch beiden Ebenen zugeordnet und damit sowohl individuell als auch in der Gruppe durchgeführt werden.

Die **Gestaltung von Umfeld und konkreten Situationen** zur Ideen- und Wissensgenerierung dient neben dem Einsatz von Kreativitätstechniken der Steuerung des Innovationsprozesses. Es wurde bereits deutlich, dass das Finden von (guten) Ideen begrenzt steuerbar ist. Das stets vorhandene Misslingenspotenzial kann durch entsprechend ungünstig gestaltete Rahmenbedingungen noch verstärkt werden. Abhilfe kann die Beachtung folgender Aspekte schaffen:

- Tagungs- und Besprechungszimmer schränken freie Entfaltungsmöglichkeiten durch ihre oft nüchterne, funktionale Einrichtung ein. Daher sollte auf eine belebende Wandfarbengestaltung, eine kommunikative Sitzordnung und die Bereitstellung unterschiedlicher Präsentationsmedien geachtet werden. Ebenso ist es empfehlenswert, anregende Kreativitätszonen für die Mitarbeiter einzurichten, um den ungezwungenen Austausch und damit die Ideengenerierung zu fördern.

– Freiräume (zeitlich und ressourcenbezogen) sollten für die Erprobung von Ideen geschaffen werden.

– Respekt und Offenheit im Umgang mit Verbesserungsvorschlägen sind wesentliche Voraussetzungen, um Ideen- und Wissensgenerierung im Unternehmen zu fördern. Die Einrichtung eines Vorschlagswesens bzw. Ideenmanagements ist daher zu begrüßen. Allerdings ist zu berücksichtigen, dass die Qualität der eingereichten Ideen leidet, wenn die Teilnehmer gezwungen werden, sich einzubringen.

– Besteht die Optionen, sich an selbstgewählten Projekten zu beteiligen, werden die Motivation und Effizienz in der Projektarbeit gesteigert.

– Eine konstruktive Fehlerkultur wirkt sich positiv auf die Innovationsfähigkeit aus.

Die Mehrheit der Aktivitäten eines Unternehmens dienen dazu, Routineaufgaben im Tagesgeschäft zu erfüllen. Dafür geltende Regeln stehen verbindlich fest. Das Management von Innovationen hingegen bedeutet, sich von Gewohntem zu distanzieren und unbekannte Wege zu gehen. Aber auch der Erfolg von Kreativitätstechniken ist begrenzt. Kreative Sitzungen werden zu gewohnten Routinen, wenn die Teilnehmer nicht wechseln oder Motivationsmethoden einsetzt werden.

Einen zentralen Einfluss auf individuelles und Gruppenlernen haben natürlich auch Führungsstrukturen und -stile (vgl. Kapitel 5.6). Führung stellt quasi den Katalysator einer lernorientierten Unternehmenskultur dar. Untersuchungen zeigen, dass eine wissens- und lernorientierte Führung sich u. a. durch die Gestaltung eines kreativen Klimas, die Förderung des Lernens auf der individuellen und Gruppenebene und die Verkörperung eines Rollenmodells auszeichnet (Viitala 2004, vgl. auch Sutton 2002; Klimmer, Selonke 2017).

11.3.4 Wissensentwicklung – die Gruppenebene

Die Entwicklung von Wissen und Innovationen in Organisationen ist vor allem ein Phänomen, das in den sozialen Kontext von Gruppen eingebettet ist (vgl. auch v. Krogh 1998; v. Krogh, Roos 1996).

Nonaka und Takeuchi (1995) beschreiben die Wissensentwicklung als Prozess, der in sozialen Gruppen stattfindet, und Senge (1990) sieht Team-Learning als zentralen Baustein organisationaler Lernprozesse. Andererseits ist aus der frühen Gruppenforschung nicht nur der Gruppenvorteil bei bestimmten Aufgabentypen beschrieben worden, sondern die Gruppe wird auch als potenzielle Barriere für Innovationen und Neuerungen (und damit Wissensentwicklung) identifiziert.

Janis Forschungen zur Gruppendynamik (vgl. Janis 1982) und deren destruktive Wirkungen („Groupthink") belegen den Verstärkungseffekt für Barrieren in sozialen Gemeinschaften. Demnach bewirkt starke Gruppenkohäsion manchmal, dass die Gruppe sich verrennt, weil sachlich falsche Entscheidungen – kanalisiert über einen Meinungsführer – in der Gruppenmeinung Fuß fassen und sachlich richtige Entscheidungen als abweichend angesehen werden. Es besteht eine Tendenz, Übereinstimmung zu erreichen, eine kritische Hinterfragung des eingeschlagenen Weges wird unterdrückt. Die Konsequenz besteht darin, dass schlechte Entscheidungen durch Ausblenden wichtiger Informationen, die nicht in das Bild der Gruppe passen, getroffen werden. Neues Wissen wird damit systematisch ausgeschlossen.

Im Folgenden werden mit dem Dialog und den Wissensnetzwerken zwei praktische Ansätze zur Förderung der Wissensentwicklung in Gruppen dargestellt.

11.3.4.1 Dialog

Die Methode des Dialogs wurde von Peter Senge (1990) und Bill Isaacs (1996) in Anlehnung an David Bohm in zahlreichen Unternehmen eingesetzt, um Wissensentwicklung und Kreativität auf der Gruppenebene zu fördern. Mit dem Dialog soll ein gemeinsamer Raum des Hinterfragens dadurch geschaffen werden, dass die Aufmerksamkeit der Gruppenteilnehmer neu ausgerichtet wird. Eine solche Umgebung wird von Senge und Kollegen „Container" oder „Erkundungsfeld" genannt und entsteht, während die Gruppe den Prozess eines Dialogs durchläuft. Unter einem **Container** wird dabei die Summe der gemeinsamen Annahmen, kollektiven Absichten und Überzeugungen einer Gruppe verstanden (vgl. Senge et al. 2008: 416).

Der Sinn des Dialogs – in Abgrenzung zur Diskussion – ist, über individuelle Erkenntnisse hinauszugehen und etwas Gemeinsames und Neues zu schaffen. In Diskussionen werden unterschiedliche Meinungen präsentiert und verteidigt, und es wird nach den besten Argumenten für anstehende Entscheidungen bzw. Einigungen gesucht. Der Dialog hingegen zielt auf Erkundung, Entdeckung und Einsicht. Es geht in einem Dialog nicht um das Klären von Meinungen oder das Überzeugen der anderen vom eigenen Standpunkt, sondern um die Klärung der Grundannahmen, die hinter solchen Meinungen stehen. Durch einen Dialog soll eine neue Art der Aufmerksamkeit und damit eine neue Wahrnehmung im Gespräch entwickelt werden – für Annahmen, die man für selbstverständlich hält, für die Polarisierung von Meinungen oder den Umgang mit Meinungsverschiedenheiten. Eine individuelle Reflexion reicht an dieser Stelle allerdings nicht aus, um diese Dinge ans Licht zu bringen, da es sich um kollektive Phänomene handelt. Hier ist die Gruppe gefordert, ihre eigenen stillschweigenden Prozesse „in Aktion" zu beobachten bzw. zu erleben. Dialog und Diskussion können sich dabei durchaus ergänzen, aber oft fällt es den Teams schwer, zwischen beiden Möglichkeiten bewusst zu unterscheiden (vgl. Senge et al. 1996: 414 f., 446 f.).

Das Bewusstwerden über eigenes Denken und Handeln erfolgt durch ein beständiges Hinterfragen von Prozessen, Sicherheiten und Strukturen im sozialen Wechselspiel des Dialogs. Dadurch wird es möglich, Unterschiede im Denken zu akzeptieren. Menschen, die sich im Dialog verständigen, sind nicht Gefangene ihrer Standpunkte. Der Gedankenprozess und Gedankenaustausch werden aus der „sicheren" Distanz des „me" beobachtet (Selbstbeobachtung: „me" statt „I") und reflektiert. Aus der Vogelperspektive des Beobachters eigener Denkprozesse können Muster erkannt sowie ein Deutero-Lernen und ein „Reframing" erst möglich werden.

Vom Ansatz zielt die Methode darauf ab, einen Lernprozess in Gruppen, also interpersonales Lernen zu initiieren. Es werden mithilfe der Dialog-Methode eine Reihe von Lernschritten der Gruppe unterstützt: Von der Phase der Instabilität des Containers, über die gemeinsame Erkundung der Gruppe in dem Container bis zur Entwicklung von Kreativität im Container (vgl. Isaacs 1996; zu den Phasen des Dialogs siehe auch 13.2.). Bewegen sich die Teilnehmer durch den Dialog in diesem Erkundungsfeld oder Container, wird ihnen bewusst, dass das „Klima" oder die „Atmosphäre" dieses Raumes sich verändert (Isaacs 1996: 416). Im Verlauf dieses Prozesses entwickelt die Gruppe eine neue Form des gemeinsamen Erkundens und Suchens und oft tauchen neue Erkenntnisse auf. Schließlich entwickeln sich in einer fortgeschrittenen Phase dieses kollektiven Lernprozesses neue Wahrnehmungs- und Kommunikationsmuster, die von einem kollektiven Vertrauen getragen werden und die Ausgangspunkt für einen neuen Typ des Lernens sind, den Isaacs (1996) als „Metalog" bezeichnet und Senge (1990: 13) als „Metanoia – a shift of mind" (= Umdenken) beschrieben hat. Das heißt, der Dialog befasst sich primär mit den Denkprozessen hinter den Annahmen, nicht nur mit den Annahmen selbst. Hier können Einsichten in die Bedeutung und den tieferen Sinn des Lernens entwickelt werden.

Bezogen auf das integrative Modell organisationalen Lernens ist dieses Instrument primär auf die Gruppenebene ausgerichtet. Der hauptsächliche Effekt von Dialog besteht im Wandel der Lernkultur, da beabsichtigt ist, die Art zu ändern, wie Menschen zusammen denken und fühlen. Es findet aber auch kognitives Lernen statt, da bestehende Annahmen von den Gruppenmitgliedern gemeinsam hinterfragt und möglicherweise verändert werden. Dabei spielen vor allem die Lerntypen des Double-Loop-Learning und des Deutero-Learning eine wichtige Rolle. Bezogen auf die Lernphasen wird durch die Methode des Dialogs idealerweise sowohl eine Generierung von Wissen gefördert als auch die Diffusion und Integration/Modifikation von gemeinsamen Handlungsannahmen unterstützt.

11.3.4.2 Wissensnetzwerke

Ein weiterer viel genutzter Ansatz stellt unterschiedliche Formen von Wissensnetzwerken dar, seien es Communities of Practice, Learning Networks oder Action Learning Groups (vgl. Kapitel 12.4.). Hier steht unter anderem die Entwicklung von neuem Wissen im Vordergrund.

> **!** **Wissensnetzwerke** sind Gemeinschaften in Organisationen, in denen der Austausch von Wissen gezielt gefördert und an Lösungen für unternehmerische Probleme gearbeitet werden kann. Sie sind durch eine hohe Dynamik, abteilungsübergreifendes Arbeiten sowie ein geöffnetes, themenzentriertes Denken bzw. Arbeiten gekennzeichnet.

Derartige soziale Netzwerkkonstruktionen werden in einer Reihe von Unternehmen praktiziert, um einen Austausch von Wissen mit dem Ziel der Wissensgenerierung zu fördern.

> **⌇** **Metro:** Managementnetzwerke sind Gruppen, die aus der Führungsebene sehr unterschiedlicher Unternehmensbereiche stammen, ihr Erfahrungswissen austauschen und auf der Grundlage konkreter Projekte für den Gesamtkonzern Erneuerungsstrategien entwerfen.
> **Sony und Microsoft** setzen seit Längerem Learning Networks ein, die als selbststeuernde Lerngruppen zu verstehen sind.

Die Methode der Lernnetzwerke bzw. Learning Networks wird eingesetzt, um beispielsweise das Lernen von Führungskräften bzw. Führungsnachwuchskräften in selbststeuernden Lerngruppen zu fördern. Zahlreiche Unternehmen setzen Learning Networks unter anderem mit folgender Intention ein,

- damit Führungskräfte die Verantwortung für ihr Lernen übernehmen,
- um Rahmenbedingungen zu schaffen, in denen Lernen möglich ist,
- um ein Forum zur Entwicklung von Führungsfähigkeiten zur Verfügung zu stellen,
- um Lernen zum zentralen Bestandteil der täglichen Arbeit werden zu lassen und
- um neues Wissen direkt in der Arbeit anzuwenden (vgl. Benkowitz 1998).

Die Learning Networks bestehen aus mehr oder weniger zufällig zusammengesetzten Gruppenmitgliedern, wobei nach Möglichkeit keine direkten Berichtslinien innerhalb einer Gruppe vorhanden sein sollten. Jedes einzelne Mitglied ist selbst verantwortlich für seine Entwicklung und die Realisierung seiner Lernziele. Die Gruppe bestimmt selbst die Dauer und Häufigkeit der Treffen, die Inhalte und die Regeln. Zentrale Aufgabe ist es, zusammen zu lernen, sich gegenseitig zu coachen, Erfahrungen auszutauschen und sich gegenseitig in der Entwicklung zu unterstützen. Zunächst finden mehrtägige Kick-Off-Veranstaltungen statt, in denen durch externe Berater Prinzipien und Vorgehensweisen erläutert werden, ein persönliches Kennenlernen stattfindet und grundlegende Unterstützung in gruppendynamischen Prozessen gegeben wird. Danach begreift sich die Gruppe als dauerhaftes selbststeuerndes Lernzentrum.

Lernen findet hier auf der interpersonalen Ebene statt, unabhängig davon, ob die Austauschprozesse z. B. durch Plattformen oder Collaboration Suites technisch vermittelt werden.[14] Da die Methode in den Alltag der Beteiligten integriert ist, kann man

---

14 Im Rahmen des Benchlearning-Projekts „Internes Community Management 2015" (vgl. https://cogneon.de/2015/01/30/benchlearning-projekt-internes-community-management-2015-

davon ausgehen, dass alle Lernformen – kognitives, kulturbezogenes und verhaltens-relevantes Lernen – Bestandteil des Lernprozesses sind. Was die Lerntypen betrifft, so kann den Erfahrungsberichten entnommen werden, dass in aller Regel sowohl Single-Loop- als auch Double-Loop-Learning abhängig von den behandelten Problemen vorkommt. Es sind vermutlich alle Lernphasen Bestandteil des Prozesses: So wird neues Wissen identifiziert und generiert. Gleichzeitig findet in dem begrenzten Teilnehmer-raum auch eine Diffusion statt, und die Mitglieder hinterfragen ihre Annahmen bzw. können im Verlauf des Prozesses auch geltende Handlungstheorien der Gruppe modi-fizieren und diese Erkenntnisse in Verhalten umsetzen. Inwieweit Community-Ansätze auch über soziale Medien vermittelt neben der Informationsaustauschfunktion auch einen aktiven Prozess der Wissensgenerierung durch kultur- und verhaltensbezogenes Lernen unterstützen, ist empirisch bislang nicht analysiert.[15]

11.3.5 Wissensentwicklung – die organisationale Perspektive

Wie bereits eingangs argumentiert stellt die Organisationsebene neben der individuel-len Ebene den Hauptfokus für Prozesse der Wissensentwicklung dar. Ausgehend von der betrieblichen Weiterbildung und der Personalentwicklung über das Innovations-management bis hin zu Ansätzen organisationalen Lernens lassen sich zahlreiche An-haltspunkte ableiten, um Wissensentwicklung auf der Organisationsebene zu fördern. In einer Auswahl der zahlreichen Methoden werden nachfolgend schwerpunktmäßig Ansätze der Personalentwicklung dargestellt, Barrieren der Wissensentwicklung be-schrieben sowie vier Methoden beispielhaft dargestellt.

11.3.5.1 Weiterbildung und Personalentwicklung
Die betriebliche Weiterbildung und Personalentwicklung ist zweifellos der am stärks-ten institutionalisierte Bereich einer betrieblichen Wissensentwicklung. Jährlich ge-ben Unternehmen mehr als 15 Millarden Euro für Weiterbildung ihrer Mitarbeiter aus. Führt man sich die Entwicklung der betrieblichen (Weiter-)Bildung im Zeitverlauf vor Augen, so wird deutlich, dass die primäre Funktion der Bildungsarbeit in einer be-darfsgerechten Bereitstellung von Qualifikationen besteht. Qualifikationen sind dabei als anforderungsgerechte Fähigkeiten im Sinne einer spezifischen Arbeitsaufgabe zu verstehen.

Betriebliche Weiterbildung folgt einem klassischen Ablauf. Der Anstoß für den Prozess ist zumeist ein Qualifikationsdefizit, wobei der idealtypische Weiterbildungs-prozess in Unternehmen die folgenden Schritte beinhaltet:

---

gestartet/, Stand: 21.03.2018) wurde festgestellt, dass Lernen in Communitys in den meisten Fällen sowohl offline als auch online stattfindet.

15 vgl. auch M2P022 Community Management, Management 2.0 Podcast. (Stand: 12.12.2018).

1. Ermittlung des Qualifikationsbedarfs,
2. Deckung des betrieblichen Qualifikationsbedarfs,
3. Transfer von entwickelten Qualifikationen,
4. Erfolgskontrolle.

Das Ziel und das Erfolgskriterium ist die **anforderungsabhängige Qualifikationsbereitstellung**. Die Planungskette nimmt an den technologischen bzw. arbeitsorganisatorischen Bedingungen ihren Ausgangspunkt und passt das menschliche Potenzial im Unternehmen an diese Erfordernisse an, möglichst ohne Überschussressourcen, sodass eine optimale Deckung zwischen Anforderung und verfügbaren Qualifikationen erreicht wird (s. Abbildung 11.5).

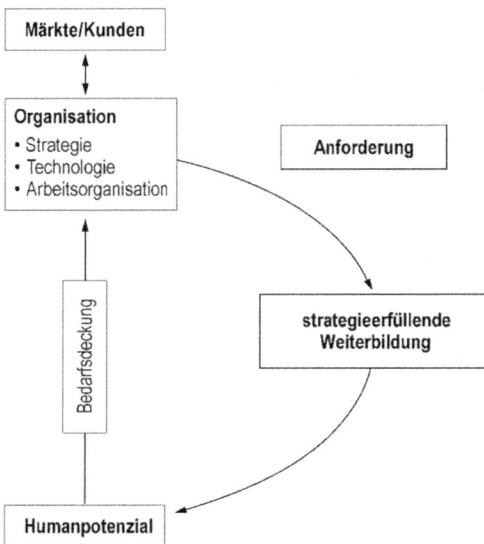

Abb. 11.5: Strategieerfüllende Weiterbildung (vgl. Pawlowsky, Bäumer 1996: 43).

Es wird in der Literatur mehrfach darauf hingewiesen, dass diese Praxis einer nachgeordneten Qualifikationsentwicklung Gefahr läuft, der tatsächlichen Bedarfsentwicklung permanent hinterherzuhinken (vgl. z. B. Staudt, Rehbein 1988). Entscheidend ist aber, dass diese einseitige Anforderungsorientierung die Kompetenz und das Wissens derjenigen, deren Qualifikationen optimiert werden sollen, vernachlässigt bzw. gänzlich übersieht. Das Grundprinzip „Anforderungen und Fähigkeitspotenziale zur Deckung" bringen zu wollen und damit die Lücke zwischen technisch determinierten Anforderungen und verfügbaren Potenzialen möglichst optimal zu schließen, mag als Ziel industrieller Prozesse eine sinnvolle Verfahrensweise darstellen. Dieses Prinzip und die dominierende Praxis der betrieblichen Weiterbildung ist aber gänzlich unzureichend, um den strategischen Erfolgsfaktor „Wissen" für den notwendigen organisationalen Wandel und eine organisationale Lernfähigkeit bereitzustellen.

Offensichtlich sind die herkömmlichen Ansätze und formulierten Ziele von Personalentwicklung aus den benannten Gründen nicht hinreichend, um den Beitrag der betrieblichen Weiterbildungs-, Qualifizierungs- und Personalentwicklungsaktivitäten, mit dem Ziel, gegenwärtige Anforderungen an Wissensentwicklung zu bewältigen, zu erfassen und theoretisch zu begründen. Das innovative Potenzial von Wissen und Humanpotenzial zur Gestaltung des Wandels, zur Anpassung an turbulente Marktumfelder und die aktive Innovationsfähigkeit durch das verfügbare Wissen bleiben unberücksichtigt. Der organisationale Wandel wird zur determinierenden Größe betrieblicher Bildung. Das inhärente Prinzip der betrieblichen Bildungsarbeit besteht darin, das Lernen des Individuums als Konsequenz organisationaler Veränderungsprozesse zu behandeln. Dieses Grundprinzip vernachlässigt die Frage, wie ungeplante Lernerfahrungen der Mitarbeiter der Organisation zugute kommen können. Damit bleibt auch die Frage außen vor, wie organisationaler Wandel durch die Erfahrungen und durch das kontinuierliche Lernen der Mitarbeiter unterstützt werden kann. Um hier weitergehende Antworten zu finden, ist genau dieser Beitrag der Mitarbeiter zu thematisieren, um die Lernfähigkeit und Anpassungsfähigkeit der Organisation zu erhöhen. Betriebliche Bildungsarbeit und Personalentwicklung muss daher neben der strategieerfüllenden Rolle auch die zweite Schleife, die strategiegestaltende Rolle thematisieren, wenn sie die neuen Herausforderungen annehmen will (s. Abbildung 11.6).

Abb. 11.6: Strategiegestaltende Weiterbildung (vgl. Pawlowsky, Bäumer 1996: 46).

Demnach stellt sich die Frage, wie organisationaler Wandel und organisationale Veränderungs- und Lernfähigkeit durch betriebliche Bildungsarbeit und Personalentwicklung unterstützt werden kann. Dabei können nicht mehr die Anpassung der Mitarbeiterqualifikationen an technische Veränderungen bzw. an Unternehmensstrategien alleiniger Maßstab sein, sondern die organisationale Lernfähigkeit bzw. Wandlungsfähigkeit wird zum Kriterium für die Wissensgenerierung im Unternehmen. Die erforderliche Neuorientierung der betrieblichen Weiterbildung kann als **strategiegestaltende Weiterbildung** bezeichnet werden (vgl. Pawlowsky, Bäumer 1996). Ziel ist einzig und allein die Lernfähigkeit der Organisation durch ein ganzheitliches und professionelles Management ihrer Ressource „Wissen". Konkret bedeutet das für die Weiterbildung, dass sich ihr Bezugspunkt und die Zielperspektive verändern:
– Bezugspunkt sind die Kernkompetenzen des Unternehmen, die durch das Mitarbeiterwissen optimal flankiert, ergänzt und entwickelt werden müssen. Die Zielperspektive verschiebt sich von der Deckung eines vordefinierten Bedarfes einzelner Arbeitsplätze hin zum optimalen, möglichst ganzheitlichen Wissensmanagement der Organisation und ihrer Lern- und Fortschrittsfähigkeit.

In diesem Sinne hat die Weiterbildung die Aufgabe, betriebliches und extern verfügbares Wissen zu managen, es zu entfalten, zu steuern und nutzbar zu machen. Dabei geht es nicht nur um das Wissen und die Bildung der einzelnen Mitarbeiter, sondern um ein ganzheitliches Management der Ressource „Wissen" in Organisationen. Nicht die Frage, wie Arbeitnehmer optimal an die Erfordernisse einzelner Arbeitsplätze anzupassen sind, steht im Vordergrund, sondern, wo welches Wissen innerhalb und außerhalb der Organisation verfügbar ist und wie diese Wissenspotenziale im Sinne der Kernkompetenzen des Unternehmens zur Generierung neuen Wissens verknüpft werden können. Eine ganzheitliche Weiterbildung erfordert somit sowohl eine strategieerfüllende als auch eine strategiegestaltende Perspektive (s. Abbildung 11.7).

Die rechte Schleife beinhaltet die bekannte, überwiegend reaktiv-umsetzende Funktion der Weiterbildung – das **Qualifikationsmanagement**. Die linke Schleife hingegen bezieht sich auf die initiierende Funktion der Weiterbildung, das **Wissensmanagement**. Erst eine Kombination von Qualifikations- und Wissensmanagement schließt den Kreislauf des organisationalen Lernens. Damit kann die Weiterbildung und Personalentwicklung zum Motor von Lernen in der Organisation werden. Je stärker eine strategiegestaltende Funktion der Wissensentwicklung genutzt wird, umso eher werden diese Prozesse inhaltlich nicht mehr durch das Personalmanagement vorgegeben, sondern entwickeln sich größtenteils selbstorganisierend in internen Communitys und Netzwerkstrukturen. Der „Bedarf" definiert sich dabei nicht primär aufrgund der Arbeitsplatzbeschreibungen, sondern vielmehr aus den wahrgenommenen Lernanforderungen, die die Mitarbeiter identifizieren und im Rahmen von Gruppenprozesse herausarbeiten. Personalarbeit hat dabei eher die Funktion, die strukturellen und organisationalen Rahmenbedingungen zu gestalten, um solche selbstorganisierten Gruppenprozesse zu ermöglichen.

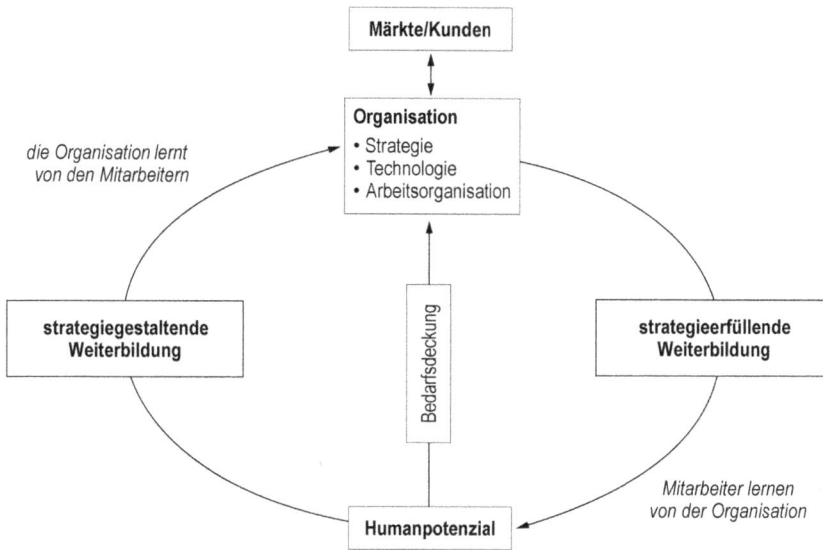

Abb. 11.7: Ganzheitliche Weiterbildung (vgl. Pawlowsky, Bäumer 1996).

11.3.5.2 Barrieren gegen Innovation und Wissensentwicklung

Individuelle Kreativität, Aneignung von Qualifikationen und Wissensentwicklung auf der individuellen und der Gruppenebene sind zwar wichtige, aber noch keine hinreichenden Voraussetzungen dafür, dass Wissenszuwachs und Innovationen in einer Organisation entstehen können. Individuelle Kreativität bzw. neues Wissen sieht sich häufig mit massiven Barrieren auf der organisationalen Ebene konfrontiert. Die Innovationsforschung hat sich intensiv mit der Frage nach diesen Hindernissen beschäftigt. Betrachten wir hierzu einige zentrale Erkenntnisse.

Die grundlegende Annahme besteht darin, dass Innovationen eine Veränderung bisheriger Arbeitsweisen mit sich bringen. Der störende Charakter wird deutlich. Veränderungen der gewohnten Routinen können Verärgerung hervorrufen und lösen Widerstände aus. Missbilligung geschieht sowohl innerhalb des Unternehmens als auch außerhalb bei Marktpartnern, Wettbewerbern, Behörden, Prüfungsinstitutionen und der nichtinstitutionalisierten Umwelt.

Resistenz gegenüber Veränderung besteht vor allem aus zwei Gründen:
- abweichende Informationen werden erst gar nicht zugelassen (Immunisierung) und/oder
- Informationen, die den Erfolg bisheriger Annahmen belegen, werden überinterpretiert.

Bei der Immunisierung von Wissenssystemen gegen abweichende Informationen, wie dies manchmal im Umkreis von organisationalen Machtzentren – seien es Geschäftsführer oder Vorstände – zu beobachten ist, werden die Wissenssysteme der dominanten Koalition bestätigt und abweichende „schlechte" Nachrichten dringen nicht durch. Häufig muss erst eine kritische Grenze überschritten werden, damit Organisationen durch einen personellen Austausch einen Paradigmawechsel vollziehen.

Die zweite Ursache von kritischer Resistenz liegt darin, dass nichts überzeugender ist als der Erfolg und somit Veränderungsnotwendigkeiten nicht erkannt werden. Dies ist beispielsweise dann der Fall, wenn Produktkombinationen und Dienstleistungen zwar noch erfolgreich sind, tendenziell aber auslaufen (Reifephase) und neue geschäftstragende Produkt- oder Dienstleistungsangebote entwickelt werden müssen. Angesichts immer kürzerer Produktlebenszyklen und sich schneller wandelnder Konsumentenpräferenzen liegen dann die zentralen Wettbewerbsvorteile in der Schnelligkeit des Wandels und der Neuausrichtung. Das Prinzip des intelligenten Wachstums von Organisationen erfordert eine Entwicklung von neuen Handlungstheorien, während die dominanten Handlungstheorien noch bestätigt werden und eigentlich keine Veranlassung besteht, erfolgreiche und funktionierenden Geschäftspolitiken zu ersetzen.

Handy (1994) hat dieses Prinzip anhand der sogenannten **Sigmoid-Kurve** veranschaulicht. Diese bildet einen Wachstumspfad für Organisationen ab. Bestehen nach einer Wachstums- und damit Erfolgsphase verspätete Einsichten in Veränderungsnotwendigkeiten, so wird das Wachstum gehemmt. Erst durch Anpassungen und erheblichem Aufwand kommt es wieder zu Wachstum und dies nur solange, bis erneut verspätete Einsichten in Veränderungsnotwendigkeiten das Wachstum verhindern (s. Abbildung 11.8).

Die einfache Lebenszykluskurve veranschaulicht, dass der Zeitpunkt, um alternative Wachstumspfade zu entwickeln, im Zenit des Erfolges bestehender Strategien liegt, d. h. zu einem Zeitpunkt A, an dem alles auf die Richtigkeit und Beständigkeit der bestehenden Handlungstheorie hindeutet. Wartet man mit der Einleitung von Veränderungsprozessen solange, bis Krisensymptome offensichtlich geworden sind (Zeitpunkt B), so ist der Aufwand, um einen neuen Wachstumspfad zu erklimmen, erheblich größer als zum Zeitpunkt A. Zu diesem Zeitpunkt müssen daher bereits ge-

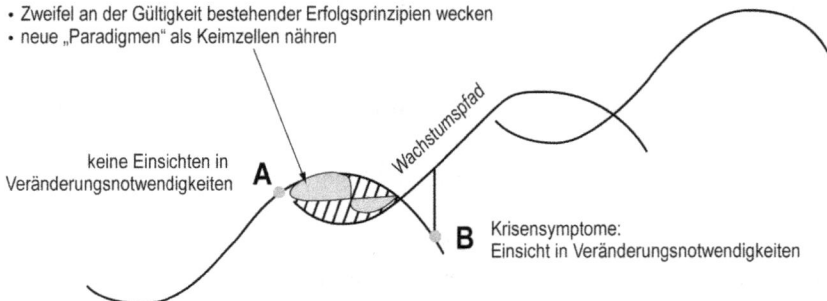

Lebenszyklus-Kurve

- Zweifel an der Gültigkeit bestehender Erfolgsprinzipien wecken
- neue „Paradigmen" als Keimzellen nähren

keine Einsichten in
Veränderungsnotwendigkeiten **A**

Wachstumspfad

B Krisensymptome:
Einsicht in Veränderungsnotwendigkeiten

Abb. 11.8: Sigmoid-Kurve nach Handy (1994: 50).

dankliche Überlebensräume für alternative Wachstumspfade geschaffen werden. Das Wissensmanagement trägt eine zentrale Verantwortung dafür, diese Schutzräume abseits von Mainstream-Aktivitäten zu schaffen und zu fördern. Dies impliziert aber auch, dass es nicht nur eine „Wahrheit" bzw. einen allgemein gültigen Referenzrahmen geben darf, sondern dass alternative Interpretationsmöglichkeiten von Realität – von Kundenverhalten, Märkten, Konkurrenzbeobachtungen, gesellschaftspolitischen Entwicklungen – zugelassen und gefördert werden müssen.

Organisationen und die in ihnen tätigen Menschen tendieren aber zu einem gewissen Stillstand. Organisationen bieten nicht nur Einkommen und Identität, sondern schaffen Orientierungsleitplanken in einer komplexen Welt. Routinen, Berechenbarkeit, Verlässlichkeit sind wichtige Funktionen von Organisationen, die dem Einzelnen Sicherheit geben. Diese Sicherheiten werden ungern aufgegeben, insbesondere dann, wenn diese bewährten Routinen derzeit auch noch erfolgreich sind. Es kommt also darauf an, auch in Zeiten des Erfolges Keimzellen alternativer Strategien zu fördern, um die Überlebensfähigkeit in der Organisation zu sichern. Angemessenheit von bisherigen Best Practices, Geschäftsmodellen, Verfahrensprozessen und Routinen muss als flüchtiges Phänomen verstanden werden. Es geht um die Pflege der Veränderungsfähigkeit und die kritische Reflexion bestehender Annahmen.

Das **Innovationsmanagement** bietet dabei einen Handlungsrahmen, um Widerstände zu überwinden. „Innovationsmanagement ist der ständige Kampf mit den Widerständen." (Hauschildt, Salomo 2007: 206) Ängste, Desinteresse und technologische Einwände müssen ebenso abgebaut werden wie ökonomische Zweifel. Grundsätzlich verlangt jeder einzelne Innovationsprozess eine spezifische Analyse seines Veränderungsumfangs und Widerstandskräfte, sodass gezielte Gegenmaßnahmen ergriffen werden können. Häufig werden angesichts der zu erwartenden Widerstände disruptive Innovationen in neue Start-up-Unternehmen ausgelagert, damit die bisherige Unternehmenskultur nicht „überfordert" wird.

Weitere Barrieren der Wissensentwicklung im Überblick:
-   Neben personellen Widerständen können objektbezogene Innovationsbarrieren (z. B. mangelnde Passfähigkeit neuer Produkte zum bestehenden Sortiment) und umfeldbezogene Barrieren (z. B. fehlende Fachkräfte am Arbeitsmarkt) auftreten.
-   Wissensgenerierung ist zudem ein zufallsgesteuerter und kreativer Prozess, der nicht rational geplant werden kann. Die Gestaltung eines lernfreundlichen Kontextes erhöht zwar die Wahrscheinlichkeit innovativer Ideen, kann diese aber auch nicht garantieren.

11.3.5.3 Hypertext-Organisation

Eine organisatorische Umsetzung des SECI-Modells und des Ba-Konzeptes (s. Kapitel 2.3.2) sehen Nonaka und Takeuchi (1995) im Rahmen der Hypertext-Organisation, einem aus Japan stammenden Strukturmodell. Im Zentrum dieser Organisationsform steht der Grundgedanke, dass das Individuum mit der Organisation durch Wissen interagiert. Die Hypertext-Organisation bildet nach Auffassung der Autoren die strukturelle Basis für die Wissensgenerierung und ist eine Synthese zentraler und dezentraler Organisationsstrukturen. Sie stellt somit ein adäquates organisationales Design für Wissensentwicklungsprozesse dar.

! In Anlehnung an den Begriff Hypertext aus dem IT-Bereich verstehen die Autoren unter **Hypertext-Organisation** eine organisatorische Struktur, die aus unterschiedlichen Ebenen und Schichten besteht. Ebenso wie ein Hypertext-Dokument aus unterschiedlichen Ebenen besteht – z. B. dem eigentlichen Text, dem Kontext, unterschiedlichen Hintergrunddaten, möglichen Videofiles und verschiedenen Links, gibt es in der Hypertext-Organisation unterschiedliche Schichten, die miteinender verbunden sind.

Das Besondere an der Hypertext-Organisation liegt in ihrer dreischichtigen Struktur, die in jedem Unternehmen mehr oder weniger ausgeprägt existiert – die Geschäftssystem-Schicht, die Projektteam-Schicht und die Wissensbasis (vgl. Nonaka, Takeuchi 1995: 169 ff.):

–   Die zentrale Ebene der Hypertext-Organisation stellt die **Geschäftssystem-Schicht** dar, die hierarchisch strukturiert ist und sich durch zentrale Entscheidungsprozesse auszeichnet. In dieser Schicht sind die Mitarbeiter in ihre Abteilungen eingebunden und befassen sich mit Routinearbeiten und Standardprozeduren.

–   In der nicht hierarchischen und selbstorganisierenden **Projektteam-Schicht** auf oberer Ebene arbeiten die Mitarbeiter für einen definierten Zeitraum mit Kollegen aus anderen Bereichen des Unternehmens (Geschäftssystems) zusammen, z. B. im Rahmen von Produktentwicklungsprozessen. Die Mitarbeiter werden eventuell für die Projektphase aus der Geschäftsprozessebene abgezogen und können hier abteilungsübergreifend Ideen und Wissen generieren bzw. austauschen. Diese Schicht ist durch Entscheidungsdezentralität gekennzeichnet.

–   Auf der unteren Ebene der Hypertext-Organisation befindet sich schließlich die Schicht der **Wissensbasis**, in der das Wissen, das in den anderen Schichten entwickelt wurde, neu kategorisiert und rekontextualisiert wird. Diese Schicht existiert nicht als reale eigenständige Organisationseinheit, sondern das Wissen ist vielmehr in Datenbanken, Cloud-Anwendungen, den organisationalen Zielen, der organisationalen Kultur und der angewandten Technologie enthalten.

Nonaka und Takeuchi (1995) sehen als wesentliches Merkmal der Hypertext-Organisation den Wechsel von Personen und Wissen zwischen den verschiedenen Ebenen und die damit einhergehende Kontextveränderung von Wissen. Wissensentwicklung wird als dynamischer Austauschprozess zwischen diesen verschiedenen Schichten verstanden. Mitglieder der Projektteams, die aus verschiedenen Funktionen und Abteilungen der Geschäftssystem-Schicht stammen beteiligen sich an Prozessen, die Wissen generieren. Sobald die Aufgaben im Projekt abgeschlossen sind, begeben sich die Mitglieder auf die Ebene der Wissensbasis. Sie geben ihr Wissen (z. B. durch Workshops, interne Seminare) weiter, verfassen Projektberichte oder erfassen Informationen in einem Informationssystem. Nach der Rekategorisierung und Rekontextualisierung begeben sich die Projektmitglieder zurück auf die Ebene des Geschäftssystems, wo sie sich wieder ihren operativen Aufgaben widmen, bis sie erneut in einem Projektteam mitwirken. Gerade diese Möglichkeit, zwischen den verschiedenen Kontexten flexibel hin und her zu wechseln und damit einen dynamischen Kreislauf zur Wissensgenerierung zu bilden, determiniert die Fähigkeit der Organisation, Wissen zu erzeugen (vgl. North 2005: 99 f.).

Die Kernüberlegung besteht darin, dass in den unterschiedlichen Schichten der Organisation die Wissensentwicklung nach unterschiedlichen Phasen der SECI-Spirale erfolgt. So gehen die Autoren davon aus, dass sich die Ebene der Geschäftsprozesse aufgrund der eher hierarchischen Strukturen neues Wissen vorrangig durch Internalisation und Kombination aneignet, während die Projekt-Teams neues konzeptionelles Wissen eher durch Externalisierung und durch Sozialisation entwickeln. Die Funktion der Wissensbasis als unterste Schicht der Hypertext-Organisation besteht somit darin, dieses Wissen aus den anderen Schichten sinnvoll zu kategorisieren und im Sinne organisationaler Ziele zu rekombinieren.

Der Organisationsstruktur und den Abläufen kommen bei der Wissensgenerierung also eine zentrale Bedeutung zu: Hypertext-Organisationsprinzipien stellen beispielsweise wichtige Voraussetzungen dar, sich in diesem Prozess gegenseitig zu „befruchten" und damit Ideen zu entwickeln.

Neben diesen strukturellen Gestaltungsprinzipien findet sich eine Reihe von Instrumenten bzw. Management- und Führungsprinzipien, die eingesetzt werden, um die Entwicklung neuen Wissens zu fördern. So ist auf die Zusammensetzung von Task Forces und speziellen Projekt-Teams entsprechend dem Wissen ihrer Mitglieder ebenso zu achten wie auf den systematischen Einsatz von Methoden zur Förderung der Wissensgenerierung. Dazu gehören beispielsweise die im Folgenden erläuterte Szenario-Technik, die Open Space Technology und die Workouts.

11.3.5.4 Szenario-Technik

Eine Methode zur Förderung organisationaler Wissensentwicklung ist der weit verbreitete Ansatz der Szenario-Technik. Konzeptionell handelt es sich um das Modellieren von Denkrahmen, in denen man mögliche Handlungsweisen und Strategien erprobt und durchspielt.

Mit dieser Technik kann individuelles Wissen von Mitarbeitern, Experten und Moderatoren in unterschiedlichen Kontexten (Gruppen, Plattformen, Netzwerken) gebündelt werden, um neues Wissen zu generieren. Durch eine gemeinsame Konstruktion von möglichen Zukunftswelten verändert sich auch die reale Wissensbasis der Organisation, traditionelle Routinen und gängige Handlungsrahmen werden vor dem Hintergrund von Alternativwelten reflektiert und hinterfragt.

Bei Shell werden Szenarios beispielsweise zu folgenden Zwecken eingesetzt (vgl. Galer, van der Heijden 2001):
- Hinterfragen existierender Handlungsannahmen
- Identifikation von Trends
- Beobachtung und Monitoring von wichtigen Trends
- Entwicklung neuer Strategien
- Überprüfung vorhandener Strategien

Im Kern zielt die Szenario-Technik darauf ab, gedankliche Modelle, Frames of References bzw. geltende Handlungstheorien in Organisationen bzw. innerhalb von Subsystemen aufzudecken und mit Informationen aus der Organisation und der Umwelt zu konfrontieren. Von der Umsetzung her bezieht sich der Lernprozess im Allgemeinen auf eine interpersonale und intraorganisationale Ebene. In Gruppen werden Szenarien auf unterschiedlichen Ebenen entwickelt und schließlich zu Globalszenarien zusammengeführt. Dieser Vorgang findet vorrangig als kognitiver Prozess statt, bei dem im Sinne von Double-Loop-Learning bestehende Handlungsannahmen überprüft und ggf. modifiziert werden. Schließlich eignen sich Szenarien vorrangig dazu, relevantes Wissens im Umfeld von Organisationen zu identifizieren und Prozesse der Wissensentwicklung zu fördern.

11.3.5.5 Open Space Technology[16]

Open Space Technology (OST) ist eine Methode, Großkonferenzen zu gestalten, in denen den Teilnehmern eine Vielzahl von Möglichkeiten gegeben wird, neue Ideen zu entwickeln. Um ein angemessenes Verständnis für die Ziele und Prozesse der OST zu erlangen, ist es hilfreich, sich mit der Herkunft dieses Instrumentes zu beschäftigen. Die OST basiert auf zwei Beobachtungen ihres „Erfinders" Harrison Owen, der diese Methode in den 1970er-Jahren entwickelte. Die erste bezieht sich auf negative Erfahrungen mit traditionellen Beratungs- und Moderationstechniken.[17] Die zweite resultiert aus Owens Erfahrungen mit vollständig selbstgesteuerten Großgruppenprozessen.[18]

---

[16] Dieser Abschnitt lehnt sich an die Ausführungen von Pawlowsky und Reinhardt (2002: 12 ff.) an.

[17] „The only thing that everybody liked was the one thing I had nothing to do with: the coffee breaks. There had to be a message here. My question was a simple one. Was it possible to combine the level of synergy and excitement present in a good coffee break, with the substantive activity and results characteristic of a good meeting? And most of all, could the whole thing be done in less than a year?" (Owen 1996: 3).

[18] „The actual celebration continued for four days with all sorts of rituals and other activities. Through it all there was amazingly nothing, so far as I could tell, that looked or acted like a planning committee, not during the event or prior to its occurrence. Nevertheless 500 people managed to manage themselves for four days in a highly organized, satisfactory, and I have to say, enjoyable fashion. How could that be?" (Owen 1996: 4).

Open Space Technology ist eine elaborierte Moderationstechnik, die als Instrument genutzt wird, um **!** Gruppen in die Diskussion und Lösung von Gesellschafts- und Unternehmensproblemen einzubeziehen. Durch das effektive Zusammenbringen von Wissen und Einschätzungen einer großen und möglichst heterogenen Gruppe von Menschen können häufig sehr schnell neue, ungewöhnliche Lösungen und Entwicklungsansätze gefunden werden.

OST kann sowohl bei Großgruppen von über 1.000 Menschen als auch bei Kleingruppen von nur unter 14 Teilnehmern erfolgreich eingesetzt werden. OST schafft eine Umgebung, in der Personen aufgefordert werden, Verantwortung zu übernehmen – für das, was sie wirklich in ihren Gedanken und in ihren Herzen bewegt. Die bisherigen Erfahrungen verdeutlichen, dass OST einen Beitrag zur Verbesserung der Organisationskultur, zur Erhöhung der Risikobereitschaft, Innovationsfähigkeit und Verantwortungsbereitschaft leisten kann. Darüber hinaus werden in einer OST spezifische Aktionspläne entwickelt, die im Anschluss umgesetzt werden sollen.

Es existieren drei **Hauptanwendungsbereiche** für OST:
– Assessment
– Konsensbildung
– Problemlösung

Beim Assessment und der Konsensbildung geht es vor allem um Fragen wie: „Was sind unsere Probleme in Bezug auf XY?" Bei der Problemlösung stellt sich die Frage „Was können wir machen, um XY zu erreichen?" Da es das Ziel von Open Space ist, zu enthüllen, was in den Gedanken und Herzen der Mitarbeiter vorgeht, dreht sich die gesamte Veranstaltung um die „wahren" Mängel und Bedürfnisse der Teilnehmer, unabhängig davon, welches Thema behandelt wird. Der **Prozess der OST** gliedert sich in folgende Schritte:
– **Phase 1: Planen/Einladen**
   Das Topmanagement lädt die Organisationsmitglieder zu einer Open- Space-Versammlung ein, in der zentrale Themen, wie die Entwicklung einer Vision oder die Unterstützung für einen Veränderungsprozess bearbeitet werden sollen. Diese Phase ist die einzige Phase, die komplett durchgeplant ist. Alle anderen Schritte werden von den Teilnehmern selbst gestaltet, die die Art und Weise der Folgeaktivitäten ihren Bedürfnissen und Erwartungen gemäß bestimmen.
– **Phase 2: Agenda festlegen**
   Alle Teilnehmer wissen, dass zu Beginn keine Agenda existiert. Konsequenterweise beginnt der Open-Space-Prozess mit der gemeinsamen Entwicklung einer Agenda. Alle Teilnehmer kommen an einem Ort zusammen, einige von ihnen schlagen Themen vor, die in Beziehung zu dem Hauptproblem bzw. der Herausforderung stehen, weswegen die OST einberufen wurde. Jeder Teilnehmer, der ein Thema vorgeschlagen hat, präsentiert dieses in der Mitte des Kreises. Ein Infoblatt mit zusätzlichen Hinweisen und mit der Bekanntgabe von Zeit und Ort des

Treffens wird an einer Pinnwand angebracht. Jeder Teilnehmer der OST entscheidet im Anschluss selbst, an welcher themenspezifischen Gruppe er teilnehmen und welches Thema er näher bearbeiten möchte. Die Teilnehmer können auch mehrere Themengruppen besuchen, d. h. von Gruppe zu Gruppe springen. Die Agenda und die Gruppenzusammensetzung sind somit flexibel, auch Themenänderungen können jederzeit vorgenommen werden.

– **Phase 3: Vertiefung in den Focus-Gruppen**
Jedes Thema wird in einer Focus-Gruppensitzung diskutiert und führt zu einem Aktionsplan. Um die Art des Lernprozesses, der während einer solchen Focus-Gruppensitzung abläuft, zu verstehen, ist es wichtig, sich an den Teilnahmeregeln zu orientieren:
    – Wer immer auch teilnimmt, ist willkommen.
    – Was immer passiert, ist genau das, was hätte passieren sollen.
    – Wann auch immer die Diskussion anfängt, es ist genau die richtige Zeit, um anzufangen.
    – Wenn die Diskussion zu Ende ist, ist sie zu Ende.
Diese Regeln stellen die Grundlage dar, bei der die Teilnehmer tatsächlich anfangen, Verantwortung für sich zu übernehmen, um die vereinbarten Ziele zu erreichen.

– **Phase 4: Konferenzabschluss und Maßnahmenplanung**
Die meist ein bis drei Tage dauernde Konferenz endet mit einer Plenarsitzung, in der die Lernresultate und abgeleiteten Maßnahmen präsentiert und diskutiert werden.

– **Phase 5: Implementierung und Follow-up-Maßnahmen**
Die identifizierten Maßnahmen werden nach ihrer Wichtigkeit geordnet und nach der Open-Space-Konferenz umgesetzt. Diejenigen Teilnehmer, die die Themen für die verschiedenen Focus-Gruppen vorgeschlagen haben, sind meist auch für die Umsetzung der Maßnahmen verantwortlich.

Ein Vergleich zwischen dieser Beschreibung von OST und dem konzeptionellen Rahmen für organisationales Lernen zeigt, dass OST Lernprozesse auf der Gruppen- und Organisationsebene fördert. Zudem spielen hierbei Lernprozesse höherer Ordnung – Double-Loop-Learning und Deutero-Learning – eine große Rolle. Die Teilnehmer lernen, über kollektive Maßnahmen und den hierbei zugrunde liegenden Annahmen zu reflektieren und eigene Aktionspläne zu entwickeln, die zumindest teilweise auf neuen Annahmen aufbauen. Zudem lernen sie, Barrieren in ihrem Denken und Handeln zu identifizieren und diese – ansatzweise – zu beseitigen. Die hierbei zum Zuge kommenden Lernformen sind zum einen kognitiv, da die Teilnehmer lernen, neue Regeln zu identifizieren und hierbei die ihren Annahmen zugrunde liegenden kognitiven Strukturen zu reflektieren, zu überdenken und neu zu ordnen. Diese Form des kognitiven Lernens hat zum anderen auch einen großen Einfluss auf die Kultur innerhalb der Organisation und das Verhalten der Mitarbeiter. Die

Teilnehmer erleben, dass die Anwendung der OST-Regeln zu Kreativität, Innovation und somit Erfolg führt. Zudem ist ein hohes Maß an Veränderungsbereitschaft notwendig, um diese neuen Erfahrungen in die tägliche Arbeit zu übertragen. Im Bezug auf die Lernphasen wird aufgrund des hohen Stellenwerts der Selbstorganisationsprozesse deutlich, dass Open Space ein Instrument ist, das die Identifikation von Informationen und die Entwicklung neuen Wissen fördert. Beides – neue Informationen und neues Wissen – wird in der Großgruppe bzw. in der Organisation verbreitet. Dies kann entweder zu einer Integration oder Modifikation der Wissensstruktur der Focus-Gruppe führen. Kurz gesagt, Open Space ist ein mächtiges Instrument, um kulturelles Lernen und Lernprozesse höherer Ordnung zu initiieren.

11.3.5.6 Workout

Workout wurde von General Electric in den 1980er-Jahren während einer Phase der strategischen Reorientierung, die auch auf eine Veränderung der Unternehmenskultur abzielte, entwickelt (vgl. Dixon 1994; Probst et al. 2006).[19] Nach Dixon (1994: 95) werden 50 oder mehr Kollegen, die gewöhnlich gemeinsam arbeiten, in einem Workout-Treffen zusammengebracht, um Verbesserungsvorschläge zu erarbeiten. Zu Beginn des Prozesses interviewen Mitarbeiter des Personalbereichs eine Vielzahl von Organisationsmitgliedern, um Probleme zu identifizieren und herauszufinden, welche von ihnen einer dringenden Bearbeitung bedürfen. Diese Ergebnisse werden vom Management genutzt, um zentrale Problembereiche zu identifizieren und Teilnehmer für das Workout-Treffen vorzuschlagen. Im Mittelpunkt des Workout steht ein zweieinhalbtägiges „Town Meeting": Von Bedeutung ist hier, dass sich zu Beginn des Treffens das Management zum einen verpflichtet, die einzelnen Problembereiche tatsächlich zu bearbeiten. Zum anderen wird ein Teamentwicklungsprozess dadurch initiiert, dass einzelne Gruppen damit beginnen, die fraglichen Schwerpunkte zu bearbeiten.

In diesen Gruppen wird das Problem aus verschiedenen Perspektiven diskutiert. Dabei kombinieren die Gruppenmitglieder ihr Wissen, um neue Lösungen zu finden. Aufbauend auf dieser Arbeit entwickeln die Gruppen Empfehlungen, wie das Management mit den erarbeiteten Lösungen weiter verfahren sollte. Das Management ist zudem aufgefordert, unverzüglich auf diese Empfehlungen zu reagieren. Falls eine Empfehlung verworfen wird, ist dies gegenüber der Gruppe begründungspflichtig. Dixon (1994) berichtet, dass bei General Electric über 90 % aller von den Gruppen erarbeiteten Empfehlungen auch angenommen worden sind. Sobald eine Lösung akzeptiert wurde, ist die Gruppe, die den Vorschlag gemacht hat, für die Implementierung und ein entsprechendes Follow-up verantwortlich.

---

19 Dieser Abschnitt lehnt sich an die Ausführungen von Pawlowsky und Reinhardt (2002: 16 f.) an.

Der Prozess des Workout ist somit ein schnelles und effektives Verfahren, um kreative und neue Lösungen in der Organisation zu entwickeln. Dies wird dadurch gewährleistet, dass die Gruppen ihre neue Idee auch implementieren und damit eine direkte Verknüpfung zwischen der Innovation und ihrer Umsetzung besteht.

Das Instrument des Workout-Treffens ist vorrangig für die Gruppenarbeit bestimmt, weil seine konzeptionellen Grundlagen im Teambildungsprozess und der Kleingruppenarbeit zu finden sind. Da der Lernprozess daraus resultiert, dass Probleme aus verschiedenen Perspektiven reflektiert, werden, entstehen hierbei Lernprozesse höherer Ordnung – Double-Loop-Learning und Deutero-Learning. Die Lernform ist zunächst kognitiv; darüber hinaus wird aufgrund der Teamentwicklungsprozesse und der engen Verzahnung zwischen Idee und Umsetzung auch die kultur- und handlungsbezogene Lernform eingeschlossen.

11.3.6 Leitfragen zur Wissensgenerierung

Wie in den vorangegangenen Abschnitten behandelt, findet Wissensentwicklung auf unterschiedlichen Ebenen in Organisationen statt. Einige Leitfragen, um Prozesse der Wissensgenerierung auf unterschiedlichen Ebenen in Organisationen zu analysieren, sind nachfolgend aufgeführt:

– Wie lernen Sie selbst am besten?
– Wo gibt es wichtige Lernmöglichkeiten für Sie?
– Welche Unterstützung bei der Wissensentwicklung ist für Sie wichtig?
– Wo gibt es bei Ihnen persönlich besonders drängende Probleme bei der Wissensgenerierung?
– Wo gibt es besonders drängende Probleme bei der Wissensgenerierung in Ihrem Unternehmen?
– Wie kann das implizite Wissen der Organisation expliziert und somit anderen Organisationsmitgliedern zur Verfügung gestellt werden?
– Wie wird neues Wissen in die Organisation geholt?
– Welche Formen der internen Wissensproduktion gibt es im Unternehmen?
– Wie wird der Aufbau neuen Wissens im Unternehmen ermöglicht und unterstützt?
– Welche Rolle spielen Kollaborationsansätze zur Wissensentwicklung in der Organisation?
– Welche Erfahrungen existieren in der Organisation? Wie können ihre vorhandenen Wissenspotenziale verknüpft werden, um neues Wissen zu generieren?
– Welche Wissenszentren werden an welchen Entwicklungsprozessen beteiligt?
– Wie können externe Kompetenzen (Kundengruppen, Hochschulen, Bürgerinitiativen, Communitys, Social Media usw.) zur Wissensgenerierung genutzt werden?
– Welche strukturellen, personellen und zeitlichen Spielräume existieren, um Generierungsprozesse zu fördern?

11.4 Diffusion von Wissen – Wissens(ver)teilung

Die Phase der Wissens(ver)teilung beinhaltet unterschiedliche Zielsetzungen und überlappt sich zum Teil sowohl mit der Identifikation und Generierung als auch mit der Speicherung bzw. Bewahrung von Wissen. Grundsätzlich geht es bei dieser Phase um den personellen und vermittelten Austausch von Wissen innerhalb und zum Teil auch außerhalb der Organisation. Dieser Austausch kann gezielt genutzt werden, um Wissen zu identifizieren und zu generieren. Andererseits trägt er dazu bei, dass vorhandenes Wissen genutzt wird und vermeidet damit Mehrfachentwicklungen bzw. Fehler bei Implementierungen. Zudem verhindert eine gezielte Wissenskommunikation (vgl. z. B. Reinhardt 2004) den Verlust von Wissen, der beispielsweise droht, wenn erfahrene Mitarbeiter die Organisation verlassen. Damit kommt dieser Phase eine zentrale Bedeutung zu, die untrennbar mit den anderen Prozessphasen des Wissensmanagements verbunden ist.

Verteilen von Wissen heißt, dass das richtige Wissen zur richtigen Zeit am richtigen Ort zur Verfügung steht. Dabei sollte allerdings nicht der Maxime gefolgt werden, dass möglichst viele (oder gar alle) Organisationsmitglieder möglichst viel (oder alles) wissen. Dies wäre nicht nur unökonomisch, sondern auch kontraproduktiv. Sprechen wir von **Wissensteilung**, so ist dafür Sorge zu tragen, dass das vorhandene Wissen überhaupt zur Verfügung gestellt wird und darüber hinaus aktiv geteilt wird.

Nach der Bearbeitung dieses Kapitels
- kennen Sie die Rolle von Vertrauen bei Wissensteilungsprozessen,
- können Sie die Bedeutung und Grenzen von Anreizsystemen einschätzen,
- wissen Sie, welche Bedeutung die räumliche Gestaltung auf den Wissensaustausch haben kann und
- kennen Sie ausgewählte Methoden und technologische Hilfsmittel zur Unterstützung des Wissensaustausches.

Die Diffusion von Wissen ist eine der schwierigsten Phasen, da die gezielte Verteilung und Verbreitung von Wissen zwischen Personen, Gruppen, Abteilungen und Unternehmensbereichen im Prinzip nur möglich ist, wenn man vorab genau weiß, was, wo und wann gebraucht wird. Da dies bei kreativen Prozessen und bei der Bewältigung von neuen Herausforderungen nur selten vorhersehbar ist und außerdem kein Unternehmensbereich in der Lage wäre, unternehmensweite Wissensprozesse inhaltlich zu erfassen und zu steuern, kann eine Wissensdiffusion nur eingeschränkt nach inhaltlichen Kriterien gestaltet werden. Es müssen sowohl die infrastrukturellen als auch die sozialpsychologisch-kulturellen Voraussetzungen geschaffen werden, damit ein interpersoneller Austausch von Wissen erfolgen kann.

Interventionen und Instrumente, die den ungehinderten Wissensfluss fördern, beziehen sich entweder auf die Einführung und Verbesserung der technischen Infrastruktur, der Kommunikation oder auf das kulturelle Klima in der Organisation sowie auf die Motivation der Mitarbeiter, sich mitzuteilen und von anderen zu lernen.

Um Diffusionsprozesse von Wissen in Organisationen zugänglich zu machen, ist es ratsam, Bedingungen der Diffusion auf unterschiedlichen Lernebenen kurz zu betrachten. Auf der individuellen Ebene steht der interpersonale Austausch im Vordergrund. Im diesem Rahmen wird einerseits implizites Wissen einzelner Personen aufgedeckt und anderen Personen zugänglich gemacht und andererseits wird explizites Wissen durch Kommunikation, Mitteilung oder durch Unterweisung von einer Person auf weitere übertragen. Welche Bedingungen fördern oder hemmen diesen Austausch von Informationen und Wissen?

11.4.1 Vertrauen als Voraussetzung von Wissensaustausch

Aus Untersuchungen wissen wir, dass der Austausch und die Bereitschaft zur Kommunikation relevanten Wissens stark von Vertrauen und von einem kooperativen Organisationsklima geprägt werden (vgl. Flodell 1989; Pawlowsky 1996, Seifert, 2001). Die freiwillige Form der Kooperation und der Austausch von Wissen hängt vor allem davon ab, ob die Arbeitnehmer einander vertrauen. Dort, wo jeder Mitarbeiter zu einem Experten geworden ist, teilt er sein Wissen und seine Kenntnisse nur dann mit anderen, wenn dies im Sinne einer gemeinsamen Zielsetzung nützlich und sinnvoll und zumindest für ihn persönlich nicht nachteilig ist. Insbesondere prekäre Beschäftigungslagen hemmen diesen Austausch und führen zu einer Beeinträchtigung der Wissensdiffusion. Denn dort, wo Wissen zu einem Wettbewerbsvorteil des Einzelnen im Kampf um den Arbeitsplatz geworden ist, werden Wissensaustausch und Kommunikationsprozesse blockiert (vgl. Pawlowsky 1996). Mit Blick auf Wissensdiffusionsprozesse in japanischen Firmen wird deutlich, dass der Einzelne sich eher in einem vertrauensbasierten Lernklima artikuliert. Nicht zuletzt durch lange Zeit bestehende lebenslange Beschäftigungssicherheit (zumindest in Großunternehmen) wurde ein solches Klima gefördert. So hat z. B. auch der Vorstand des Halbleiterherstellers Analog Devices, Ray Stata, die funktionalen Barrieren reduziert und explizit eine Kultur gefördert, die einen kooperativen Wissensaustausch unterstützt und belohnt („community of inquirers"). Dass eine Vertrauenskultur der Wissensteilung nicht nur in lebenslangen Beschäftigungsverhältnissen gedeihen kann, sondern auch in temporären und marktlichen Kollaborationsformen, wie Coworking Spaces offenbar einen Nährboden hat, ist eine interessante Erscheinung und öffnet Raum für weitere Untersuchungen zur Gestaltung von Coworking und Netzwerkssystemen (vgl. hierzu Reuschl, Bouncken 2017).

Zahlreiche Beispiele machen deutlich, dass eine einseitige Investition in IuK-Technologien, die die Wissensvernetzung verfolgt, doch ohne die bestehende Vertrauenskultur zu berücksichtigen, wirkungslos bleibt. So ist auch Sveiby (1998) der Meinung, dass Investitionen, die zu einem höheren Vertrauensniveau in der Organisation führen, erheblich mehr zu einer Steigerung des Wissensflusses beitragen können, als gäbe man den gleichen Betrag für ein IT-System aus. Während der Einsatz von Informations- und Kommunikationstechnologien eine wichtige Voraussetzung darstellt und mittlerweile durch eine flächendeckende Vernetzung in vielen Organisationen auf der Grundlage von Intranetanwendungen oder etwa Shared-Workspace-Systemen ein Wissenstransfer technisch problemlos möglich ist, werden Grundlagen der zwischenmenschlichen Kommunikation und sozialpsychologische Faktoren im Hinblick auf Wissensdiffusion häufig unterschätzt bzw. missachtet.

11.4.2 Anreizsysteme zur Unterstützung von Wissensaustausch

Wissensaustausch und Lerntransfer können auf der interpersonalen Ebene auch durch eine entsprechende Gestaltung von Anreizsystemen unterstützt werden. Bei genauer Betrachtung von materiellen und immateriellen Anreizsystemen in Unternehmen fällt häufig ein eklatanter Widerspruch zwischen Verhaltensweisen, die eigentlich als wünschenswert gelten, und solchen, die durch das Anreizsystem belohnt werden, auf. Zumeist wird ausschließlich vergangenheitsbezogenes, individuelles Verhalten, von dem man vermutet, dass es mit Erfolgsindikatoren einhergeht, honoriert. Maßstab für Anreizgewährung sollte vielmehr auch kooperatives und wissensgenerierendes Verhalten im Team sein, das die Grundlage zukünftigen Erfolgs darstellen kann.

Dabei können unterschiedliche Anreizformen und -arten eingesetzt werden: Angefangen bei Gruppenentlohnungen, die den Austausch von Informationen und Erfahrungen in Gruppen fördern, über Wissensteilung als Maßstab im Rahmen der Mitarbeiterbeurteilung, Peer-Bewertungen zur Wissensteilung von Kollegen und verschiedene Bonussysteme, die Austausch von Wissen belohnen, gibt es eine große Bandbreite an Performance-Managementsystemen (vgl, auch Seidel 2003). Dem Einsatz von materiellen Anreizen für Wissensaustausch muss allerdings entgegengehalten werden, dass diese in ihrer Wirkung umstritten sind und im Prinzip hier Verhaltensweisen zusätzlich vergütet werden, die für verantwortungsvolles Arbeiten, bei dem Wissen transparent gemacht wird, in vielen Bereichen selbstverständlich sind.

Bekannt geworden sind spielerische Ansätze beispielsweise der Communardo Software GmbH, die für T-Systems **Bonussysteme** („Wissen teilen gewinnt Meilen") und eine virtuelle Währung (Inno-Cents) eingeführt hat, die ähnlich funktionieren wie Meilengutschriften bei Fluggesellschaften.

Eine sehr weitgehende Form der negativen Sanktionierung von (unterbleibender) Wissensdiffusion hat der ehemalige Geschäftsführer Utz Claasen der Göttinger Sartorius AG im Rahmen einer **Betriebsvereinbarung zur Informationskultur** eingeführt. Sie ermöglicht es, Mitarbeiter abzumahnen, die ihr Wissen vorenthalten. In einem Interview mit dem Handelsblatt äußert sich Claasen auf die Frage, wie man die Menschen zum Mitziehen bewegen kann, er habe bei Sartorius klargestellt, dass derjenige, der Wissen teilt, den Kollegen und dem Unternehmen nutzt. Wissensmanagement ist für ihn im Kern etwas sehr Soziales, Wissen vorzuenthalten bezeichnet er als Mobbing. Für dieses Verhalten gäbe es unterschiedliche Sanktionen, die bis hin zur Abmahnung und – notfalls – Kündigung reichen. Verhaltensänderungen in der Form ließen sich allerdings nicht von heute auf morgen durchsetzen. Hier ist die Unternehmensleitung gefordert, permanent darauf zu beharren, bis die Idee im Unternehmen auf breiter Basis getragen wird (vgl. Tödtmann 2003).

Ansatz I: Bonuspunkte

- vergleichbar mit „Miles & More"
- Nutzer erhalten Punkte für Beiträge, z. B. Diskussionsbeiträge, Kommentare, Dokumente etc.
- Nutzer erhalten u. U. Punkte auch für das Lesen
- Höhe der Punktzahl ist variabel konfigurierbar
- Auswertung für Einzelnutzer und Gruppen durch Top-/Flop-Listen
- Punktzahl sagt etwas über den Status des Nutzers aus

- insbesondere für Communities of Practice/Wissensnetzwerke
- Einsatzbeispiele: Telekom Project Cultural Change, T-Systems MMS Future Forum u. a.

Abb. 11.9: Bonuspunkte als Anreiz für Wissensaustausch (Quelle: eigene Darstellung).

In einigen Unternehmen wird Wissensteilung als ein Baustein auf dem Karrierepfad der Mitarbeiter betrachtet: Eine Führungskraft, die potenzielle Nachfolger in ihrem Bereich entwickelt, fördert so die eigene Karriere in der Organisation. Zudem wird die Bereitschaft der Mitarbeiter, ihr Wissen zu teilen, in die Beurteilung mit aufgenommen. Zugleich werden mit jedem Angestellten konkrete Wissensziele vereinbart, die sich über ein Management by Knowledge Objectives aus den Unternehmenszielen ableiten lassen. Dabei sind sowohl interne als auch externe Umwelteinflüsse zu berücksichtigen (vgl. Dombrowski, Kuper 2004).

Im Hinblick auf Diffusionsprozesse spielen in hohem Maße auch Führungsstile und Formen der Kommunikation eine Rolle. Welche Kommunikationsstile prägen den horizontalen und vertikalen Austausch, stehen hier einseitige Anweisungen im Vordergrund oder sind Diskussionen und Dialog möglich? Die frühe gruppendynamische Forschung belegt, dass demokratische und partizipative Führungsansätze auch den Austausch und die Wissensdiffusion zwischen Mitarbeitern unterstützen.

Auch die Frage, welche räumlichen Möglichkeiten für den Wissensaustausch im Unternehmen existieren, ist von Bedeutung und wird im nachfolgenden Kapitel thematisiert.

11.4.3 Architektur und räumliche Gestaltung

Eine grundlegende Überlegung in Verbindung mit Wissensaustausch bezieht sich auf die räumlichen Distanzen von Mitarbeitern. Räumliche Nähe und die Möglichkeit, direkt und unmittelbar miteinander zu kommunizieren, erhöht die Wahrscheinlichkeit, dass Menschen sich austauschen. Dies kann entsprechend bei der Raumplanung berücksichtigt werden. Anders herum kann man auch prüfen, ob beispielsweise Mitarbeiter, die in der Prozesskette oft miteinander kommunizieren, auch räumlich nahe beieinander lokalisiert sind.

Die ökologische Psychologie hat auf den Zusammenhang von architektonisch-räumlichen Bedingungen, Kommunikations- und Arbeitsfluss aufmerksam gemacht. Der Zusammenhang zwischen Architektur und räumlicher Gestaltung einerseits und Wissensprozessen andererseits ist bisher allerdings nur wenig erforscht.

In der Industrie ist es üblich, die Materialflüsse ständig zu optimieren, indem die Maschinen in bessere Abfolgen platziert werden, um Durchlaufzeiten zu reduzieren. Je komplexer allerdings die Arbeitsprozesse sind, desto mehr Bedeutung gewinnt neben dem physischen der **geistige Materialfluss**. Diesen Potenzialen wird noch zu wenig Platz und Aufmerksamkeit bei der räumlichen und architektonischen Gestaltung eingeräumt. Daher sollten die Kommunikationsprozesse analysiert und bewertet werden, um die räumliche Gestaltung zu optimieren (vgl. Freimuth 2000).

Die räumliche **Struktur und Ausstattung** von Büros hinkt oftmals den Notwendigkeiten und Möglichkeiten hinterher. Abschottungen, Ansprüche auf Privatheit in Einzelzimmern, Ab-Teilungen von Funktionen sind in vielen Fällen gang und gäbe. Dabei können beispielsweise Großraumbüros, die moderne Bauplanungskonzepte („Open Space") und neuere ökologische Raumgestaltungsprinzipien berücksichtigen, dazu beitragen, dass durch persönliche Kommunikation Wissen weitergegeben werden kann, da hier die menschliche Fähigkeit ausgenutzt wird, unbewusst Wissen aufzunehmen. Stattdessen sind aber Gebäude immer noch häufig auf eine funktions- und machtgeteilte Arbeitsweise zugeschnitten, ein dadurch erhöhter Bedarf an Abstimmungsprozessen wird oft nicht berücksichtigt. Vorhandene Konferenzzimmer sind für eine offene dialogische Atmosphäre häufig ungeeignet und begünstigen eher eine Hierarchisierung des Kommunikationsprozesses (vgl. Freimuth 2000). Freimuth fordert eine kommunikative Architektur, die eine Diffusion von Wissen unterstützt und präzisiert einige Anforderungen:

Als Kernstück dieser neuen Kommunikationsarchitektur können Foren gelten, marktähnliche Gesprächsplätze, die überall im Haus verstreut zu finden sind. Erste Ansätze sind Umbauten und Ausbauten bestehender Gebäude und Räume, die speziell für Gruppenarbeit hergerichtet werden. Es sind offene Orte für alle Arten von Veranstaltungen: Spontaner Gedankenaustausch, kleine Kongresse, Informationsmärkte, wissenschaftliche Symposien, Vorträge und vieles andere mehr sind hier realisierbar. Ideal wäre es natürlich, wenn die Möglichkeit besteht, ein Kommunikationsforum völlig neu zu konzipieren, da hier auf alle Erfordernisse breiter Kommunikation Rücksicht genommen werden kann. Das Forum ist die Lern- und Denkwerkstatt des Unternehmens. Es sollte die Voraussetzungen für unterschiedlichste Formen der Gruppen- und Projektarbeit bieten. Ein Forum muss Arbeit in ständig wechselnden Gruppengrößen zulassen. Auch müssen sich mehrere Arbeits- oder Projektgruppen im gleichen Raum nebeneinander aufhalten können. Das bedingt viele neuartige Anforderungen an Flexibilität, Weite, Transparenz und Ästhetik der Räume (Freimuth 2000: ohne Seitenangabe).

> **⚡** Vorbildlich in diesem Sinne kann beispielsweise die Gestaltung der Räumlichkeiten von Google bezeichnet werden. Hier gibt es neben einer Reihe von öffentlichen Gemeinschaftsräumen Lounge-Bereiche, Entspannungsräume, Bibliotheken, Snackbars, Cafés, kleine und große Tagungs- bzw. Gruppenarbeitsräume in einer ansprechenden, kreativitätsfördernden Gestaltung, die die Interaktion zwischen den Mitarbeiter fördern und damit den Wissensaustausch anregen[20].

11.4.4 Gruppen, Netzwerke und Communitys

Gruppen sind das Bindeglied zwischen Individuum und Organisation. Das Wissen um diese **mediatisierende Wirkung von Gruppen**, beispielsweise im Hinblick auf Wahrnehmungs-, Problemlösungsprozesse, Bildung des Anspruchsniveaus und Risikobereitschaft, ist aus der Gruppenpsychologie hinlänglich bekannt. Die Gruppenebene stellt quasi eine „natürliche" Diffusionsumwelt von Wissen in Organisationen dar. Hier werden in der Interaktion die Kompetenzen Einzelner festgestellt, was zu Rollendifferenzierung innerhalb der Gruppe führt. Diese Kommunikationsprozesse müssen in vielfältiger Weise für organisationales Lernen bzw. die Verteilung von Wissen berücksichtigt werden. Beispielsweise lassen sich gemeinsame kognitive Landkarten entwickeln, die sich aus individuellen „Bildern" der Organisation zusammensetzen, es können sozio-emotionale Führer und aufgabenbezogene Führungspersonen als Katalysatoren von Wissens- und Veränderungsprozessen eingesetzt werden. Die Nutzung der „natürlichen" Gruppe als motivationaler und kognitiver Verstärker von Lernprozessen scheint eine der wirkungsvollsten Methoden zu sein, um Wissen in Organisationen zu verbreiten.

Je höher die Aggregationsebene (von der individuellen auf die Gruppen- und die Organisationsebene) bezüglich des Diffusionsprozesses wird, um so mehr steht die Frage einer **Wissenslogistik** im Vordergrund. Wie werden Wissensbasen und -prozesse miteinander verknüpft und koordiniert? Hier stellt sich – vor dem Hintergrund einer arbeitsteiligen Organisation – die Frage, wie relevante Wissensströme den einzelnen Bereichen zugänglich gemacht werden können, die dieses Wissen schließlich wertschöpfend einsetzen. Ein Gesprächspartner formulierte im Rahmen unserer Forschungsinterviews das Problem folgendermaßen: „Prüfen Sie mal, ob die Mitteilung eines Außendienstmitarbeiters über zu verbessernde Produkteigenschaften aus Kundensicht im Unternehmen irgendwo ankommt und ob dann irgendwer reagiert."

Liest man die Ansätze eines „Business Process Reengineering" mit der Brille des Wissensmanagements, so handelt es sich bei der betrieblichen Reorganisation darum, Wissen über Kernprozesse anzureichern und die Voraussetzungen zu schaffen, diese Kompetenzfelder kontinuierlich weiterzuentwickeln. Osterloh und Frost (2006)

---

20 Einen genaueren Eindruck von den Bedingungen vor Ort erhalten Sie z. B. in dem Artikel von Jade Chang (2006) „Behind the Glass Curtain"; Online: http://www.metropolismag.com/interiors/ workplace-interiors/behind-the-glass-curtain-design-process-google-hq/ (Stand: 9.11.2017).

sprechen in diesem Zusammenhang von Verknüpfungswissen, das dem Zweck dient, horizontale Synergien zu erzielen: Es ist die „Voraussetzung für die kundenorientierte Rundumbearbeitung, aber auch für Simultaneous Engineering" (Osterloh, Frost 2006: 209). Die Kenntnis darüber, wo welches Wissen verfügbar ist, und die Förderung von Diffusionsprozessen lässt sich mit unterschiedlichsten Methoden unterstützen. Von der klassischen Arbeitsplatzrotation über die Entwicklung abteilungsübergreifender Netzwerkmodelle von Prozessen („Was brauchen wir von wem und wer braucht was von uns?") bis zur technischen Konstruktion von Datenbankzugängen und informationalen Vernetzungen lassen sich Wissensdiffusionsprozesse fördern.

Beispielsweise hat Gore bereits in den 1980er-Jahren eine weltweite Verknüpfung von Kommunikationskanälen in einem Rechner vorgenommen. Entsprechend der organisationalen Matrixstruktur des Unternehmens kann hier jeder mit jedem kommunizieren, um unter anderem zu prüfen, ob für ein Problem in einer anderen Einheit weltweit bereits eine Lösung gefunden wurde.

Ähnlich hat Oticon-Dänemark eine sogenannte „Spaghetti-Organisationsstruktur" geschaffen, um ein chaotisches Netz von Interaktionsbeziehungen zu ermöglichen, in dem innovative Projektarbeiten stattfinden können.

Das US-amerikanisches Bio-Tech-Unternehmen Buckman Labs hat sich komplett reorganisiert, um Wissensaustausch zu unterstützen und eine Abteilung zur Förderung des internen Wissenstransfers eingerichtet.

Ein facettenreicher und vielgenutzter Ansatz zur Wissensdiffusion stellen unterschiedliche **Formen von Wissensnetzwerken bzw. Wissensgemeinschaften** dar, seien es Communities of Practice, Learning Networks oder Action-Learning-Groups. Derartige soziale Netzwerkkonstruktionen werden in zahlreichen Unternehmen eingesetzt, um den Wissensaustausch zu fördern. Learning Networks wurden bereits im Kapitel 11.3 im Rahmen der Wissensgenerierung kurz vorgestellt. Sie spielen selbstverständlich auch im Rahmen der Wissens(ver)teilung im Unternehmen eine wesentliche Rolle. Im Folgenden stehen die Communities of Practice im Mittelpunkt der Betrachtungen.

11.4.4.1 Communities of Practice

Communities of Practice (CoP) sind keine neue Erfindung, sondern sie beruhen auf den Erkenntnissen über die Vermittlung und Weitergabe von Wissen in sozialen Gruppen (vgl. Wenger et al. 2000, 2002). Allerdings hat dieses Konzept in den letzten Jahren einen beachtlichen Aufschwung erfahren – unter anderem bedingt durch die zunehmende Bedeutung des Wissensmanagements für die unternehmerische Praxis. Der Begriff wird dabei allerdings nicht einheitlich ins Deutsche übersetzt. Man spricht beispielsweise von Wissens-, Praktiker- oder Zweckgemeinschaft (vgl. Lehner 2006: 204 f., Romhardt 2002, North 2005).

Wenger definiert **Communities of Practice** als „[...] groups of people who share a concern or a passion for something they do and learn how to do it better as they interact regularly" (Wenger 2006: o. A.).

Wesentliches Merkmal von Communities ist also, dass es sich um mehrere Personen handelt, die ein gemeinsames Ziel haben. Damit kann sowohl ihre Größe als auch ihr Lebenszyklus sehr unterschiedlich sein und sich von einer kurzfristigen Problemlösung bis zu einer Jahrzehnte überdauernden Austauschgemeinschaft erstrecken. Ein weiteres Merkmal ist die Freiwilligkeit und zum Teil auch das Selbstorganisationsprinzip einer Community of Practice. Dies impliziert, dass ihre Mitglieder nicht vom Management bestimmt werden, sondern sich freiwillig aufgrund eines gemeinsamen Interesses oder zur Erreichung eines gemeinsamen Ziels zusammenfinden, um sich durch Identifizierung, Entwicklung und Austausch von Wissen bei der Lösung von Problemen gegenseitig zu unterstützen. Dadurch wird die organisationale und individuelle Wissensbasis vergrößert und zudem eine bessere Kommunikations- und Kooperationskultur in einer Organisation geschaffen (s. Tabelle 11.4).

Das permanente Geben und Nehmen von Wissen ist auch für die Weitergabe und den Austausch von Wissen außerhalb der Gemeinschaft förderlich (vgl. Lehner 2006: 205 ff.): „Die Grenzen von CoP stimmen im Allgemeinen nicht mit den geografischen, räumlichen oder funktionalen Grenzen in Organisationen überein, sondern eher mit denen personenbasierter Netzwerke. CoP ersetzen auch keine primären oder sekundären Organisationsformen, sondern werden lediglich zu deren Ergänzung gebildet. Sie haben daher in der Organisation eine Querschnittsfunktion." (Lehner 2006: 205)

Tab. 11.4: Typische Beispiele von Community-Aktivitäten (Quelle: in Anlehnung an Wenger, 2006: Übersetzung vom Autor).

Problemlösung	„Können wir zusammen an diesem Design arbeiten, ich komme alleine nicht weiter?"
Informationsnachfrage	„Wo finde ich den Code, um den Server zu verbinden?"
Erfahrungssuche	„Hat schon mal jemand mit einem Kunden in so einer Situation so eine Erfahrung gemacht?"
Vermögenswerte wiederverwenden	„Ich habe einen Vorschlag für ein Local Area Network, was ich letztes Jahr für einen Kunden geschrieben habe. Ich kann ihn dir schicken und du kannst ihn bei dem neuen Kunden nutzen."
Koordination und Synergie	„Können wir unsere Einkäufe kombinieren, um Mengenrabatt zu bekommen?"
Diskussion von Entwicklungen	„Was hältst du von dem neuen CAD-System? Funktioniert das wirklich?"
Projektdokumentation	„Wir haben dieses Problem schon fünf Mal betrachtet. Lass uns die Lösung ein für alle Mal aufschreiben!"
Besuche	„Können wir dein ‚After school program' kennenlernen? Wir müssen auch eines in unserer Stadt aufbauen?"
Wissen speichern und Lücken identifizieren	„Wer weiß was und was fehlt uns? Mit welchen anderen Gruppen sollen wir uns vernetzen?"

Tab. 11.5: Unterschiede zwischen CoP und Gruppen (Lehner 2006: 206, nach Wenger, Snyder 2000: 142).

	Zweck	Mitglieder	Zusammenhalt	Dauer
Community of Practice	Entwicklung der Fähigkeiten der Mitglieder, Schaffung/Austausch von Wissen	durch Mitglieder gesteuerte Auswahl, wer mitmacht	Engagement, Leidenschaft, Identifikation mit der Kenntnis der Gruppe	solange Interesse an Aufrechterhaltung der Gruppe besteht
formale Arbeitsgruppe	Erbringung einer Leistung oder eines Produktes	alle Personen, die dem Gruppenleiter berichten	Stellenbeschreibung, generelle Ziele	bis zur nächsten Reorganisation
Projektgruppe	Ausführung einer vorgegebenen Aufgabe	Ernennung der Mitglieder durch Management oder Projektleiter	Meilensteine und Ziele des Projektes	bis zur Vollendung des Projekts
soziale Netzwerke	Beratung/Austausch von Lösungen bei konkreten Problemen	Freunde und geschäftliche Bekannte	allgemeine, wechselseitige Bedürfnisse	solange die Mitglieder in dem Kontakt einen Vorteil sehen

Häufig werden Communities of Practice mit anderen Organisationsformen von Gruppen gleichgesetzt, z. B. mit Projektgruppen oder sozialen Netzwerken. Inwiefern zwischen diesen Formen jedoch Unterschiede bestehen, zeigt die Tabelle 11.5.

Eine CoP besteht in der Regel aus drei Elementen:

1. dem Wissensbereich und gemeinsamen Ziel: Dieser beinhaltet eine Sammlung von Themen, Schwerpunkten, Problemen und offenen Punkten, die für die CoP-Mitglieder von hoher Relevanz sind. Dabei sollte immer ein Rückbezug zu wichtigen Zielen bzw. strategischen Aspekten in der Abteilung bzw.Organisation erfolgen.
2. der Gemeinschaft: Sie besteht aus den persönlichen und institutionellen Beziehungen zwischen den Mitgliedern und umfasst die Mitglieder, ihre Bindungen, ihre Interaktionen, die Atmosphäre, die Entwicklung der individuellen wie kollektiven Identitäten und die Räume der gemeinsamen Begegnung (s. auch „Ba" als Wissensräumen)
3. der Praxis: Sie umfasst Erfahrungen, Ansätze, Referenzmodelle, Standards, Ideen, Instrumente, Lessons Learned und Dokumente, die die Mitglieder der Gemeinschaft teilen.

In vielen Unternehmen sind inzwischen solche Communitys auf verschiedenen Ebenen und mit unterschiedlichen Zielen fester Bestandteil der organisationalen Architektur. Bei Bosch existiert z. B. eine interne „Social-Collaboration-Suite" („Bosch Connect"), die die unterschiedlichsten Projekt- bzw. Kunden-Communitys mit unterschiedlichem Status (aktiv, inaktiv und Archiv-Status) umfasst.[21] Diese Communitys werden während ihrer individuellen Laufzeit aktiv gestaltet und betreut und haben schließlich auch eine wichtige Funktion als Wissensspeicher, denn sie sorgen dafür, dass Inhalte und Entscheidungen im Nachhinein nachvollziehbar werden.

Folgendes Fallbeispiel illustriert die Einführung einer Community in einem mittelständischen Unternehmen (Quelle: K³ Knowledge Laboratory®):

Ein mittelständisches Unternehmen der Umwelttechnik suchte nach einer Methode, um einen übergreifenden Wissensaustausch zwischen vier Standorten zu ermöglichen und zu intensivieren. Die Koordination der Informationsweitergabe durch Besprechungen gestaltete sich schwierig: Da man auf niemanden verzichten wollte, mussten gemeinsame Termine der Führungskräfte gefunden werden. Auch waren die Meetings stets mit einer Anreise verbunden. Des Weiteren waren Mitarbeiter aufgrund komplexer werdender Arbeitsstrukturen seltener anzutreffen, was die persönliche Kommunikation erschwerte.

Eine Mitarbeiterbefragung hatte ergeben, dass deutliche Probleme bei der Weitergabe von Wissen bestanden. Vielfach hatten die Befragten das Gefühl, nicht ausreichend informiert zu werden. Die damalige Situation wird rückblickend als „Misstrauenskultur" bezeichnet. Man entschied sich dafür eine interaktive Wissens-Community auf der Basis einer Open Source Software einzuführen. Zunächst experimentierte ein technisch bewanderter Geschäftsführer mit der Software Mindmanager (www.mindmanager.de). Er verlinkte diese Datei mit einer Worddatei, die so von Mitarbeitern aufgerufen werden konnte, um Inhalte zu ergänzen etc. Auf sehr einfache Weise erstellte er damit ein erstes Intranet zur Ablage von Dokumenten. Dieser Lösung fehlte jedoch eine Möglichkeit der Interaktion und sie war in der Bedienung kompliziert. Nach einem Jahr der Erprobung stellte man fest, dass das Wissensportal auf Basis der Mindmap und angehängter Dokumente zu statisch angelegt war, da es keine Interaktion ermöglichte. Neben einer Suchfunktion fehlte die Möglichkeit zu überprüfen, wer welche Dokumente eingestellt und verändert hat. Nach einer Prüfung verschiedener Softwarelösungen, die eine virtuelle Interaktion und Kollaboration ermöglichen, fiel die Entscheidung auf die kostenlose Open Source Software phpnuke. In Eigenleistung wurde diese an die Bedürfnisse der Firma angepasst. Die Informationen des alten Intranets wurden vom Geschäftsführer neben dem Tagesgeschäft innerhalb von zwei Wochen in die neue Plattform übertragen. Die neue Plattform integrierte mehrere Funktionen. Sie erlaubte es u. a. nun
- gemeinsam an Dokumenten zu arbeiten,
- sich in einem Diskussionsforum auszutauschen,
- Ideen im Ideenforum zu posten und zu diskutieren,
- Kollegen eine SMS zu schicken und
- Nachrichten der Geschäftsführung zu lesen.

Da sich anfangs noch zu wenige Mitarbeiter an der Wissens-Community beteiligten, musste identifiziert werden, was die Nutzung hinderte. Hierbei war entscheidend, dass das Unternehmen frühzeitig in Zusammenhang mit der Einführung eines Qualitätsmanagements verstand, eine Unternehmenskultur des Lernens und der Fehlertoleranz zu fördern. Da bereits das alte Intranet-Portal allen Mitarbeitern offen stand, wurde auch die neue Wissens-Community sofort allen zugänglich gemacht. Eine Testphase für ausgewählte Mitarbeiter gab es nicht. Neben freiwilligen Schulungen in der Nutzung der Plattform, wurden in den Foren der Community Themen mit jenen Mitarbeitern gestartet, die neben den Inhalten auch an dem Medium selbst interessiert waren. Ein wesentlicher Erfolgsfaktor für

---

21 Vgl. M2P022 Community Management Podcast, https://www.stitcher.com/podcast/cogneon/management-20-podcast/e/43529363?autoplay=true (Stand: 02.04.2016).

die Akzeptanz und Beteiligung der Mitarbeiter an der Wissens-Community war die Übertragung des Ideenmanagements von bisherigen Papierformularen in ein eigenes Diskussionsforum. Ebenso war für die Einführung der Wissens-Community das Verständnis ausschlaggebend, dass die Mitarbeiterbeteiligung an einer technischen Plattform kein Selbstläufer ist. Vielmehr war die gezielte Förderung einer lern- und wissensfreundlichen Unternehmenskultur entscheidend, Mitarbeiter zum Mitwirken an der Wissens-Community zu motivieren. Es ist daher empfehlenswert, sich bei der Einführung einer Online-Plattform zum Wissensaustausch nicht auf die Technik zu beschränken, sondern immer auch den kulturellen Aspekt zu berücksichtigen. Darüber hinaus war hilfreich, dass der Geschäftsführer eine Affinität zu Informationstechnik besaß und durch Ausprobieren die erste Version der Plattform erstellte. Basierend auf den Defiziten dieses statischen Intranet-Portals wurde die Erkenntnis gewonnen, welche exakte Kommunikationslösung zum virtuellen Wissensaustausch benötigt wurde. Um die Wissens-Community weiterzuentwickeln, zu warten und zu betreuen, war es drittens wichtig, eine Stelle zu schaffen und mit einer qualifizierten Person zu besetzen. Diese Mitarbeiterin steht bei allen Fragen zur Community mit Rat und Tat zur Seite. Die Frage der Betreuung bei der Einführung einer Kommunikationsplattform eindeutig festzulegen ist daher unbedingt zu empfehlen.

11.4.4.2 Der Community-Ansatz bei der Volkswagen AG

Der Community-Ansatz bei Volkswagen war eines der ersten breit aufgesetzten Community-Projekte, die firmenübergreifend im Konzern angewandt wurde. Der Ansatz zielte darauf ab, Wissen jederzeit und an jedem Ort zur Verfügung zu stellen und somit innovative lokale Lösungen im gesamten Konzern zu teilen. Das bei VW ursprünglich unter ww.deck, „world wide development and exchange of corporate knowledge", firmierende Wissensmanagement stellte verschiedene Werkzeuge zur Verfügung, darunter auch die Intranetlösung „Expertroom" (vgl. VW 2007; s. Abbildung 11.10).

Über dieses Instrument verfolgt VW das Ziel, Experten und Expertenwissen zu unterschiedlichen Themen in sogenannten Kompetenzgemeinschaften weltweit vir-

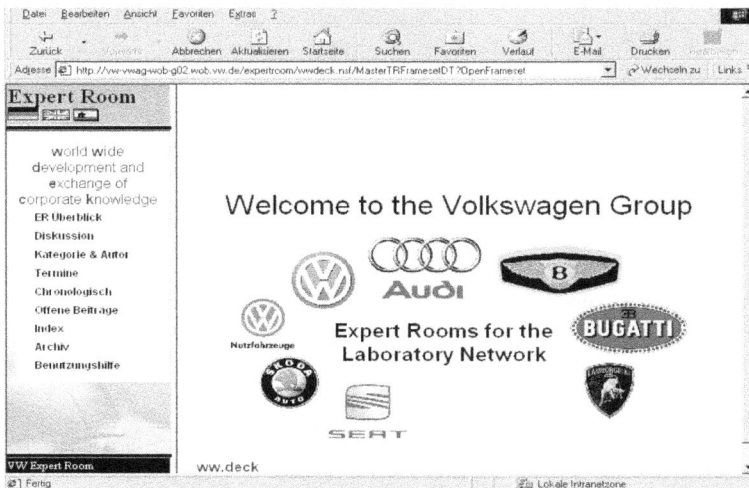

Abb. 11.10: Globale Wissensnetzwerke bei der Volkswagen AG (Quelle: Volkswagen).

tuell zu vernetzen, z. B. Experten zur Qualitätssicherung oder zu Themen wie Verschraubung, Textil bzw. Leder, Korrosionsbeständigkeit oder Akustik. Durch den Expertenaustausch konnten die Unternehmensbereiche ihre Zusammenarbeit intensivieren und verbessern (vgl. VW 2007).

Durch diese Form des Austausches konnten die Experten voneinander lernen und auf Basis von Erfahrungen von anderen Entscheidungen nicht nur sicherer, sondern auch schneller treffen. Beispielsweise wurde ein Problem mit Lufteinschlüssen im Lack, das in der Lackiererei eines Werkes aufgetreten ist, identifiziert und gelöst. Der Austausch zu den Problemfällen und der Transfer von Lösungsansätzen anderer Werke ist hier von erheblicher Bedeutung und kann durch den Austausch in Expertennetzwerken befördert werden.

Obwohl es eine Vielzahl von Beispielen für den wertschöpfenden Charakter von Communitys gibt, fehlen bislang explizite empirische Evaluationen zu ihrer Wirksamkeit bezüglich der organisationalen Effektivitäts- und Effizienzziele (vgl. hierzu Zboralski 2007, Stocker, Müller 2016, Herzog et al. 2014, Benchlearning-Projekt „Internes Community Management 2015").[22] Da diese sozialen Systeme eher Möglichkeitsräume für Wissensvernetzung, -entwicklung und Lernkultur darstellen, fällt die Argumentation für die zum Teil erheblichen Investitionen in Softwaresysteme und für die Bereitstellung von Zeit und sonstigen Ressourcen je nach Reifegrad und Unternehmenskultur nicht immer ganz leicht.

11.4.5 Unterstützung der Wissensdiffusion durch IuK-Technologien

Im Bezug auf die technische Infrastruktur der Wissensverteilung wurden zahlreiche Computertechnologien, Netzwerke, Intranets, örtliche Betriebsnetzwerke (LANs) und spezialisierte Groupware-Programme entwickelt. Diese IT-Systeme unterstützen die Ausbreitung und das Filtern von Wissen innerhalb der Organisation (vgl. Rao 2005). Hier waren Beratungsfirmen die Vorreiter bei der Implementierung. McKinsey&Company führte zum Beispiel das Rapid Response Network ein (vgl. Probst et al. 2006: 74), Andersen Consulting macht das gleiche mit dem Wissensmanagement-System Knowledge Xchange[23] (vgl. Probst et al. 2006: 154 f.), und Arthur D. Little fing an, das ADL-Link-System zu entwickeln. Eine wichtige Herausforderung, die von diesen

---

22 Vgl. https://de.slideshare.net/cogneon/benchlearning-bericht-internes-community-management-blp15 (Stand: 21.03.2018).

23 Das Knowledge-Xchange-System (KX genannt) umfasst 7.000 Datenbanken, in denen das gesamte Wissen und die Erfahrungen des Unternehmens abgelegt und katalogisiert sind, z. B. frühere Angebote an Kunden, Fachartikel, Erfahrungsberichte abgeschlossener Projekte, Methodensammlungen, Lernprogramme etc. Die Datenbanken sind im Allgemeinen auf einzelne Branchen (z. B. Telekommunikation, Finanzwesen etc.) oder auf einzelne Servicebereiche (z. B. Strategie, CRM, SCM) zugeschnitten. Einige der Datenbanken sind weltweit zugänglich, andere auf bestimmte Kunden, Communities of Practice oder Länder begrenzt (vgl. Probst et al. 2006: 155).

Systemen bewältigt werden muss, besteht in dem Filtern von abgelegten Informationen und dem ständigen Aktualisieren der eingestellten Daten.

Die alleinige Bereitstellung und Implementierung von neueren Kollaborationsinstrumenten ist keineswegs ein Garant für einen erfolgreichen Wissensaustausch. Wesentliche Voraussetzungen wurden bereits auf der individuellen Ebene mit persönlichem Vertrauen angesprochen, dies gilt umso mehr, wenn es um virtuelle Communitys geht. Einerseits muss den Beteiligten mittelfristig gesichert erscheinen, dass das Geben und Nehmen von Wissen ausgewogen ist und damit eine Win-win-Situation vorliegt. Häufig ist hierfür eine professionelle Moderation notwendig. Ferner muss den Beteiligten der Nutzen der Teilnahme klar sein. Am Beispiel einer Evaluation eines misslungenen Community-Projektes (Zielsetzung: Implementierung von Communities of Knowledge, um die Wissensdiffusion und eine team-orientierte Arbeitsweise im FuE-Bereich zu verbessern) in einem Großunternehmen werden typische Fallstricke deutlich (s. Tabelle 11.6).

Tab. 11.6: Evaluation eines misslungenen Community-Projektes.

Stärken	Schwächen
– Verbesserung der Ablauforganisation wurde angestrebt – IT trifft die Anforderungen sehr gut – Integrativer Ansatz geplant	– MA werden in Projektkonzeption und Umsetzung zu wenig einbezogen – ungenügende Schulung im Umgang mit dem System – geringe Motivation am Projekt zu partizipieren – stark IT-getrieben – lediglich Ablauforganisation wurde im Rahmen von Organisationsentwicklung betrachtet – fehlende begleitete PE-Maßnahmen – Projekt nicht Bestandteil der Unternehmensplanung – mittleres Management steht nicht hinter dem Projekt – keine langfristige Planung – kein Projektmarketing

11.4.6 Fallbeispiel: ProduktionsLernSystem (PLS)

Eine interessante Verbindung von zwischenmenschlichem Wissensaustausch und einer IT-gestützten Lösung findet man bei Daimler Nutzfahrzeuge: Bei dem ProduktionsLernSystem (PLS) handelt es sich um eine didaktische Datenbank, die im Rahmen eines gemeinsamen Entwicklungsprojektes („Arbeiten und Lernen im Fachbereich") der Daimler AG und der IG Metall entstanden ist. Ziel des Projektes war der Aufbau und die Einführung eines computergestützten Lern- und Informationssystems, um die arbeitsplatznahe Weiterbildung in der Automobilproduktion zu unterstützen. Insbesondere die Kompetenzentwicklung von Facharbeitern sollte gefördert und verstetigt werden (vgl. Ferrando 2007: 123).

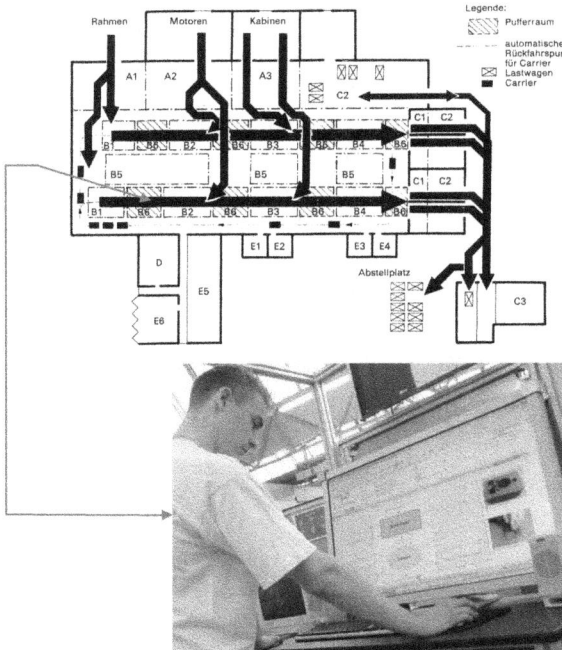

http://www.infoman-systeme.de/pdf/alf2-broschuere.pdf

Abb. 11.11: ProduktionsLernSystem Daimler Nutzfahrzeuge (DaimlerChrysler AG, IG Metall 2004; http://www.infoman-systeme.de/pdf/alf2-broschuere.pdf, Stand 2.04.2016).

Das PLS ist sowohl ein Informations-, Lern- als auch Austausch- und Dokumentationssystem, das dezentral an den jeweiligen Arbeitsstationen in der Produktion angesiedelt ist. Der Aufbau des Systems ermöglicht es den Produktionsmitarbeitern, sowohl Arbeitsschritte zu erlernen bzw. zu verbessern als auch eigene Erfahrungen an ihren Arbeitsplätzen zu hinterlegen. Jörg Ferrando, der seitens der IG Metall an der Entwicklung dieses Projektes beteiligt war, kennzeichnet das PLS folgendermaßen (Ferrando 2007: 126 ff.):

Das PLS läuft über das Intranet und ist den Mitarbeitern direkt am Arbeitsplatz über eigens dafür aufgestellte Terminals zugänglich. Dort kann sich der Mitarbeiter von der gesamten Montagelinie über einzelne Arbeitsplätze bis hin zu Tätigkeiten und einzelnen Arbeitsschritten informieren. Zu jedem Arbeitsplatz erhält er die Übersicht über die dort zu verrichtenden Tätigkeiten. Innerhalb des PLS befinden sich verschiedene Tools:

– Virtuelle Montagestraße: Mithilfe eines Editors kann der Produktionsbereich im PLS als virtuelle Montagestraße nachgebildet werden. Die einzelnen Arbeitsplätze können dann direkt angewählt werden, um sich dort über Tätigkeiten und erforderliche Kompetenzen zu informieren.
– Netzbilder: In sogenannten ‚Netzbildern' werden die einzelnen Arbeitsschritte der jeweiligen Tätigkeiten mit den wichtigsten Informationen grafisch dargestellt. Der Arbeitsschritt wird dabei im Zentrum abgebildet, in den acht ‚Ohren' findet der Mitarbeiter Informationen zu Werkzeugen, Drehmomenten, Teilenummern, Qualität sowie besondere Hinweise. Mithilfe von Medien aller

Art (Videos, Digitalfotos und Präsentationen) können Handlungsabläufe zusätzlich visualisiert werden.

– Kompetenzen: Im Bereich der ‚Kompetenzen' finden sich Fragen und Antworten zu vier unterschiedlichen Kompetenzbereichen [fachliche, methodische, emotionale und persönliche Kompetenz, Ergänzung d. Verf.].

– Tickermeldungen: Aktuelle Informationen können in Form eines Newstickers über das PLS schnell an den gesamten Produktionsbereich gesandt werden. Auf jeden Rechner erscheint dann ein Pop-Up-Fenster mit der entsprechenden Meldung.

– Rückmeldungen: Jeder Mitarbeiter hat im PLS die Möglichkeit, Rückmeldungen zu PLS-Inhalten zu verfassen. Die Mitarbeiter können somit aktiv bei der Pflege des Systems mitwirken, indem sie Änderungen an das Redaktionsteam melden und Verbesserungsvorschläge einreichen.

– Lexikon: Im Lexikon kann der Mitarbeiter über eine Suchmaschine Hintergrundinformationen zu Bauteilen, Werkzeugen, Maschinen oder Fachbegriffen recherchieren. Zusätzlich zu Fließtexten besteht dort die Möglichkeit, Grafiken, Fotos, Präsentationen oder kurze Video-sequenzen zu integrieren.

– Qualifizierungsmatrix: Jeder Mitarbeiter kann im PLS seine persönliche Qualifikationsmatrix einsehen. Dort ist der aktuelle Qualifizierungsstand für jeden Arbeitsplatz hinterlegt. Zusätzlich werden dort geplante Qualifizierungsmaßnahmen eingetragen. [...]

– Selbstüberprüfung: Im PLS kann jeder Mitarbeiter sein Wissen über einen „Selbsttest" überprüfen und den persönlichen Lernbedarf feststellen. Fragen zu den entsprechenden Kompetenzbereichen stehen für jeden Arbeitsplatz zur Verfügung und können im Anschluss mit einer Musterlösung verglichen werden. (Ferrando 2007: 126 ff.)

Der zentrale Nutzen dieser Vorgehensweise besteht darin, dass Erfahrungswissen von Mitarbeitern systematisch gesammelt und gespeichert wird. Der didaktische Ansatz ermöglicht es zudem, das jeweilige Arbeitsprozesswissen systematisch zu erfassen und im PLS zu dokumentieren. So bleibt wertvolles Know-how im Unternehmen erhalten. Über die integrierte Rückmeldefunktion können die Mitarbeiter im PLS aktiv bei der Gestaltung des Systems mitwirken und zusätzliche eigene Ideen einbringen, womit sich die didaktische Datenbank zu einem offenen, lernenden System entwickelt.

11.4.7 Fallbeispiel: Working Out Loud (WOL)

Die Überlegung von „Working out Loud" besteht darin, die eigene Arbeit für andere sichtbar zu machen, um das eigene Erfahrungswissen mitzuteilen und selbst durch die Rückmeldungen von Anderen zu profitieren.[24] WOL wurde in breitem Umfang auf der Basis einer JIVE-Plattform bei der Deutschen Bank eingesetzt, um die Kollaboration unter 76.000 Beschäftigten weltweit zu unterstützen (myDB). Praktisch sieht dies etwa folgendermaßen: Ein Beschäftigter öffnet mit dem Verweis auf ein bestimmtes

---

24 Steppar (2016) Quelle: http://johnstepper.com/2014/01/04/the-5-elements-of-working-out-loud (Stand: 27.11.2018). Vgl. zum Ansatz Work Out Loud auch die Implementierung bei Continental: https://cogneon.de/podlove/file/42/s/download/c/select-show/m2p016-continental-guide-netzwerk.mp3 (Stand 8.11.2017).

Thema bzw. einen Arbeitsprozess, zu einem bestimmten Zeitpunkt seinen Bildschirm (SplitScreen) für den Zugriff durch andere. Diese können dann der Person quasi „über die Schulter schauen" und den Arbeitsablauf kommentieren, bzw. Fragen dazu stellen. Mtarbeiter, die an diesen Prozessen beteiligt sind, kommentieren den Lernerfolg als außerordentlich positiv und zwar sowohl bei denjenigen, die das Thema anbieten als auch bei denen, die als „Teilnehmer" involviert sind.

Ein ähnliche, hierarchiefreie Vernetzung findet bei Continental unter dem Namen „ConNext" statt. Um schneller, direkter und regionsübergreifend kommunizieren zu können, wurde mit der Einführung des Business-Netzwerks ConNext ein wichtiger Grundstein gelegt. Wöchentlich beteiligen sich rund 25.000 Mitarbeiter aktiv daran, Wissen und Informationen auszutauschen sowie Wissensdatenbanken aufzubauen und zu pflegen. In mehr als 4.000 Communitys (teils mit mehreren Tausend Mitgliedern) wird diese Kultur des Zusammenarbeitens, und des Teilens von Wissen und Informationen gelebt – und das in mehr als acht Sprachen. Die Inhalte der verschiedenen Wikis wurden bereits rund 500.000 mal abgerufen. Die Selbstverpflichtung des Vorstands, ebenfalls teilzunehmen, beinhaltet auch, aktive eigene Blogs und Statusmeldungen einzubringen bis hin zum direkten Dialog mit den Mitarbeitern. Ein weltweites, hierarchieübergreifendes Netzwerk von über 400 „Social Media Guides" hilft den Kollegen beim Einstieg, dem richtigen Verhalten und der optimalen Nutzung der neuen Kommunikationsformen. Die Guides gehen regionsspezifisch und an die jeweilige Kultur angepasst vor, leben die neue Kultur vor und setzen eigene Verbesserungsprojekte aber auch Präsentationen und Schulungen um.[25]

11.4.8 Leitfragen zur Wissensdiffusion

- Wie kann der Austausch von Wissen in der Organisation unterstützt werden?
- Wie steht es um die Vertrauenskultur in der Organisation?
- Welche kommunikativen Einbindungen von Gruppen existieren?
- Welche Kommunikationskanäle sind vorhanden und wie werden sie genutzt?
- Wie lassen sich dezentrale Einheiten über IuK-Technologien informational vernetzen?
- Nach welchen Prinzipien erfolgt die horizontale und vertikale Kommunikation?
- Welche Kommunikationsformen prägen den Austausch im Unternehmen: Anweisungen, Diskussionen, Dialoge?
- Welche Kommunkationsformen nutzen die Führungskräfte?
- Welche Kommunikationsbarrieren existieren aus der Sicht der Mitarbeiter?
- Wie sind die Bedingungen für Kommunikation im Hinblick auf Zeit, Räumlichkeiten und sozialpsychologische Faktoren?

---

25 http://workingoutloud.com; http://johnsteppar.com; http://cogneon.de/2015/07/23/m2p017-working-out-loud-mit-barbara-schmidt/ (Stand: 9.11.2017).

11.5 Wissensspeicherung, Integration und Modifikation von Wissen

Im Kontext der Wissensspeicherungs-, Integrations- und Modifikationsphase steht die Frage im Vordergrund, wie relevantes Wissen innerhalb der Organisation aufbewahrt und gespeichert wird und wie die organisationale Wissensbasis modifiziert und erneuert werden kann.[26] Diese Aufgaben erfordern nicht nur eine Archivierung z. B. in Datenspeichern bzw. in der Cloud (mittels Taxonomien und Ontologien), sondern auch die Integration und Reflexion dieses Wissens im Rahmen von Handlungsroutinen. Oft entspricht Wissen, das in den Wissensspeichern abgelegt wurde, nicht dem aktuellen Bedarf, da die vorhandenen Annahmen und Normen der Organisation (Standard Operating Procedures) nicht den derzeitigen Erfordernissen entsprechen. Welche sozialpsychologischen Aspekte lassen sich identifizieren, die sowohl die Integration neuen Wissens in die bestehende Wissensbasis als auch die Modifikation der dominanten mentalen Modelle und der daraus resultierenden Abläufe behindern? Wie sehen die mentalen Modelle aus, die das organisationale Gedächtnis bestimmen – sei es in Form des strategischen Bezugssystems oder als Koalition des Topmanagements? Wie differenziert und integriert sind diese mentalen Modelle? In welchem Umfang werden sie systematisch hinterfragt und mit neuartigen Informationen herausgefordert?

Vor diesem Hintergrund sind verschiedene Praktiken nützlich, mit denen Annahmen, die als „organisationale Wahrheit" gelten, reflektiert und hinterfragt werden können. Fragen hierzu lauten beispielsweise: Gibt es irgendwelche Hindernisse, wie Angst vor Misserfolg, die verhindern, dass neues Wissen in das vorhandene Wissenssystem integriert wird? In welchem Maße unterstützen die bestehenden Anreizsysteme neuartiges Verhalten und neue Denkweisen?

Im Bezug auf die Integrations- und Modifikationsphase existieren, wie auch in den anderen Lernphasen, zahlreiche Instrumente, die dazu beitragen, die organisationale Wissensbasis aufzubauen und dadurch das organisationale Gedächtnis zu strukturieren und weiterzuentwickeln. Dies ist von Bedeutung, da diese Tools verhindern können, dass bereits gemachte Erfahrungen vergessen werden, oder verloren gehen, weil Wissensträger die Organisation verlassen.

Nach der Bearbeitung dieses Kapitels
- wissen Sie, wie die organisationale Wissensbasis strukturiert sein kann und die Bewahrung von neuem Wissen ermöglicht oder ggf. auch verhindert,
- können Sie die Methoden der Learning Histories und der Lessons Learned sowie ihre Bedeutung für die Wissensbewahrung erläutern,
- können Sie erklären, wie „Graue Berater", Project Debriefings, Wissensstafetten oder IT-basierte Wissensmanagementsysteme zum Erhalt des Wissens im Unternehmen beitragen,

---

26 Der nachfolgende einleitende Text basiert teilweise auf Pawlowsky und Reinhardt (2002: 21–23).

– erkennen Sie, dass die Integration von neuem Wissen in bestehende Wissenssysteme im Allgemeinen mit der Modifikation der bestehenden Wissensbasis verbunden ist und
– kennen in diesem Zusammenhang die Schritte der Dialog-Methode sowie die Bedeutung dieses Instruments für die Integration und Modifikation von Wissen.

11.5.1 Bewahrung bzw. Speicherung von Wissen

Da werden große Projekte initiiert, jahrelang Spezialwissen bei einzelnen Mitarbeitern aufgebaut, durch Fehler, die dem Unternehmen teuer zu stehen kommen, gelernt, wie man Dinge besser machen kann, und dann verlassen die beteiligten Mitarbeiter die Organisation. Dieses Wissen geht ganz einfach verloren. Wie werden wichtige Erfahrungen und Entwicklungen dokumentiert und erhalten? Wie wird relevantes Wissen gesichert?

Viele Beratungsfirmen, die Wissen verkaufen, haben interne Informationssysteme entwickelt (z. B. „Global Best Practices" von Arthur Andersen oder „Power Packs of Knowledge" von Ernst & Young International), die es erlauben, wichtige Erfahrungen zu erfassen, zu speichern und somit Zugang zu diesen Lernergebnissen zu ermöglichen. Um Menschen zu ermutigen, Informationen in diesen Datenbanken abzulegen und von ihnen zu lernen, wurden in den Organisationen mehr oder weniger sinnvolle Anreizsysteme geschaffen.

Um sicher zu gehen, dass alle Projektergebnisse in der Wissensbasis gespeichert werden, müssen beispielsweise die Projektmanager bei McKinsey eine zweiseitige Zusammenfassung ihres Projektes vorlegen, bevor sie die für die Rechnungsstellung notwendige Kennziffer erhalten.

Zu Beginn eines jeden Projektes ernennt Arthur D. Little einen Projekt-Wissens-Manager, der für die Dokumentation des entwickelten Wissens verantwortlich ist.

Einige Unternehmen haben Kriterien für die Informationsqualität entwickelt, um bestimmen zu können, wie groß der Nutzen der abgelegten Informationen für die anderen Organisationsmitglieder ist. Dieses Feedback wird als Maßstab genutzt, um Anreize zu gewähren und Prämien auszuschütten.

Zusätzlich zu diesen technologiegestützten Werkzeuge, die für das Speichern und den Abruf von Informationen und Wissen, das sich in organisationalen Datenbanken befindet, eingesetzt werden, existieren weitere **Instrumente, die Wissen kritisch hinterfragen**, bevor es in das organisationale Gedächtnis übernommen wird. Dies hilft, neue Dimensionen zur Wissensbasis einer Organisation hinzuzufügen oder sie zu modifizieren bzw. zu verfeinern. Beispiele solcher Instrumente sind
– Workshops, mit deren Hilfe Kernprozesse des Unternehmens bewusst gemacht werden,
– die Selbstevaluation von Qualität, z. B. von der European Foundation for Quality Management,
– Dialog-Sitzungen (s. dazu Kapitel 2.2),

– externe Workshops über strategische Entwicklungen und
– Workshops mit unternehmensweiter Szenario-Planung.

Bei der Wissenssicherung gilt es ebenfalls, technische, personelle und strukturelle Faktoren zu einem wirkungsvollen Wissensmanagement zu verbinden.

Betrachten wir zunächst, was mit der organisationalen Wissensbasis gemeint ist und welches Wissen darin enthalten ist bzw. sein sollte.

11.5.1.1 Die organisationale Wissensbasis

Ein sehr grundlegendes strukturelles Modell einer organisationalen Wissensbasis hat Pautzke (1989) vorgestellt. Hier werden zwei grundlegende Schichten von Wissenssystemen differenziert:

Das horizontale Schichtenmodell der organisationalen Wissensbasis

Dieses Modell umfasst sämtliches verfügbares Wissen einer Organisation. Pautzke unterscheidet dabei auf horizontaler Ebene fünf Stufen, wobei das Wissen danach geordnet ist, wie wahrscheinlich seine Anwendung in organisatorischen Entscheidungsprozessen ist (vgl. Pautzke 1989: 77 ff.):

1. Wissen der Organisation (von allen geteiltes Wissen, z. B. Organisationskultur, Regelsysteme etc.)
2. Wissensbasis von Individuen (der Organisation zugängliches individuelles Wissen, z. B. individuelle Detailkenntnisse, die die Wissenskapazität der Organisation erhöhen)
3. latente Wissensbasis (der Organisation nicht zugängliches individuelles Wissen, z. B. aufgrund von Transfer- und Willens-barrieren)
4. Meta-Wissensbasis (Wissen der Umwelt, über das ein Metawissen in der Organisation vorhanden ist, d. h. Wissen, was aktuell nicht verfügbar ist, von dem man aber weiß, dass es existiert und wie es beschafft werden kann)
5. imaginäres Wissen (sonstiges kosmisches Wissen, d. h. all das Wissen, über das weder die Organisation noch deren Mitglieder verfügen)

Die ersten beiden Stufen repräsentieren dabei die aktuelle Wissensbasis, die Stufen 3 und 4 die latente organisatorische Wissensbasis. Nicht die prinzipiell zugängliche, latente Wissensbasis, sondern die tatsächliche Anwendung des aktuell verfügbaren Wissens ist bei Entscheidungen und Handlungen von Unternehmen bedeutsam (vgl. Pautzke 1989: 80).

Das vertikale Schichtenmodell der organisationalen Wissensbasis

Im Rahmen des vertikalen Schichtenmodells zeigt Pautzke Gründe für die unterschiedliche Zugänglichkeit des Wissens auf. Wissen wird hier unterteilt in empirisches Wissen (Objekt-, Fakten-, Beobachtungswissen – dieses Wissen steht allein im Mittelpunkt des horizontalen Schichtenmodells), heuristisch-analytisches Wissen (Instrumentarien und Methodologie des Wissenserwerbs und der -überprüfung) und der Bereich des Weltbildes, Paradigmas und Sinnmodells der Organisation. Diese letztgenannte Dimension legt den Bereich fest, in dem Wissenserweiterung widerspruchsfrei möglich ist, und hat damit eine besondere Bedeutung bei der Begründung, was als Wissen in der Organisation anerkannt und auch angewendet wird. Nur Wissen, das mit der vorherrschenden organisatorischen Weltsicht im Einklang steht, kann überhaupt in Entscheidungen und Handlungen der Organisation einfließen (vgl. Pautzke 1989: 83 ff.).

Ein zweiter Ansatz, der die Wissensschichten der Organisation thematisiert, ist das **Konzept der Hypertext-Organisation** von Nonaka und Takeuchi (1997), das bereits im Rahmen der Darstellungen zur Wissensgenerierung dargestellt wurde. Wir haben dort die Hypertext-Organisation als den Entwurf einer Organisationsform präsentiert, die neben den materiellen Transformationsleistungen insbesondere die Wissensbestände einer Organisation aufdeckt und zu nutzen versucht (vgl. 11.3.5.3). Die Hypertextorganisation versucht eine Verbindung der traditionellen Organisationsstruktur der Hierarchie und der Arbeits- bzw. Projektgruppe herzustellen. Rekapitulieren wir noch einmal kurz, in welchen drei Schichten die Organisation unterteilt wird:

Die Organisation beteht einerseits aus einer **Projektteam-Schicht** (Sekundärorganisation), in der verschiedene Projektteams arbeiten und aus unterschiedlichen Geschäftsbereichen zusammengestellt wurden, um dadurch die Wissensentwicklung zu fördern. Andererseits werden auf der **Geschäftssystem-Schicht** (Primärorganisation) alltägliche und für die Mitarbeiter bekannte Arbeiten verrichtet und sind bei Nichteinbindung in ein Projekt jederzeit abrufbar. Zudem sind in der **Wissensbasis-Schicht** (Tertiärorganisation) die Unternehmensvision, Unternehmenskultur, Technologien und Wissensdatenbanken angesiedelt und für die Mitarbeiter zugänglich. In den ersten beiden Schichten wird das Wissen erzeugt, kontinuierlich umgewandelt und in die Wissensbasis-Schicht implementiert (vgl. Nonaka, Takeuchi 1997: 188 ff.).

Voraussetzung dafür, dass die Hypertext-Organisation funktioniert, sind zwei wichtige Kompetenzen in der Organisation: zum einen ein weit verbreitetes Metawissen (Wissen darüber, wo welches Wissen verfügbar ist) und die Fähigkeit zur Analogiebildung, um Wissen auf unterschiedliche Kontexte in Organisationen übertragen zu können. Wie Schnauffer und Kollegen (2004) hervorheben, können Personen mit besonders viel Metawissen eine Verknüpfungsfunktion für andere Mitarbeiter ausüben. Sie dienen dann als Vernetzer zwischen einzelnen Mitarbeitern oder auch als Wissens-Dienstleister.

Wissen wird nach diesem Konzept also in der **Wissensbasis-Schicht** der Organisation gespeichert bzw. integriert und bei der Bewältigung neuer Aufgaben verwendet. Diese Schicht beinhaltet die datentechnische Infrastruktur, darüber hinaus aber vor allem die kompetenz- und fähigkeitsbasierten Netzwerke zur Bewahrung, Bereitstellung und Verbreitung von Expertenwissen. Diese Netzwerke können sehr unterschiedliche Formalisierungsformen haben. Sie reichen vom absolut informellen Austausch beispielsweise bis hin zur durchorganisierten Technologie-Community.

Eine relevante Unterscheidung bei der Speicherung von Wissen bezieht sich auf die Frage, ob das Wissen repetitiv ist (vgl. Schnauffer et al. 2004: 20), das heißt, ob sich die Arbeitsprozesse, auf die sich das Wissen bezieht, wiederholen und der Wissensinhalt der Art nach gleich bleibt oder ob das Wissen nicht repetitiv ist und damit eine kognitive Interpretationsleistung notwendig macht. Eine Wissensspeicherung ist unproblematisch, solange das Wissen im Prinzip explizit und repetitiver Art ist und ohne neue Interpretation quasi automatisch angewandt werden kann. Schwieriger ist alles Wissen, das stark personen- und kontextgebunden ist und damit eine Übertragungsleistung des Anwenders erfordert. Beim Bewahren derartigen Erfahrungswissens ist die Erläuterung und Beschreibung der kontextuellen Rahmenbedingungen von großer Bedeutung.

Ein solcher Ansatz verkörpert das nachfolgend vorgestellte Instrument der Learning Histories ähnlich dem Storytelling, das bereits als Methode zur Wissensidentifikation beschrieben wurde.

11.5.1.2 Learning Histories

George Roth (1996) zufolge stellt eine **Learning History** ein Instrument dar, mit dessen Hilfe festgehalten wird, was in einem zeitlich eingrenzbaren Veränderungsprozess passiert ist. Neben den „harten" Fakten und Ereignissen konzentriert es sich hierbei auf das, was die Menschen über die Ereignisse denken, wie sie ihr eigenes Handeln wahrgenommen haben sowie auf die Wahrnehmungsdifferenzen bei mehreren Beteiligten.

Durch die umfassende Rekonstruktion der Erfahrung des früheren Veränderungsprozesses wird den Lesern von Learning Historys zu einem besseren Verständnis in Bezug darauf verholfen, was damals passiert ist, und unterstützt sie dabei, aktuelle Entscheidungen vor dem Hintergrund der früheren Erfahrungen zu verbessern.[27]

Im Allgemeinen besteht der Zweck von Learning-History-Projekten darin, einen systematischen Zugang zu Erfahrungen aus früheren, bereits abgeschlossenen Projekten so zu verschaffen, damit andere davon lernen können. Mittels Originalaussagen wie reflektierenden Kommentaren lernt ein Teil einer Organisation von Erfahrungen, die ein anderer Teil bereits gemacht hat.

Die Methode läuft in sechs Schritten ab (vgl. Roth 1996). Ausgangspunkt einer Learning History ist ein bereits abgeschlossenes Projekt, das eine Ähnlichkeit mit einer aktuell zu bewältigenden Herausforderung aufweist.

---

27 Dieser Abschnitt basiert teilweise auf Pawlowsky und Reinhardt (2002: 19–21).

1. Zunächst werden reflektierende Interviews mit den Personen durchgeführt, die früher in dem Veränderungsprozess involviert (beteiligt und/oder betroffen) waren. Wichtig hierbei ist die Heterogenität der zu erfassenden Perspektiven, weswegen ebenfalls versucht wird, frühere externe Beteiligte in diesen Interviewprozess einzubeziehen. Man lässt alle Beteiligten ihre individuelle Geschichte erzählen, um so die verschiedenen Perspektiven zu erfassen.

2. Eine kleine Gruppe von Organisationsmitgliedern und externen „Lernhistorikern" – meist Beratern – entwickelt auf Basis dieser reflektierenden Interviews sowie weiterer Unterlagen und zusätzlicher Beobachtungen einen kohärenten Satz von Problemlösungen, die dazu geeignet sind, als aktuelle Lerngrundlage zu dienen.

3. Das aus den bearbeiteten Erzählungen und Interviews resultierende schriftliche Dokument wird von den Teilnehmern auf Stimmigkeit und Präzision geprüft, bevor es weiter verbreitet werden kann. Hieraus resultiert eine vorläufige Version des Lerndokumentes.

4. Eine Kerngruppe von Führungskräften, Projektmitgliedern und weiteren Personen, die mit dem Projekt verbunden sind, lesen das Lerndokument und treffen sich anschließend in einem Workshop, um das Dokument zu validieren und zu überarbeiten.

5. Das validierte Lerndokument stellt die Basis für eine Reihe von „Verbreitungsworkshops" dar. In jedem einzelnen von ihnen stellen Mitarbeiter aus dem gesamten Unternehmen Fragen, z. B. „Was hat das Unternehmen bis jetzt aus diesem Projekt gelernt?", „Wie kann der Erfolg (oder der Misserfolg) des Projekts beurteilt werden?" „Wie können wir und das Unternehmen als Ganzes von diesen Erfahrungen profitieren, um bei aktuellen Herausforderungen besser voranzukommen?"

6. Nach einer Reihe solcher „Verbreitungsworkshops" erfolgt eine Überprüfung des gesamten Prozesses der Learning History, dadurch das die Ziele reflektiert werden. Dadurch sollen die Fähigkeiten entwickelt und gefestigt werden, um zukünftig selbstständig Learning-History-Projekte zu initiieren und umzusetzen. Es wird herausgearbeitet, wie die Organisationsmitglieder einen solchen Prozess in Bezug auf eigene Belange entwickeln und anpassen können.

Diese Learning Historys stehen dann für ähnliche Projekte zur Verfügung und werden von den beauftragten Projektteams systematisch in der Planung berücksichtigt. So wird berichtet, dass diese Ansätze im Rahmen von Forschungs- und Entwicklungsprozessen eine beeindruckende Beschleunigung von entsprechenden Abläufen ermöglicht haben.

In Hinsicht auf unser theoretisch-konzeptionelles Grundgerüst wird deutlich, dass sich der Lernprozess hier auf die Ebene der Organisation konzentriert. Obwohl in einigen Fällen das Lernen nur bestimmte Abteilungen oder sogar nur eine Kerngruppe umfasst, besteht der Zweck der Learning History darin, frühere Erfahrungen mit Lernprozessen zu erfassen und dem gesamten Unternehmen zur Verfügung zu stellen. Somit werden Deutero-Learning-Prozesse ausgelöst, da Lernen vom Vergangenen und das Reflektieren dieser Prozesse im Mittelpunkt stehen. Hinsichtlich der Lernformen ist festzuhalten, dass der kognitive Lernaspekt dominiert. Da aber in den Reflexionsprozess eine große Anzahl von Beschäftigten involviert ist, wird auch eine kooperative Lernkultur gefördert. Eine Learning History tangiert alle Lernphasen, insbesondere aber die Verbreitung und Bewahrung von Wissen.

Praxiserfahrung bei RWTÜV: Learning Histories – aus der Vergangenheit lernen

„RWTÜV Systems GmbH mit Sitz in Essen ist ein Dienstleistungsunternehmen, das im Bereich Zertifizierung ein breites Spektrum an Auditierungs- und Zertifizierungsleistungen anbietet. Um im zunehmenden Wettbewerb weiterhin erfolgreich agieren und bedarfsgerechte Auditierungsdienste anbieten zu können, hat sich das Unternehmen entschlossen, die eigenen Dienstleistungsentwicklungsprozesse zu analysieren und optimierte Vorgehensweisen zu implementieren.

Durchführung

Im Rahmen der Forschungsarbeiten zu CoRSE[28] hat RWTÜV Systems GmbH zusammen mit dem Fraunhofer IAO und der Universität Stuttgart ausgewählte Dienstleistungsentwicklungsprojekte mit der Methode „Learning History" untersucht. Die Mitarbeiter der beiden wissenschaftlichen Institute planten das Learning History-Projekt, entwickelten einen teilstandardisierten Gesprächsleitfaden und führten die Interviews durch. Die an den Dienstleistungsentwicklungsprojekten beteiligten Experten von RWTÜV Systems berichteten aus ihrer persönlichen Perspektive heraus u. a. über das Vorgehen in den Projekten, die Kundeneinbindung, das Marketing, die Koordination zu anderen Bereichen, das Projektmanagement sowie über Erfolgsfaktoren und Herausforderungen. Die Gesprächsprotokolle arbeiteten die Interviewer (Erfahrungshistoriker) auf und formulierten zu jedem Entwicklungsprojekt einzelne Learning Histories. Nach einer Validierungsschleife, in der die Gesprächspartner die Learning Histories überarbeitet hatten, gingen die Dokumente an die Kommentatoren. Diese waren Mitarbeiter der wissenschaftlichen Einrichtungen, die ein großes Know-how auf dem Gebiet des kundenorientierten Service Engineering aufweisen und selbst nicht an den Interviews beteiligt waren. Die fertigen Learning Histories wurden allen Gesprächspartnern zugesandt. In einem moderierten Workshop, an dem alle Projektpartner teilnahmen, wurden die Ergebnisse der Learning Histories intensiv diskutiert.

Bewertung

Die Beteiligten schätzten die Möglichkeit, die eigene Sichtweise offen zu schildern. Es entstanden neue Einsichten und Vermutungen über einzelne Sachverhalte wurden bestätigt. Dieser Lerneffekt ist durch die perspektivenreichen Erfahrungsgeschichten, die Kommentare und insbesondere durch die abschließende Diskussionsrunde erzielt worden.

Insgesamt hat das Feedback gezeigt, dass Learning Histories eine wirksame Methode ist, um aus vergangenen Projekten zu lernen." (Stanik et al. 2002: 3 f.)

---

28 CoRSE (Customer Related Service Engineering – vom Bundesministerium für Bildung und Forschung gefördertes Projekt [2001–2003]).

11.5.1.3 Lessons Learned

Lessons Learned (gelernte Lektionen) werden ebenso wie Learning Historys zum Bewahren von positiven wie negativen Erfahrungen in einer Organisation eingesetzt. Sie stellen Analysen und Erfahrungsberichte über Projekte dar, die von den jeweiligen Beteiligten verfasst wurden und für die Lösung zukünftiger Aufgaben hilfreich sein könnten.

Ziel ist hier vor allem, doppelte bzw. unnötige Arbeit zu vermeiden sowie Fehler durch das Lernen mittels einer systematischen Dokumentation und Aufbereitung der vorangegangenen Erfahrungen zu umgehen (vgl. Lehner 2006: 187). Allerdings haben Lessons Learned – im Gegensatz zu den im vorherigen Abschnitt vorgestellten Learning Historys – den Nachteil, dass sie meist nicht zu einem gemeinsamen Reflexionsprozess über die gemachten Erfahrungen in der Organisation genutzt werden. Oft werden sie nur von einzelnen bzw. wenigen Organisationsmitgliedern verfasst und können von den anderen ggf. nur schwer nachvollzogen werden.

Die Dokumentation der Lessons Learned sollte möglichst in bestehende Arbeitsabläufe eingebunden werden, so z. B. in die abschließende Projektphase (vgl. Probst et al. 2006: 133). Vorteilhaft sind Vorgaben hinsichtlich der Struktur für die Dokumentation, um eine beliebige (und damit später wertlose) Speicherung der vergangenen Erfahrungen zu verhindern. Mit Lessons Learned kann auch dann Wissen für die Organisation bewahrt werden, wenn die Mitarbeiter, die dieses Wissen erworben haben, die Organisation verlassen. Zudem ermöglichen Lessons Learned eine breitere Wissensnutzung und können beispielsweise die Einarbeitungszeit neuer Mitarbeiter verkürzen. Wird diese Methode als Grundlage für die Entwicklung neuer Lösungsansätze genutzt, so unterstützt sie auch die Schaffung neuen Wissens. Nebenher tragen Lessons Learned zur Entwicklung einer fehlertoleranten Organisationskultur bei (vgl. Lehner 2006: 187).

Um Lessons Learned zu dokumentieren ist selbstverständlich zusätzlicher Aufwand nötig. Die Mitarbeiter müssen bereit sein, diesen Aufwand zu erbringen. Dazu muss ihnen das Management die dafür erforderliche Zeit zugestehen. Bewährt haben sich zudem gut strukturierte Formatvorlagen und feste Ansprechpartner, die unter Umständen helfen können, damit die Erfassung möglichst schnell und unkompliziert erfolgen kann. Daneben sollten die Mitarbeiter – wenn sie Fehler dokumentieren – natürlich nicht mit negativen Sanktionen rechnen müssen. Der Erfolg von Lessons Learned hängt allerdings nicht allein von ihrer systematischen Dokumentation ab, sondern mindestens in gleichem Maße von der Bereitschaft, das Wissen anderer Mitarbeiter zu nutzen (vgl. Lehner 2006: 187). McClory und Kollegen (2017) haben ein Lessons-Learned-Modell entwickelt, das Projekterfolg und organisationales Lernen unterstützt. Dabei werden die drei Lerntypen Single-Loop-, Double-Loop- und Deutero-Lernen als Lernschleifen verwendet, um projektbezogenen Lernen mittels Lesson-Learned-Methoden zu unterstützen (McClory et al. 2017).

11.5.1.4 Erhaltung von Wissen durch „Graue Berater"

Eine andere Form der Wissensbewahrung und Sicherung wurde bei ABB in Form der ABB Beratungsgesellschaft („Graue Berater") eingeführt. Alle Mitarbeiter des oberen Managements wechseln mit dem Alter von 60 Jahren automatisch in die ABB Beratungsgesellschaft. Dabei ist der Grad der Anstellung und die Arbeitszeit frei wählbar. Die Mitarbeitenden des ABB Consulting arbeiten auf Mandatsbasis und werden als Berater entschädigt. Dadurch können Netzwerke, Wissen und Erfahrungen dem Unternehmen länger erhalten bleiben, und es wird eine Nutzung des weltweiten Beziehungsgeflechts und der Branchenerfahrung ermöglicht.

11.5.1.5 Wissensweitergabe mittels Wissensstafette

Die Volkswagen Coaching GmbH hat sich mit der Wissensstafette ebenfalls zum Ziel gesetzt, wichtiges Erfahrungswissen von Mitarbeitern bei Stellenwechsel oder Austritt zu sichern. Im Vordergrund stand hier, nicht nur Faktenwissen, sondern auch Erfahrungs- und Netzwerkwissen auf den oder die Nachfolger mit zu übertragen (vgl. hierzu auch Sutter 2016). Dazu wurde ein anspruchsvoller Prozess entwickelt, bei dem mithilfe unterschiedlicher Verfahren (Mind Maps, Leitfadeninterviews, Übergangsworkshops) eine Wissenssicherung bzw. ein Wissenstransfer unterstützt wird (s. Abbildung 11.12).

Fallbeispiel: Einführung der Wissensstafette bei VW[29]

Ausgangspunkt

Die Herausforderung besteht im Wissenstransfer und in der Wissenssicherung: Wie kann ich das Wissen von Mitarbeitern, die von einer bestimmten Position in eine andere wechseln, oder die das Unternehmen verlassen, auf jemanden anderes übertragen und damit für die Organisation sichern?

Dafür wurde eine typische Anforderung an Führungskräfte bei Volkswagen, einen Personalwechsel, herausgegriffen: Wenn Führungskräfte ihre Positionen aufgrund von Job Rotation (das kann alle drei Jahre vorkommen) wechseln, bedeutet das immer wieder neuen Einarbeitungsaufwand. Bei allen Vorteilen, die Job Rotation bringt, wie beispielsweise die tägliche Arbeit immer wieder aus neuen Perspektiven heraus zu sehen, kostet die Einarbeitung jedes Mal Zeit und Geld. Dieser Aufwand sollte reduziert und dadurch Zeit und Geld gespart werden.

Lösungsweg

Es wird der Transfer von positionsrelevantem Erfahrungswissen, das der Vorgänger im Arbeitsprozess aufgebaut hat, auf den jeweiligen Nachfolger unterstützt. Dafür wurde ein spezielles Instrument entwickelt – die Wissensstafette.

Sie basiert auf der Idee, Führungskräfte in Wechselsituationen zu begleiten und zu unterstützen. Dafür musste zunächst prinzipiell geklärt werden, ob von Seiten der Führungskräfte überhaupt Bedarf an einer Unterstützung in dieser Form besteht. Also wurde ein repräsentativer Querschnitt von etwa fünfzig Führungskräften befragt „Ergibt es überhaupt Sinn, eine solche Begleitung anzubieten? Stellen Sie sich vor, Sie wechseln, und stellen Sie sich vor, Sie hätten eine gute Begleitung dabei. Ist das etwas für Sie oder sagen Sie, das brauche ich nicht, das kriege ich schon alleine hin?"

---

29 Quelle: K³ Knowledge Laboratory®. https://cogneon.de/mgmt20/ (Stand 20.12.2018).

Wissensstafette – Wissenssicherung und -transfer bei Volkswagen

Bei Wechsel und Neueinstellung von Führungskräften wird dies systematisch durch die Wissensstafette begleitet.

In Experteninterviews werden relevante Themen durch Mind-Maps erfasst und für den Nachfolger visuell dargestellt.

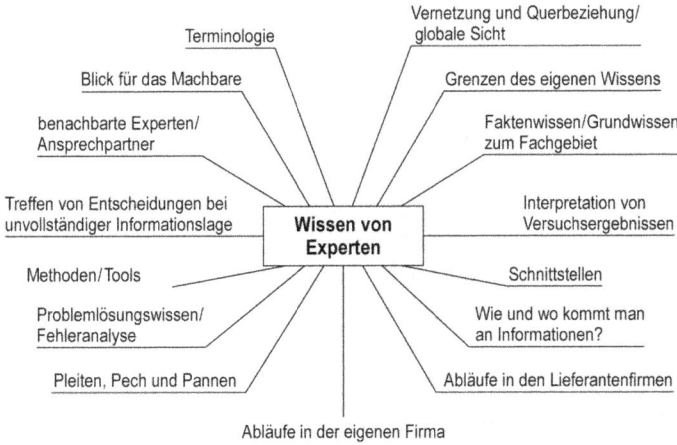

Neuen Mitarbeitern werden so die persönlichen Netzwerke der Job-Families-Experten zugänglich gemacht.

Abb. 11.12: Wissensstafette – Wissenssicherung und -transfer bei VW (vgl. Schultz 2003).

Das Ergebnis war erstens, dass die Führungskräfte – ohne genau zu wissen, wie dies im Detail aussieht – angesichts der hohen Belastung während einer Wechselphase grundsätzlich eine Unterstützung als sinnvoll einschätzten.

Zweitens wurden die Themen identifiziert, die beim Wechseln eine Rolle spielen. Es stellte sich heraus, dass bei den Befragten immer die gleichen Fragen aufkamen, wie Schlüsselpersonen im Umfeld des Jobs, wichtige Netzwerke, Kompetenzbereiche, Informationsbewertung, Informationsbeschaffung, Entscheidungsfindung, Problemlösungswissen und Prozesse. Dabei gab es unterschiedliche Schwerpunkte bei Führungs- und bei Fachwechsel. Bei Führungswechsel spielen vor allem übergeordnete Themen wie Netzwerke, Schlüsselpersonen, Vorgehensweisen und die politische Bühne eine Rolle. Diese sind natürlich auch bei Fachwechseln wichtig, aber da sind die Netzwerke z. B. weniger politisch und vielmehr fachlich orientiert. In diesen Situationen geht es eher darum, wie kann ich einen Antrag schnellstmöglich mit den nötigen Unterschriften versehen, als darum, wie bringe ich eine strategische Position in ein Gremium ein? Generell nimmt fachliches Wissen einen größeren Raum ein, etwa, wenn ein Katalysatorfachmann wechselt. Hier lautet die Frage: Was sind die aktuellen Schwerpunkte, wenn ich einen Katalysator konstruiere? Die Schlussfolgerung war, genau diese Themen in einer Wechselsituation mit den Fach- und Führungskräften zu besprechen. Dafür wurde ein Leitfaden erstellt – sozusagen der Pilot der Wissensstafette.

Nachdem feststand, welche Fragestellungen in Wechselsituationen eine Rolle spielen, mussten für den Test der Pilotversion der Wissensstafette Führungs- und Fachkräfte identifiziert werden, die sich gerade in einer solchen Phase befanden, und die auch bereit waren, als „Versuchskaninchen" mitzumachen. Das funktionierte zum einen durch Mundpropaganda und persönliche Beziehungen in das Unternehmen hinein: Man wusste in etwa, wer wann wo wechselt und konnte diesen Mitarbeiter dann gezielt ansprechen. Später kamen dann PR-Maßnahmen hinzu. So gab es Veranstaltungen für potenzielle Wechsler, in denen Mitarbeiter, die bereits eine Wissensstafette getestet hatten, erzählen konnten, wie sie die Methode erlebt haben. So konnten sich die anderen Führungskräfte ihre Gedanken machen, ob sie das für sich auch gut finden würden. Für den Prozess der Ansprache werden offizielle Informationskanäle im Unternehmen genutzt. Potenzielle Interessenten werden beispielsweise über den Führungskräfteverteiler angesprochen, um ihnen die Wissensstafette vorzustellen. Oft melden sich daraufhin die Betroffenen selbst, wenn sie in eine Wechselsituation kommen, oder sie geben die Informationen an Kollegen weiter, von denen sie wissen, dass sie demnächst wechseln werden.

11.5.1.6 Project Debriefings

Eine weitere Methode zur Wissenssicherung sind Project Debriefings, die ein wertvolles Mittel darstellen, um Lernerfahrungen zu erhalten. Die gemachten Projekterfahrungen werden dabei unter anderem als Lessons Learned (s. Kapitel 2.1.3) festgehalten.

Unter einem **Project Debriefing** ist die gezielte, methodische Erhebung und Aufbereitung von Mitarbeiterwissen durch neutrale Dritte nach Beendigung eines Projektes oder Prozesses zu verstehen. Ziel ist die Wiederverwendung und Bewahrung des Wissens und der Erfahrungen der Beteiligten für kommende, ähnlich geartete Projekte (vgl. North 2005: 289).

!

Am Ende jeden Projektes werden beispielsweise in einem großen Beratungsunternehmen die Erfahrungen in systematischen Berichten erfasst, strukturiert und im sogenannten Knowledge Space (Wissensraum) abgelegt. Dafür zuständig ist eine eigenständige Organisation mit ca. 100 Mitarbeitern. Das **Prinzip der Wissensräume** kann etwa folgendermaßen veranschaulicht werden:

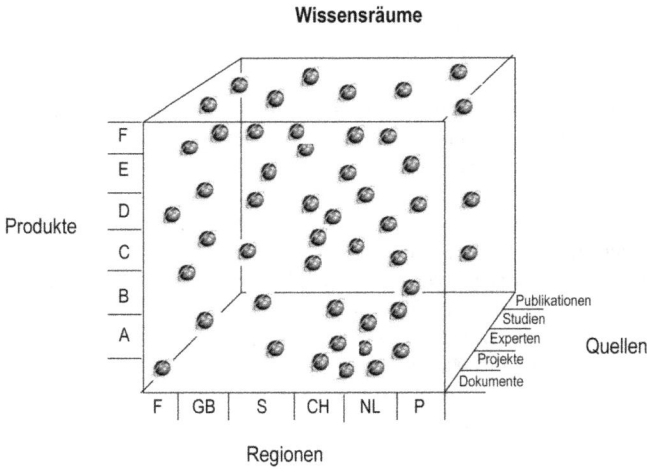

Abb. 11.13: Wissensräume (Quelle: eigene Darstellung).

Zunächst wurden drei relevante Dimensionen definiert, um Wissen aus den Beratungsprojekten zu thematisieren: Es werden Produkte (A–F) nach sechs verschiedenen Ländern und unterschiedlichen Quellen (Dokumente, Projekte, Studien, Experten und Publikationen) differenziert und Wissensobjekte dementsprechend im Wissensraum abgelegt (s. Abbildung 11.13).

Bei der Suche nach spezifischen Erfahrungen lassen sich entsprechende Einschränkungen vornehmen. So kann beispielsweise auf alle Produkte in allen Quellen in Schweden zugegriffen werden (s. Abbildung 11.14).

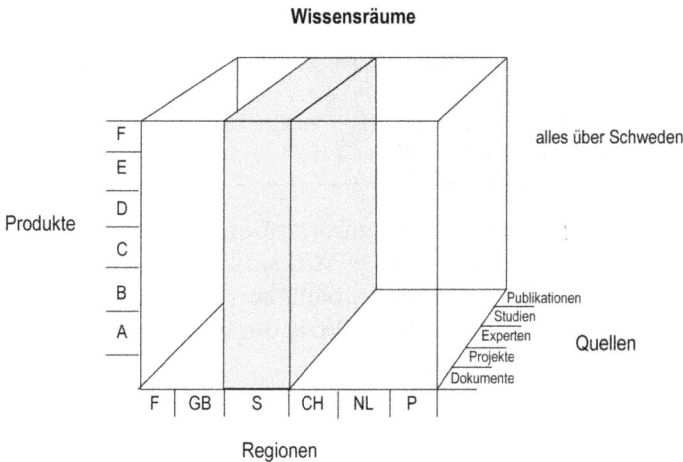

Abb. 11.14: Ausgewählte Wissensräume – länderspezifiziert (Quelle: eigene Darstellung).

Wissensräume

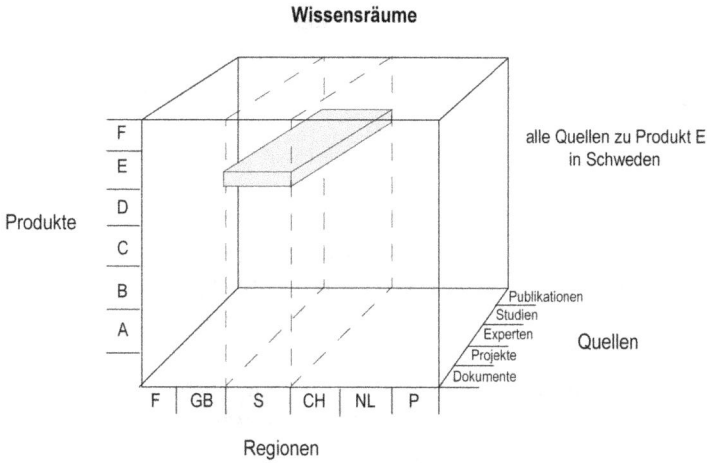

Abb. 11.15: Ausgewählte Wissensräume – länder- und produktspezifiziert (Quelle: eigene Darstellung).

Oder es kann nach Produkt E in allen Quellen in Schweden gesucht werden (s. Abbildung 11.15).

Es können aber auch alle Projekte in Schweden zu Produkt A ausgewählt werden (s. Abbildung 11.16).

Untersuchungen bei dieser Unternehmensberatung haben ergeben, dass durch die Einführung von solchen einfach strukturierten Wissensräumen Zeiteinsparungen bei der Umsetzung ähnlicher Projekte von fast 50 % realisiert werden können. Diese Einsparungen belaufen sich demnach auf Millionenhöhe.

Wissensräume

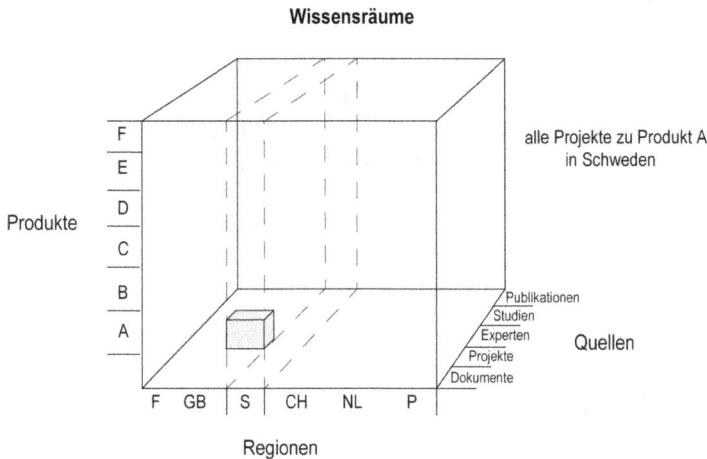

Abb. 11.16: Wissensräume – länder-, produkt- und quellenspezifiziert (Quelle: eigene Darstellung).

11.5.1.7 Technologien und Systeme zur Wissensspeicherung

Aufgrund der hohen Komplexität und Vielfalt der Wissensmanagement-aufgaben hat sich ein umfangreiches **Angebot an Software** entwickelt. Lehner (2006: 223 ff.) unterscheidet hier:

– **Groupwaresysteme** (Kommunikations-, Kollaborations- und Koordinationssysteme), die vor allem auf den Wissensaustausch und die Unterstützung bei der Arbeit an gemeinsamen Projekten fokussiert sind,
– **inhaltsorientierte Systeme** (Dokumentenmanagement-, Contentmanagement-, Portal- und Lernmanagement-Systeme), die vor allem kodifizierte Informationen verwalten bzw. Recherchemöglichkeiten eröffnen und einen integrativen Zugang zu allen Informationen ermöglichen,
– **Systeme der künstlichen Intelligenz** (Experten-, Text-Mining-Systeme), die z. B. Auskunft über die Verfügbarkeit von Wissen in Form von Wissensträgern liefern können oder bei der Entdeckung relevanter Informationen aus Textdaten helfen (beispielsweise in Form bisher noch nicht entdeckter Zusammenhänge),
– **Führungsinformationssysteme** (Data-Warehouse-Systeme, OLAP-Systeme, Data-Mining-Systeme), die vor allem die Unternehmensleitung bei der Erfüllung nicht oder nur schlecht strukturierbarer Aufgaben unterstützen sollen,
– **sonstige Systeme** (Suchdienste, Visualisierungssysteme).

Diese softwaretechnischen Werkzeuge unterstützen einzelne Aufgaben des Wissensmanagements. Für den Bereich der Wissensbewahrung bzw.-speicherung sind vor allem die inhaltsorientierten Systeme relevant.

Mehr und mehr gewinnen allerdings Systeme an Bedeutung, die über partielle Ansätze bzw. isolierte Anwendungen hinausgehen, sogenannte „vollständige" oder integrierte Wissensmanagement-Systeme (vgl. Lehner 2006: 253 f.). Zahlreiche Systeme dieser Art (auch Wissensmanagement-Suiten oder Knowledge-Management-Suiten genannt) gibt es mittlerweile am Markt, dazu gehören beispielsweise Lotus, Livelink, Verity, KnowledgeX von IBM, Knowledge Server, Hyperwave oder SharePoint von Mircrosoft. Sie umfassen Instrumente zur Bereitstellung und Verwaltung von Inhalten (Content Management), Möglichkeiten der Zusammenarbeit (Kollaboration), der Visualisierung sowie der Aggregation und Informationssuche.

Von der technischen Seite haben diese Wissensmanagement-Systeme oder Organizational-Memory-Systeme eine besondere Bedeutung: Hier können je nach Beschaffenheit unterschiedliche Daten und Informationen hinterlegt werden. So wurde beispielsweise bei der Commerzbank Knowledge Networks eingesetzt, um die unterschiedlichsten Daten zu hinterlegen und zur Verfügung zu stellen.

Auch andere Großunternehmen haben inzwischen erheblichen Aufwand betrieben, um Integrationsplattformen für das Wissensmanagement zu erstellen. In einem multinationalen Handelskonzern sind beispielsweise folgende **Anforderungen an die IT-Applikation** gestellt worden, um das Wissensmanagement konzern- und weltweit zu unterstützen:

- Usability: Akzeptanz und breite Nutzbarkeit – einfache und intuitive Nutzung,
- Mehrsprachigkeit: alle Landessprachen, in denen der Konzern kommuniziert
- Performance: sehr kurze Reaktionszeiten unabhängig von Leitungskapazitäten,
- Personalisierung im System: alle User sind im Directory des Systems eingetragen,
- Dokumenten-Management-System (DMS): überall, wo Dateien verwendet werden,
- Gelbe Seiten: automatisches Update aus Outlook, SAP HR, PAISY … „Call by click",
- Blaue Seiten: Ablage externer Experten,
- Kommunikationinstrumente: Diskussionsforum, Instant Messenger, virtuelle Konferenz,
- Online-Übersetzungshilfe,
- Glossare bzw. Thesauri: z. B. Lexikon mit Fachtermini,
- Taxonomien: Kategorisierung bzw. Indexierung, Integrationsmöglichkeit muss gegeben sein,
- übergreifende Suche: Volltextrecherche über alle gebräuchlichen Dateiformate,
- virtueller Projektraum,
- Projektphasenmodell,
- Projektkataloge: Übersicht über alle Projekte im Konzern weltweit.

Eine stark zunehmende Form der Ablage von Unternehmenswissen sind zahlreiche neue Cloud-Computing-Angebote. „Cloud Computing ermöglicht neue Verfahren zur Bereitstellung von IT-Ressourcen, Beispiele hierfür sind Server oder Software-Anwendungen. Anstatt IT-Ressourcen in unternehmenseigenen Rechenzentren zu betreiben, können diese bedarfsorientiert bei einem Cloud-Anbieter reserviert, genutzt und wieder freigegeben werden." (Quelle: http://wirtschaftslexikon.gabler.de/Archiv/1020864/cloud-computing-v9.html, Stand: 11.11.2017).

Die Cloud ist aber weit mehr als nur ein praktischer Speicherort. Neben breiter Netzwerkzugänglichkeit und dem Bereitstellen von Ressourcen schaffen Cloud Services erhöhte Elastizität und Agilität (Tsui 2017, GfWm Knowledge Camp Potsdam am 14.09.2017). Die Cloud verbindet Netzwerke von Computer und speichert große Datenmengen, so können Daten gespeichert werden, E-Mail-Services über die Cloud laufen, Collaboration Tools und Video-Konferenzen durchgeführt werden und Systemzusammenbrüche über die Cloud gemanagt werden. Die potenziellen Möglichkeiten zukünftiger Anwendungen und Services ergeben sich aber insbesondere aus der Interakivität von Datenströmen, deren Austausch- und Analysemöglichkeiten. So können beispielsweise Prozessketten und Produkte von der Produktion bis zum Konsumenten und zum Recycling über Anwendungen in der Cloud verfolgt werden, ebenso können verschiedene Prozesse miteinander verglichen und gebenchmarkt werden. Die Cloud ist damit nicht nur ein neues Speichermedium, sondern gleichzeitig auch eine neue Quelle von Informationen und Wissen (vgl. hierzu auch Kapitel 11.2).

Entscheidend sind oft auch die jeweiligen Funktionalitäten, deren Nutzen im Rahmen von Geschäftsprozessen und die Anpassung an die strategischen Ziele sowie die Kompatibilität mit bestehenden Systemen.

11.5.2 Integration bzw. Modifikation

Neben der Speicherung und Bewahrung von Wissen ist die Integration des neuen Wissens in bestehende Wissenssysteme und damit die Modifikation dieses dominierenden organisationalen Wissens ein wichtiger Schritt. Neues Wissen ersetzt bestehendes und/oder verknüpft bestehendes Wissen zu engmaschigeren Wissensstrukturen. Auf jeden Fall wird neues Wissen immer in Bezug zu bestehendem Wissen gesetzt, es erfolgt eine Abwägung, Reflexion und ggf. eine Veränderung bzw. Modifikation der individuellen bzw. organisationalen Wissensbasis.

Werden Informationen, Erkenntnisse und Wissen in das jeweilige organisationale Wissenssystem – beziehungsweise die organisationalen Handlungstheorien, Interpretationsschemata oder kognitiven Landkarten – integriert und gespeichert, kann so die Wissensbasis modifiziert werden. Auch wenn die Handlungstheorien unverändert bleiben, findet unter Umständen durch die Speicherung von neuen Informationen diese Modifikation im Sinne von Erweiterung und Differenzierung statt. Jede Speicherung von Informationen, unabhängig davon, ob damit eine Bestätigung, Widerlegung, Veränderung oder Differenzierung der Handlungstheorien verbunden ist, stellt einen Modifikationsprozess dar.

Dieser Prozess muss in Organisationen bewusst erfolgen, denn Individueen und organisationale Systeme haben eine gewisse Beharrungstendenz, und die Integration neuen Wissens setzt eine gezielte Implementierung voraus. Bestehende Annahmen, lieb gewonnene Routinen und Bewertungsverfahren werden ungern aufgegeben. Daher gilt es, neues Wissen in Bezug zu setzen und zu prüfen, ob es angesichts der herrschenden Bedingungen und Herausforderungen sinnvoll ist, neue Wissensbestandteile zu übernehmen.

Veränderungen in der internen und externen Umwelt von Organisationen sorgen dafür, dass Elemente der gemeinsam geteilten Wissensbasis verifiziert oder falsifiziert werden. Eine fehlende Bestätigung mündet dann in einer Suche nach neuen Lösungsmöglichkeiten. Eine notwendige Voraussetzung ist die Abstraktion von bisherigen Routinen und das aktive Suchen in der Umwelt nach neuen Lösungsmustern.

Organisationen wenden ihr Wissen vereinfacht nach zwei idealtypischen Mustern an. Zum einen verfügen Organisationen über die Kompetenz mit Neuem und unorhergesehenen Ereignissen umzugehen, wir sprechen hier von Dynamikkompetenz, Flexibilität und Agilität (s. Abbildung 11.17 oberer Teil). Dieses Wissen ist Ergebnis von Deutero-Lernprozessen, bei denen die Organisation die Disposition entwickelt, Neues zu bewältigen und Metawissen entwickelt damit umzugehen. Hedberg (1981) spricht hier von Entwicklungslernen.

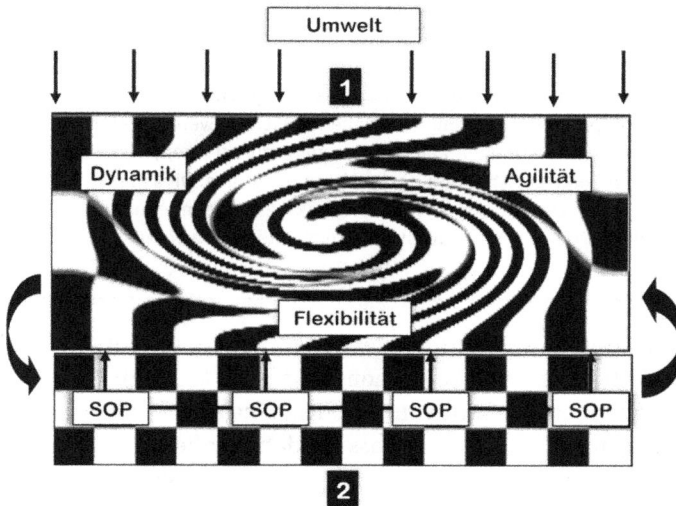

Abb. 11.17: in Anlehnung an Pawlowsky et al. 2018.

In Abhängigkeit von den strategischen Wettbewerbsvorteilen werden die wichtigsten „Learnings" dann zu SOPs (Standard Operating Procedures) verdichtet (unterer Teil der Abbildung 11.17). Dabei handelt es sich um idealtypische Handlungsmuster, die in arbeitsteiligen Prozessen seine Optimierung bzw. die eigentliche Wertschöpfung sicherstellen. Neue Erkenntnisse und neue Einsichten aus dem oberen Bereich werden also auf der Grundlage organisationaler Handlungstheorien in Routinen festgehalten. Hier findet eine Integration von Wissen in organisationale Wissenssysteme statt. Dabei ist es zunächst sekundär, ob dieses Wissen in den kollektiven mentalen Modellen oder in IT-basierten Systemen gespeichsrt wird. Entscheidend ist, dass es Verhaltensabläufe in der Organisation steuert. Dieses Wissen erhält in der Regel einen normativen Charakter (Best Practices, Benchmarks). Nun besteht in zahlreichen reiferen Organisationen das Problem, dass dieses normative Wissen in Form von Routinen, Standards und Regelsystemen die notwendige Beweglichkeit der Verhaltensweisen im oberen Bereich stark einschränken und in manchen Fällen gar blockieren (Überregulierung). Um dies zu vermeiden, spricht Hedberg von „unlearning" (vgl. Kapitel 11.3.1).

Wenn wir hier von Wissensintegration sprechen, gilt es immer auch diese Wechselwirkung zwischen bestehendem, vermeintlich gesichertem (Handlungstheorien) und „neuem" Wissen zu berücksichtigen um sich von überkommenem Wissen mittels „Verlernen" zu befreien. Dies ist ein wichtiger Prozess bei der Wissensintegration, der letzlich (innerhalb spezifischer Systeme) nur durch gemeinsames Double-Loop-Lernen initiiert werden kann.

⚡ Flug-Checklisten dienen beispielsweise dazu, einen Flug sicher zu absolvieren. Die entsprechenden Checkpositionen sind aufgrund Flugunfalluntersuchungen bzw. Analysen von Zwischenfällen priorisiert, d. h. die Checkroutinen gehen von technischen Funktionalitäten und empirischen Erfahrungen aus und verdichten sich zu Regelsystemen. Wenn nun aber alle möglichen Eventualitäten in diese Checklisten integriert würden, könnten die Piloten keinen Start mehr durchführen, bzw. würden in kritischen Situationen unzumutbar lange zur Abarbeitung der Listen benötigen. Dies impliziert, dass Standard Operating Procedures immer wieder in Abhängigkeit vom aktuellen Gegebenheiten und Wissensstand überprüft werden müssen, ehe sie in das „Wissenssystem" integriert werden bzw. erhalten bleiben.

Garratt (1990) umschreibt diese Abstraktion als „reframing": „one rises above the day to day routines of managing the operational deviations from plans" (Garratt 1990: 81). Senge (1990) beschreibt „Adaption" als Lerntypus, bei dem eine Anpassung von Entscheidungen und Handlungen stattfindet, ohne dass die dahinter liegenden Annahmen und systemischen Strukturen sich verändern. So mag beispielsweise eine Firma während einer Rezession andere Investitionsentscheidungen treffen als in einer Hochkonjunkturphase. Ihre Grundannahmen über die geeignete Investitionspolitik ist jedoch unverändert. „This is a type of learning because it represents adjustment in behavior in response to environmental change so as to achieve certain overall goals." (Senge 1990: 679)

Auf der Ebene der Gesamtorganisation mag die Integration von Informationen entweder in Form einer **punktuellen Integration** erfolgen – Information wird gezielt an die Subsysteme weitergeleitet, die eine Abweichung von den Leistungsvorgaben erkennen lassen – oder es findet eher eine **selektive Integration** derart statt, dass Informationen je nach „Zuständigkeiten" an die jeweiligen Subsysteme weitergeleitet werden und dort zu evaluieren sind. Eine **koordinierende Integration** von Informationen als drittem idealtypischen Fall, würde voraussetzen, dass Reflexionsprozesse auf der Basis von Dialogen stattfinden, um die zentralen Handlungsprinzipien beziehungsweise die gemeinsame Wirklichkeitsinterpretation permanent in Abhängigkeit von Informationsaustausch zu erneuern und zu aktualisieren. Hierzu wurde bereits das Instrument des Dialogs kurz angesprochen und seine Bedeutung für die Wissensgenerierung skizziert. An dieser Stelle wird der Prozess des Dialogs genauer dargestellt, da dieser die Modifikation organisationaler Wissens(sub)systeme unterstützen kann.

Dialog

Der Dialog dient dazu, die Aufmerksamkeit neu auszurichten und damit einen gemeinsamen Raum für das Hinterfragen von bisherigem Wissen zu schaffen. Eine solche Umgebung, die von Senge und Kollegen (2008) „Container" oder „Erkundungsfeld" genannt wird, entsteht, während die Gruppe den Dialogprozess durchläuft.

Während sich die Gesprächsteilnehmer durch die einzelnen Dialogphasen bewegen, entwickeln sie schrittweise ein kollektives Verständnis der Situation oder des

Problems. Sie fangen an, ihr individuelles Verständnis zu ändern und ein gemeinsames Verständnis beginnt zu entstehen.

Der Dialog als Instrument wirkt sich auf verschiedene Lernphasen aus. Einerseits fokussiert er die Integration und Modifikation der individuellen und gruppenbezogenen Wissenssysteme und ermöglicht den Teilnehmern ein freieres Denken und Assoziieren. Es kann aber auch zu weiteren Effekten, wie der Ausbreitung und Schaffung neuen Wissens kommen.

Der **Dialogprozess** besteht aus vier Phasen (vgl. Senge et al. 2008: 416 ff.):[30]

1. **Instabilität des Containers**

   Der Dialogprozess konfrontiert die Teilnehmer mit der Notwendigkeit, bislang unausgesprochene Überlegungen untereinander zu kommunizieren. Statt des Versuches, einander „zu verstehen" oder einen Kompromiss zu erreichen, mit dem jeder leben kann, lernen die Mitglieder der Gruppe langsam, sich als eine Einheit zu verstehen, von der sie ein Teil sind. Sie kommen zu der Erkenntnis, dass sie ihre eigene Sicht zurückhalten können, indem sie sich und ihre eigenen Annahmen überprüfen. Allmählich erkennen die Teilnehmer, dass sie die Wahl haben: Sie können ihre Ansichten aufheben, sie sozusagen suspendieren und die Gewissheit fester Überzeugungen (einschließlich der eigenen) generell infrage stellen. Dadurch werden sie auf den eigentlichen Dialog vorbereitet.

2. **Instabilität im Container**

   Positionen werden nicht mehr festgezurrt – die Mitglieder der Gruppe sind bereit, mit dem „Chaos" zu leben und sie fangen an, zwischen dem Zurückhalten ihrer eigenen Sicht und der Beteiligung an der Diskussion zu oszillieren: In diesem Stadium fühlen die Teilnehmer sich mitunter niedergeschlagen, hauptsächlich, weil die grundlegende Fragmentierung und Inkohärenz im Denken hervorzutreten beginnt (Senge et al. 2008: 418).

   In dieser Phase kommt es normalerweise zu einer „Krise der Suspension" (Senge et al. 2008: 418). Extreme Ansichten werden vertreten und verteidigt, und der gemeinsame Boden der Gruppe wird erschüttert. „Die Mitglieder fühlen sich, als hätte man sie in eine Riesenwaschmaschine gesteckt." (Senge et al. 2008: 418) Desorientierung und Frustration treten in den Vordergrund, die Zerschlagung von Sichten und Glaubenssätzen zerstört die Kohäsion der Gruppe. An diesem Punkt ist eine erfahrene Dialogbegleitung bzw. Moderation sehr wichtig. Sie kann helfen zu zeigen, dass die Gruppenmitglieder nicht um ihre Einstellung kämpfen müssen und es nicht nötig ist, jede Annahme in „richtig" oder „falsch" zu kategorisieren. Eher könnten sie beginnen, anderen und sich selbst zuzuhören und über die Bedeutung einzelner geäußerter Annahmen für sich und die Gruppe nachzudenken. An diesem Punkt öffnet sich „das Fenster" zum Lernen weit.

---

30 Die Darstellung der Phasen des Dialogs basiert auf einer überarbeiteten Fassung von Pawlowsky und Reinhardt (2002: 23–25).

3. **Reflexion bzw. Erkundung im Container**

   Die Gruppe entwickelt gemeinsam einen Raum für Gedanken. Die Kommunikation fängt an, anders als bislang zu fließen, denn die Themen sind nicht mehr „heiß" und die Gesprächsteilnehmer sind nicht mehr Gefangene ihrer eigenen Positionen, die sie verteidigen müssen. Stattdessen fangen sie an, sich zusammen als eine Ganzheit zu verstehen und zu erkunden. Nun entstehen neue Ideen, oft als ein Ergebnis gemeinsamer Überlegungen. Diese Freiheit, nicht mehr im eigenen Standpunkt gefangen zu sein, wird jedoch auch als schmerzhaft empfunden, da nun schrittweise die Unterschiede zwischen den Positionen wahrgenommen werden.

   Es tut weh, wenn man neue kognitive und emotionale „Muskeln" trainiert, und ganz besonders schmerzhaft ist es, wenn man erkennen muss, dass man sein ganzes Leben lang an seiner eigenen Fragmentierung und Isolation gearbeitet hat (Senge et al. 2008: 419).

   Sobald sich die Gruppe erfolgreich durch diese kritische Phase des „kollektiven Schmerzes" bewegt hat, erreicht sie die vierte Phase.

4. **Kreativität im Container**

   Ist die Krise der 3. Phase bewältigt, tritt der Unterschied zwischen Erinnerung und Denken zutage. Das Denken nimmt einen vollständig anderen Rhythmus und ein anderes Tempo an. Vielleicht reichen bisherige Begrifflichkeiten nicht aus, um die subtilen Erkenntnisse einzufangen, die sich abzuzeichnen beginnen (Senge et al. 2008: 419 f.).

   Die Gruppe basiert nicht mehr „nur" auf der Kommunikation zwischen den Mitgliedern – vielmehr entsteht etwas Neues: Die Gruppe selbst wird – über die einzelnen Kommunikationen hinaus – zum Sinnschwerpunkt für die einzelnen Mitglieder. Senge und Kollegen (2008: 420) zufolge kann dieses Stadium den Durchbruch zu Kreativität und kollektiver Intelligenz bedeuten.

11.5.3 Leitfragen zur Wissensmodifikation und -integration

Mit der Beantwortung der folgenden Fragen lässt sich die Integrations- und Modifikationsbereitschaft organisationaler Wissenssysteme hinterfragen:
- Inwiefern wird das für Geschäftsprozesse wichtige Wissen gesichert?
- Wie werden Erfahrungen und Entwicklungen für andere nutzbar dokumentiert?
- Wie werden neue Erkenntnisse mit vorhandenen Handlungsabläufen kombiniert?
- Wie werden Verhaltensmuster überprüft und hinterfragt?
- Wie wird Erfahrungswissen gesichert und vermittelt?
- Welche Handlungstheorien bestimmen das Handeln auf unterschiedlichen Systemebenen?
- Werden die Annahmen dieser Wissenssysteme bzw. Handlungstheorien kontinuierlich hinterfragt und überprüft?

- Inwieweit werden abweichende Informationen bzw. Annahmen zugelassen und integriert? Werden aufgrund dessen Handlungstheorien modifiziert?
- Wie viel Widerspruch ertragen die dominierenden Handlungstheorien?
- Werden mehrere Handlungstheorien nebeneinander akzeptiert und gefördert?
- Welche Blockaden bestehen, die das Einbeziehen neuen Wissens behindern?
- Werden konventionelle Verhaltensroutinen aus Angst vor Fehlern aufrecht erhalten?

11.6 Aktion: Anwendung von Wissen in Handlung

In der Aktionsphase ändert sich die Perspektive organisationalen Lernens erneut: Nach der Modifikation bestehender Wissensstrukturen stehen jetzt die verhaltensbedingten Folgen von Lernen im Vordergrund.[31] Vom Grundsatz her ist eine Herausforderung, die in dieser Lernphase begründet liegt, aus der klassischen Weiterbildung unter dem Begriff des „Transfers vom Lern- in das Funktionsfeld" bekannt. Es geht darum, wie Wissen in Verhalten umgesetzt wird und wie Einsichten und Erkenntnisse handlungswirksam werden können.

Haben die Mitglieder einer Organisationen die Möglichkeit, Entscheidungen durchzuspielen und Handlungsweisen auszuprobieren, ohne Angst davor haben zu müssen, Fehler zu machen, dann können diese Verhaltensweisen hinterfragt und reflektiert und dabei mögliche Konsequenzen aus der Sicht unterschiedlicher „Interessen" beleuchtet werden. Probehandeln wird damit zur Grundlage von Lernen. Eine Vielzahl von Simulationsinstrumenten machen sich diesen Gedanken zunutze, indem Entscheidungen und Handlungen ohne Angst vor Sanktionen und unter Nutzung des Gruppenvorteils erprobt werden können. Neues Wissen in Handlungen zu überführen und neue Handlungsweisen probeweise zu erfahren, ist eine wichtige Voraussetzung für organisationale Lernfähigkeit und Veränderungsprozesse. Es gibt viele Ansätze, um diese Lernerfahrungen der Mitarbeiter zu fördern.

Dabei lassen sich **drei Klassen** von Instrumenten identifizieren, die der Aktionsphase zugeordnet werden können.
- Die erste basiert auf der Forschung über Aktionslernen und fokussiert die Verbesserung von Problemlösungen durch praktische Erfahrung (Pearn et al. 1995; Pedler et al. 1994). Diese erste Klasse der Instrumente beinhaltet beispielsweise Lernverträge, Mentor-Programme, Shadowing, Learning Accomplishment Audits oder die Szenarioplanung.
- Die zweite Gruppe aktionsbezogener Instrumente sind vom Stil her Großgruppeninterventionen (z. B. „Search Conference": Emery, Purser 1996; „Real Time Strategic Change Conference": Weisbord 1992).

---

31 Dieses Kapitel basiert auf Pawlowsky und Reinhardt (2002: 25–31). Der Text ist in weiten Teilen überarbeitet und modifiziert. Vgl. auch Reinhardt 1998.

– Die dritte Gruppe steht in enger Verbindung mit realen Übungen und simulierten Computerumgebungen (Virtual Reality) und schließt solche Instrumente wie Planspiele oder Übungen, Mikrowelten und Lernlaboratorien mit ein.

Im Folgenden werden Instrumente aus der ersten und dritten Klasse dahingehend vorgestellt, wie die Umsetzung von Lernerfahrung in Handlungen unterstützt werden kann.

Nach der Bearbeitung dieses Kapitels

– kennen Sie verschiedene Möglichkeiten bzw. Instrumente, wie in Organisationen Erkenntnis- und Erfahrungswissen ausprobiert und in Handlungen umgesetzt werden kann,

– können Sie einschätzen, welche Bedeutung genügend Raum und Zeit für die Reflexion des eigenen Handelns haben.

11.6.1 Lernverträge

> **!** Ein **Lernvertrag** ist ein formales Abkommen zwischen einem Lernenden und einem Supervisor, Trainer oder Manager über Lernziele: Wie und wann sollen diese Ziele erreicht werden? Anhand welcher Kriterien soll der Lernfortschritt gemessen werden?

Solche Lernverträge basieren auf **drei Grundlagen**:

– Erstens übernimmt der Lernende eine aktive Rolle und die Verantwortung für das Lernen.

– Zweitens sollen die Lerninhalte eng an die konkrete Arbeitssituation geknüpft sein – ein Prinzip, was das Lernen äußerst relevant für den Lernenden macht.

– Drittens basieren die konzeptionellen Grundlagen des Lernvertrages auf einem Lernzirkel (vgl. Kolb 1984). Das bedeutet, dass der Lernende systematisch durch die Phasen Handlung, Reflexion der Handlung, Ableitung von Erkenntnissen (Wissen) und die Planung weiterer Schritte geführt wird. Gemäß dieses Lernzirkels ist der Übergang von einer Lernphase zur nächsten entscheidend für den Erfolg der Lernerfahrungen.

Zwei Aktivitäten müssen der Einrichtung eines Lernvertrages vorausgehen: eine adäquate **Vorbereitung** und eine Selbsteinschätzung des Lernenden über seine eigenen Lernbedürfnisse. Die Vorbereitung des Lernenden schließt die Definition der Lernziele sowie die Klarheit über den Prozess des Lernens ein: Zum einen muss der Weg durch den Lernzirkel klar festgelegt sein, zum anderen müssen Bereitschaft, Verantwortung und Initiative für die Erstellung und Umsetzung des Lernvertrages vorhanden sein.

Sobald die Selbsteinschätzung (Self Assessment) durchgeführt und die Lernziele definiert wurden, kann die „Vertragsverhandlung" beginnen. Pearn et al. (1995) machen darauf aufmerksam, dass die Elemente des Vertrages explizit gemacht werden müssen und die Rolle des Supervisors oder Trainers mit den Bedürfnissen des Lernenden abzustimmen und der Lernende bei der Entwicklung eines Aktions- und realistischen Zeitplanes zu unterstützen ist. Bevor wir dieses Instrument in das integrative Modell des organisationalen Lernens einordnen, wenden wir uns einem anderen Instrument des Aktionslernens zu, dem Shadowing.

11.6.2 Shadowing

Shadowing ist ein Lernprozess, bei dem man einen Kollegen bei dessen Arbeit beobachtet, wodurch die Übermittlung impliziten Wissens von erfahrenen Mitarbeitern an jüngere Mitarbeiter erleichtert werden kann.

Shadowing kann auf zwei Weisen durchgeführt werden: Entweder der Lernende beobachtet den Arbeitsprozess und reflektiert zusammen mit dem erfahrenen Kollegen von Zeit zu Zeit über dessen Aktivitäten. Alternativ ist in den Fällen, in denen der Arbeitsprozess nur schwer beobachtet werden kann, der Lernende von Anfang an in die Planung der Aufgabe einbezogen, wobei er Schritt für Schritt den Ausführungsprozess reflektiert.

Ein Beispiel hierfür ist ein Designprojekt: Während des Kick-off-Meetings, in dem Ziele und Probleme des Projekts geklärt werden, kann der Lernende seine Kollegen beobachten. Der Designprozess selbst dagegen entzieht sich einer direkten Beobachtung. Um die Methode des Shadowing bei diesem Aufgabentypus zu realisieren, ist es hilfreich, dem Lernenden die Ergebnisse der Zwischenschritte des Prozesses zu zeigen, zu erläutern und ihm Gelegenheit zu geben, die jeweiligen Ergebnisstufen mit den erfahreneren Kollegen zu diskutieren. Alternativ können dem Lerner – in einem lernfördernden Umfeld – einige Aufgaben übertragen werden, woraus sich für ihn Erfahrungen aus erster Hand ergeben.

Lernverträge und Shadowing beziehen sich beide auf die individuelle Ebene. In den obigen Beispielen wird ein Lernprozess höherer Ordnung – im Sinne von Deutero-Learning – deutlich. Beide Instrumente konzentrieren sich auf das Verhalten bzw. die Schnittstelle zwischen Reflexion und Aktion und lassen sich daher der Perspektive des Aktionslernens zuordnen. Im Bezug auf die Lernphase konzentrieren sich diese Instrumente eindeutig auf die Aktionsphase des Lernens.

11.6.3 Learning Laboratories

! Bergin und Prusko (1990) zufolge definiert man ein **Learning Laboratory** als

a learning manager's equivalent to a [...] pilot's flight simulator. It is a place where managers cannot only accelerate time simulating a model [...] but also slow down the flow of time at each decision point to reflect on potential outcomes. The learning laboratory is a managerial "practice field" where managers can test out new strategies and policies, reflect on the outcomes and discuss pertinent issues with others (Bergin, Prusko 1990: 5).

Computerbasierte Simulationen, die dieser Definition entsprechen, werden unter verschiedenen Namen geführt, wie Learning Laboratories, Mikrowelten oder auch computerbasierte Fallstudien.

Die Entwicklung und Einführung von Learning Laboratories bestehen aus folgenden Phasen:

– **Vorbereitung: Am Anfang steht ein „reales Problem".**
Nick Zeniuk, der Manager „Unternehmensplanung" bei der Ford Motor Company, in der Zeit von 1990 bis 1994 verantwortlich für die Einführung des Ford Lincoln Continental, beschreibt die anfängliche Idee für die Implementierung eines Learning Laboratories bei Ford wie folgt: „[...] Der Erfolg dieses Autos [der 1990er Lincoln, d. Verf.] basierte zu einem Großteil auf heroischen Anstrengungen in letzter Minute – wir nannten das ‚Panikmanagement' –, weil wir irgendwie nicht in der Lage gewesen waren, die richtigen Verfahren rechtzeitig in Gang zu setzen. Das wollte ich nicht noch einmal erleben." (Senge et al. 2008: 640).

– **Verantwortung für das Projekt: das Kernteam**
Zeniuk und seine Kollegen aus dem Kernteam hatten anfängliche Probleme, die Unternehmensleitung von der Notwendigkeit einer gründlichen Analyse des gesamten Projektes zu überzeugen:
„Aus Angst, einen Fehler zu machen, wurden Informationen zurückgehalten. Ein grundsätzliches Misstrauen führte dazu, dass niemand um Hilfe bat. Die Leute waren überzeugt, dass andere sie bei allem, was sie taten, übervorteilen wollten. Und die Vorgesetzten litten unter einem zwanghaften Kontrollbedürfnis." (Senge et al. 2008: 642)
Trotzdem fing das Kernteam an, eine offene Kommunikation zu betreiben und war dadurch in der Lage, ein besseres Verständnis für frühere Probleme zu bekommen: „Es ist besser, wir erfahren es jetzt [...] und nicht erst, wenn alles zu spät ist." (Senge et al. 2008: 642)

– **Transfer des Gelernten: die Entwicklung des Learning Laboratory**
Die Kerngruppe wollte das Gelernte an den Rest der Mitarbeiter, die an der Entwicklung des Autos arbeiteten, weitergeben. Mit der Unterstützung von MIT-Forschern und Unternehmensberatern wurde dieses Transferproblem durch die

Verwendung von Learning Laboratories, die aus computer- und „real-life"-bezogenen Anwendungen bestanden, gelöst:

> Zusammen [...] planten wir die erste zweitägige Sitzung für ein Team von Schlüsselkräften, die an der Innenausstattung des Autos arbeiteten. [...] Die Teammitglieder sollten in Zweiergruppen am Computer arbeiten und Entscheidungen darüber treffen, ob sie neue Ingenieure einstellen oder entlassen würden, Termine verschieben oder Ziele verändern wollten. Sie würden beobachten, wie das Systemverhalten sich veränderte und dadurch grundlegende Systemzusammenhänge verstehen. [...] Aber die größte Wirkung hatten nicht die computergestützten Teile des Labors. Durch sie lernten wir, direkter und offener über unsere Probleme zu sprechen. (Senge et al. 2008: 643)

– **Einbeziehung der Organisation: Ausbreitung des Wissens über das Kernteam hinaus**
Aufbauend auf ersten Erfolgen entschied sich das Kernteam, andere Teams mit einzubeziehen:

> Im letzten Jahr haben wir fünf oder sechs weitere Teams in die Lernlabors gebracht. Wir warteten eine ganze Weile, bevor wir das zweite Lernlabor durchführten. Wir wollten uns erst davon überzeugen, dass das Verfahren funktionierte. Außerdem brauchten wir die Unterstützung des Topmanagements, um das Projekt weiter finanzieren zu können. Die Topmanager, die zunächst gezögert hatten, änderten ihre Einstellung, als wir die Erfolge und positiven Auswirkungen des Projekts belegen konnten. (Senge et al. 2008: 645)

Verknüpft man diese Beschreibung der Learning Laboratories mit dem integrativen Modell organisationalen Lernens, sieht man, dass dieses Instrument – abhängig vom Problem, das gelöst werden soll – auf die Gruppenebene oder auf die organisationale Ebene ausgerichtet ist. Im Hinblick auf den Lerntyp unterstützen Learning Laboratories typischerweise Prozesse des Double-Loop- und Deutero-Learning. Der Lernmodus besteht im Aktionslernen: Erfahrungen werden als Auslöser für den Lernprozess genutzt. Deutlich wird hierbei, welche Konsequenzen unterschiedliche Entscheidungen nach sich ziehen. Zusätzlich ist es plausibel anzunehmen, dass kognitives Lernen dann stattfindet, wenn handlungsrelevante Annahmen des lernenden Individuums bzw. der lernenden Gruppe aufgrund von Erfahrungen ersetzt werden. Allgemein gesagt, können Learning Laboratories auf komplexe Unternehmensprobleme angewandt werden, wie z. B. Verringerung der Entwicklungszeiten, Erhöhung der Kundenzufriedenheit bzw. der Servicequalität. Learning Laboratories wurden und werden unter anderem bei Ford, der Federal Express Corporation, Harley Davidson und der National Semiconductor Corporation eingesetzt. In der Praxis mag der Einsatz von Learning Laboratories auch Effekte auf andere Dimensionen des Lernmodells haben: So erweitern Anwender ihre konzeptionelle Sicht über Probleme oder bemerken mögliche Verbindungen zwischen Problembereichen, an die sie vorher nicht gedacht haben. Trotz allem hat dieses Instrument seine größte Wirkung auf die Aktionsphase,

d. h. die Umsetzung von Wissen in Handeln. Verhalten bzw. Entscheidungen werden simuliert und mögliche Effekte können studiert und getestet werden. Zunehmend finden Learning Laboratories auch im gesellschaftlichen sozialen Umfeld von Organisationen, beispielsweise im Bereich sozialer Innovationen Anwendung.[32]

11.6.4 Simulationen als Lernformate

Besonders effizient ist die Aneignung und Umsetzung von Wissen in einer natürlichen Umgebung. Wenn dieses Lernverhalten jedoch mit erheblichen Risiken verbunden ist, wie z. B. der Gesundheit von Menschen, oder massiven finanziellen Einbußen, dann eignen sich Lernformen in Simulationsszenarien oder simulierten Welten. Piloten trainieren in Flugsimulatoren, Ärzte üben in OP-Simulationszentren und Sondereinsatzkommandos trainieren nicht nur in sogenannten High-Fidelity-Übungen sonder auch in Virtual-Reality-Trainingssystemen.

Um bei Rettungsteams Wissen in reales Handeln zu übersetzen, wird in sogenannten MANV-Übungen ein Massenanfall von Verletzten in Echtzeit simuliert. Diese Übungen werden regelmäßig in unterschiedlichen Kontexten durchgeführt um die besonderen Bedingungen eines Großschadensereignisses (Katastrophen, Unfälle, Flugzeugabstürze, Bombenattentate etc.) im Zusammenwirken unterschiedlicher Rettungsgruppen verhaltensbezogen zu üben. Interessant sind diese Lernansätze, nicht nur um spezifische Leitlinien (SOPs, Standards) zu üben, sondern auch um die Besonderheiten komplexer Situationen zu erleben und daraus Verhaltensrepertoires abzuleiten.

Pädagogik und Psychologie gehen von der Bedeutung der Immersion für Lernprozesse aus (vgl. Höntzsch et al. 2013). Ein Eintauchen in die Situationen, das Präsenz-Erleben und die Interaktionsmöglichkeiten machen diese verhaltensbezogenen Lernformen besonders effektiv.

Rettungsteams, Piloten, Sportteams, Polizeieinsatzgruppen ebenso wie Musiker – um nur einige Beispiele zu nennen – proben reale Einsatzsituationen mit Übungsszenarien und virtuellen Realitäten, um ihr Wissen in der Praxis anzuwenden und Verhalten in komplexen und dynamischen Situationen zu erlernen und seine Konsequenzen zu erkennen. Senge macht darauf aufmerksam, dass im Kontext wirtschaftlichen Handelns in Unternehmen jedoch nur in sehr begrenztem Umfang „Action-Learning" stattfindet. Entscheidungs- und Führungsverhalten, Management sowie Gruppeninteraktionen können nur selten in einem geschützen Raum erprobt werden. Damit wird im tatsächlichen Verhalten, aus Angst vor Fehlern und negativen Konsequenzen das mögliche Verhaltensrepertoire stark reduziert und die Anwendung des verfügbaren Wissens ist damit blockiert. Durch Planspiele, Simulationen oder Learning Laborato-

---

32 Vgl. http://www.thelearninglab.nl (Stand: 18.04.2019).

ries kann neues Wissen in simulierten Welten nicht nur erprobt werden, sondern es können interaktive Erfahrungen im sozialen Kontext gesammelt werden.

11.6.5 Leitfragen zur Umsetzung von Wissen in Handeln

Die Leitfragen für diese Phase sind:
- Welche Prozesse transformieren neue Erkenntnisse in Handlungen?
- Wie entstehen Aktionspläne und wer setzt sie um?
- Existieren Verhaltensnormen, die die Einführung neuer Verhaltensmuster, die auf neuen Erkenntnissen basieren, verhindern?
- Welche Aspekte stabilisieren innovationsfeindliche Routinen?
- Verfügt die Organisation über Handlungsplattformen, innerhalb derer sie praktisch mit neuen Ideen experimentieren kann?
- Über welche Art von experimentellen „Spielplätzen" verfügt das Unternehmen für die Entwicklung neuer Ideen und die Prüfung neuer Verhaltensmuster?
- Welche Lerninseln und Lernlaboratorien lassen sich schaffen?
- Zu welchem Grad erlaubt die tägliche Arbeit das Hinterfragen, Reflektieren und experimentelle Handeln?
- Ist die Gestaltung der Anreizsysteme kompatibel mit der gewünschten Umsetzung von Gelerntem oder werden überwiegend konservative Verhaltensweisen belohnt?
- Bekommen die Mitarbeiter eine Rückmeldung?

Reflexionsfragen

11.1 Mit welchen Instrumenten lässt sich beispielhaft externes und internes Wissen identifizieren?

11.2 Welches Wissen sollte eine Organisation identifizieren? Erläutern Sie dies an einem Beispiel.

11.3 Welche Methoden einer Wissensidentifikation würden Sie Ihrem Unternehmen empfehlen? Begründen Sie die Empfehlung.

11.4 Erläutern Sie die Wissenstransformationsprozesse des SECI-Modells von Nonaka und Takeuchi.

11.5 Was ist unter dem Begriff des „Ba" zu verstehen?

11.6 Welche Maßnahmen der Kontextgestaltung dienen – neben dem Einsatz von Kreativitätstechniken – der Steuerung des Innovationsprozesses, d. h. wie sollten Rahmenbedingungen gestaltet werden, um individuelle Kreativität zu fördern?

11.7 Was ist unter „Groupthink" zu verstehen? Welche Bedeutung hat dieses Phänomen für die Wissensentwicklung?

11.8 Welche Schichten sind bei einer Hypertext-Organisation zu unterscheiden? Erläutern Sie diese kurz.

11.9 Welche Aspekte sind bei der Umsetzung von Communities zu berücksichtigen?

11.10 Warum ist Vertrauen eine wichtige Voraussetzung für den Austausch von Wissen?

11.11 Inwiefern unterstützt oder behindert die räumliche Gestaltung des Arbeitsumfeldes die Kommunikation und damit den Wissensaustausch in Unternehmen?

11.12 Was ist unter Communities of Practice zu verstehen?

11.13 Reflektieren Sie, mithilfe welcher technischen Infrastruktur die Wissensverteilung in Organisationen unterstützt wird.

11.14 Was ist unter Learning Histories zu verstehen und wie wird bei der Entwicklung von Learning Histories im Allgemeinen vorgegangen?

11.15 Erläutern Sie kurz die Instrumente „Lessons Learned" und „Project Debriefing".

11.16 In welchen Phasen läut der Prozess des Dialogs ab?

11.17 Erläutern Sie kurz, was unter einem Lernvertrag zu verstehen ist.

11.18 Was ist mit Shadowing gemeint?

12 Fallbeispiel

Folgendes Unternehmensbeispiel illustriert, wie die Prozesse der Identifikation, Diffusion, Integration und Modifikation sowie der Anwendung von Wissen aussehen können. Dabei handelt es sich nicht um ein Best-Practice-Beispiel. Auch beim Beispielunternehmen ist noch Verbesserungspotenzial zur Gestaltung dieser Prozesse vorhanden.

Beschreibung des Unternehmens

Bei Baufix handelt es sich um eine Unternehmensgruppe der Handelsbranche. Das Gesamtunternehmen setzt sich aus einer Reihe von Selbstbedienungswarenhäusern und Baufachmärkten zusammen, die vornehmlich in einem begrenzten regionalen Raum Deutschlands positioniert sind. Ein Einstieg in den Elektronikmarkt ist geplant. Das Familienunternehmen wurde Anfang des 19. Jahrhunderts als Lebensmittelhandlung gegründet. Auch heute sind noch 70 % der Firma im Besitz einer Einzelperson, die die Politik des Unternehmens sehr stark prägt. Die restlichen 30 % der Beteiligung unterhält eine Bank. Ein Online-Geschäftszweig soll in diesem Jahr strategisch geprüft werden.

Die gesamte Unternehmensgruppe umfasst über 10.000 Mitarbeiter und ist als Holding organisiert. Ihre Struktur ist sehr dezentral: Sie gliedert sich in drei große Linien: die SB-Warenhäuser, die Baumärkte und die „Koordination". Letzterer sind als Zentralbereiche die Unternehmensentwicklung bzw. Revision, Standortplanung, Bauwesen und Controlling, Personal bzw. Recht, Rechnungswesen, EDV, Finanzen sowie Marketing und Konzessionäre zugeordnet. Die Koordination, die an einem Standort zusammengefasst ist, versteht sich als Dienstleistungs- und Beratungsunternehmen für die einzelnen Warenhäuser, die ansonsten autonom entscheiden und handeln. Es wird betont, dass alle wichtigen Entscheidungen vor Ort gefällt werden. Jeder Betrieb hat auch eine eigene Personal- und Marketingabteilung etc., die in Kontakt zur Koordination stehen. Die Koordination gibt die strategische Richtung an und überwacht die Umsetzung vor Ort.

Die Abteilung Personalentwicklung/Weiterbildung ist dem Personalleiter der Koordination unterstellt und hat zwei Mitarbeiter. Mit wachsender Expansion der Unternehmensgruppe nimmt die Tendenz zur Zentralisierung dieser Abteilung zu. Das Weiterbildungsbudget beträgt ca. 1,5 Millionen Euro. Die angebotenen Weiterbildungsmaßnahmen werden zu 75 % durch externe Anbieter ausgeführt. Gesprächspartner ist der Verantwortliche für die Personalentwicklung.

https://doi.org/10.1515/9783110474930-012

12.1 Identifikation und Beschaffung von Wissen

Baufix versteht sich als sehr kundenorientiertes Unternehmen. Dieser Punkt ist z. B. auch in den Unternehmensgrundsätzen verankert und drückt sich u. a. in einem umfassenden Garantiesystem aus, das großzügige Umtauschbedingungen oder „Geld-Zurück-Garantien" für bestimmte Fälle beinhaltet. Aufgrund dieser Kundenorientierung wird der Beobachtung der Kundenbedürfnisse eine hohe Bedeutung zugemessen. Dies geschieht zum einen über eine Online-Plattform des Unternehmens und zum anderen stehen in den Märkten aus diesem Grund Informationstheken, die für die Umsetzung der Garantien verantwortlich sind und Reklamationen oder Kritik der Kunden entgegennehmen sollen. Die Marktleiter selbst sind dann dafür verantwortlich, sich mit diesen Informationen auseinanderzusetzen. Es ist geplant, über diese neuen Informationen kontinuierliche im Baufix-Portal zu berichten.

Systematische Kundenanalysen werden mittels Fragebogenaktionen durch die Marketingabteilung durchgeführt. Folgendes Beispiel verdeutlicht die Einschätzung der Wichtigkeit gerade dieser Seite der Informationsbeschaffung: Der Marktleiter einer der Filialen schickt eine Woche lang zwei Teams auf die Parkplätze von Wettbewerbern und ließ fragen, warum die Kunden den Wettbewerber vorziehen.

Informationen über technische Entwicklungen, z. B. im IuK-Bereich, werden durch das Lesen von Fachzeitschriften, Recherchen im Internet und den Besuch von Messen eingeholt. Der Marktleiter Herr Engel stellt in dieser Beziehung fest, dass das Problem hier nicht in einem Mangel an Informationen, sondern vielmehr in der Selektion der wichtigen Informationen liegt. Ferner hat die zentrale IT-Abteilung in allen Märkten einen IT-Beauftragten benannt und diese Personen im Rahmen eines Community Projektes miteinander vernetzt. Es soll eine strategische Planung der IT-Infrastruktur geleistet werden. Internetzugang besteht in allen jeweiligen Abteilungen. Darüber hinaus werden Branchenzeitschriften, die von allgemeinem Interesse sind, allen Mitarbeitern sowohl online als auch in Papierform zugänglich gemacht.

Besonderer Wert wird auf den Kontakt mit Lieferanten gelegt. Dazu wird eine „Lieferantenolympiade" durchgeführt, bei der Lieferanten nach der Zahlung einer Teilnahmesumme um die Gunst der einzelnen Betriebe wetteifern konnten, die dann nach Kriterien wie Service, Lieferbereitschaft usw. einen „Sieger" ermittelten.

Kontakte der Mitarbeiter zur Außenwelt (Boundary Spanning) bestehen in den Märkten verständlicherweise auf breiter Basis. Darüber hinaus gibt es in den Stäben spezielle Stellen, wie Rechts- oder Umweltbeauftragte. Letztere gibt es auch in den einzelnen Märkten. Diese Personen haben Zugang zu einer gemeinsamen Plattform, auf der regelmäßig zu bestimmten Themen in fachspezifischen Communities diskutiert wird. Einzelne Fachbeauftragte experimentieren inzwischen mit internen Wikis. Die Einrichtung eines betrieblichen Vorschlagswesens ist einmal ins Auge gefasst, dann aber von der Mehrzahl der Bereichsleiter abgelehnt worden. Herr Engel bemerkt dazu, dass ein neues Konzept zu diesem Thema noch beim Geschäftsführer „in der Schublade" liege.

Kontakte, die das Unternehmen als Ganzes zur Umwelt hat, sind auf die üblichen Verbandsmitgliedschaften beschränkt.

12.2 Diffusion von Wissen

Durch die dezentrale Organisation der gesamten Unternehmensgruppe arbeiten die einzelnen Betriebe relativ autonom und gestalten beispielsweise auch strukturelle Bedingungen selbst. „Im Allgemeinen läuft vieles über den Dienstweg. Nichteinhaltung des Dienstweges gilt als Verstoß gegen die Betriebsregeln." Diese Aussage im Fragebogen wird ebenso als gar nicht zutreffend bezeichnet wie die Feststellung „Die Arbeitsorganisation im Betrieb ist stark reglementiert, es gibt für alle Vorkommnisse Anweisungen, was zu tun ist". Bezüglich der üblichen formalisierten Kommunikationswege wird keine einheitliche Aussage getroffen, die Informationsverteilung wird in dieser Hinsicht vielmehr als abhängig von den einzelnen Führungskräften angesehen.

Als interne Informationsmedien werden E-Mail und Intranet (Portal) genutzt. Dabei hat jeder Betrieb seinen eigenen Workspace und die Arbeit ist auf einer einfachen HTML-Seite beschrieben.

Bemerkenswert unter dem Gesichtspunkt der bereichsübergreifenden Kommunikation ist die Ausprägung institutionalisierter Sitzungen. Angefangen von der „großen Strategiesitzung", die etwa alle drei Jahre stattfindet, über Geschäftsleitersitzungen (14-tägig), Sitzungen zwischen regionaler Geschäftsführung und Geschäftsleitern (monatlich) und zwischen Geschäftsleiter und leitenden Mitarbeitern der Koordination (dreimal jährlich) bis zu den vierteljährlichen Arbeitskreissitzungen.

Informationen, die durch systematische Umfeldanalysen identifiziert werden, sind zunächst nur der Auftrag gebenden Führungsebene zugänglich, werden dann aber an Projektgruppen weitergegeben, die für die Lösung bestimmter Probleme geschaffen werden. Projektgruppen oder Arbeitskreise werden relativ häufig zur Problemlösung eingesetzt. Diese Arbeitskreise sind fest eingerichtete Institutionen, die auch Entscheidungsbefugnisse haben. Als Beispiel wird der Entscheidungsprozess bei der Aufnahme eines neuen Produktes in das Sortiment angeführt: Ein Vertreter einer Herstellerfirma bietet dem Einkauf ein neues Produkt an. Diese Ware wird vom Einkäufer begutachtet, als Muster angenommen und mit auf die nächste Arbeitskreissitzung genommen, auf der auch Betriebsvertreter und Verkaufspersonal anwesend sind. Dort wird dann das Angebot besprochen und entschieden. Bei besonders günstigen Angeboten, über die schnell entschieden werden muss, darf in Ausnahmefällen auch im Alleingang eine Entscheidung getroffen werden.

In der Unternehmensgruppe gibt es ca. 50 bis 60 solcher Arbeitskreise. Als Grundregel gilt: „Die Betroffenen müssen mit am Tisch sitzen." Die Zusammensetzung der Gruppen ist daher auch hierarchieübergreifend. Damit so viele Mitglieder wie möglich an diesen Gremien beteiligt werden können, ist die Einführung eines Rotationsprinzips im Gespräch. Bislang richtet sich die Teilnahme danach, ob ein Mitarbeiter von dem zu bearbeitenden Thema betroffen ist sowie nach persönlichem Interesse an der Mitarbeit im Arbeitskreis.

Die Verteilung der Informationen, die aus diesen Arbeitskreisen als Ergebnis hervorgehen, erfolgt in Form von Protokollen, die allen Abteilungsleitern per E-Mail zugehen. Sie werden auch an alle leitenden Mitarbeiter weitergegeben: „Also, ich bekomme hier z. B. auch Protokolle vom Arbeitskreis Rechnungswesen, was mich wenig interessiert, sag ich mal, wenn die über die Anschaffung von irgendwelchen RFID-Super-Scannerkassen entscheiden [...]. Aber wir bekommen diese Informationen", so ergänzt Frau Österreicher aus der Personalabteilung.

Den Mitarbeitern ist der Informationsaustausch wichtig, dabei wird jedoch eingeräumt, dass es hier auch Defizite gibt. So komme es vor, dass man bestimmte Informationen nicht bekomme, „aus welchem Grund auch immer". Das Kommunikationsklima wird als „unterschiedlich, generell eher offen" bezeichnet. Der Leiter Einkauf beschreibt es folgendermaßen: „Wenn ich das in meiner Abteilung sehe, würde ich sagen, läuft es. Aber ich kann Ihnen auf Anhieb fünf Bereiche nennen, wo keine Informationen von oben nach unten kommen. Das ist sehr unterschiedlich. Ich denke, das ist auch teilweise in der Person begründet."

Als kommunikationshemmend werden zum einen persönliche Faktoren genannt (siehe oben), zum anderen fehlende Zeit.

12.3 Integration und Modifikation

Die oben dargestellten verschiedenen Kommunikationseinrichtungen, wie regelmäßige Sitzungen, Arbeitskreise und Projektgruppen, können als gute Voraussetzungen für die Integration von Wissen und die Modifikation der organisationalen Wissensbasis angesehen werden.

Eine materielle Dokumentation der Ergebnisse von Arbeitskreisen findet, wie bereits bemerkt, in Form von Protokollen statt.

12.4 Aktion

Im Hinblick auf die Umsetzung von neuem Wissen auf die Handlungsebene fällt durch den Einsatz von Projektgruppen eine Strukturredundanz auf. Die hochgradig dezentrale Organisation der Unternehmensgruppe erleichtert das Ausprobieren verschiedener neuer Ideen, die dann in gemeinsamen Arbeitskreisen diskutiert und auf diese Weise als Erfahrungswissen weitergegeben werden können.

„Es herrscht im Unternehmen im Allgemeinen der Grundsatz, dass Fehler gemacht werden müssen, um daraus zu lernen", diese Aussage einer Abteilungsleiterin wird als „voll zutreffend" vom Unternehmen bestätigt. Die Aussage, dass dem Austausch von Informationen, Ideen und Kritik genügend Zeit eingeräumt wird, muss vor dem Hintergrund relativiert werden, dass ebenso Zeitmangel als Kommunikationsbarriere genannt wird.

13 Implementierung von Wissensmanagementprojekten

Es ist deutlich geworden, dass es sehr unterschiedliche Zugangspfade zum Thema Wissensmanagement gibt: Strategiebildung, Reifegrade, Personalentwicklung, Geschäftsprozesse, Wissensbilanzen, Diagnostikverfahren oder spezifische Problemstellungen und Anforderungen. Je nach Zugang unterscheidet sich die Ziel- und Erwartungsdefinition der Implementierung von Wissensmanagementprojekten. Soll in einem Unternehmen ein ganzheitliches Wissensmanagement eingeführt werden oder geht es beispielsweise „nur" um die Identifikation interner Experten, auf die man bei Projekten zugreifen möchte? In aller Regel stehen spezifische Problem- oder Fragestellungen im Vordergrund, die mittels Wissensmanagement gelöst werden sollen. Oft wird dabei von einer partiellen Lösung für dieses einzelne Problem ausgegangen und im Verlauf des Implementierungsprozesses entdeckt man, welche Konsequenzen die Problemlösung in unterschiedlichen Bereichen der Organisation zur Folge hat.

Dabei ist offensichtlich, dass insbesondere beim Zugang über spezifische Problemstellungen nur ausgewählte Methoden und Instrumente geeignet sind. Wird beispielsweise festgestellt, dass in einem Unternehmen zwar viele Verbesserungsvorschläge existieren, aber nur wenige dieser Ideen wirklich zu konkreten Änderungen führen, dann erscheint es sinnvoll, solche Instrumente einzusetzen, die dabei helfen, Ideen in Handlungen umzusetzen. Ergibt die Analyse organisationaler Praktiken, dass immer wieder die gleichen Fehler gemacht werden, weil das Lernergebnis nicht im gesamten Unternehmen bekannt ist, bietet es sich an, Instrumente einzusetzen, die die Verbreitung von Erfahrungen im Unternehmen unterstützen. Hängen beispielsweise zentrale Kompetenzen des Unternehmens von einigen wenigen Mitarbeitern ab, die kurz vor der Verrentung stehen, ist der Einsatz von Instrumenten sinnvoll, die die Integration von Wissen innerhalb der Organisation fördern.

Nach der Bearbeitung dieses Kapitels
- können Sie die bereits bekannten Lernphasen (Wissensprozesse) um die beiden Dimensionen „Gestaltungsfelder" und „Entscheidungsebenen" erweitern sowie erläutern, inwiefern diese drei Dimensionen bei der Implementierung von Wissensmanagementprojekten zusammenwirken und in unterschiedlichen Projektphasen differenziert Bezug auf diese Dimensionen genommen wird,
- kennen Sie die Phasen, die bei der Implementierung von Wissensmanagement-Projekten im Allgemeinen durchlaufen werden,
- sind Sie in der Lage, verschiedene Ansätze zur Bestandsaufnahme (z. B. Checklisten, Befragungen etc.) anzuwenden sowie spezielle Wissensziele mit allgemeinen Geschäftszielen abzugleichen bzw. diese aus der Unternehmensstrategie abzuleiten,
- haben Sie Erfolgsfaktoren für Wissensmanagement-Projekte identifiziert,

https://doi.org/10.1515/9783110474930-013

- sind Ihnen die Probleme bei der Messung des Erfolgs von Wissensmanagement-Projekten bewusst und
- kennen Sie verschiedene Möglichkeiten, um Erfolgskriterien zu definieren bzw. im Rahmen einer Vorher-Nachher-Perspektive den Erfolg zu bewerten.

13.1 Das Wissensmanagement-Würfelmodell

Auf der Grundlage von zahlreichen Projektevaluationen und -begleitungen zeigt sich, dass Wissensmanagement-Projekte eine oder mehrere Phasen des Lernprozesses betreffen, eines oder mehrere der Gestaltungsfelder Mensch, Organisation und Technik tangieren und auf unterschiedliche Entscheidungsebenen Bezug nehmen. Dementsprechend wurde das hier zugrunde gelegte Modell des Wissensmanagements (Pawlowsky 1992, 1994) um diese Dimensionen erweitert. Das Prozessmodell der Wissensphasen bzw. **Wissensprozesse** (Identifikation – Generierung – Diffusion – Modifikation – Aktion) wurde ergänzt um drei **Gestaltungsfelder** (Personal – Organisation – Technologie) und drei **Entscheidungsebenen** (operational – strategisch – normativ). Aktivitäten eines Wissensmanagements lassen sich demnach dahingehend präzisieren, welche Prozessphase im Vordergrund steht, welche Gestaltungsfelder betroffen sind und auf welchen Entscheidungsebenen die Aktivitäten gesteuert werden. Dies lässt sich anhand des nachfolgenden Würfelmodells veranschaulichen (s. Abbildung 13.1).

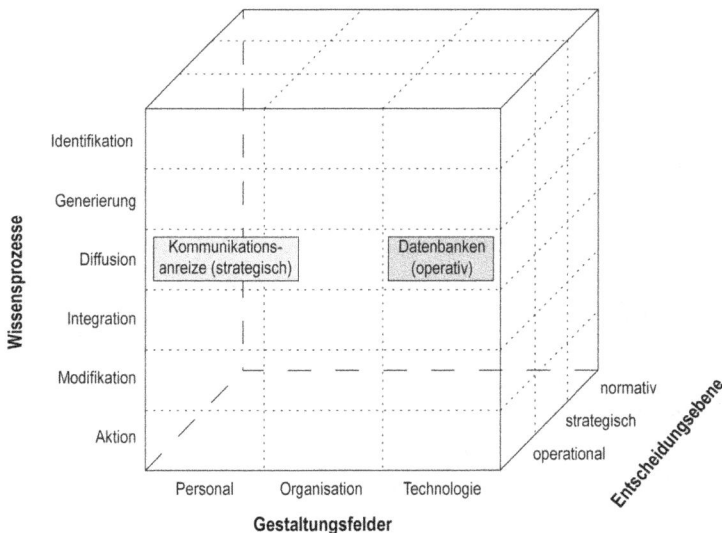

Abb. 13.1: Würfelmodell der Wissensmanagement-Implementierung (Quelle: eigene Darstellung).

Wenn man diese drei Dimensionen des Wissensmanagements zugrunde legt, ist zu berücksichtigen, dass Wissensmanagementprojekte Prozesse sind, deren Fokus zu einem Zeitpunkt von einer spezifischen Phase ausgeht und der sich im Verlauf durchaus verändern bzw. erweitern kann. Dieser veränderte Bezug betrifft auch die Gestaltungsfelder und die Entscheidungsebenen. So kann der Ausgangspunkt einer Implementierung beispielsweise die Erstellung von Yellow Pages beinhalten (Wissensidentifikation) und sich zunächst auf die Ebene Technik beziehen, da es um die Einführung einer geeigneten Software und die Erstellung einer einfachen SQL-Datenbank geht. Die Entscheidungsebene, auf der sich das Projekt bis dahin bewegt, umfasst die operative Ebene. Im Verlauf des Projektes wird jedoch deutlich, dass die Umsetzung eines derartigen Vorhabens ohne Einbeziehung des Betriebsrates, der Mitarbeiter und der IT-Verantwortlichen wenig sinnvoll ist, da eine Aktualisierung der Eintragungen in den Yellow Pages von den Personen selbst vorgenommen werden muss und Schnittstellen zu anderen Anwendungen zu berücksichtigen sind. Also wechselt der Fokus des Projektes auf das Gestaltungsfeld „Mitarbeiter (Personal)", da es sich hier um beteiligunsrelevante und anreizspezifische Fragen handelt, die auf Geschäftsführungs- bzw. Vorstandsebene angesiedelt sind. Damit verändert sich auch die Entscheidungsebene, die einbezogen wird.

Je umfassender und komplexer solche Implementierungsprojekte werden, umso häufiger wechseln Bezüge, Gestaltungsfelder und Entscheidungsverantwortung. Gleichzeitig wird es immer schwieriger, idealtypische Empfehlungen für die Implementierung (Best-Practice-Fälle) zu geben, da die Besonderheiten des jeweiligen Kontextes in ihrer Spezifität kaum anderswo in gleicher Weise vorzufinden sind. Diesem Umstand wurde mit dem K^3 Knowledge Laboratory Rechnung getragen, indem die einzelnen Projekte wie Salamischeiben in unterschiedliche Handlungssequenzen zerschnitten werden. So wird jeweils analysiert, welche Frage- bzw. Problemstellung in einer Projektphase von Bedeutung ist und welche spezifische Lösung dann realisiert wird. Durch diese Segmentierung können Problem-Handlungs-Sequenzen gewonnen werden, die in ihrer einfacheren Logik nachvollziehbarer sind und sich damit leichter auf eigene Problemstellungen übertragen lassen.

13.2 Idealtypischer Implementierungsprozess

Gehen wir von einem idealtypischen Implementierungsprozess des Wissensmanagements aus, so lassen sich unterschiedliche Phasen unterscheiden (s. Abbildung 13.2):

Bestandsaufnahme	Ziel- und Strategie-workshops	Wissensprozess-diagnostik	Sollkonzept, Design
Bestandsaufnahme: Wie geht die Organisation mit Wissen um? Erhebungen: Beobachtung Befragung Interviews	Identifikation der strategischen Wissensziele Anforderungen hinsichtlich Kompetenz und Wissen	Analyse: Diagnostiktools Analyse der Prozessphasen Auswertung Interpretation	Ansatzpunkte zur Verbesserung: • Identifikation • Entwicklung • Diffusion • Sicherung Bewahrung • Umsetzung in Handlung Projektdesign und Integration in Arbeitsabläufe

Abb. 13.2: Implementierungsprozess des Wissensmanagements (Quelle: eigene Darstellung).

Betrachten wir im Folgenden zunächst unterschiedliche Ansätze der Bestandsaufnahme.

13.2.1 Bestandsaufnahme

Zunächst sollte der bisherige Umgang mit Wissen hinterfragt werden. Welche Rolle wird der Ressource aus Sicht unterschiedlicher Akteure in der Organisation beigemessen? Spielt Wissen eine zentrale Rolle für die Geschäftsprozesse und ist man sich der Bedeutung von Wissen bewusst?

Eine Bestandsaufnahme der bisherigen Handhabung der Ressource Wissen kann unterschiedlich erfolgen. So können mit verschiedenen Abteilungen Interviews zur Relevanz und zum Umgang mit Wissen durchgeführt werden, und es lassen sich einfache Befragungsinstrumente oder Checklisten einsetzen, um die Bedarfssituation zu erfassen.

Gezielte Interviewansätze
Um die **Ist-Situation** zu bestimmen, dienen die nachfolgenden Fragen als Anhaltspunkt:
- Wie wird in der Organisation Wissen eingesetzt?
- Welches Wissen von welchen Personen ist unverzichtbar?
- Welches Wissen entsteht entlang der Kernprozesse und welches Wissen wird entlang dieser Prozesse benötigt?
- Über welche Kompetenzen bzw. Qualifikationen und welches Wissen verfügen die Mitarbeiter? Wie wird dieses dokumentiert und aktualisiert?

Auf der **Ebene der Mitarbeiter** kann dann folgendermaßen vertieft werden:
-   Welches Wissen benötigen Sie für Ihre tägliche Arbeit? Steht Ihnen dieses Wissen zur Verfügung? Wie aktualisieren Sie Ihr Wissen?
-   Wie erfolgt der Wissensaustausch im Unternehmen? Woher „erhalten" Sie Wissen und an wen geben Sie es weiter?
-   Wenn Sie spezielles Wissen für Ihre Tätigkeit benötigen, woher bekommen Sie diese Informationen?
-   Wissen Sie, wer in Ihrem Unternehmen bzw. in Ihrer Abteilung Expertenwissen in unterschiedlichen Feldern hat? Ist Ihnen dieses Wissen bei Bedarf zugänglich?
-   Was passiert, wenn Sie Ihren Arbeitsplatz wechseln? Gibt es andere Personen, die über das nötige Wissen verfügen?
-   Gibt es zu Fragen, die für Ihre Tätigkeit relevant sind, Möglichkeiten sich mit anderen Personen auszutauschen und Erfahrungen zu besprechen?

Aus diesen Fragen werden Anhaltspunkte zum Umgang mit Wissen gewonnen und Bedarfe für ein Wissensmanagementprojekt abgeleitet.

Eine Erhebungsform von potenziellen Bedarfen stellt folgende Befragung zur **organisationalen Intelligenz** dar (s. Abbildung 13.3). Es wird der Ist-Zustand in unterschiedlichen Dimensionen des Konzeptes „organisationale Intelligenz" (wie Antwort-, Problemlöse- und Lernfähigkeit, Erinnerungsvermögen sowie emotionale Intelligenz – bezogen auf Mitarbeiter, Prozesse, Produkte, Kunden und Märkte) – erhoben. Dies kann in einer Selbstevaluation von leitenden Mitarbeitern oder aber in gemeinsamen Workshops (z. B. mit einer definierten Strategiegruppe) erfolgen. Aus den Ergebnissen lassen sich Handlungsfelder identifizieren, die mit einem Wissensmanagement gezielt bearbeitet werden können (vgl. North et al. 2002).

Um den Bedarf an Wissensmanagement zu ermitteln, ist darüber hinaus folgende **Checkliste** hilfreich. Je häufiger hier mit „Nein" geantwortet wird, umso eher ist ein Bedarf in den benannten Bereichen zu konstatieren (vgl. Pawlowsky et al. 2006b: 36 f.).

Wie oft antworten Sie mit „Nein"?
-   Unsere Mitarbeiter werden kontinuierlich weitergebildet.
-   Wir haben Maßnahmen, um das Wissen von Mitarbeitern, die das Unternehmen verlassen, zu bewahren (z. B. bei Verrentung oder Abteilungswechsel).
-   Mitarbeiter geben ihre Erfahrungen weiter bzw. schulen sich gegenseitig (z. B. Mentoring-Programme, Mitarbeiter-Akademie, ein entsprechendes Zeitkontingent für derartige Maßnahmen etc.).
-   Wir haben Maßnahmen, um möglichst vielen Mitarbeitern Informationen zugänglich zu machen (z. B. regelmäßige Besprechungen, Online-Communitys Datenbanken, E-Mail-System, Intranet, Internetzugänge, Zeitschriftenumlauf etc).

	A Antwortfähigkeit	B Problemlösungsfähigkeit	C Lernfähigkeit/Kreativität/Innovation	D Erinnerungsvermögen	E emotionale Intelligenz
1 Märkte/Konkurrenten	Wie rasch und umfassend reagieren Sie auf neue Produkte der Konkurrenz? [1 2 3 4 5]		Wie rasch und umfassend lernen Sie von Märkten bzw. Konkurrenten? [1 2 3 4 5]		Wie sind Ihre Beziehungen zu Konkurrenten? [1 2 3 4 5]
2 Kunden	Beantworten Sie Anfragen rasch und vollständig? [1 2 3 4 5]	Erkennen Sie Kundenprobleme und lösen Sie diese rasch zur Kundenzufriedenheit? [1 2 3 4 5]	Wie rasch und umfassend lernen Sie vom Kunden? [1 2 3 4 5]	Ist rasch feststellbar, was Sie für Kunden in der Vergangenheit geliefert bzw. geleistet haben? [1 2 3 4 5]	Sind Ihre Kundenbeziehungen von Vertrauen und Offenheit geprägt? [1 2 3 4 5]
3 Produkte		Erkennen Sie Produktprobleme frühzeitig und lösen Sie diese rasch? [1 2 3 4 5]	Sind Ihre Produkte eher „me-too" oder einzigartig? [1 2 3 4 5]	Können Sie zurückliegende Produktentwicklungen nachvollziehen bzw. Know-how-Träger identifizieren? [1 2 3 4 5]	
4 Prozesse	Sind Sie über den aktuellen Bearbeitungsstand (z. B. Auftrags- oder Beschaffungsprozess) auskunftsfähig? [1 2 3 4 5]	Erkennen Sie Prozessprobleme frühzeitig und lösen Sie diese rasch und umfassend? [1 2 3 4 5]	Verbessern Sie Ihre Prozesse systematisch? [1 2 3 4 5]	Sind gute Lösungen („Best Practices") aus der Vergangenheit dokumentiert bzw. rasch zugänglich? [1 2 3 4 5]	
5 Mitarbeiter	Gibt die Unternehmensleitung wahrhaftige Antworten auf Fragen der Mitarbeiter? [1 2 3 4 5]	Erkennen Sie persönliche Probleme der Mitarbeiter und tragen Sie zur Lösung bei? [1 2 3 4 5]	Existiert eine offene, dynamische Firmenkultur, die Lernen und Mitdenken des einzelnen Mitarbeiters fördert? [1 2 3 4 5]	Wird Wissen systematisch über Mitarbeitergenerationen weitergegeben? [1 2 3 4 5]	Existiert eine starke Wertegemeinschaft, die Mitarbeiter und das Unternehmen verbindet? [1 2 3 4 5]

Stufen Sie Ihr Unternehmen bzw. Ihre Unternehmenseinheit in Bezug auf die Branche/Wettbewerber oder die Gesamtorganisation ein.

Skalenstufen:
1 = mangelhaft, weit unter dem Branchendurchschnitt
2 = ausreichend, unter dem Branchendurchschnitt
3 = befriedigend im Vergleich zu Wettbewerbern/Branche
4 = gut, über dem Branchendurchschnitt
5 = sehr gut, Branchenprimus

Abb. 13.3: Intelligenzmatrix einer Organisation (North, Pöschl 2002: 58).

- Wir vernetzen Spezialisten im Unternehmen (z. B. Communitys, Intranet, Räumlichkeiten, finanzielle Mittel etc.).
- Wir sorgen dafür, dass aus Erfolgen und Misserfolgen von Projekten in unserem Unternehmen gelernt wird (z. B. Projektreflexionen, Lessons Learned, Project Debriefings).
- Wir beziehen unsere Kunden oder Lieferanten systematisch in die Entwicklung neuer Produkte ein (z. B. Entwicklungspartnerschaften, Foren, Blogs, Social Networks, Influencer, Kundenbefragungen, Pre-Tests beim Kunden).
- Wir kooperieren mit Forschungsinstituten und Hochschulen.
- Wir erkennen Personen bei uns, die besondere Erfahrungen und Kenntnisse haben (z. B. Gelbe Seiten, Experten-Systeme, Kompetenzprofile).
- Wir dokumentieren das Wissen und die Erfahrungen unserer Mitarbeiter über die Stammdaten hinaus (z. B. Kompetenzbeschreibungen, Hobbyqualifikationen, Weiterbildungsqualifikationen, Gelbe Seiten).
- Wir unterstützen die Umsetzung von Ideen in neue Produkte und Prozesse (z. B. betriebliches Vorschlagswesen, kontinuierlicher Verbesserungsprozess, Innovationszirkel etc.).
- Wir erkennen Wissensdefizite bei unseren Mitarbeitern frühzeitig (z. B. Wissensbilanzen, Anforderungsprofile Soll-Ist-Analyse).
- Wir lernen gezielt von anderen Unternehmen (z. B. Best Practices, Benchmarking, Netzwerke, Kooperationen, Stammtische, Vereine).
- Wenn nötig, können unsere Mitarbeiter für ihre Arbeit jederzeit auf Informationen aus dem Internet zugreifen.

13.2.2 Ziel- und Strategieworkshops

Bei der Bedarfsermittlung ist es entscheidend, die strategische Ziele der Organisation zu berücksichtigen. Im Rahmen eines Workshops mit Auftraggebern für ein Wissensmanagementprojekt helfen folgende Fragen, die **Wissensstrategie** auf die Geschäftsstrategie abzustimmen.
- Welche Rolle spielt die Ressource Wissen im Rahmen der Geschäftsstrategie?
- Welche Wissensziele ergeben sich aus dieser Strategie?
- Welche Kompetenzen, Qualifikationen und welches Wissen der Mitarbeiter wird benötigt, um die Strategie umzusetzen?
- Welche Geschäftsprozesse sind besonders relevant? Welches Wissen entsteht in diesen zentralen Geschäftsprozessen und welches Wissen wird benötigt?
- Wie kann das relevante Wissen beschafft und gesichert werden?

⌇ Am Beispiel eines Automobilzuliefererunternehmens lassen sich folgende Wissensziele aus den strategischen Zielen ableiten:
- weniger Probleme beim Serienanlauf durch Nutzung von Erfahrungsprozessen und Lernen aus Fehlern,
- schnellere Angebotserstellung durch standardisierte Kalkulations- und Angebotsroutinen,
- schnellere Einarbeitung von Mitarbeitern durch Kompetenzportfolios und Nutzung von Produktions-Lernsystemen,
- verkürzte Entwicklungszeiten durch gezieltes Lernen aus vergangenen Entwicklungsprojekten z. B. mittels Learning Histories und
- verbesserte Qualität durch Informations-Feedback-Schleifen an den Ort der Defizite.

Bei der Definition von Wissenszielen ist es besonders wichtig, die Ziele klar zu definieren und zu operationalisieren, um den Erfolg zu einem späteren Zeitpunkt messen zu können. Die Festlegung von Wissenszielen (abgestimmt mit der allgemeinen Unternehmensstrategie) ist die Voraussetzung für die Entwicklung von Maßnahmen im Bereich Wissensmanagement. Aber auch die nachfolgend dargestellte Analyse der Wissensprozesse bietet dem Unternehmen einen idealen Einstieg in das Wissensmanagement.

13.2.3 Wissensprozessdiagnostik

Die Wissensprozessdiagnostik ist im Kern ein Bottom-up-Prozess, bei dem die Mitarbeiter den Umgang mit Wissen bewerten. Daraus können entsprechende Verbesserungsansätze abgeleitet werden.

Mithilfe dieses Instrumentes können Organisationen einzelne Unternehmensbereiche, Geschäftsprozesse oder einzelne Abteilungen bzw. Arbeitsbereiche analysieren und daraus folgend Stärken und Schwächen der Wissensverarbeitung erkennen, um diese Informationen dafür zu nutzen, ein Controlling für Wissen zu gestalten (vgl. Pawlowsky et al. 2005).

Der eingesetzte Fragebogen beinhaltet verschiedene Komplexe, die sich systematisieren lassen (s. Abbildung 13.4).

Ausgehend von einer subjektiven Einschätzung der befragten Organisationsmitglieder zur Bedeutung („Für wie wichtig erachten Sie persönlich diese Aktivitäten …?") und den tatsächlichen Erfahrungen im Unternehmen („Welcher Stellenwert wird den Aktivitäten in Ihrem unmittelbaren Arbeitsbereich eingeräumt?") ergeben sich im Hinblick auf alle Wissensmanagement-Phasen Soll-Ist-Profile. Sie erlauben einen Aufschluss über die Güte der Wissensprozesse, dabei verweisen große Differenzen auf Defizite, geringe Soll-Ist-Differenzen auf Stärken im zielgerichteten Umgang mit Wissen.

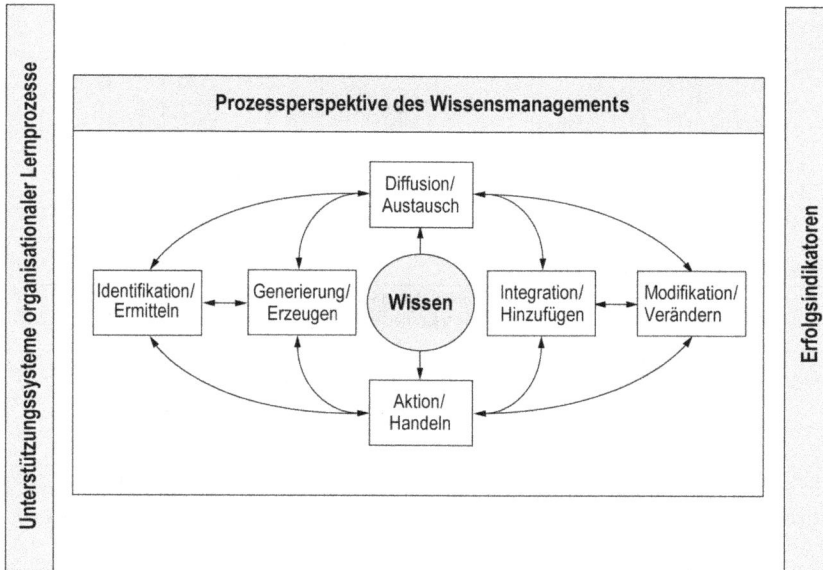

Abb. 13.4: Aufbau des Fragebogens (vgl. Pawlowsky et al. 2005).

Beispiel: Integration von Wissen

Im Rahmen dieser Phase des Wissensmanagements geht es um die Sicherung geschäftsprozessrelevanten Wissens, die Abrufbarkeit und Bewahrung von Erfahrungen und das Heranziehen von Routinen. Nachfolgend (s. Abbildung 13.5) sind beispielhaft einige Ergebnisse einer Befragung in einem Großunternehmen dargestellt.

Diese Ergebnisse können für beliebige Untergruppen (dabei bieten sich vorrangig natürliche Gruppen entlang des Geschäftsprozesses an) analysiert werden. Daraus ergibt sich beispielsweise folgendes Diskrepanzprofil (s. Abbildung 13.6.).

Entsprechend dieser Beispielbefunde werden in erster Linie Datenbanksysteme, Dokumentationen von Prozessabläufen und Projekten sowie individuelle Ablagen zur Speicherung von Wissen und Erfahrungen genutzt (vgl. Ist-Profil in Abbildung 13.6). Fallstudien, Mentoring-Modelle und die Dokumentation von Erfahrungswissen werden dagegen weniger systematisch zur Speicherung von Wissen eingesetzt, wobei diese Methoden als vergleichsweise wichtig eingestuft werden. Handlungsbedarf ergibt sich in diesem Beispiel insbesondere im Hinblick auf die Dokumentation von Erfahrungs- und Expertenwissen sowie bezüglich der Etablierung eines Mentoring-Modells (vgl. Soll-Ist-Differenzen in Abbildung 13.6).

Diese Befragung kann an alle beteiligten Akteursgruppen gerichtet werden, mit dem Ziel, eine möglichst umfangreiche Bestandsaufnahme zur Qualität von Wissens-

sehr hoch	hoch	teils/teils	gering	sehr gering	weiß nicht	Mittelwert	Sicherung und Bewahrung von Wissen – Angaben (bis auf Mittelwert) in Prozent –	sehr wichtig	wichtig	teils/teils	weniger wichtig	unwichtig	Mittelwert
— *Welcher Stellenwert wird den folgenden Aktivitäten in Ihrem Unternehmen bzw. Ihrem unmittelbaren Arbeitsbereich eingeräumt?*								*Für wie wichtig halten Sie persönlich diese Aktivitäten, um Wissen zu sichern?*					
17,4	34,8	30,4	13,0	–	4,3	2,41[a]	Dokumentation von Prozessabläufen	26,1	56,5	17,4	–	–	1,91
13,0	30,4	47,8	8,7	–	–	2,52	Dokumentation von Projekten und Erfahrungen	39,1	52,5	8,7	–	–	1,70
–	–	26,1	47,8	17,4	8,7	3,90	Aufbereitung/Dokumentation von Erfahrungswissen ausscheidender Mitarbeiter	21,7	43,5	30,4	4,3	–	2,17
–	–	30,4	47,8	8,7	13,0	3,75	Aufbereitung/Dokumentation von Expertenwissen	13,0	47,8	39,1	–	–	2,26
–	4,3	13,0	43,5	30,4	8,7	4,10	Mentoring-Modell zur Weitergabe von Erfahrungswissen ausscheidender Mitarbeiter an Nachfolger	13,6	27,3	50,0	9,1	–	2,55
4,3	21,7	39,1	17,4	8,7	8,7	3,05	Nutzung individueller Ablagen	–	30,4	56,5	4,3	8,7	2,91

[a] Die jeweiligen Antwortkategorien sind mit entsprechenden Werten belegt: sehr hoch/sehr wichtig = 1, hoch/wichtig = 2, teils/teils = 3, gering/weniger wichtig = 4, sehr gering/unwichtig = 5, weiß nicht = 0. Aus der Verteilung der Antworten ergibt sich dann für jede Zeile ein entsprechender Mittelwert.

Abb. 13.5: Sicherung und Bewahrung von Wissen. Soll-Ist-Mittelwertvergleich (Ausschnitt) (Quelle: eigene Darstellung).

prozessen zu erlangen. Danach können die Soll-Ist-Differenzen für die Gesamtheit und pro Akteursgruppe ausgewertet und aufbereitet werden. Auf dieser Grundlage lassen sich wesentliche Ansatzpunkte ableiten, um Wissensprozesse aus Mitarbeitersicht zu verbessern.

Das folgende Beispiel illustriert eine **Auswertung und Interpretation** einer Erhebung mittels der Wissensprozessdiagnostik und veranschaulicht die Interpretationsmöglichkeiten.

Die Beispiel AG ist ein international agierendes IT-Beratungsunternehmen mit den Schwerpunkten Management- und IT-Beratung, Systemintegration und Outsourcing-Dienstleistungen für Kunden unterschiedlicher Branchen, darunter Telekommunikation, Finanzdienstleistungen, Energie und Versorgung, Industrie, Transport und Logistik sowie den öffentlichen Sektor. Mit 30.000 Mitarbeitern in mehr als 30 Ländern zählt die Beispiel AG zu den führenden global tätigen Unternehmen und verfügt über mehr als 40 Jahre Erfahrung im Bereich der IT-Dienstleistungen.

In der IT-Branche spielt neben der Vermarktung eines bestimmten Produktes (z. B. bei SAP oder Microsoft), die Qualität der Mitarbeiter eine große Rolle. Besonders bei Dienstleistungen befindet sich der Faktor Mensch unmittelbar in der Wertschöpfungskette der jeweiligen Unternehmung. Die zentrale Aufgabe eines Unternehmens, die in der Regel an den Personalbereich herangetragen wird, muss es also sein, sehr gute Mitarbeiter zu identifizieren, diese für das Unternehmen zu gewinnen, weiterzubilden und möglichst lange zu halten.

Untersucht wurden die Wissensprozesse bei der Beispiel AG mit dem Instrument Wissensprozessdiagnostik (vgl. Pawlowsky et al. 2005).

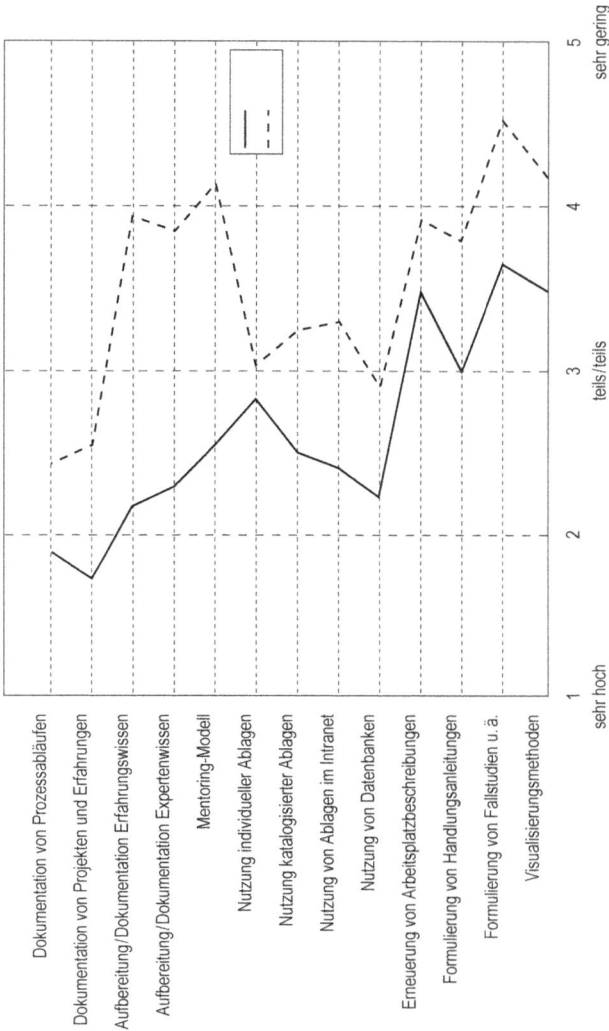

Abb. 13.6: Sicherung und Bewahrung von Wissen. Soll-Ist-Mittelwertvergleich (Ausschnitt; Quelle: eigene Darstellung).

Der Fragebogen umfasst vier Kategorien:
1. Wissens- und Erfahrungsquellen – Identifikation und Entwicklung neuen Wissens,
2. Teilen von Wissen und Erfahrungen,
3. Sicherung und Bewahrung von Wissen und
4. Umsetzung von Wissen in Handeln.

In den vier Bereichen ist im Beispielunternehmen die **Differenz zwischen Ist- und Sollwert** unterschiedlich stark ausgeprägt.

Der größte Unterschied bei dem Abgleich zwischen Ist und Soll kann im dritten Bereich festgestellt werden: Sicherung und Bewahrung von Wissen. In dieser Kategorie gibt es fünf Mal die in dieser Befragung größte Abweichung von −3,00 Punkten. Das Kernproblem scheint in der Aufbereitung und Dokumentation von Erfahrungs- und Expertenwissen zu liegen. Grundsätzlich scheint die Weitergabe von Informationen von einem Mitarbeiter zum anderen ungenügend zu sein. Ein Grund dafür ist möglicherweise, dass ein kontinuierlicher Wechsel der Aufgabenfelder innerhalb der Abteilung stattfindet und nicht jederzeit gewährleistet ist, dass eine korrekte Übergabe an den Nachfolger stattfindet. Das Wissen ist unter Umständen noch im Unternehmen vorhanden, aber es ist nicht bekannt, wo es sich befindet. Hinzu kommt ein sehr häufiger Wechsel auf der Leitungsebene des Personalbereiches, sodass keine Kontinuität in Bezug auf ein Wissensmanagement gegeben ist. Jede neue Führungskraft bringt eine eigene Führungskultur mit und beendet möglicherweise gerade in Gang gesetzte Prozesse der Wissensteilung, wie eine regelmäßige Meetingkultur.

Lösungen finden sich im Fragenkatalog von Bereich 3 wieder. Es sind die ebenfalls mit einer Differenz von −3,00 Punkten bewerteten Möglichkeiten der Nutzung einer Ablage im Intranet (interne Wissensplattform) bzw. auch ein Mentoring-Modell, das es unternehmenserfahrenen und weniger erfahrenen Mitarbeitern ermöglichen würde, Wissen z. B. in einer Community weiterzureichen oder abzufragen. Ein regelmäßiges Gespräch mit einem Mentor würde es den neuen Mitarbeitern abseits des Tagesgeschäftes ermöglichen, Fragen zu stellen, die ansonsten untergehen.

Eine zentrale Plattform ermöglicht, stichwortorientiert nach bestimmten Themen zu suchen. So kann beispielsweise verhindert werden, dass ein neuer Mitarbeiter an Aufgaben arbeitet, die möglicherweise schon einmal in einem anderen Kontext gelöst oder angefangen wurden.

Teilen von Wissen und Erfahrungen: Große Abweichungen zwischen Ist- und Soll-Wert finden sich in diesem Bereich bei dem Austausch in Lern- und Qualitätszirkeln, allgemein der Kommunikation der unterschiedlichen Netzwerke sowie durch ein Coaching- und Mentoringsystem. Zusätzlich sollte man daher über regelmäßige Treffen der HR-Mitarbeiter nachdenken. Die Beispiel AG ist allein in Deutschland auf neun Standorte verteilt, die HR-Abteilung verteilt sich auf fünf Städte. Es wird angestrebt, dass zumindest alle sechs bis acht Wochen ein gemeinsames HR-Treffen stattfindet. Neben dem Kostenaspekt ist aber auch die Terminierung ein Problem, sodass die gewünschte Regelmäßigkeit eines solchen Expertentreffens bisher nicht gegeben ist.

Umsetzung von Wissen in Handeln: Eine erhebliche Differenz von −3,00 Punkten besteht bei der Frage nach dem Festlegen von Indikatoren, nach denen eine Veränderung bewertet werden kann, bei der Begleitung von Mitarbeitern oder Teams durch erfahrene Experten sowie bei dem speziellen Anreizsystem, um das Nutzen neuen Wissens zu belohnen.

Aufgrund der bereits beschriebenen mangelnden Kontinuität lässt sich nicht über einen längeren Zeitraum der gleiche Prozess beobachten, d. h. ein Mitarbeiter bewältigt eine Aufgabe nach seiner Methode, der nächste Kollege erledigt sie möglicherweise mit einem anderen Verfahren. Nur selten gibt es die Möglichkeit des Vergleichs und damit auch die Chance, Indikatoren für eine Veränderung auszumachen. Auf die Verbindung erfahrener Experten mit neuen Mitarbeitern wurde bereits eingegangen. Festzuhalten ist, dass hier offensichtlich ein Kernproblem liegt, das in allen Bereichen auftritt und auch zu vergleichbaren Differenzen zwischen den Ist- und Soll-Werten führt.

Eine Lösung für diese Mängel wäre unter anderem eine regelmäßige abteilungsinterne Evaluation aller Methoden und Verfahren. So könnten Missstände entdeckt und in einer gemeinsamen „Experten"runde das versammelte Wissen (Erfahrungswissen „alter" Mitarbeiter und neues Wissen) zur Problemlösung genutzt werden. So ließen sich die betrachteten Prozesse umdefinieren, während man diese Veränderung klar dokumentieren müsste und man hätte auf diesem Wege die Organisation weiterentwickelt.

Ein Anreizsystem für die Nutzung neuen Wissens kann sich in einem variablen Gehaltsanteil für den Mitarbeiter wiederfinden, dessen Höhe sich an dem Erreichungsgrad vorher definierter (operationalisierter) Ziele bemisst. Ebenso können aber auch Projekt- und Entwicklungschancen die Mitarbeiter motivieren.

Wissens- und Erfahrungsquellen – Entwicklung neuen Wissens: Mit einer Differenz von −3,00 Punkten wurden nur die Analyse von Fehlern und das Lesen von Fachzeitschriften Wissensquelle bewertet. Der offene Umgang mit Fehlern und das Lernen aus diesen muss sich langsam entwickeln. Hilfreich in diesem Kontext ist eine Kontinuität in der Führung, damit sich der einzelne Mitarbeiter traut, zu seinen Fehlern zu stehen und sich nicht jedes Mal Gedanken darüber machen muss, welchen ersten Eindruck er beim neuen Vorgesetzten hinterlässt. Fachzeitschriften und Online-Publikationen sind wichtig und müssen selbstverständlich zur Verfügung stehen, darauf sollten die Mitarbeiter hingewiesen werden. Ein Umlaufzettel bzw, ein Taggingsystem, mit dem Beiträge verschlagwortet werden, gewährleisten, dass jeder Mitarbeiter zumindest Zugang zu der Lektüre hat.

Zusammenfassend lässt sich für den Abgleich von Ist- und Soll-Zustand der Beispiel AG sagen, dass insbesondere die Einbindung neuer Mitarbeiter in einen Erfahrungsaustausch mit den bereits im Unternehmen tätigen Experten stärker fokussiert werden muss. Dieser Aspekt zieht sich wie ein roter Faden durch die unterschiedlichen Bereiche. Zu wünschen wäre eine hohe Kontinuität in der Führung und daraus resultierend eine Führungskultur, regelmäßigen Austausch und ggf. die Umsetzung einer Community of Practice unterstützt. Um Kontinuität in den Prozessen zu gewährleisten, müssen diese klar definiert, nachvollziehbar, veröffentlicht und regelmäßig evaluiert werden.

13.2.4 Formulierung eines Soll-Konzeptes und Projekt-Design

Aus jeder dezidierten Bestandsaufnahme, unabhängig von der jeweiligen Methode, muss ein Soll-Zustand abgeleitet werden, um die Ziele in einem Projektdesign zu konkretisieren. Das Management dieses Projektes verläuft anhand der üblichen Eckpunkte:

- gemeinsame, allgemein verständliche Zieldefinition, Ressourcenplanung, Akteure und Rollen festlegen
- Projektstruktur: Gegenstand des Projektes, Lasten- bzw. Pflichtenheft, Stakeholderanalyse
- Phasen, Arbeitspakete, Vorgänge, Meilensteine, kritische Pfade definieren
- Ablauf: Aufwand, Dauer, Ablauflogik, kritischer Pfad
- Nutzenmessung: Kosten, Zeit, Risiko, Qualität

Es bietet sich an, Projektgruppen zu definieren, die die einzelnen Schritte im Arbeitsprozess umsetzen und im Anschluss daran den Erfolg evaluieren.

13.2.5 Wissensmanagement und Zertifizierung

Ende 2015 wurde eine neue DIN EN ISO 9001 veröffentlicht.[1] Neben strukturellen Änderungen sind einige neue Sachverhalte in den Forderungskatalog aufgenommen worden. Zu diesen gehört u. a. die Forderung, der Ressource Wissen besondere Beachtung zu schenken. Aus diesem Grund arbeitete die Revisionskommission in den

---

1 Für Anregungen und fachliche Informationen zur Zertifizierungspraxis danke ich Jens Hengst.

Entwurf der neuen ISO 9001:2015 innerhalb des Kapitels 7.1 „Ressourcen" den Abschnitt 7.1.6 „Wissen der Organisation" ein. Für eine zukünftige Zertifizierung muss das organisationale Wissen identifiziert werden, das die Prozesse und die Konformität von Produkten und Dienstleistungen sicherstellt. Weiterhin muss dieses Wissen bewahrt, umfangreich vermittelt und verteilt werden. Ferner wird betont: Die Organisationen müssen ihr Wissen bezüglich veränderlicher Trends und Erfordernisse bestimmen und erforderliches Wissen über geeignete Quellen erlangen. Als interne Quellen gelten beispielsweise das Lernen aus Fehlern und erfolgreichen Projekten sowie die Erfassung von undokumentiertem Wissen und Expertenerfahrung. Ausgewiesene externe Quellen sind z. B. der Wissenserwerb durch Anbieter oder Kunden sowie Konferenzen und Hochschulen.[2]

Aus Sicht der Community sollte Wissensmanagement schon lange in der DIN ISO 9001 berücksichtigt werden (North et al. 2015). So ist die Forderung danach, Wissensmanagement in den Katalog aufzunehmen, nicht ganz neu, denn es gab bereits eine Anzahl von Normungsinitiativen mit dem Fokus Wissensmanagement, angefangen vom BS PAS 2001:2001[3] über den Australian Standard AS 5037-2005[4] bis hin zur DIN SPEC 91281:2012-04[5] in Deutschland. Ebenso war bereits in der DIN EN ISO 9004:2009, dem Leitfaden zur Einführung von Qualitätsmanagement in Organisationen, die Forderung nach einem Wissensmanagement in Kapitel 6.7 „Wissen, Information und Technologie" enthalten. Die Organisation sollte „[...] Prozesse einführen und aufrechterhalten, mit deren Hilfe Wissen, Information und Technologie als wesentliche Ressourcen gehandhabt werden können." Außerdem sollte die „[...] oberste Leitung bewerten, auf welche Art und Weise die gegenwärtige Wissensbasis der Organisation ermittelt und geschützt wird" DIN EN ISO 9004:2009, 30 ff.)

Ein Grund für die Revision und die explizite Aufnahme von Wissen in der Neuregelung könnte in einer umfangreichen, webbasierten Anwenderbefragung liegen. Diese führte die ISO/TC176/SC2[6] in Vorbereitung der Revision durch. Aus 122 Ländern machten 11.722 Organisationen und Privatpersonen Vorschläge zur Verbesserung der ISO. Bei der Frage „Wie wichtig die Integration der folgenden Konzepte in die ISO 9001?", erreichte „Wissensmanagement" mit 72 % Zustimmung den vierthöchsten Wert.

Mit der aktuellen ISO 30401 – „Knowledge Management Systems Requirements" wurde im November 2018 Wissen nun explizit als wesentlicher Treiber organisationaler Gestaltung – z. B. knowledge management systems, knowledge management culture und knowledge management objectives and planning – einbezogen und kann in Synergie mit den ISO 9001er Normen angewendet werden. Mit dieser Aufnahme

---

2 Vgl. deutsche Übersetzung E DIN EN ISO 9001:2014-08: 30 f.
3 Vgl. „Knowledge management – Guide to good practice" des BSI (British Standards Institution).
4 Vgl. „Knowledge management – a guide".
5 Vgl. „Einführung von prozessorientiertem Wissensmanagement in kleinen und mittleren Unternehmen".
6 Verantwortliches Gremium des ISO für die Revision der ISO 9001 (Oktober 2010 bis Februar 2011).

von Wissensmanagement in die Managementzertifizierung geht ein Perspektivwechsel einher bei dem Wissen und Wissensmanagement und organisationales Lernen als wesentlicher Treiber organisationalen Erfolgs spezifiziert wird.[7] In der ISO 30401 (First Edition 2018-11, Reference number ISO 30401:2018(E)) werden die zentralen Schritte des Wissensmanagements behandelt: „Acquiring new knowledge", „applying current knowledge", „retaining current knowledge" and „handing outdated or invalid knowledge" (ISO 2018, S. 6). Dabei werden weniger einzelne Prozessschritte mit detaillierten Umsetzungsvorgaben aufgezeigt, als vielmehr die Bedeutung einer übergreifenden Wissensmanagementkultur und einer wissensorientierten Führung hervorgehoben.

13.3 Erfolgsfaktoren bei der Wissensmanagement-Implementierung

Allgemeine Erfolgsfaktoren gibt es nicht, denn jede Implementierung verläuft anders und hat andere Klippen zu umschiffen. Dennoch gibt es typische Fehler, die in Wissensmanagement-Projekten gehäuft auftreten und deren Vermeidung zu einem Erfolgsfaktor werden kann. Wir werden nachfolgend einige dieser Aspekte näher betrachten.

Davenport und Prusak (1999: 292 ff.) haben in einer Analyse von Wissensmanagement-Projekten in 38 Unternehmen eine Reihe von Erfolgsfaktoren identifiziert. In Anlehnung an ihre Erkenntnisse lassen sich einige Merkmale hervorheben, die erfolgskritisch für Wissensmanagement-Projekte sind:

- **Wissensorientierte Kultur**
  - Eine wissensorientierte Kultur ist sicherlich eine der wichtigsten Voraussetzungen für erfolgreiche Wissensmanagement-Projekte. Dies beinhaltet eine positive Einstellung zu Wissen und Experimentierfreudigkeit.
  - Es müssen Wissensbarrieren in der Organisation abgebaut werden.
- **Technische und organisatorische Infrastruktur**
  - Die technische und organisatorische Infrastruktur sollte den Wissensmanagement-Aktivitäten entsprechen. Dazu ist eine einheitliche technologische Basis (Plattform, Software etc.) nötig, um Dateien und Dokumente auszutauschen.
  - Eine organisatorische Infrastruktur erfordert die verbindliche Verteilung spezifischer Rollen und Aufgaben.
  - Es muss organisatorischer Freiraum für neue (wissensorientierte) Aufgaben geschaffen werden. Dazu müssen Ressourcen bestehen, um Communitys zu moderieren, Expertenwissen zu identifizieren und entsprechend aufzubereiten oder Support für technische Systeme bereitzustellen. Diese Aufgaben können in den seltensten Fällen „nebenbei" erledigt werden.

---

7 Dückert, S. (2018): KOA036 Wissensmanagement mit der ISO 30401; https://knowledge-on-air.de/2018/12/17/koa036-wissensmanagement-mit-der-iso-30401/ (Stand: 10.2.2019).

- **Unterstützung durch das Topmanagement**
  - Wie jedes wichtige Projekt ist auch das Wissensmanagement von der Unterstützung des Topmanagements abhängig.
  - In besonderer Weise gilt dies für transformierende Wissensmanagement-Projekte, die in Prozesse des Change Managements (vgl. z. B. Mescheder et al. 2012) eingebunden sind.
  - Das Topmanagement sollte Unterstützung bieten, indem es die Bedeutung von Wissensmanagement und organisationalem Lernen betont.
- **Bezug zu ökonomischen Erfolgsfaktoren**
  - Wissensmanagement-Projekte sind teuer und müssen klare Bezüge zu möglichen finanziellen Erfolgen aufweisen.
  - Es sollten klare Business Cases mit dem Wissensmanagement-Projekt verbunden sein: Was soll mit welchem Einsatz realisiert werden? Am besten lassen sich die Vorteile des Wissensmanagements anhand von Einsparungen und zusätzlicher Wertschöpfung veranschaulichen.
  - Auch indirekte Wertschöpfungsbeiträge können durch Prozessindikatoren belegt werden, wie Prozessbeschleunigung bzw. Zeiteinsparungen oder höhere Kundenzufriedenheit, z. B. durch Verkürzung der Wartezeiten.
- **Prozessorientierung**
  - Wissensmanager sollten den Geschäftsprozess im Auge haben und können den Beitrag des Wissensmanagements für den Prozess präzisieren.
  - Dabei zeigt sich, dass eine Orientierung an einem Wissensmanagement-Phasenmodell hilfreich ist.
- **Klarheit der Ziele und Zielformulierung**
  - Klare Ziele sowie klare Sprache und eindeutige Botschaften sind ein wichtiger Erfolgsfaktor für Wissensmanagement-Projekte.
  - Dabei sollte unterschieden werden zwischen Informations-, Datenmanagement und Wissensmanagement.
  - Es muss präzisiert werden, was mit welchen Mitteln erreicht werden soll und wie die Schritte kommuniziert werden.
- **Wirksame Anreizsysteme**
  - Mitarbeiter müssen durch Anreize motiviert werden, Wissen zu entwickeln, zu teilen und zu nutzen. Wissensmanagement muss den Beteiligten einen Nutzen bringen.
  - Erfolgreiche Wissensmanagement-Projekte nutzen wirksame – nicht notwendigerweise materielle – Anreize, machen aber gleichzeitig deutlich, dass Wissensmanagement ein elementarer Bestandteil der Arbeit ist.
- **Strukturierung der Wissensbasen**
  - Erfolgreiche Wissensmanagement-Projekte strukturieren die Wissensbasen, ohne zu extensive Taxonomien und Klassifikationssysteme zu verwenden, da Wissen fluid ist und sich ständig ändert.
  - Diese Veränderungen müssen laufend in die Wissensbasen integriert werden.

– **Multiple Kanäle für den Wissenstransfer**
  – Wissenstransfer erfolgt über eine Vielzahl von Kanälen, so ist beispielsweise deutlich geworden, dass der virtuelle Austausch zwischen Experten nicht ausreicht, auch Phasen des Face-to-Face-Transfers sind nötig, um zum Erfolg zu führen.
  – Branding des Projektes hat sich in zahlreichen Fällen als hilfreich erwiesen, um die Idee und die Besonderheit zu kommunizieren, so wurde z. B: ein Wissensmanagementprojekt in einem großen Handelskonzern als „Knowledge Square" bezeichnet, d. h. sowohl Wissensmarktplatz als auch Wissen im Quadrat.

13.4 Messung des Erfolgs von Wissensmanagement-Projekten

Wissensmanagement-Projekte stehen, häufig aufgrund von anfänglichen Legitimationsproblemen unter einem hohen Erfolgsdruck, obwohl die Ressource Wissen zumeist andere Zeiträume als Maschinen oder Automatisierungsprozesse benötigt, um nachweislichen Erfolg zu generieren. Die üblichen Controllinginstrumente und -prozesse sind dabei wenig hilfreich, um die Effekte zu dokumentieren. Oft stellt sich ein Erfolg ohnehin in anderen Berichtszeiträumen ein, als denjenigen, denen die Investition zugerechnet wird. Dies ist ein zentrales Problem bei Wissensmanagement-Projekten, zumal der Zeitdruck durch immer kürzer werdende Berichtszeiträume (Quartalsberichte) wächst. Daher ist es für die meisten Projekte wichtig, einerseits sogenannte Quick Wins (d. h. relativ kurzfristige Erfolge) aufzeigen zu können, andererseits aber mittel- und langfristige Wirkungen nicht zu vernachlässigen.

Wie lassen sich **Erfolgskriterien** definieren? Jede Erfolgskontrolle geht prinzipiell von einer Vorher-Nachher-Messung aus, wobei die Differenz zwischen den zwei Zeitpunkten den Maßstab für den Erfolg darstellt (s. Abbildung 13.7).

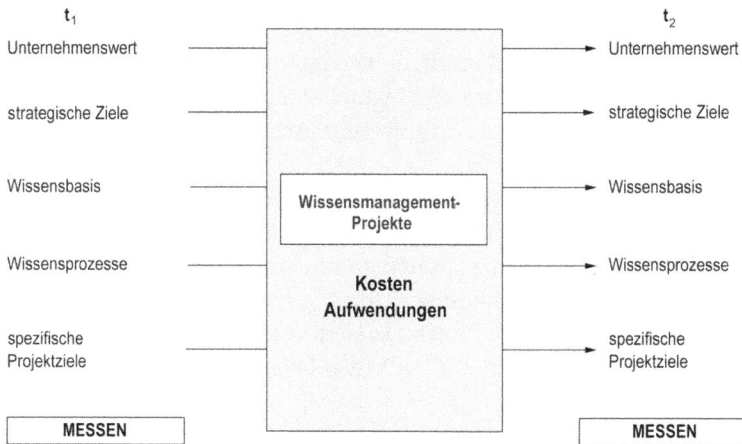

Abb. 13.7: Ansätze zur Erfolgsmessung von Wissensmanagementprojekten (Quelle: eigene Darstellung).

Auf die Möglichkeiten zur Messung des (immateriellen) Unternehmenswertes wurde ausführlich im Kapitel 9 im Rahmen des Intellectual Capital Management eingegangen. Hinsichtlich der strategischen Ziele bieten sich Verfahren wie die Balanced Scorecard (s. Abbildung 13.8.) oder der Skandia Navigator an, die an die Spezifika der Organisation anzupassen sind.

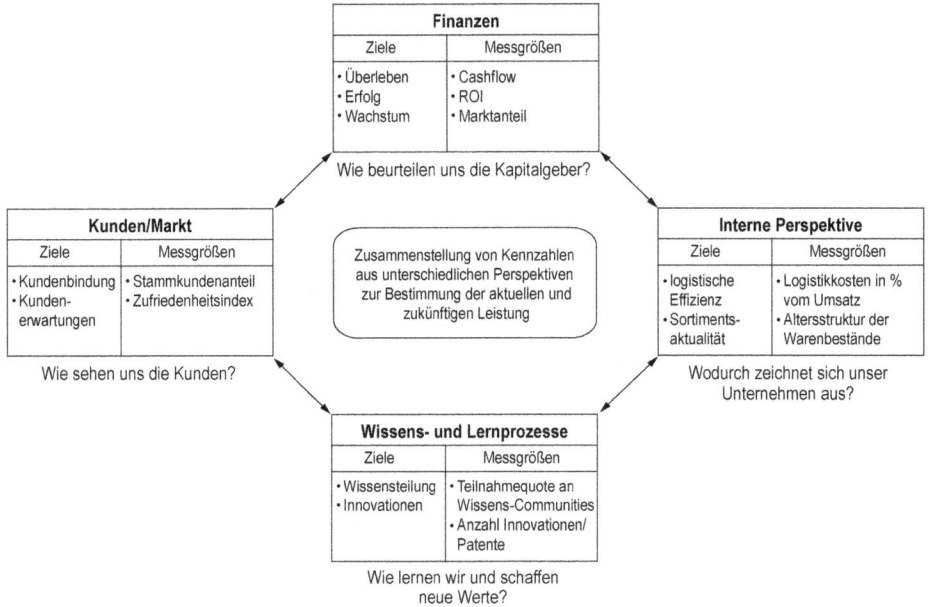

Finanzen

Ziele	Messgrößen
• Überleben	• Cashflow
• Erfolg	• ROI
• Wachstum	• Marktanteil

Wie beurteilen uns die Kapitalgeber?

Kunden/Markt

Ziele	Messgrößen
• Kundenbindung	• Stammkundenanteil
• Kunden-erwartungen	• Zufriedenheitsindex

Wie sehen uns die Kunden?

Zusammenstellung von Kennzahlen aus unterschiedlichen Perspektiven zur Bestimmung der aktuellen und zukünftigen Leistung

Interne Perspektive

Ziele	Messgrößen
• logistische Effizienz	• Logistikkosten in % vom Umsatz
• Sortiments-aktualität	• Altersstruktur der Warenbestände

Wodurch zeichnet sich unser Unternehmen aus?

Wissens- und Lernprozesse

Ziele	Messgrößen
• Wissensteilung	• Teilnahmequote an Wissens-Communities
• Innovationen	• Anzahl Innovationen/ Patente

Wie lernen wir und schaffen neue Werte?

Abb. 13.8: Balanced Scorecard als Kennzahlensystem und Steuerungsinstrument (vgl. Kaplan, Norton 1997: 9).

Was die Erfassung der **Wissensbasis** anbetrifft, dienen Instrumente wie das IC-Rating und Wissensbilanzen der Bestimmung des intellektuellen Kapitals der Organisation. Auch hier müssen sich zwischen den Betrachtungszeiträumen qualitative und quantitative Veränderungen nachweisen lassen.

Zur Erfassung der **Wissensprozesse** wurde in Kapitel 13.2.3 die Wissensprozessdiagnostik vorgestellt und erläutert. Hier würden ebenso die Soll-Ist-Differenzen in den Bewertungen im Rahmen von Vorher-Nachher-Messungen geringer ausfallen, wenn das Projekt erfolgreich war (s. Abbildung 13.9).

Schließlich geht es bei spezifischen Projektzielen darum, ob die jeweiligen operationalen Ziele erreicht wurden. Abbildung 13.10 zeigt beispielhaft einige operative Kenngrößen.

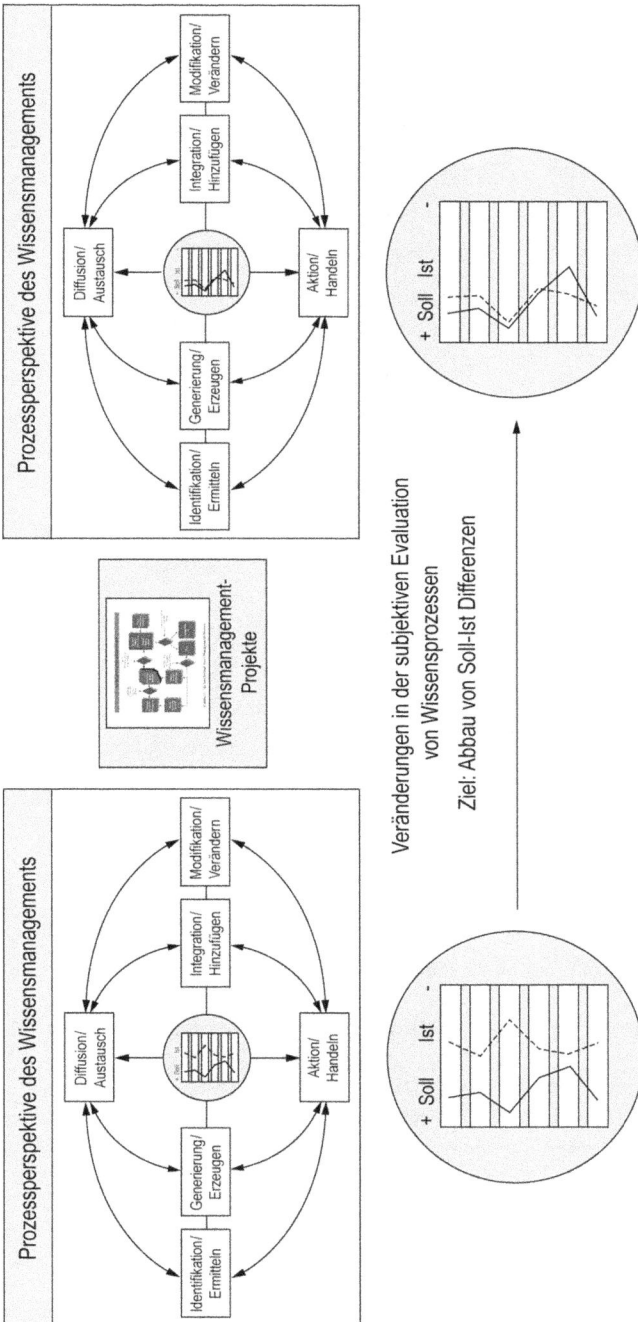

Abb. 13.9: Erfolg von Wissensmanagement-Projekten als Optimierung von Wissensprozessen (Quelle: eigene Darstellung).

spezifische Projektziele: das Beispiel T-Systems – operative Kenngrößen

Finanzen/Ergebnis	Markt/Kunde	Produktivität/ Effizienz	Innovation/ Mitarbeiter
Wertbeitrag/EVA	Marktstellung	MA-Produktivität	Innovationsrate
Jahresüberschuss	Wachstum am Markt	Billability	innovatives SOP
Cross Profit	eigene Wachstumsrate	Wertschöpfung je MA	Anzahl Innovations-
Cashflow	Auftragseingang	durchschnittlicher	workshops
Umsatz	Auftragsbestand	Forderungsbestand	Mitarbeiter Köpfe/FTE
Handelsmarge	Anzahl Großauftrage	Wiederverwendbarkeit	Personalwachstum
Effizienz Marktplätze	Neukundengeschäft	Referenzdatenbank	Fluktuation
Umschlag	Bestandskundengeschäft	Produktionsproduktivität	Mitarbeiterzufriedenheit
Anlagevermögen	Qualität der Kundendaten	Mitarbeiter-Mix	Anzahl neuausgebildeter
Kosten je MA	Matrix Kundenzufriedenheit	Hit Rate	Projektmanager
	Umsatz pro MA	Win Rate	Anzahl zertifizierter MA
		Auslastungsgrad	Ausbildungsstand der MA
		Mainframe	
		Verfügbarkeit	
		Anteil Overheadkosten	

Abb. 13.10: Operative Kenngrößen für Projekterfolge – Beispiel T-Systems (Walther-Klaus 2004: 9).

Reflexionsfragen

13.1 Benennen Sie die wichtigsten Gestaltungsfelder bei der Implementierung von Wissensmanagement.

13.2 Welches sind zentrale Prozessphasen im Rahmen eines idealtypischen Implementierungsprozesses?

13.3 Wie kann die Wissensprozessdiagnostik eingesetzt werden und welche Ergebnisse sind zu erwarten?

13.4 Welche Ansätze zur Zertifizierung von Wissensmanagement gibt es?

13.5 Erörtern Sie mögliche Vorgehensweise beim Wissenscontrolling.

14 Wettbewerbsfaktor Wissensmanagement: empirische Befunde

Welche Bedeutung hat Wissensmanagement bei der Entwicklung und Aufrechterhaltung von zentralen Wettbewerbsfaktoren in der deutschen Wirtschaft? Ein Projekt im Auftrag des BMWi (Bundeswirtschaftsministerium) sollte dieser Frage nachgehen. Ziel war es die Verbreitung und Wirkung des Wissensmanagements in Deutschland zu analysieren. Das Projekt beinhaltete eine qualitative Vorstudie, eine Expertenbefragung und eine groß angelegte repräsentative Befragung von Unternehmen. Ein wesentliches Ergebnis besteht darin, dass die Ressource Wissen zum zentralen Produktionsfaktor in der deutschen Wirtschaft avanciert ist. Die wichtigsten Ergebnisse dieser Studie sind im Folgenden zusammengefasst.[1]

Mit dieser Untersuchung aus dem Jahre 2011 war es erstmalig möglich, zahlreiche Fragen zur Relevanz von Wissensmanagement in der deutschen Wirtschaft zu überprüfen und Anhaltspunkte dafür zu bekommen, wie Wissensmanagement-Aktivitäten und Untermehmenserfolg einhergehen und welche Faktoren die Bereitschaft in Unternehmen beeinflussen, Wissenmanagement aktiv zu gestalten. Wesentliche Ziele dieser Studie waren es,

- den Stand der Wissens- und Intellectual-Capital-Management-(WM/ICM) Praxis in Deutschland zu ermitteln,
- die möglichen Einflussfaktoren für den Einsatz von WM/ICM-Maßnahmen zu ermitteln und
- die Bedeutung von WM/ICM für Unternehmenserfolg und Wettbewerbsfähigkeit zu untersuchen (vgl. auch Stiehler et al. 2013).

Kern der Studie „Wettbewerbsfaktor Wissensmanagement" war eine repräsentative Unternehmensbefragung. Sie umfasste eine Stichprobe von 3401 Unternehmen. Um die Beschäftigtengrößenklassen der kleinen und mittleren Unternehmen statistisch signifikant zu erfassen (n = 3224), wurden Kleinstunternehmen mit Mitarbeiterzahlen von null bis neun ausgeschlossen. Befragt wurden Hauptstandorte und Arbeitsstätten von Mehrbetriebsunternehmen, soweit diese über Entscheidungskompetenzen bei personal- und unternehmensspezifischen Themen wie Strategie- und Unternehmensleitung verfügten. Unter den Befragten waren 71 % Geschäftsführer oder benannte Stellvertreter der Geschäftsführung. Der Restanteil der Befragten verteilte sich auf Führungspersonen aus der Personalabteilung oder des Strategischen Controllings. Die Stichprobe zeigt sowohl hinsichtlich der Betriebs-

---

1 Eine frühere Fassung des Textes wurde veröffentlicht unter: Pawlowsky, Gözalan, Schmid (2011): Wettbewerbsfaktor Wissen: Managementpraxis von Wissen und Intellectual Capital in Deutschland – Eine repräsentative Unternehmensbefragung zum Status quo, FOKUS prints 08/11.

https://doi.org/10.1515/9783110474930-014

größen, der Branchen und der regionalen Streuung eine Verteilung, die sich mit der Grundgesamtheit der deutschen Wirtschaft nach dem statistischen Bundesamt deckt.

14.1 Wissensmanagement-Aktivitäten in deutschen Unternehmen: Ausbaustand

Der Umfang des praktizierten Wissensmanagements wurde mit dem Konstrukt Wissensmanagement-Ausbaustand („WM/ICM-Ausbaustand") operationalisiert. Es beinhaltete Maßnahmen und Praktiken, die aus den gängigen Phasenmodellen des Wissensmanagements abgeleitet wurden (vgl. Kapitel 11 in diesem Band; Pawlowsky 1992; Probst 1994). Es wurden betriebliche Aktivitäten erfragt, die sich den vier Phasen der Wissensidentifikation bzw. -generierung, der Wissensdiffusion, der Wissensbewahrung und -umsetzung zuordnen lassen.

Unter **Wissensidentifikation bzw. -generierung** sind Maßnahmen zusammengefasst, die darauf abzielen, die vorliegenden Wissensbestände im Unternehmen und externe Wissensquellen (Kunden, Lieferanten etc.) innerhalb der Unternehmensumwelt zu sichten. Somit besteht eine Zielsetzung der Wissensidentifikation darin, Wissensressourcen und -träger für die eigenen Wertschöpfungsprozesse sowohl im Unternehmen als auch in der Unternehmensumwelt transparent zu machen.

Abbildung 14.1 stellt die Maßnahmen zur Wissensidentifikation dar, denen in deutschen Unternehmen ein „sehr hoher Stellenwert" eingeräumt wird.[2] Den Auswertungen zufolge räumt ein Großteil der befragten Unternehmen dem „direkten Kundenkontakt" (89 %) und der „Analyse und systematischen Auswertung von Kundenreklamationen" (63 %) einen sehr hohen Stellenwert ein. Der Identifikation von Kundenwissen folgt die „Analyse von Fehlern" (62 %) und die „Identifikation von Mitarbeitern mit besonderen Kompetenzen" im Unternehmen (52 %). Wie Abbildung 14.1 zu entnehmen ist, rangieren Formen des externen Wissenserwerbs wie „Kooperationen mit Kritikergruppen" oder „F&E-Kooperationen mit anderen Unternehmen" mit 11 % und 14 % auf den letzten Plätzen.

Maßnahmen zur **Wissensdiffusion** unterstützen die gezielte Wissensverteilung im Unternehmen. Diese Maßnahmen haben eine integrative Funktion, da durch sie relevantes Wissen gezielt für Auftrags- oder Zielerfüllungen auf Individuums- oder Gruppenebene eingebunden werden kann.

---

2 Der Stellenwert der Aktivitäten wurde anhand einer Skala von 0–10 abgefragt, die von 0 = keinen Stellenwert bis 10 = sehr hoher Stellenwert reicht: Sehr hoher Stellenwert bedeutet hier eine Wertevergabe zwischen 8–10 für die jeweilige Maßnahme.

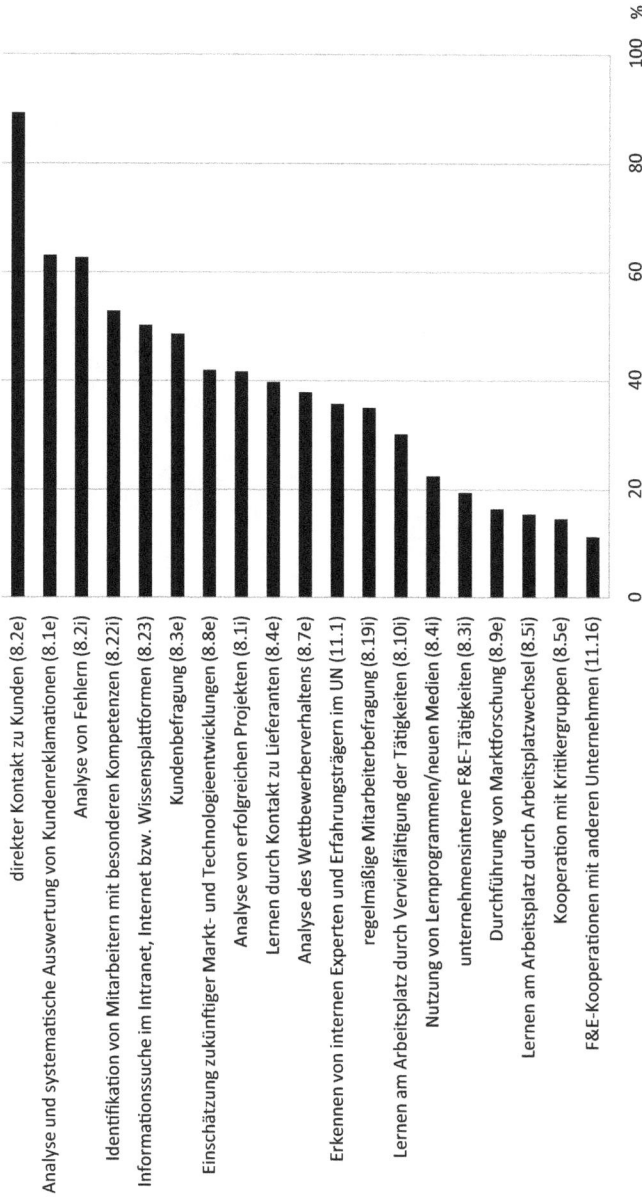

Abb. 14.1: Maßnahmen zur Wissensidentifikation mit sehr hohem Stellenwert (n = 3401) (Quelle: eigene Darstellung).

Die Abbildung 14.2 verdeutlicht, dass dem unternehmensinternen-interpersonalen Wissensaustausch in den meisten befragten Unternehmen ein sehr hoher Stellenwert beigemessen wird:

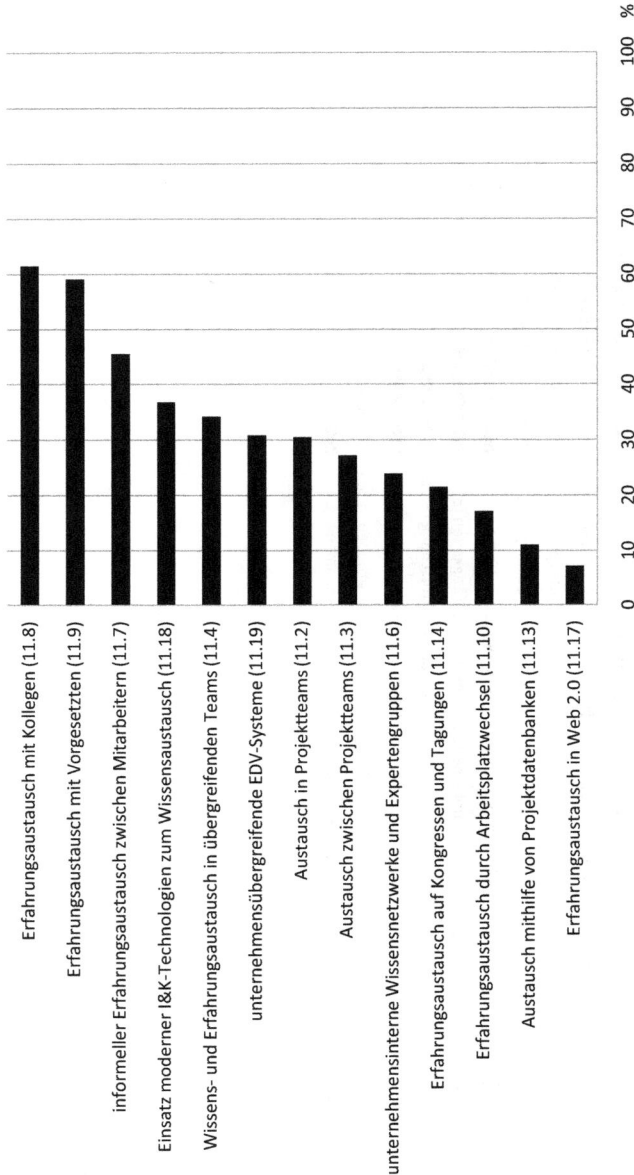

Abb. 14.2: Maßnahmen zum Wissensaustausch mit sehr hohem Stellenwert (n = 3401) (Quelle: eigene Darstellung).

Hierbei liegt der Stellenwert eines „Erfahrungsaustausches mit Kollegen" (61 %) geringfügig über dem „Erfahrungsaustausch mit Vorgesetzten" (59 %). Unternehmensübergreifenden Maßnahmen zum Wissensaustausch wie „Erfahrungsaustausch auf Kongressen und Tagungen" und „Erfahrungsaustausch im Web 2.0" nehmen mit 11 % und 7 % einen relativ geringen Stellenwert in der Gesamtstichprobe ein.

Die Wissensintegration zur Erweiterung der organisationalen Wissensbasis wird durch Maßnahmen der **Wissensbewahrung** unterstützt. Diese Phase beinhaltet Aktivitäten, die die Speicherung und den Erhalt von organisationalem Erfahrungswissen fördern und damit die Kompetenzen im Unternehmen erweitern.

Bei den Maßnahmen zur Wissensbewahrung (vgl. Abbildung 14.3) räumen mehr als die Hälfte der befragten Unternehmen der „gezielten Bindung von Mitarbeitern in strategisch wichtigen Positionen" (52 %) und der „Nutzung von elektronischen Datenbanken im Unternehmen" (51 %) einen sehr hohen Stellenwert ein. Mehr als die Hälfte der Befragten bewerten die restlichen Maßnahmen zur Wissensbewahrung als weniger relevant. Interessant ist insbesondere vor dem Hintergrund des demografischen Wandels, dass relativ wenige Unternehmen der Bewahrung von mitarbeitergebundenem Wissen einen hohen Stellenwert zuschreiben. So weisen lediglich 30 % der Befragten der „Aufbereitung und Dokumentation von Expertenwissen" und 24 % der Unternehmen dem „Mentoring – Weitergabe von Erfahrungswissen ausscheidender Mitarbeiter an Nachfolger" einen sehr hohen Stellenwert zu.

Schließlich sollen Maßnahmen zur Förderung der **Wissensumsetzung** dazu dienen, Wissen, Erfahrungen und Kompetenzen in der Organisation nutzbringend anzuwenden. Bei den Maßnahmen zur Wissensumsetzung (vgl. Abbildung 14.4) ist auffällig, dass speziell die unternehmensinternen und mitarbeiterbezogenen Verfahren als hoch relevant eingeschätzt werden.

Während die „aktive Unterstützung durch Vorgesetzte bei der Umsetzung von Gelerntem" und die „Förderung von Mitarbeiterideen" in 52 % und 48 % der Unternehmen einen sehr hohen Stellenwert einnimmt, wird den „externen" Aktivitäten von relativ wenig befragten Unternehmen eine hohe Relevanz zugeschrieben. Bei den externen Maßnahmen nimmt die „Übertragung von Best Practice anderer auf unser Unternehmen" mit 27 % den größten Stellenwert ein. Obwohl bei den Praktiken zur Wissensidentifikation in deutschen Unternehmen externe Quellen, überwiegend in Form des Kundenkapitals, eine übergeordnete Rolle spielen, dominiert in der Wissensumsetzung und Wissensdiffusion der meisten Unternehmen eine nach innen gerichtete unternehmensspezifische Perspektive.

Vergleicht man die ermittelten Aktivitäten, Maßnahmen und Tools des Wissensmanagements über die Phasen hinweg so zeigt sich eine deutliche Priorisierung von Aktivitäten, die der Wissensidentifikation und Wissensdiffusion dienen.

Sämtliche Items, die die Aktivitäten des Wissensmanagements entlang der beschriebenen Phasen beinhalten, wurden zu einem Gesamtausbaustand-Index des Wissensmanagement (WM/ICM-Index) zusammengefasst (s. Abbildung 14.5).

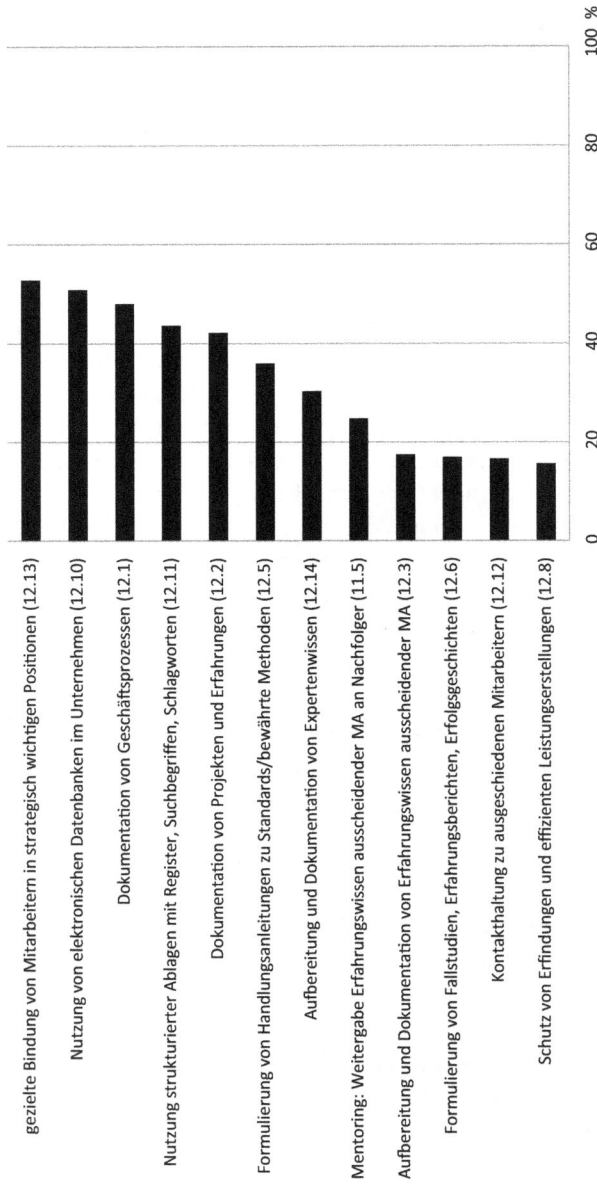

Abb. 14.3: Maßnahmen zur Wissensbewahrung mit sehr hohem Stellenwert (n = 3401) (Quelle: eigene Darstellung).

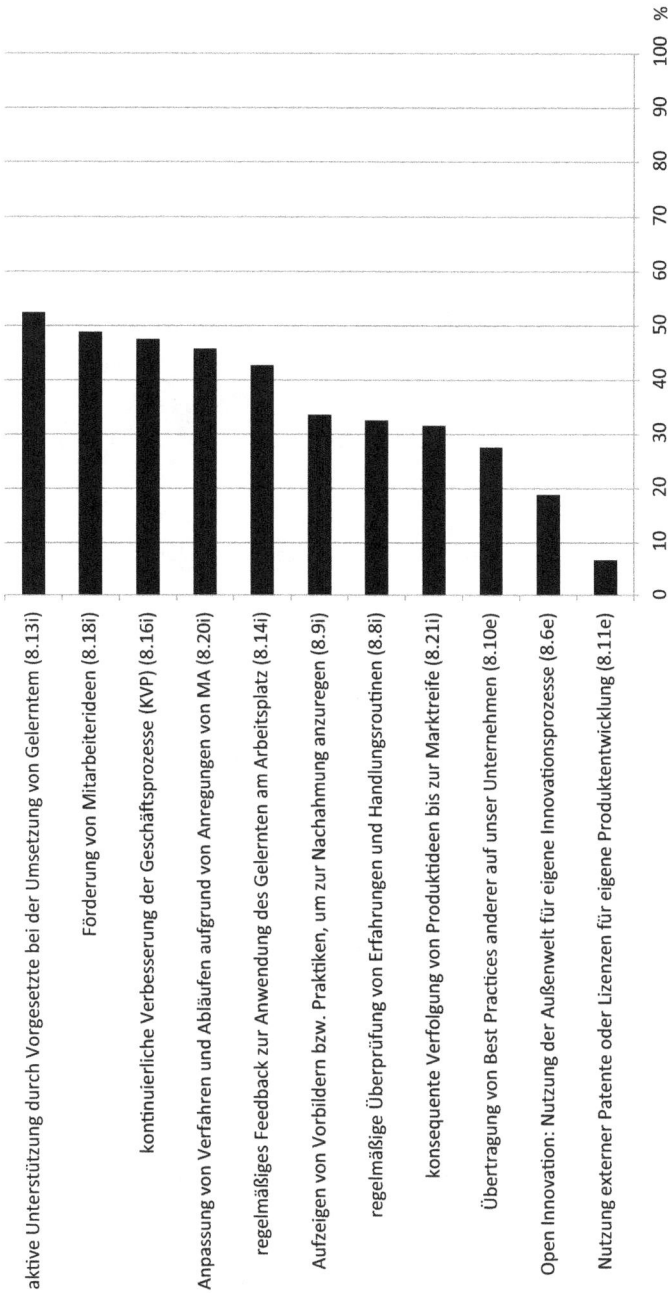

Abb. 14.4: Maßnahmen zur Wissensumsetzung mit sehr hohem Stellenwert (n = 3401) (Quelle: eigene Darstellung).

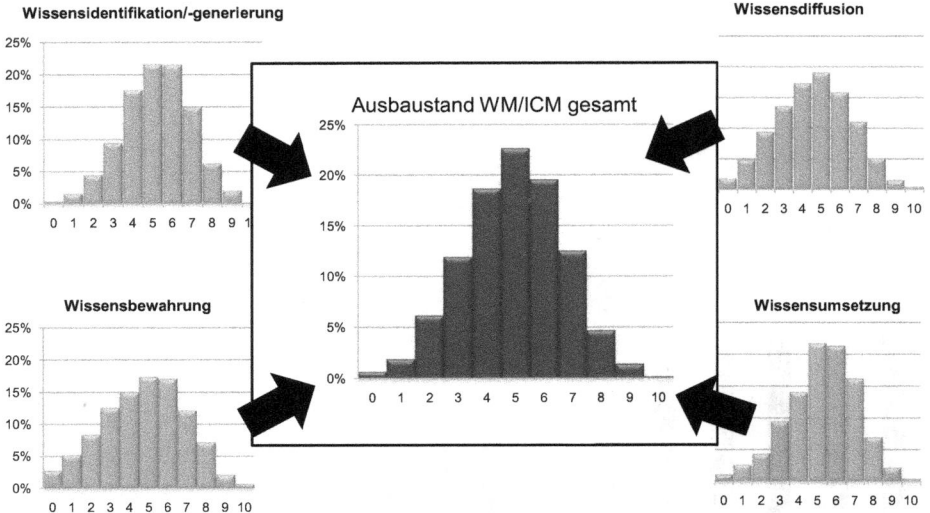

Abb. 14.5: Gesamtausbaustand WM/ICM-Index (n = 3401) (Quelle: eigene Darstellung).

Dieser Index markiert die Ausprägung sämtlicher Wissensmanagement-Aktivitäten in einem Unternehmen. In der Gesamtstichprobe variiert der Index zwischen null und zehn und hat einen Mittelwert von 5,42. Abbildung 14.5 zeigt die Verteilung des Gesamtausbaustandes WM/ICM-Index in der Stichprobe. Dieser Gesamtausbaustand wird im Folgenden als Anhaltspunkt für die Wissensmanagement-Aktivitäten in deutschen Unternehmen herangezogen.

14.2 Potenzielle Einflussfaktoren von Wissensmanagement-Aktivitäten

Die zweite übergreifende Zielsetzung der Studie bestand darin, potenzielle Einflussgrößen für Wissensmanagement-Aktivitäten zu untersuchen, die zur Erklärung unterschiedlicher WM/ICM-Index-Ausprägungen herangezogen werden können.

Andere Untersuchungen (vgl. Deutsche Bank AG und Fraunhofer-Institut für Arbeitswirtschaft und Organisation (IAO) 1999; KPMG Consulting 2001) verweisen auf Unterschiede bezüglich Betriebsgrößenklassen (Behrends, Martin 2006), Branchendifferenzen, Strukturen, Kulturen (vgl. Pawlowsky et al. 2006a) und die variierende Nützlichkeit von Wissensmanagement-Aktivitäten in verschiedenen Branchenkontexten bzw. Geschäftsfeldern. Auch unterschiedlichen Geschäftsstrategien kommt ein wesentlicher Erklärungsbeitrag im Hinblick auf den Umgang mit den immateriel-

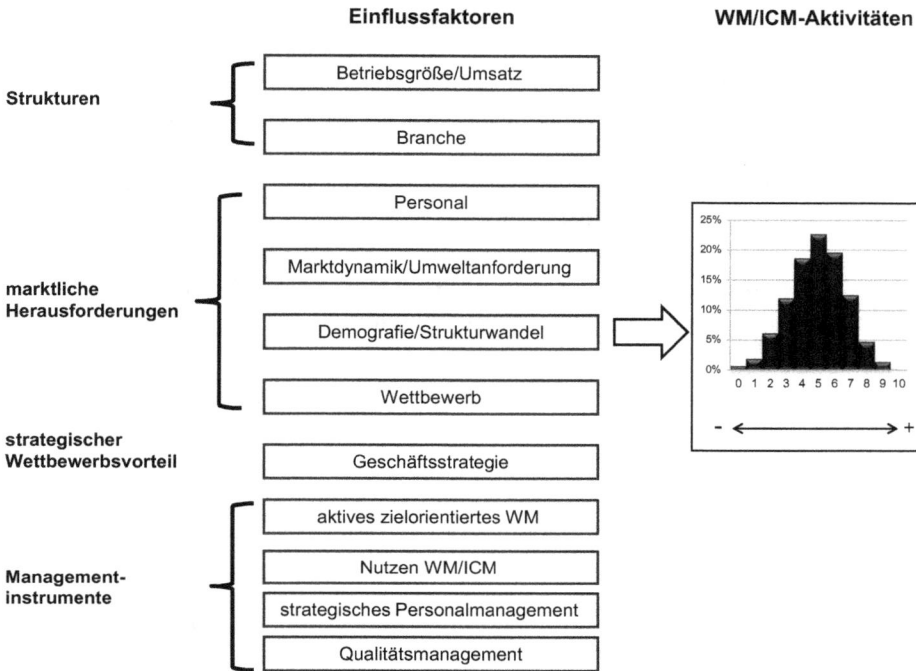

Abb. 14.6: Einflussgrößen von Wissensmanagement-Aktivitäten. (Quelle: eigene Darstellung).

len Ressourcen zu. Die Studien von Edler (2003), Kriegesmann und Schwering (2005) und Ergebnisse aus einem Ladenburger Diskurs (Lutz, Wiener 2005; Lutz 2005) weisen auf einen engen Zusammenhang zwischen strategischer Orientierung und der Ausprägung von Wissensmanagement-Aktivitäten hin. Im Rahmen einer Studie zum Wissensmanagement in klein- und mittelständischen Unternehmen wurden im Jahr 2006 insgesamt 2.342 Unternehmen befragt (vgl. Pawlowsky et al. 2006). Eine wesentliche Erkenntnis dieser vom BMWi finanzierten Vorläuferstudie war es, dass Strukturmerkmale wie Branchenzugehörigkeit oder Unternehmensgröße Differenzen im Hinblick auf Wissensmanagement-Aktivitäten nur unzureichend erklären (vgl. Pawlowsky et al. 2006).

Die Abbildung 14.6 zeigt die analysierten potenziellen Einflussfaktoren auf Wissensmanagement-Aktivitäten. Diese können inhaltlich in Strukuren, marktliche Herausforderungen, strategische Wettbewerbsvorteile und Management-Instrumente unterteilt werden. Betrachten wir nachfolgend die einzelnen Dimensionen.

14.2.1 Branche und Relation Betriebsgröße und Umsatz

Die Überprüfung des Einflusses von klassischen Strukturmerkmalen auf den unternehmerischen Umgang mit immateriellen Ressourcen (WM/ICM-Index) ergibt, dass sich der Wissensmanagement-Ausbaustand im Hinblick auf die Untersuchungsgrößen „Branche" und „Relation Betriebsgröße und Umsatz" nicht signifikant unterscheidet. Die Regressionsanalyse zum Einfluss der Strukturmerkmale Betriebsgröße/Umsatz und Branche auf den Wissensmanagement-Ausbaustand bestätigt, dass „Betriebsgröße/Umsatz" und „Branche" keinen signifikanten Einfluss auf den Wissensmanagement-Ausbaustand haben (vgl. Abbildung 14.7).

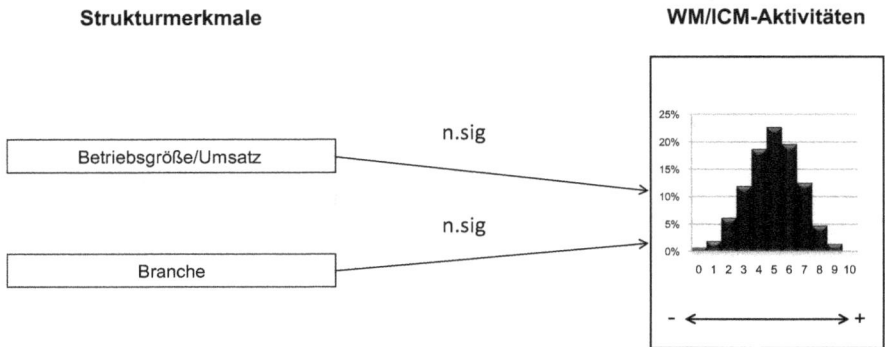

Abb. 14.7: Zusammenhang zwischen Strukturmerkmalen und Wissensmanagement-Aktivitäten. (Quelle: eigene Darstellung).

14.2.2 Marktliche Herausforderungen

Zur Einschätzung der besonderen Herausforderungen, denen die jeweiligen Unternehmen ausgesetzt sind, wurden verschiedene Themen im Hinblick auf die Wissensmanagementaktivitäten analysiert. Eine Faktorenanalyse zur Bündelung und Reduktion der sechzehn unternehmensrelevanten Herausforderungen führt zur Extraktion von vier Faktoren. Die in Tabelle 14.1 aufgeführten Items können nach den Schwerpunktthemen Herausforderung Personal (Faktor 1), Herausforderung Marktdynamik/Umweltanforderungen (Faktor 2), Herausforderung struktureller/demografischer Wandel (Faktor 3) und Herausfordertung Wettbewerb (Faktor 4) zusammengefasst werden.

Tab. 14.1: Faktorenanalyse marktlicher Herausforderungen (eigene Daten).

	1	2	3	4
Herausforderung Personal α = .745				
steigende Ansprüche der Mitarbeiter an ihre Arbeit (Wertewandel)	.775			
wachsende Ansprüche der Vereinbarkeit von Familie und Beruf (Wertewandel)	.670			
zunehmendes Gesundheitsbewusstsein (Work-Life-Balance) der Mitarbeiter	.523			
sinkende Bereitschaft der Mitarbeiter, sich langfristig an das Unternehmen zu binden	.500			
Herausforderung Marktdynamik/Umweltanforderungen α = .718				
Koordination von Prozessen an verschiedenen Standorten		.588		
Geschwindigkeit der Veränderungen in der Umwelt des Unternehmens		.583		
Internationalisierung der Märkte		.519		
Mobilitätsanforderungen an Mitarbeiter (Außendienst, Homeoffice, Auslandsentsendung)		.476		
Konzentrationstendenzen/Fusionen		.464		
ungewisse Rahmenbedingungen der Unternehmenstätigkeiten		.414		
Herausforderung Demografie/Strukturwandel α = .668				
Demografiewandel			.828	
alternde Belegschaften			.491	
Personalknappheit in unternehmensrelevanten Arbeitsmärkten			.458	
Herausforderung Wettbewerb α = .654				
Qualitätswettbewerb				.790
Innovationswettbewerb				.506
Preiswettbewerb				.449
Eigenwert	4.474	1.651	1.273	1.178
% der Varianz	27.96	10.32	7.95	7.36

Extraktionsmethode: Hauptachsen-Faktorenanalyse.
Rotationsmethode: Varimax mit Kaiser-Normalisierung.

Der potenzielle Erklärungsbeitrag dieser unternehmerischen Herausforderungen hinsichtlich der Wissensmanagement-Aktivitäten kann Abbildung 14.8 entnommen werden. Die Ergebnisse zeigen einen signifikanten Einfluss des Faktors „Marktdynamik/Umweltanforderung" und einen ebenfalls bemerkenswerten Einfluss der Herausforderungen „Personal", und „Wettbewerbsbezug" auf die Wissensmanagement-Aktivitäten.

Herausforderungen   **WM/ICM-Aktivitäten**

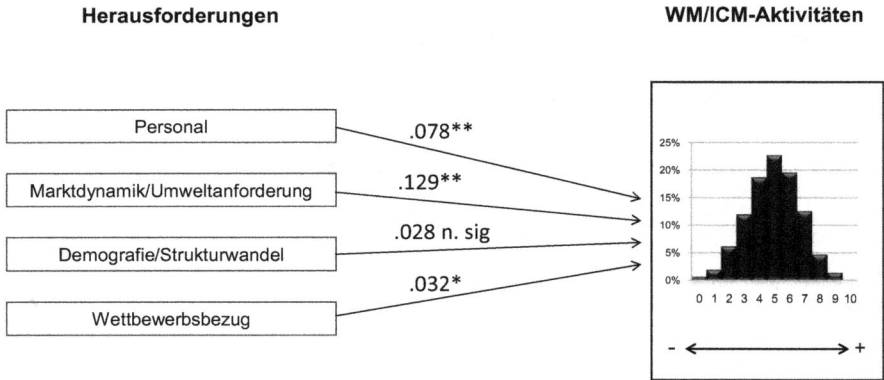

Abb. 14.8: Zusammenhang zwischen marktlichen Herausforderungen und Wissensmanagement-Aktivitäten. (Quelle: eigene Darstellung).

14.2.3 Geschäftsstrategie und Kernkompetenzen

Je nach Kernkompetenzen und der damit verbundenen Geschäftstrategie werden auch die Wissensmanagement-Aktivitäten variieren, so lautete eine der zentralen Annahmen. Die befragten Unternehmensvertreter wurden gebeten, ihre Wettbewerbsvorteile gegenüber ihren Hauptkonkurrenten einzuschätzen. Eine faktoranalytische Auswertung dieses Faktors ergibt die vier folgenden idealtypischen Geschäftsstrategietypen: Kunden-, HRM-, Innovations- und Kostenstrategie.

Die Ergebnisse zeigen: Unternehmen mit einer ausgeprägten Innovationsstrategie sind im Vergleich zu anderen durch einen deutlich höheren Wissensmanagement-Ausbaustand gekennzeichnet. Dagegen geht eine Kostenstrategie nicht signifikant mit Wissensmanagement-Aktivitäten einher. Damit zeigen unterschiedliche Geschäftsstrategien einen deutlichen Erklärungsbeitrag im Hinblick auf den Wissensmanagement-Ausbaustand in deutschen Unternehmen. Eine Regressionsanalyse (vgl. Abbildung 14.9) dieser Strategietypen auf den Wissensmanagement-Ausbaustand lässt erkennen, das allen voran eine Innovationsstrategie mit verbreiteten Wis-

Geschäftsstrategie   **WM/ICM-Aktivitäten**

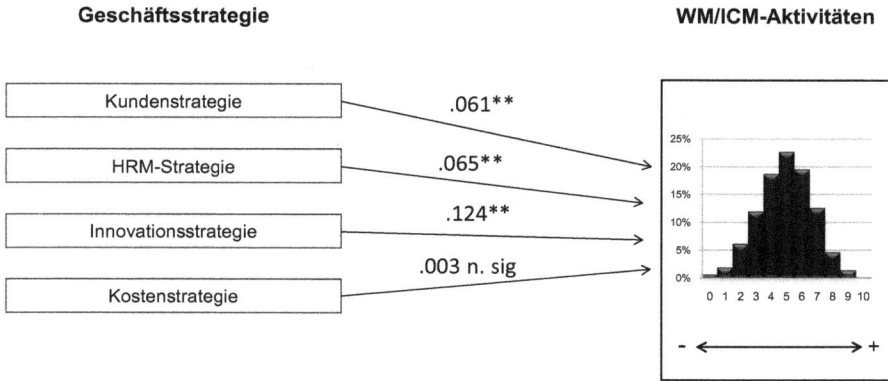

Abb. 14.9: Zusammenhang zwischen Geschäftsstrategie und Wissensmanagement-Aktivitäten. (Quelle: eigene Darstellung).

sensmanagement-Aktivitäten einhergeht. In geringerem, doch noch signifikanten Maße lassen auch HRM- und Kundenstrategie einen Zusammenhang mit Wissensmanagement in den Unternehmen erkennen.

14.3 Bedeutung von Wissensmanagement-Aktivitäten für Wettbewerbsfähigkeit und Unternehmenserfolg

Neben der Frage, welche Faktoren den Umfang des praktizierten Wissensmanagements erklären, interessiert die Beziehung zwischen Wissensmanagement-Aktivitäten und unternehmerischen Erfolg. Untersucht wurde der Zusammenhang zwischen Wissensmanagement einerseits und Mitarbeitermotivation, Innovationsfähigkeit, Wettbewerbsfähigkeit sowie monetäre Erfolgsfaktoren bzw. BaseI-II-Ratings andererseits (vgl. Abbildung 14.10).

14.3.1 Mitarbeitermotivation

Die Mitarbeitermotivation wurde in Anlehnung an das Konzept „Organisationale Energie" operationalisiert (Cole et al. 2005; Bruch 2009). Mit einer Korrelationsspanne von .354 bis .406 hängt der WM/ICM-Ausbaustand moderat bis stark mit der Mitarbeitermotivation zusammen. Die Tabelle 14.2 zeigt die Korrelationen zwischen dem WM/ICM-Ausbaustand, den einzelnen Wissensmanagement-Phasen und der Mitarbeitermotivation. Wie aus der nachfolgenden Tabelle 14.2 hervorgeht, ist der größte Zusammenhang zwischen Mitarbeitermotivation und den Maßnahmen der Wissensumsetzung gegeben.

Gesamtausbaustand WM/ICM

Erfolgsfaktoren

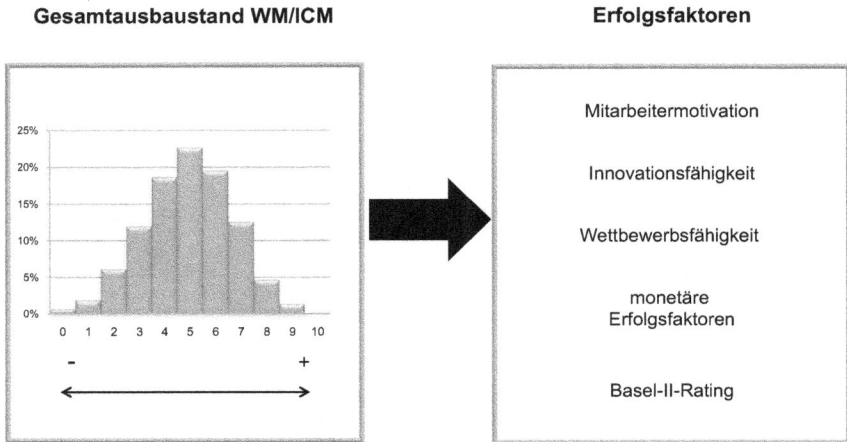

Abb. 14.10: Gesamtausbaustand Wissensmanagement und potenzielle Erfolgsfaktoren (n = 3401). (Quelle: eigene Darstellung).

Tab. 14.2: WM/ICM und Mitarbeitermotivation (n = 3401) (eigene Daten).

WM/ICM (Komponenten/Ausbaustand)	Korrelationen Mitarbeitermotivation
Wissensumsetzung	.406**
Wissensidentifikation	.384**
Wissensdiffusion	.368**
Wissensbewahrung	.354**
WM/ICM-Ausbaustand insgesamt	**.416****

**Die Korrelation ist auf dem Niveau von 0.02 (2-seitig) signifikant

14.3.2 Innovationsfähigkeit

Als zweiten Anhaltspunkt für organisationalen Erfolg wurden die beschriebenen Indikatoren zur Innovationsfähigkeit des Unternehmens herangezogen. Die Operationalisierung der Innovationsfähigkeit beinhaltet, wie Abbildung 14.11 zu entnehmen ist, die Produkt-, Prozess- und Dienstleistungsinnovation und weist eine hohe Reliabilität (Cronbachs Alpha; $\alpha = .859$) im Hinblick auf die Gesamtinnovationsfähigkeit auf.

Betrachtet man hier die Zusammenhangsmaße, so ist zu erkennen, dass WM/ICM-Aktivitäten eng mit Indikatoren der Innovationsfähigkeit einhergehen. Abbildung 14.12 verdeutlicht die starke Beziehung zwischen betrieblichem Wissensmanagement und der Innovationsfähigkeit insgesamt.

WM/ICM-Ausbaustand   **Innovationsfähigkeit α = .859**

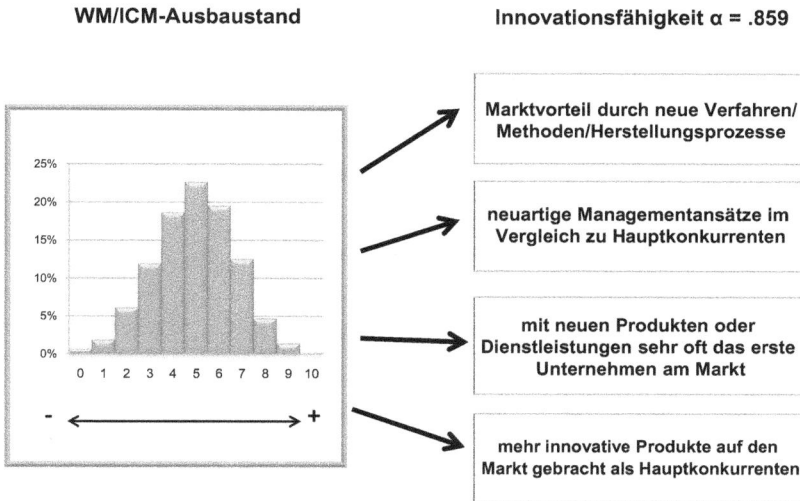

Abb. 14.11: Indikatoren der Innovationsfähigkeit (n = 3401) (Quelle: eigene Darstellung).

▦ niedrige Innovationsfähigkeit   ▩ mittlere Innovationsfähigkeit   ■ hohe Innovationsfähigkeit

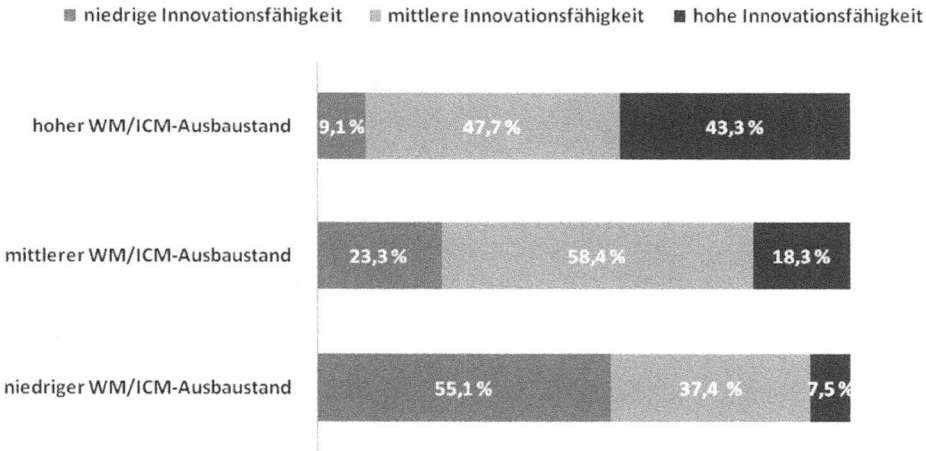

Abb. 14.12: Zusammenhang zwischen WM/ICM-Ausbaustand und Innovationsfähigkeit (Quelle: eigene Darstellung).

Unterteilt man die Wissensmanagementaktivitäten in die einzelnen Phasen, so zeigt sich, dass Maßnahmen der internen und externen Wissensidentifikation eine besondere Bedeutung zukommen (s. Tabelle 14.3). Dies verdeutlicht die zuvor aufgeführte Relevanz von Prozessen und Maßnahmen, die auf die Erkennung relevanter Wissensressourcen innerhalb und außerhalb der Unternehmensgrenzen ausgerichtet sind (vgl. Kapitel 11.2.).

Tab. 14.3: WM/ICM und Innovationsfähigkeit (n = 3401) (eigene Daten).

WM/ICM (Komponenten/Ausbaustand)	Korrelationen Innovationsfähigkeit
Wissensumsetzung	.458**
Wissensidentifikation	.469**
Wissensdiffusion	.405**
Wissensbewahrung	.422**
WM/ICM-Ausbaustand insgesamt	**.488**

**Die Korrelation ist auf dem Niveau von 0.02 (2-seitig) signifikant.

14.3.3 Wettbewerbsfähigkeit

Zur Ermittlung der Wettbewerbsfähigkeit wurden die befragten Unternehmen gebeten, ihre Kennzahlen zur Geschäftssituation und zum Absatzmarkt im Vergleich zu ihren Hauptkonkurrenten zu bewerten. Die Korrelationen zwischen Aktivitäten im Bereich des Wissensmanagements und der Wettbewerbsfähigkeit im Vergleich zu den Hauptkonkurrenten lässt einen signifikant positiven Zusammenhang erkennen, der jedoch im Verhältnis zur Mitarbeitermotivation und zur Innovationsleistung deutlich niedriger ausfällt (s. Tabelle 14.4).

Abbildung 14.13 zeigt die allgemeinen Zusammenhänge zwischen Wissensmanagement und der Wettbewerbsfähigkeit.

Tab. 14.4: WM/ICM und Wettbewerbsfähigkeit (n = 3401) (eigene Daten).

WM/ICM-Ausbaustand	Korrelationen Wettbewerbsfähigkeit (Komponenten)
WM/ICM-Ausbaustand	.139** Absatzmarkt
WM/ICM-Ausbaustand	.121** Geschäftssituation
WM/ICM-Ausbaustand	**.136** Wettbewerbsfähigkeit gesamt**

**Die Korrelation ist auf dem Niveau von 0.02 (2-seitig) signifikant.

▨ niedrige Wettbewerbsfähigkeit ▨ mittlere Wettbewerbsfähigkeit ■ hohe Wettbewerbsfähigkeit

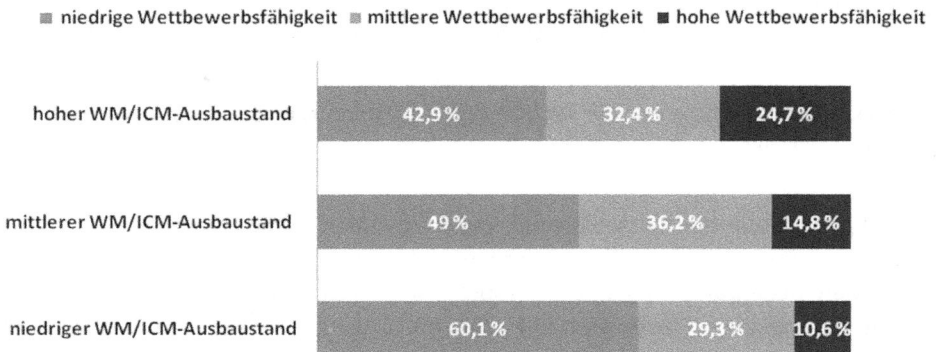

	niedrige	mittlere	hohe
hoher WM/ICM-Ausbaustand	42,9%	32,4%	24,7%
mittlerer WM/ICM-Ausbaustand	49%	36,2%	14,8%
niedriger WM/ICM-Ausbaustand	60,1%	29,3%	10,6%

Abb. 14.13: Zusammenhang zwischen WM/ICM-Ausbaustand und Wettbewerbsfähigkeit. (Quelle: eigene Darstellung).

14.3.4 Monetäre Kennzahlen

Schließlich wurden in der Studie der Unternehmenserfolg durch Fragen zu monetären Kennzahlen, u. a. Indikatoren des Basel-II-Ratingverfahrens[3], erfasst und es wurde die Drei-Jahres-Entwicklung im Hinblick auf die monetären Erfolgsindikatoren Marktanteil, Kundenanteil, Kapitalrentabilität, Gewinn und Umsatz erfragt. Die Gesamtbetrachtung deutet daraufhin, dass es einen klaren Zusammenhang zwischen Wissensmanagement und den monetären Kennzahlen gibt. Am deutlichsten ist der Zusammenhang zwischen Wissensmanagement-Aktivitäten und Marktanteil (s. Tabelle 14.5).

Tab. 14.5: WM/ICM und monetäre Kennzahlen (n = 3401) (eigene Daten).

WM/ICM- Ausbaustand	Korrelationen monetäre Kennzahlen (Komponenten)
WM/ICM-Ausbaustand	.187 **Marktanteil
WM/ICM-Ausbaustand	.142** Kundenanteil
WM/ICM-Ausbaustand	.140** Kapitalrentabilität
WM/ICM-Ausbaustand	.126** Gewinn
WM/ICM-Ausbaustand	.116** Umsatz
WM/ICM-Ausbaustand gesamt	**.162** monetäre Kennzahlen gesamt**

**Die Korrelation ist auf dem Niveau von 0.02 (2-seitig) signifikant.

Obwohl diese Korrelationen zwischen Wissensmanagement und monetären Kennzahlen niedriger sind als die Zusammenhänge mit Motivation und Innovationsfähigkeit, ist es dennoch bemerkenswert, dass signifikante Zusammenhänge zu unternehmerischen Ergebnisgrößen festzustellen sind, die vermutlich nur sehr indirekt und mit ensprechender zeitlicher Verzögerung durch Wissensmanagement beinflusst werden können.

Um die Zusammenhänge zwischen Wissensmanagement und wirtschaftlichem Erfolg dahingehend zu präzisieren, was die erfolgreichen Unternehmen anders machen, wurden die monetär erfolgreichsten und die am wenigste erfolgreichen Unternehmen im Hinblick auf ihre Wissensmanagement-Aktivitäten untersucht. Entlang der Gesamtverteilung des ökonomischen Erfolges werden somit die 25 % besten Unternehmen als High-Performer und die schlechtesten 25 % als Low-Performer unterschieden (vgl. Abbildung 14.14).

Betrachtet man die einzelnen Wissensmanagement-Aktivitäten dieser beiden „Extremgruppen", zeigen sich erhebliche Unterschiede zwischen High- und Low-Performern (vgl. Abbildung 14.15).

---

3 Es geht dabei um die in der Regel 20W von Banken verwendete Einschätzung der Kreditwürdigkeit durch Sicherung einer angemessenen Eigenkapitalausstattung.

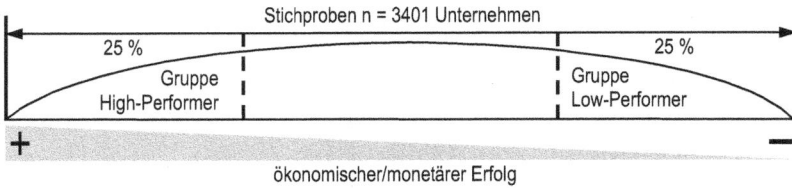

Abb. 14.14: Ökonomische High- und Low-Performer. (Quelle: eigene Darstellung).

Abb. 14.15: Ausgewählte Wissensmanagement-Aktivitäten von Low- und High-Performern. (Quelle: eigene Darstellung).

So analysiert die wirtschaftlich erfolgreiche Gruppe der High-Performer erfolgreiche Projekte weitaus häufiger (42 %) als die wirtschaftlich weniger erfolgreichen Low-Performer (17 %). Weiterhin praktizieren 33 % der High-Performer gegenüber 15 % der Low-Performer den informellen Erfahrungsaustausch zwischen Mitarbeitern. Im Bereich der Wissensbewahrung räumen 39 % der High-Performer, aber nur 14 % der Low-Performer der gezielten Bindung von Mitarbeitern in strategisch wichtigen Positionen eine hohe Relevanz ein. Bedeutende Unterschiede sind zudem im Bereich der Wissensumsetzung ersichtlich. So ist beispielhaft für 49 % der High-Performer die Anpassung von Verfahren und Abläufen aufgrund der Anregungen von Mitarbeitern sehr bedeutsam. Hingegen räumen nur 20 % der Low-Performer dieser Wissensmanagement-Aktivität einen hohen Stellenwert ein.

14.4 Fazit der empirischen Befunde zum Wissensmanagement

Die empirischen Analysen haben einerseits gezeigt, dass Wissensmanagement-Aktivitäten in deutschen Unternehmen eine hohe Verbreitung haben. Dabei sind die Unterschiede zwischen den Unternehmen, je nach marktlichen und wettbewerbsspezifischen Herausforderungen sowie in Abhängigkeit von Kernkompetenzen und Geschäftsstrategien, erheblich. Kaum eine Rolle spielen dagegen Betriebsgröße und Branchenunterschiede. Andererseits offenbaren sich auch deutliche Zusammenhänge zwischen dem Umfang des praktizierten Wissensmanagements und den betrieblichen Erfolgsgrößen Mitarbeitermotivation, Innovationsgrad, Wettbewerbsfähigkeit und monetären Erfolgszahlen.[4] Diese Bedeutung des Wissensmanagements für den Erfolg von Unternehmen dürfte sich in den letzten Jahren tendenziell noch deutlich verstärkt haben.

Reflexionsfragen

14.1 Benennen Sie die wichtigsten potenziellen Einflussfaktoren von Wissensmanagementaktivitäten.

14.2 Mit welchen unternehmerischen Erfolgsfaktoren gehen Wissensmanagementaktivitäten am stärksten einher?

---

4 Da es sich bei den dargestellten Befunden um Zusammenhangsmaße handelt, die nicht ohne Weiteres als Ursache-Wirkungszusammenhänge interpretiert werden können, wurden die ursprünglich aufgestellten Hypothesen anhand von verschiedenen Strukturgleichungsmodellen geprüft. Die oben unterstellten Modellannahmen konnten dabei bestätigt werden (vgl. Pawlowsky, Gözalan, Schmid 2011, 2012).

Lösungen zu den Reflexionsfragen

1 Der Wandel zur Wissensgesellschaft – grundlegende theoretische Ansatzpunkte

1.1 *Drucker:* neue Technologie, wachsende internationale Verflechtungen, Professionalisierung von Leistungen und Vernetzung von Organisationen

Machlup: volkswirtschaftliches Wachstum durch Wissen

Bell: sektoraler Wandel, Berufsstrukturverschiebung, Theorie-Wissen als Grundlage von Innovationen, neue und intellektuelle Technologien

Stehr: Umwandlung der Wirtschaftsstruktur durch Entmaterialisierung, Wissen als Produktionsfaktor

Nefiodow: Basisinnovationen und Grundlagentechnologien wie Informationstechnik, Telekommunikation und Wachstumsfeld psychosoziale Gesundheit

Pongratz und Voß: Unternehmertum in eigener Sache, Selbstkontrolle, Selbstökonomisierung, Entgrenzung von Arbeits- und Freizeit

2 Konturen der Erwerbsarbeit in der Wissensgesellschaft

2.1 Zentrale Indikatoren für einen Wandel zur Wissensgesellschaft sind beispielsweise:
   - sektoraler Wandel, Anstieg an wissensintensiven Dienstleistungen
   - Immaterialisierung der Wertschöpfung und Bewertung immaterieller Ressourcen
   - Virtualisierung von Unternehmen und Auflösung von Unternehmensgrenzen
   - neue Arbeits- und Zeitstrukturen
   - veränderte Arbeitsvertragsformen
   - Änderungen in der sozialen Sicherung
   - diskontinuierliche Erwerbskarrieren
   - Verbreitung von Netzwerkaktivitäten
   - wachsende F- & E-Ausgaben
   - Verbreitung von IuK-Technologien

2.2 Spannungsfelder können sein:
   - Balance aus Flexibilität und Durchlässigkeit auf der einen Seite (förderlich für Wissenserwerb und -diffusion) und Kontinuität und Bindung auf der anderen Seite (förderlich für Integration von Wissen)

https://doi.org/10.1515/9783110474930-015

- Selbst- vs. Fremdorganisation: Eine wissensbasierte Ökonomie erfordert zunehmende Selbststeuerung im Rahmen des Leistungsprozesses, was aber nicht den völligen Verzicht auf betriebliche Koordination bedeutet, um die Stabilität des Systems zu gewährleisten.
- Spezialisierung und Generalisierung: Der Zwang zur Arbeitsteilung verschärft sich einerseits aufgrund des rasanten Wissenswachstums, gleichzeitig ist durch wachsende Interdependenzen eine integrative Vernetzung nötig, die wiederum eine eher generalistische Ausrichtung erforderlich macht.
- „Flüchtigkeit" und „Stickiness" von Wissen: Ideen und explizierbares Wissen breiten sich oft (viel zu) schnell aus, sind flüchtig. Dem ist zum Teil aufgrund der Entwertungsgefahr des Wissens entgegenzuwirken. Subjekt- und kontextabhängiges Wissen ist hingegen oft schwer zu übertragen, was die Unternehmensführung z. B. bei Unternehmenszusammenschlüssen vor große Herausforderungen stellt.

2.3   Die Antwort ist von Ihren konkreten Rechercheergebnissen abhängig.

2.4   Diese Frage ist von Ihnen individuell zu beantworten.

3 Entwicklungen zur Wissensgesellschaft und Konsequenzen für Management und Unternehmensführung

3.1   Als wesentliche Trends sind zu beobachten: globale und Internationale Verflechtungen von Menschen, Gütern, Informationen und Kapital, eine Entwicklung von Produkten zu hybriden Produkt-, Dienstleistungsangeboten bzw. reinen Plattformangeboten, Vernetzung von Unternehmensprozessen sowie eine Digitalisierung und Entmaterialisierung.

3.2   Es sollten in Organisationen Handlungen durch indirekte Rahmensteuerung beeinflusst werden und Selbstmotivationschancen durch Arbeit erhöht werden. Ferner sollten Wissensprozesse identifiziert und bewertet werden sowie verstärkt Netzwerkstrukturen in Unternehmensprozesse berücksichtigt werden.

4 Grundlegende Perspektiven des organisationalen Lernens

4.1   Folgende Perspektiven organisationalen Lernens lassen sich unterscheiden:
- entscheidungs- und anpassungsorientierte Perspektive
- kognitive und Wissensperspektive
- systemtheoretische Perspektive

- Kulturperspektive
- Action-Learning-Perspektive
- universalistisch-eklektische Perspektive

4.2 Organisationen können lernen. Organisationen speichern beispielsweise Erfahrungswissen, das die Mitarbeiter machen, z. B. in Standard Operating Procedures, in Organisationsstrukturen, Abläufen und in Entscheidungsregeln.

4.3 Wissen und Lernen stehen zueinander in Wechselwirkung. Wissenssysteme können damit im Sinne einer wechselseitigen Ursache-Wirkungs-Beziehung sowohl als Vorstufen als auch Ergebnisse des Lernens dargestellt werden: Aus den Charakteristika des Wissenssystems resultieren Determinanten des Lernprozesses (d. h., die kognitiven Strukturen beeinflussen die jeweilige Möglichkeit, Neues zu lernen), die wiederum Einfluss auf die Strukturen des Wissenssystems nehmen. Wissenssysteme sind also Ausgangspunkt und Ergebnis von Lernprozessen.

4.4 *Sozialisation:* Individuen eignen sich implizites Wissen an,

Artikulation: angeeignetes Wissen wird in explizites Wissen übersetzt und damit anderen mitteilbar,

Kombination: Zusammenfassen und Kombinieren von explizitem Wissen,

Internalisierung: Eingliederung expliziten Wissens in implizites Wissen (Verinnerlichung von explizitem Wissen).

4.5 Kulturelle Wissenstypen nach Sackmann sind:
- Lexikalisches Wissen: umfasst spezielle Beschreibungen und Bedeutungen, die bestimmte Sachverhalte in einer Organisation haben („Was ist ...?")
- Handlungsanleitendes Wissen: bezieht sich auf Verhaltensweisen und auf in der Organisation übliche, bewährte Lösungswege und Abfolgen von Handlungen auf der Grundlage kausal-analytischer Zuschreibungen („Wie werden die Dinge getan?")
- Axiomatisches Wissen: bezieht sich auf endgültige Begründungen, grundlegende Einstellungen oder Glaubenssätze mit nicht hinterfragter Gültigkeit in der Organisation („Warum werden die Dinge so getan, wie sie getan werden?")
- Rezeptwissen bzw. Regelwissen: umfasst vor allem die Empfehlungen für künftige Handlungen und Verbesserungen auf der Basis von kausal-normativen Zuschreibungen („Wie sollte etwas sein/getan werden?")

4.6 Kern der Action-Learning-Ansätze ist die Idee, dass sich Lernen durch Reflexion über Handeln vollzieht. Menschen lernen, indem sie während des Handelns oder im Anschluss an Handlungsvollzüge über ihr Verhalten und die Reaktionen der Umwelt auf dieses Verhalten reflektieren.

4.7 Ein AAR-Prozess läuft im Allgemeinen in folgenden Phasen ab:
  – Rekapitulation der ursprünglich geplanten Zielsetzungen
  – systematische und chronologische Aufarbeitung des erreichten Ist-Zustandes
  – Abweichungsanalyse
  – Reflexion, was aus der Rückschau zu lernen ist (Lessons Learned) sowie Vorausschau auf die Zukunft und Antizipation möglicher Begebenheiten

4.8 Die fünf Dimensionen nach Senge sind:
  – Persönliche Kompetenz (Personal Mastery): Bereitschaft von Menschen, sich weiter zu entwickeln und umzudenken.
  – Mentale Modelle: verhaltenswirksame Interpretationen der Wirklichkeit, die in ihrer Gesamtheit das subjektive Weltbild jedes Menschen und jeder Organisation bilden
  – Gemeinsame Visionen: Die „Zukunftsbilder" der Organisation sollten von möglichst allen Organisationsmitgliedern als geteilte Visionen verinnerlicht und getragen werden.
  – Team-Lernen: ermöglicht Synergieeffekte durch Zusammenkommen verschiedener Qualifikationen und durch intensiven Wissensaustausch.
  – Systemdenken: hat eine übergeordnete Funktion. Es stellt die Fähigkeit dar, Abhängigkeiten, Interdependenzen und ganzheitliche Strukturen zu erkennen.

5 Ansätze des Wissensmanagements

5.1 Bausteine des Wissensmanagements nach Probst et al.:
  – Wissensziele: normative, strategische und operative Wissensziele,
  – Wissensidentifikation: Transparenz über intern und extern bereits vorhandenes Wissen,
  – Wissenserwerb: Steigerung der eigenen Wissensbasis mithilfe externer Quellen,
  – Wissensentwicklung: Aufbau neuer Fähigkeiten, Ideen, Produkte, verbesserter Prozesse,
  – Wissens(ver)teilung: Optimierung der Distribution und Verfügbarkeit des vorhandenen Wissens,
  – Wissensnutzung: Sicherstellung der Anwendung von Wissen zum Nutzen des Unternehmens,
  – Wissensbewahrung: beschäftigt sich damit, wie Unternehmen sich vor Wissensverlusten schützen können,
  – Wissensbewertung: Aufzeigen des Erfolgs oder Misserfolgs der Wissensmanagement-Aktivitäten.

5.2 Die vier Akte des Wissensmanagements nach Schüppel sind:

1. Akt: Rekonstruktion der Wissensbasis: erster, grober Überblick über das Kernwissen des Unternehmens, das sein Überleben sichert.

2. Akt: Analyse der Lernprozesse: Auseinandersetzung mit den individuellen und kollektiven Lernprozessen in selbstreflexiver Weise; Diagnose typischer Verlaufsmuster organisatorischer Lernprozesse

3. Akt: Identifizierung der Wissens- und Lernbarrieren: Herausarbeiten einer Systematik struktureller und kultureller Lernbarrieren, die auf individueller und kollektiver Ebene auftreten können

4. Akt: Gestaltung des Wissensmanagements: Die ersten drei Akte dienen der Analyse der Ist-Situation des Unternehmens. Erst im vierten Akt steht das organisationale Wissen als Managementobjekt im Vordergrund. Erst jetzt ist es sinnvoll, ein an das jeweilige Unternehmen angepasstes Wissensmanagements konkret auszugestalten.

5.3 Wichtige Aspekte der wissensorientierten Führung
  – Führung ist ein interaktiver Prozess, der zumeist auf einer Gruppenebene seinen Ursprung hat.
  – Es findet eine Verlagerung statt von einer mechanistischen zu einer politischen Führung.
  – Eine systemische, ganzheitliche Denkweise wird wichtiger.
  – Führung unterstützt eine lernorientierte Unternehmenskultur durch Förderung von individuellen und gruppenbezogenen Lernprozessen, durch Rollenvorbild des Führenden und durch konstruktives Lernen aus Fehlern.

6 Ein integratives Modell organisationalen Lernens

6.1 Folgenden Bausteine lassen sich unterscheiden:
  – Ebenen des Lernens: individuell bis hin zu interorganisational
  – Formen des Lernens, wie z. B. kognitives, kulturelles und verhaltensbezogenes Lernen
  – Lerntypen: Single-Loop-, Double-Loop-, Deutero-Learning
  – Phasen organisationaler Lernprozesse: Identifikation bzw. Generierung, Diffusion, Integration/Modifikation, Aktion

6.2 Das Single-Loop-Learning beinhaltet lediglich die Reaktion auf Veränderungen in einem vorgegebenen Bezugsrahmen (Anpassungslernen). Demgegenüber werden im Rahmen des Double-Loop-Learning neue Standards entwickelt und etabliert (Veränderungslernen). Beim Deutero-Learning wird die organisationale Lernfähigkeit selbst zum Gegenstand des Lernprozesses (Problemlösungslernen).

6.3 Lernphasen im Rahmen des organisationalen Lernens:
- Identifikation bzw. Generierung: Identifikation von (bereits existierendem) Wissen aus einer markt- bzw. umweltorientierten Perspektive sowie ergänzend interne Generierung von Wissen aus einer ressourcenorientierten Perspektive.
- Diffusion: Verteilung bzw. Verbreitung der relevanten Wissenselemente in der Organisation. Eine gute Diffusion zielt auf die Bereitstellung von Informationen und Wissen zur richtigen Zeit am richtigen Ort ab.
- Integration bzw. Modifikation: Gewonnenes und verteiltes Wissen muss in der organisationalen Wissensbasis verankert werden, entweder durch Integration neuer Wissenselemente in eine bestehende und nicht veränderte Wissensstruktur oder im Sinne eines Double-Loop-Learning durch eine Modifikation der gegebenen Wissensstruktur.
- Aktion bzw. Handlung: Neues Wissen muss in konkrete Aktionen transformiert werden und in organisationale Routinen einfließen, um zu einer Verbesserung der Unternehmensprozesse und -leistungen zu führen.

7 Wissens- und Kompetenzerfassung auf unterschiedlichen Ebenen

7.1 Die Wissens- und Kompetenzerfassung erfolgt auf folgenden Ebenen:
- Individuumsebene
- Arbeitsplatzebene
- Gruppenebene
- organisationale Ebene

Auf der Individuumsebene stellt der persönliche Berufserfolg auf Basis der Handlungs- und Problemlösefähigkeit des Betreffenden das Erfolgskriterium dar.

Auf der Arbeitsplatzebene geht es vor allem darum, die Deckungslücke zwischen arbeitsplatzbezogenen Anforderungen und dem individuellen Arbeitsvermögen zu schließen.

Erfolgsindikator auf der Gruppenebene ist die Handlungs- und Leistungsfähigkeit (Selbststeuerungsfähigkeit) von Gruppen.

Erfolgskriterien auf der Organisationsebene sind immaterielle Indikatoren und/ oder betriebswirtschaftliche Erfolgsgrößen.

7.2 Auf der Arbeitsplatzebene werden insbesondere anforderungsabhängige Qualifikationen des Einzelnen betrachtet, d. h. Wissen wird ausschließlich nach der Nützlichkeit gewertet, um vorgegebene Arbeitsanforderungen zu bewältigen. Die Erfassung erfolgt überwiegend mittels eines Soll-Ist-Vergleichs (bezogen auf die arbeitsplatzrelevanten Anforderungen).

Demgegenüber steht auf der Gruppenebene die Handlungs- und Leistungsfähigkeit der Gruppe im Vordergrund. Betriebliche Einzelanforderungen sind dabei nicht der primäre Maßstab, sondern es geht vor allem um die Interaktionen in der Gruppe und ihre Selbststeuerungsfähigkeit.

8 Merkmale von Wissen

8.1 Eine Kernkompetenz wird vor allem dadurch zu einer Quelle für Wettbewerbsvorteile, dass sie im Konkurrenzkampf unverwechselbar ist und einen Beitrag zum Kundennutzen bzw. einen positiven Kostenbeitrag leistet. Kernkompetenzen sind nicht bzw. nur schwer imitierbar und nicht substituierbar. Hierzu lassen sich in besonderer Weise immaterielle Ressourcen wie z. B. organisationales Wissen oder Werte und Einstellungen von Mitarbeitern rechnen. Organisationales Wissen ist sozial komplex sowie kausal mehrdeutig, seine Entstehungsgeschichte ist einzigartig und daher nicht imitierbar und als eine wesentliche Kernkompetenz der Unternehmung anzusehen.

8.2 Daten sind noch nicht interpretierte Symbole, die noch keinerlei Bewertung implizieren. Wird ihnen allerdings eine Bedeutung zugewiesen, werden sie zu Informationen. Die zweckdienliche Vernetzung von Informationen führt zu Wissen. Dieses ist immer kontextgebunden und mit den Erfahrungen und Erwartungen einer Person verbunden.

Implizites Wissen ist nur schwer mitteilbares und nicht formalisierbares Wissen. Es ist mit dem Handeln verwachsen und an den Erfahrungsträger gebunden. Explizites oder auch kodifiziertes Wissen kann leicht sprachlich übertragen werden. Es ist rationales, digitalisierbares Wissen, das in formalisierbarer Form in Theorien und Handlungsanweisungen abbildbar und von einem Subjekt unabhängig existiert.

Deklaratives Wissen repräsentiert Kenntnisse über die Realität und hält feststehende Tatsachen, Gesetzmäßigkeiten oder Sachverhalte fest. Prozedurales Wissen hingegen bezieht sich auf Operationen und Prozesse, die der Verarbeitung von Informationen dienen. Es stellt Wissen über Handlungsabläufe dar und unterliegt individuellen Konstruktionsleistungen.

8.3 Diese Frage ist von Ihnen selbstständig unter Bezugnahme auf eine Organisation, die Sie gut kennen, zu beantworten.

9 Intellectual-Capital-Management – Bewertung von Wissen

9.1 Es handelt sich um alle immateriellen Werte einer Organisation, d. h. Werte, die weder monetärer noch materieller Natur sind.

9.2 Man unterscheidet im Allgemeinen zwischen deduktiv-summarischen und induktiv-analytischen Ansätzen.

Deduktiv-summarische Ansätze definieren den Wert der organisationalen Wissensbasis über den Unterschied zwischen Markt- und Buchwert eines Unternehmens. Bei diesen Ansätzen wird das immaterielle Vermögen über deduktiv abgeleitete Indikatoren in monetärer Form bewertet.

Induktiv-analytische Ansätze bieten eine umfangreichere Betrachtung des immateriellen Vermögens. Sie beschreiben und bewerten bestimmte Elemente der Wissensbasis bzw. immaterieller Vermögenswerte mit dem Ziel, Ansatzpunkte zu ihrer Entwicklung zu liefern. Daher sind sie den sogenannten steuerungsorientierten Managementsystemen zuzuordnen. Es lassen sich hier zwei grundsätzliche Typen von Ansätzen unterscheiden: Einerseits geht es um die Beschreibung und Bewertung unterschiedlicher Bestandteile der organisationalen Wissensbasis sowie weiterer Elemente des immateriellen Vermögens. Andere Ansätze fassen finanzielle sowie nicht finanzielle Kennzahlen zu einem Steuerungsinstrument für die Organisation zusammen.

9.3 Börsenwert abzüglich Anlagewert (materieller Wert) entspricht den immateriellen Werten.

9.4 Die Aktivseite einer handelsrechtlichen Bilanz nach § 266 Abs. 2 HGB enthält unter der Position „Anlagevermögen" den Punkt „Immaterielle Vermögensgegenstände". Darunter fallen:
   (a) Konzessionen, gewerbliche Schutzrechte und ähnliche Rechte und Werte sowie Lizenzen an solchen Rechten und Werten;
   (b) Geschäfts- oder Firmenwert und
   (c) geleistete Anzahlungen.
   Prinzipiell gilt hier, dass immaterielle Wirtschaftsgüter, die von Dritten entgeltlich erworben werden, in der Bilanz ausweispflichtig sind.

9.5 Es werden in vielen Fällen mit Bezug auf den „Shareholder Value" die Investitionen in das intellektuelle Vermögen zurückgefahren, Personalausgaben reduziert, Wissensträger entlassen, Forschung reduziert, Bildungsabteilungen abgebaut und Weiterbildung minimiert, um kurzfristige Rendite zu sichern. Insbesondere bei wissensintensiven Unternehmen können diese Maßnahmen substanzgefährdend sein.

9.6 Wissenskapital besteht nach Edvinsson aus Humankapital und Strukturkapital, wobei sich das Strukturkapital wiederum in Organisations- und Kundenkapital aufgliedert. Jede dieser Dimensionen wird weiter ausdifferenziert:
   – Humankapital: Kompetenz, Beziehungen, Werte
   – Organisationskapital: Prozesskapital, Kultur, Innovationskapital
   – Kundenkapital: Kundenbasis, Kundenbeziehungen, Kundenpotenzial

9.7 Sveiby definiert Wissenskapital als ein Zusammenspiel aus den Kompetenzen der Mitarbeiter sowie den internen und externen Strukturen der Organisation.
 – Kompetenz der Mitarbeiter: Fähigkeiten, Fertigkeiten, Erfahrungen, Werte sowie soziale Kompetenz der Mitarbeiter gelten als wichtigster Produktionsfaktor
 – interne Struktur: Strukturen und Prozesse, Konzepte, Patente, Informationssysteme, Unternehmenskultur
 – externe Struktur: Beziehungen zu Kunden, Lieferanten, Öffentlichkeit, aber auch Marken, Warenzeichen, Image des Unternehmens

9.8 Die Wissensbilanz gibt Auskunft über die Verwendung immaterieller Vermögenswerte und steuert und kontrolliert deren Zielerreichung. Sie dient als Instrument, um das intellektuelle Kapital einer Organisation dazustellen und gezielt zu entwickeln. Zugleich zeigt sie die Zusammenhänge zwischen den organisationalen Zielen, Geschäftsprozessen, intellektuellen Kapital und dem Geschäftserfolg einer Organisation auf und beschreibt diese Elemente mittels Indikatoren.

9.9 In der Regel durchläuft man sechs Schritte, um eine Wissensbilanz zu erstellen:
 – Beschreibung der Ausgangssituation: Erfassen und Dokumentieren von Möglichkeiten und Risiken im Geschäftsumfeld sowie der strategischen Ausrichtung der Organisation
 – Erfassung des Intellektuellen Kapitals: Verdeutlichen der unternehmensspezifischen Leistungsprozesse als Ausgangspunkt für Überlegungen zu den Einflussfaktoren auf diese Prozesse
 – Bewertung des intellektuellen Kapitals: Bewertung der Einflussfaktoren mithilfe einer Skala nach Quantität, Qualität und Systematik, um ein Stärken-Schwächen-Profil des intellektuellen Kapitals zu erstellen
 – Erarbeitung von Indikatoren für das intellektuelle Kapital: Präzisierung der Einflussfaktoren durch messbare Indikatoren in Form von Zahlen und Fakten
 – Kommunikation des intellektuellen Kapitals: interne und/oder externe zielgruppenspezifische Kommunikation der Ergebnisse
 – Steuerung des intellektuellen Kapitals: Analyse von Wirkungszusammenhängen der immateriellen Einflussfaktoren mittels Sensitivitätsanalyse und Darstellung der Ergebnisse in einem Wirkungsnetz

9.10 Kategoriensysteme im Performance-Measurement-System von Günther:
 – rechtliche Rahmenbedingungen: Rechte wie z. B. Konzessionen, Patente, Lizenzen, Gebrauchsmuster, Warenzeichen, Geschmacksmuster sowie rechtsähnliche Werte wie Belieferungsrechte, Braurechte, Optionsrechte
 – Ressourcenvorteile: rechtsähnliche Werte wie z. B. Verschmutzungs-, Wassernutzungsrechte sowie wirtschaftliche Werte wie z. B. Standortvorteile

- Interaktionsvorteile: wirtschaftliche Werte wie z. B. Lieferantenbeziehungen, Beschaffungslogistik, Kundenbeziehungen, Vertriebsnetz sowie Rechte wie z. B. Markenwerte
- Integrationsvorteile: wirtschaftliche Werte wie z. B. Verfahrens-Know-how, Rezepturen, Mitarbeiterwissen, Logistik-Know-how

9.11 Das Ergebnis richtet sich nach den von Ihnen recherchierten Beispielen.

10 Warum Wissensmanagement?

10.1 Diese Frage ist von Ihnen individuell zu beantworten.

10.2 Bei der strategiegestaltenden Weiterbildung steht die Frage nach dem Wissen, den Kompetenzen und speziellen Erfahrungen von Mitarbeitern im Vordergrund. Dies ist bereits eine Kernfrage der Wissensidentifikation. Dabei geht es nicht primär um die Anpassung des Mitarbeiterwissens an die spezifischen Anforderungen der Organisation, sondern vielmehr darum, die Organisation durch die Wissensentwicklung und den -austausch der Mitarbeiter weiterzuentwickeln und lernfähig zu erhalten.

10.3 Vorgehensweise beim geschäftsprozessorientierten Wissensmanagement:
- Phase 1: Abstimmung der Strategie und konkrete Zieldefinition für das Wissensmanagement-Projekt
- Phase 2: Analyse und Gestaltung des ausgewählten Geschäftsprozesses
- Phase 3: Einführungsphase

Zu den einzelnen Schritten innerhalb dieser drei Hauptphasen vergleichen Sie bitte Abbildung 1.4 im ersten Kapitel.

Besonders relevant ist die Analyse und Beschreibung der wissensintensiven Hauptprozesse. Die Aufgaben im ausgewählten Prozess werden möglichst realitätsnah und allgemein verständlich für alle Beteiligten beschrieben. Jede Aktivität wird daraufhin analysiert, wie sie zur Erzeugung, Speicherung, Verteilung und Anwendung von Wissen beiträgt. Daraus ergibt sich ein sogenanntes Wissensaktivitätsprofil des untersuchten Prozesses. Es zeigt, inwieweit die betrachteten Aktivitäten die einzelnen Aspekte eines Wissensmanagements enthalten. Danach ist das Wissensaktivitätsprofil auf Geschlossenheit zu prüfen. Für jede identifizierte Kernaktivität wird zudem die Qualität der methodischen Umsetzung beurteilt. Das Ergebnis ist eine Bewertung der aktuell eingesetzten Methoden, um die jeweilige Kernaktivität durchzuführen und inwiefern vorhandene Ressourcen (z. B. Personen, Organisationseinheiten, Dokumente, Datenbanken) den betrachteten Geschäftsprozess unterstützen. Durch diese Analyse wird deutlich, ob der Prozess bezüglich der Nutzung von Wissen bzw. der benötigten Ressourcen zu verbessern ist.

10.4 Da mit dieser Methode insbesondere die Wissensstrategien der KMU unterstützt werden und erst aus dieser Analyse wichtige Wissensressourcen identifiziert werden können. Wissen ist i. d. R. nicht im Sinne einer klassischen Bilanz mit Aktiva und Passiva oder in konkreten monetären Werten zu erfassen. Stattdessen werden Einflussfaktoren (Komponenten des intellektuellen Kapitals) Zielwerte zugeordnet und ihre Ausprägungen bewertet.

10.5 Die Operationalisierung erfolgt über das Human-, Struktur- und Beziehungskapital:
   - Humankapital: alle Fähigkeiten und Kompetenzen der Mitarbeiter, die im unternehmerischen Umfeld zur Anwendung kommen
   - Strukturkapital: Organisations- bzw. Kommunikationsstruktur, technische Infrastruktur
   - Beziehungskapital: alle Beziehungen, Netzwerke und Bindungen zu Kunden und Geschäftspartnern

   Für diese drei Kapitalarten werden unternehmensspezifische Einflussfaktoren identifiziert.

10.6 Diese Frage ist von Ihnen wieder unternehmensspezifisch und damit individuell zu beantworten. Einige allgemeine Hinweise:
   - Humankapital: beinhaltet z. B. Fachkompetenz, Sozial-kompetenz und die Führungskompetenz der Mitarbeiter
   - Strukturkapital: umfasst die lernfördernde Arbeitsumgebung, wissensorientierten Prozesse und Methoden, Wissenstransfer, Produktivität und Prozessleistung
   - Beziehungskapital: umfasst die Kundenbeziehungen, die Gewinnungschancen neuer bzw. potenzieller Mitarbeiter auf externen Arbeitsmärkten und die Marke bzw. das Image

10.7 Es wird komplexes Erfahrungswissen aus Wissensmanagement-projekten in einzelne Problem-Handlungs-Kombinationen heruntergebrochen, um so die unterschiedlichen Wissensmodule in verschiedenen Kontexten nutzbar zu machen. Nutzer des K^3 Knowledge Laboratory® können die Daten anderer Unternehmen aus Wissensmanagementprojekten aufgrund der Zerlegung in kleinste Bausteine losgelöst vom konkreten Kontext auf eigene Fragestellungen und Lösungsansätze übertragen. Dabei besteht die Möglichkeit, sich interaktiv und selbstbestimmt mit dem Material auseinanderzusetzen und seine eigenen Projektkonzepte und -pläne zu erstellen bzw. sich geeignete Instrumente vorschlagen zu lassen, die der Problemlösung dienen können.

11 Management von Wissensprozessen: Ansätze und Instrumente

11.1 Zur Unterstützung der Identifikationsphase kommen verschiedene Instrumente infrage.
Bei der Identifizierung externen Wissens spielen Content Provider beispielsweise eine wichtige Rolle. Sie bieten den Organisationen Informationspakte an, die auf die spezifischen Infor-mationsbedürfnisse abgestimmt sind. Neben informations-technologischen Sensorien in externen Informationsnetzen, Data-Warehouse-Systemen und Content-Management-Prozessen erweisen sich auch solche Werkzeuge als sinnvoll, die externe Kontakte als systematische Quelle von Informationen und neuem Wissen nutzen. Zu nennen sind hier systematische Internet-Analysen, die mittels „Scanning"- und Crawler-Werkzeugen vorgenommen werden, Interventionen wie Best-Practice-Benchmarkings oder systematisches Boundary Spanning, gezielte Treffen mit wichtigen Bezugsgruppen, Überwachung des Informationsflusses am Point-of-Sale, Förderung des Dialogs mit den Kunden sowie Aktivitäten des Customer-Relationship-Managements.
Bezüglich der internen Identifikation von verfügbarem Wissen und vorhandenen Kompetenzen wurden in den letzten Jahren eine Vielzahl von Skill-Management- und Kompetenzerfassungs-Methoden entwickelt. So kommen hier beispielsweise Kompetenz- und Wissensdatenbanken, Organizational-Memory-Systeme, interne Wissensmakler zum Einsatz. Auch Instrumente wie Yellow Pages, Wissenskarten oder die Methode des Storytelling tragen zur Identifizierung internen Wissens maßgeblich bei.

11.2 Diese Frage ist von Ihnen individuell zu beantworten.

11.3 Diese Frage ist von Ihnen individuell zu beantworten.

11.4 Sozialisation – Externalisierung – Kombination – Internalisierung und Vernetzung.
Sozialisation meint die Weitergabe impliziten Wissens zwischen Individuen. Diese Form des Erfahrungslernens entsteht bei gemeinsamen Aktivitäten, z. B. unter Kollegen am Arbeitsplatz, indem man Handeln, Denken und Fühlen des anderen versteht. Damit setzt Sozialisation physische Nähe und direkte Interaktion voraus. Durch das Teilen persönlichen Wissens wird gemeinsames „Ba" geschaffen. Es wird hier vor allem durch Beobachtung, Imitation und Übung gelernt. Auch Training-on-the-Job oder Coaching wären mögliche Ansätze.
Externalisierung erfordert in erster Linie die (mündliche oder schriftliche) Ausformulierung des impliziten Handlungswissens, d. h. den Transfer in explizites Wissen. Der Einzelne nutzt zur Artikulation anschauliche Beschreibungen und Formulierungen (Metaphern, Analogien, Modelle) und lässt die Gruppe dadurch an seinem Erfahrungswissen teilhaben. Externalisierung stellt einen grundlegenden Prozess der Wissensgenerierung dar. In der Praxis spielen zwei Schlüs-

selfaktoren eine Rolle: Gesprächstechniken und Ausdrucksmöglichkeiten, um Ideen und Vorstellungen einerseits zu verbalisieren und andererseits Fachsprache in leichter verständliche Sprache zu übersetzen.

Kombination bezeichnet den Vorgang, in dem explizite „Wissensvorräte" miteinander verbunden werden. Voraussetzungen dafür sind das Gespräch, der Verbreitungsprozess und die Systematisierung des Wissens. Durch die Kombination von vorhandenem Wissen entsteht vollkommen neues Wissen, das 1. aufgenommen und in den Wissensbestand integriert, 2. unter den Organisationsmitgliedern verteilt und 3. in Form von Dokumenten festgehalten werden muss. Häufig genutzte Medien sind neben Schriftstücken gemeinsame Meetings oder Computernetzwerke.

Internalisierung meint die Verinnerlichung neu geschaffenen, expliziten Wissens, d. h. die Umwandlung formalen Beschreibungs-wissens in implizites Handlungswissen. Dies erfordert sowohl die Relevanz des neuen Wissens als auch Trainings- und Anwendungsmöglichkeiten. Die Umsetzung kann neue Strategien, Taktiken, Innovationen oder Verbesserungen zur Folge haben. Die übungsbasierte Anwendung im Rahmen virtueller Simulationen und grafische Veranschaulichungen sorgen dafür, dass neues Wissen leichter übernommen wird. Die Internalisierung ist dem Learning-by-Doing verwandt.

11.5　Mit dem Konzept des „Ba" werden die Prozesse der Wissens-generierung in Beziehung zu einem Raum bzw. Ort setzt, an dem sie stattfinden. „Ba" ist also ein gemeinsamer, aktivierender „Wissensraum" (ein gemeinsamer Kontext), der kollektive Wissensgenerierungsprozesse ermöglicht und damit für die Erzeugung neuen Wissens von besonderer Bedeutung ist.

11.6　Folgende Aspekte sollten bei der Gestaltung von Rahmenbedingungen beachtet werden:
–　Es sollte darauf geachtet werden, Tagungs- und Besprechungszimmer ansprechend zu gestalten und eine belebende Farbgestaltung, eine kommunikative Sitzordnung zu wählen sowie unterschiedliche Präsentationsmedien bereitzustellen. Ebenso ist die Einrichtung anregender Kreativitätszonen für die Mitarbeiter zum ungezwungenen Austausch und damit zur Förderung der Ideengenerierung empfehlenswert.
–　Schaffung von (zeitlichen und ressourcenbezogenen) Freiräumen für die Erprobung von Ideen.
–　Respekt und Offenheit im Umgang mit Verbesserungsvorschlägen.
–　Die Beteiligung an selbstgewählten Projekten sollte optional sein, damit erhöhen sich Motivation und Effizienz in der Projektarbeit.
–　Eine konstruktive Fehlerkultur wirkt sich positiv auf die Innovationsfähigkeit aus.

11.7 Groupthink bezeichnet eine destruktive Wirkung in Gemeinschaften. Es handelt sich dabei um einen Prozess, bei dem eine Gruppe von eigentlich kompetenten Personen schlechte oder realitätsferne Entscheidungen trifft, weil die Mitglieder ihre individuelle Meinung an die vermutete Gruppenmeinung anpassen. Die starke Gruppenkohäsion bewirkt, dass die Gruppe sich verrennt, weil sachlich falsche Entscheidungen – kanalisiert über den Meinungsführer – Fuß fassen und sachlich richtige Entscheidungen als abweichend angesehen werden. Das Streben der Mitglieder nach Einstimmigkeit setzt ihre Motivation außer Kraft, Handlungsalternativen realistisch zu bewerten. Die Konsequenz sind schlechte Entscheidungen weil wichtige Informationen ignoriert werden, die nicht in das Bild der Gruppe passen. Dadurch wird neues Wissen systematisch ausgeblendet.

11.8 Die Organisationsstruktur der Hypertext-Organisation besteht aus drei miteinander verbundenen Schichten:
- Die zentrale Ebene der Hypertext-Organisation ist die Geschäftssystem-Schicht, die hierarchisch strukturiert ist und in der Entscheidungen zentral getroffen werden. In dieser Schicht sind die Mitarbeiter in ihre Abteilungen eingebunden und befassen sich mit Routinearbeiten und Standardprozeduren.
- In der nicht hierarchischen Projektteam-Schicht arbeiten die Mitarbeiter für einen definierten Zeitraum mit Kollegen aus anderen Bereichen des Unternehmens zusammen. Die Mitarbeiter werden speziell für die Projektphase aus der Geschäftsprozessebene abgezogen und können hier abteilungsübergreifend Ideen und Wissen generieren bzw. austauschen. Diese Schicht ist durch dezentrale Entscheidungen gekennzeichnet.
- In der Wissensbasis-Schicht wird das Wissen, das in den anderen Schichten entwickelt wurde, neu kategorisiert und rekontextualisiert. Diese Schicht existiert nicht als reale Organisationseinheit, sondern das Wissen ist vielmehr in den organisationalen Zielen, der organisationalen Kultur und der angewandten Technologie enthalten.

11.9 – Einbeziehung der Mitarbeiter/Beteiligten in die Konzeption der Community.
- Gegebenenfalls sind begleitende Personalentwicklungsmaßnahmen zur Nutzung durchzuführen.
- Das Vertrauen der Community Mitglieder untereinander ist eine wesentliche Voraussetzung, die möglicherweise erst geschaffen werden muss.

11.10 Der Austausch und die Bereitschaft zur Kommunikation relevanten Wissens hängt vor allem von gegenseitigem Vertrauen der Arbeitnehmer zueinander ab. Arbeitnehmer teilen ihr Wissen und ihre Kenntnisse nur dann mit anderen, wenn dies im Sinne einer gemeinsamen Zielsetzung nützlich und sinnvoll und zumindest für sie persönlich nicht von Nachteil ist. Insbesondere prekäre Beschäftigungslagen hemmen diesen Austausch und führen dazu, dass Wissen weniger verbreitet wird. Dort, wo Wissen zu einem Wettbewerbsvorteil des Einzelnen im Kampf um den Arbeitsplatz geworden ist, werden Wissensaustausch und Kommunikationsprozesse blockiert.

11.11 Diese Frage ist unternehmensspezifisch zu beantworten.

11.12 Communities of Practice sind Wissensgemeinschaften, die aus Personen bestehen, die über einen längeren Zeitraum Wissen gemeinsam aufbauen und austauschen wollen. Sie finden sich freiwillig aufgrund eines gemeinsamen Interesses oder zur Erreichung eines gemeinsamen Ziels zusammen, um sich bei der Lösung von Problemen gegenseitig zu unterstützen.

11.13 Diese Frage ist unternehmensspezifisch zu beantworten.

11.14 Mithilfe von Learning Histories wird festgehalten, was in einem zeitlich eingrenzbaren Veränderungsprozess passiert ist. Neben den Fakten und Ereignissen wird hier auch das dokumentiert, was der Einzelne über die Ereignisse denkt, wie er sein eigenes Handeln wahrgenommen hat und welche Wahrnehmungsdifferenzen es bei mehreren Beteiligten gab. Der Zweck besteht darin, sich einen systematischen Zugang zu Erfahrungen aus früheren, bereits abgeschlossenen Projekten zu verschaffen, damit auch andere davon lernen können. Mittels Originalaussagen wie reflektierenden Kommentaren lernt ein Teil einer Organisation durch Erfahrungen, die ein anderer Teil bereits gemacht hat. Schrittweises Vorgehen:
- Es werden reflektierende Interviews mit dem Personenkreis, der früher in dem Veränderungsprozess involviert (beteiligt und/oder betroffen) war, durchgeführt.
- Eine kleine Gruppe von Organisationsmitgliedern und ein externer Lernhistoriker entwickeln auf Basis dieser Interviews sowie weiterer Unterlagen und zusätzlicher Beobachtungen einen kohärenten Satz von Problemlösungen, die als aktuelle Lerngrundlage dienen.
- Das daraus resultierende schriftliche Dokument wird von den Teilnehmern auf Genauigkeit geprüft, bevor es weiter verbreitet werden kann. Hieraus resultiert eine vorläufige Version des Lerndokuments.
- Eine Kerngruppe von Führungskräften, Projektmitgliedern und weiteren Personen, die mit dem Projekt verbunden sind, lesen das Lerndokument und treffen sich anschließend in einem Workshop, um es zu validieren und zu überarbeiten.
- Das validierte Lerndokument stellt die Basis für eine Reihe von „Verbreitungsworkshops" dar.
- Danach erfolgt Überprüfung des gesamten Prozesses der Learning History, um die Fähigkeiten zu entwickeln und zu festigen, die es ermöglichen, zukünftig selbstständig Learning-History-Projekte zu initiieren und umzusetzen.

11.15 Lessons Learned werden eingesetzt, um positive und negative Erfahrungen in einer Organisation zu bewahren. Sie stellen Analysen und Erfahrungsberichte über Projekte dar, die von den jeweiligen Beteiligten verfasst wurden und für die Lösung zukünftiger Aufgaben hilfreich sind. Dadurch soll vor allem die Wiederholung von Fehlern vermieden werden.
Project Debriefings stellen ebenfalls eine Methode zur Wissenssicherung dar. Es handelt sich hierbei um eine gezielte methodische Aufbereitung von Mitarbeiterwissen durch neutrale Dritte, nachdem ein Projekt oder Prozes beendet ist. Ziel ist die Wiederverwendung und Bewahrung des Wissens und der Erfahrungen der Beteiligten für kommende, ähnlich geartete Projekte.

11.16 Der Dialog läuft in vier Phasen ab:
   – Instabilität des Containers
   – Instabilität im Container
   – Reflexion bzw. Erkundung im Container
   – Kreativität im Container

11.17 Ein Lernvertrag ist ein formales Abkommen zwischen einem Lernenden und einem Supervisor, Trainer oder Manager über konkrete Lernziele: Wie und wann sollen diese erreicht werden? Anhand welcher Kriterien lässt sich der Lernfortschritt messen? Der Lernende übernimmt dabei eine aktive Rolle und die Verantwortung für sein Lernen. Die Lerninhalte stehen in der Regel in einem konkreten Zusammenhang mit der Arbeitssituation.

11.18 Mit Shadowing ist ein Lernprozess gemeint, bei dem der Lernende Arbeitskollegen bei der Arbeit beobachtet, wodurch beispielsweise die Übermittlung impliziten Wissens von erfahrenen Mitarbeitern an jüngere Mitarbeiter erleichtert werden kann.

13 Implementierung von Wissensmanagementprojekten

13.1 Die wichtigsten Gestaltungsfelder sind: Personal, Organisation und Technologie. Wesentlich ist die Berücksichtigung aller drei Faktoren in Wechselwirkung miteinander. Diese drei Gestaltungsfelder stellen in Verbindung mit den Wissensprozessen und mit den Entscheidungsebenen eine wesentliche Implementierungsgrundlage dar.

13.2 Prozessphasen: Bestandsaufnahme, Ziel-, Strategieworkshop, Wissensprozessdiagnostik und Sollkonzept, bzw. Design.

13.3 Die Wissensprozessdiagnostik kann verwendet werden, wenn die Kultur offen ist für partizipative Prozesse, bei denen eine Bottom-up-Betrachtung bestehender Wissensmanagementabläufe erfolgt. Zu erwarten sind Bewertungen dazu, wie die derzeitige Praxis aus Sicht der befragten Mitarbeiter abläuft und wie sie idealerweise ablaufen sollte. Die Differenzen zwischen den Soll-Ist-Werten können als Ansatzpunkt für Implementierungsprojekte genutzt werden.

13.4 Siehe hierzu DIN ISO 9001:2014-08 und insbesondere die DIN ISO 30401:2018.

13.5 Ein Wissenscontrolling findet in der Regel über den Vergleich von Vorher-Nacher-Messungen statt Es sollte zu Beginn eines Projektes genau überlegt werden, an welchen Kriterien man den Erfolg des Wissensmanagements bemessen möchte. Dies können u. a. Unternehmenswerte (Wissensbilanz), strategische Ziele, Erweiterung der Wissensbasis, geringere Soll-Ist-Differenzen bei den Wissensprozessen oder spezifische Projektziele sein.

13 Wettbewerbsfaktor Wissensmanagement: empirische Befunde

14.1 Wesentliche Einflussfaktoren von Wissensmanagement sind die Marktdynamik und die Umweltanforderungen an Unternehmen, die Personalstrategie und der Wettbewerbsbezug. Mit Blick auf die Geschäftstrategie zeigt sich ein Zusammenhang zwischen einer Kundenorientierung und einer HRM-Strategie im Hinblick auf Wissensmanagementaktivitäten.

14.2 Mitarbeitermotivation, Innovationsfähigkeit, Wettbewerbsfähigkeit und monetäre Ergebnisse. Zu beachten sind die spezifischen Aktivitäten, die am stärksten mit den Erfolgsfaktoren korrelieren (s. Abbildung 14.4.). .

Glossar

Action-Learning: Aktionsbasiertes Lernen; Methode des Erfahrungslernens in Organisationen.

Arbeitskraft: Mensch im Hinblick auf sein geistiges und körperliches Arbeitsvermögen.

Arbeitskrafttypen: Verschiedene Typen von Arbeitskraft, jeweils danach differenziert, wie die menschliche Arbeitskraft genutzt bzw. nutzbar gemacht wird, z. B. Lohnarbeiter, Berufsarbeiter, Arbeitskraftunternehmer.

Arbeitskraftunternehmer: Unternehmer in eigener Sache; Arbeitskraft, die darauf bedacht ist, ihre Beschäftigungsfähigkeit zu sichern, indem sie Selbstregulation und -vermarktung betreibt, ihr Leben in wechselnden Karrieremustern gestaltet, ihre Interessen individuell statt kollektiv vertritt und typischerweise als Wissensarbeiter in einer Wissensgesellschaft tätig ist.

Best-Practice-Benchmarking: Prozess des Identifizierens, Verstehens und Übernehmens von erfolgreichen Praktiken und Prozessen von anderen Unternehmen mit dem Ziel, die Leistung der eigenen Organisation zu verbessern. Das heißt, es geht darum, sich bewusst an den Dingen, die bei anderen Marktteilnehmern („den Besten") zum Erfolg führen, zu orientieren.

Beziehungskapital: Es stellt die Vernetzung bzw. Beziehung zu Lieferanten und Kunden sowie zu sonstigen Partnern und der Öffentlichkeit einer Organisation dar.

Bildung: Alle allgemeinen, schulischen, beruflichen und sonstigen durch Fort- und Weiterbildung sowie Selbststudium und Erfahrung erworbenen Kenntnisse als Teil der Persönlichkeitsentwicklung.

Boundary Spanning: Sammeln von Informationen, Ideen und Innovationsanstößen aus der Umwelt, um Probleme und Innovationschancen zu identifizieren. Boundary Spanners agieren dabei an organisationalen Schnittstellen und geben gesammelte Informationen aus externen Netzwerken in der Organisation weiter.

Community of Practice (Wissensgemeinschaften): Gemeinschaft von Personen, die aufgrund gemeinsamer Interessen, Aufgabengebiete oder Problemlagen über formale Organisationsgrenzen hinweg virtuell oder persönlich miteinander interagieren, um Wissen gemeinsam zu entwickeln, zu (ver-)teilen, anzuwenden und zu bewahren.

Concept Mapping: Methode zur Strukturierung und Visualisierung von Begriffen bzw. Konzepten und deren Beziehungen, die nicht nur eingezeichnet, sondern auch benannt werden; das Ergebnis sind Concept Maps.

Deutero-Learning: Prozesslernen, Reflexion des Lernprozesses (Lernen zu lernen).

Disposition: Individuell unterschiedliche, relativ konstant wirkende Bereitschaft zu bestimmten Verhaltensweisen.

Double-Loop-Learning: Veränderungslernen, Hinterfragen von Normen und Werten.

https://doi.org/10.1515/9783110474930-016

Eklektisch: Aus bereits Vorhandenem auswählend und übernehmend (z. B. verschiedene Ideen anderer in einer Theorie vereinen).

Employability: Beschäftigungsfähigkeit, Fähigkeit zur Teilhabe am Arbeits- und Berufsleben.

Explizites Wissen: Eindeutig kodifiziertes und kommunizierbares Wissen.

Externalisierung: „Nach-Außen-Verlagerung"; hier speziell Artikulation von implizitem Wissen (Umwandlung von implizitem in explizites Wissen).

Humankapital: Das in ausgebildeten und qualifizierten Individuen repräsentierte Leistungspotenzial einer Unternehmung (z. B. Kompetenzen, Fertigkeiten, Motivation, Lernfähigkeit der Mitarbeiter). Es kann als Nutzer, Produzent und Träger von Wissen auftreten.

Implizites Wissen (tacit knowledge): Erfahrungswissen von Personen, das in der Regel nur schwer formalisierbar, kommunizierbar, teilbar und speicherbar ist.

Industriegesellschaft: Gesellschaftsform, in der die Wertschöpfung primär über das Kapital (Maschinen, Material) erfolgt.

Informationsgesellschaft: Gesellschaftsform, in welcher der produktive Umgang mit der Ressource Information zentral ist.

Intangible Ressourcen: Alle Unternehmenswerte, welche weder monetärer noch materieller Natur sind.

Intellectual Capital (intellektuelles Kapital, Wissenskapital): Dieses setzt sich im Allgemeinen aus den drei Kapitalarten Human-, Struktur- und Beziehungskapital zusammen und beschreibt die immateriellen Ressourcen einer Organisation. Diese nehmen Einfluss auf die Geschäftsprozesse und bestimmen deren Qualität und Erfolg.

Interaktion: Allgemein: aufeinander bezogenes Handeln zwischen zwei oder mehreren Personen. In der Soziologie wird mit dem Begriff der Interaktion vor allem die Wechselbeziehung zwischen den Individuen und einer gesellschaftlichen Gruppe oder der Gesellschaft insgesamt verstanden.

Internalisierung: Verinnerlichung; Übernahme beziehungsweise das Sich-zu-eigen-machen von Werten, Normen, Auffassungen; hier speziell Verinnerlichung von explizitem Wissen, d. h. Umwandlung von expliziten zu impliziten Wissen.

Job Families: Kompetenzgemeinschaften, die im jeweiligen Konzern und in globalen Netzwerken für eine gemeinsame Aufgabe arbeiten. Zu einer Familie gehören Jobs, die aufgrund ähnlicher Aufgaben oder Kompetenzen miteinander verwandt sind – unabhängig von Hierarchien und Strukturen.

Kernkompetenz: Fähigkeit oder Tätigkeit, die ein Unternehmen im Vergleich zur Konkurrenz besser ausführen kann und dadurch einen Wettbewerbsvorteil hat.

Kombination: Zusammenführen und Verbinden von explizitem Wissen.

Kondratieff-Wellen: Lange Konjunkturzyklen, die sich danach unterscheiden lassen, von welchen Basisinnovationen sie getragen werden.

Learning Histories: Instrument, das dem Unternehmen dazu dient, in einem bestimmten Zeitraum generiertes Wissen, das meist an einzelne Personen gebunden ist, weiterzugeben und zu dokumentieren. Neben den „harten" Fakten zum Wissenserwerb werden in den Learning Histories auch die Gedanken und Originalaussagen der Beteiligten festgehalten, wie sie ihr eigenes Handeln wahrgenommen haben sowie die unterschiedlichen Betrachtungsweisen, sofern mehrere Mitarbeiter beteiligt waren.

Learning Laboratories (Lernlaboratorien): Computerbasierte Simulationen, in deren Rahmen beispielsweise Manager die Möglichkeit haben, zu experimentieren und die Konsequenzen ihres Handelns und ihrer Strategien zu verfolgen. Es werden so unerwartete Folgen von Entscheidungen und Handlungen entdeckt, bevor diese in der Realität umgesetzt werden.

Lernvertrag: Abkommen zwischen einem Lernenden und einem Supervisor, Trainer oder Manager über konkrete Lernziele. Es beinhaltet insbesondere Kriterien zur Bestimmung des Lernfortschritts sowie Vereinbarungen, wie und wann die Ziele erreicht werden sollen.

Lessons Learned: Explizierte Erfahrungen (positive wie negative), die auf dem Weg zur Zielerreichung gesammelt und weitergegeben werden.

Management by Knowledge Objectives: Management by Objectives bedeutet Führen durch Zielvereinbarungen zwischen Vorgesetztem und Mitarbeiter. Eine Erweiterung des Zielkatalogs um individuelle Wissensziele wird als Management by Knowledge Objectives bezeichnet. Die Ziele können sich sowohl auf die Erweiterung der persönlichen Kompetenz richten als auch auf die Weitergabe von Wissen im Unternehmen.

OECD: Organization for Economic Cooperation and Development.

Organisationales Lernen (O. L.): Prozess der Restrukturierung (Veränderung oder Erweiterung) der organisationalen Wissensbasis, Verbesserung der Problemlösungs- und Handlungskompetenz sowie Veränderung des gemeinsamen Bezugsrahmens von und für Mitglieder der Organisation. O. L. ist damit Voraussetzung für Wissensmanagement.

Organisational Memory Systeme (Organisationsgedächtnissysteme):
Technische Systeme, die das relevante Wissen eines Anwendungsfeldes kontinuierlich erfassen, integrieren und für künftige Unternehmensentscheidungen verwendbar machen.

Organisationskultur (Unternehmenskultur): Erlernte Art des Wahrnehmens, Denkens und Fühlens, die die Organisationsmitglieder teilen und untereinander weitergeben.

Organizational Mind: Organisationales Gedächtnis.

Organizational Slack: Handlungsspielräume im organisationalen Geschehen, die durch überschüssige Ressourcen gegeben sind.

Patchwork-Biografie: Arbeits- bzw. Lebensform, bei der mehrere verschiedene Berufe im Laufe der Erwerbstätigkeit ausgeübt werden. Dabei können auch Zeiten der Arbeitslosigkeit oder Weiterbildung mit Zeiten als Selbstständiger oder Angestellter wechseln.

Performance-Measurement-System: Managementsystem zur (mehrdimensionalen) Leistungsmessung eines Unternehmens bzw. einer Unternehmenseinheit.

Postindustrielle Gesellschaft: Nachindustrielle Gesellschaft, die durch den Anstieg professionalisierter, akademischer und technischer Berufe gekennzeichnet ist.

Project Debriefing: Neutrale Personen dokumentieren durch eine gezielte, methodische Erhebung und Aufbereitung von Mitarbeiterwissen die Projekterfahrungen der Teammitglieder nach Beendigung eines Projektes.

Reframing: Umdeutung einer Situation, indem sie in einem anderen Kontext („Rahmen") gesehen wird.

Selbstorganisation: Die Fähigkeit bestimmter Systeme, eine innere Ordnung trotz veränderlicher relevanter Umwelt aufrecht zu erhalten.

Selbstreferenzialität: Selbstbezogenheit; Fähigkeit eines Systems, in Form einer Selbstbeobachtung Elemente, Funktionsabläufe und Steuerungsimpulse innerhalb des eigenen Systems gegen seine Außenbeziehungen abzugrenzen.

Shadowing: Lernprozess, bei dem der Lernende einen anderen (erfahrenen) Mitarbeiter bei der Arbeit beobachtet oder alternativ direkt in die Planung der betreffenden Aufgabe mit einbezogen wird, falls der Arbeitsprozess schwer beobachtbar ist.

Single-Loop-Learning: Anpassungs- bzw. Verbesserungslernen, Lernen innerhalb gegebener Rahmenbedingungen, d. h. innerhalb vorgegebener Normen und Werte werden Handlungsweisen angepasst.

Sozialisation: Prozess sowie Ergebnis des Hineinwachsens des Menschen in den gesellschaftlichen Struktur- und Interaktions-zusammenhang (z. B. Familie, Gruppen, Organisationen). Weitergabe impliziten Wissens zwischen Individuen durch Erfahrungslernen.

Standard Operating Procedures (SPO): Standardprozeduren (Handlungsroutinen), die situationsadäquate Entscheidungsregeln beinhalten.

Strukturkapital: Umfasst alle Strukturen und Prozesse, die Mitarbeiter benötigen, um in ihrer Gesamtheit produktiv und innovativ zu sein und die bestehen bleiben, auch wenn die Mitarbeiter nach der Arbeit die Organisation verlassen.

Syntax: Vereinbarung zur Lesbarkeit von Zeichen.

System: Zusammenfassung mehrerer, im Allgemeinen untereinander in Wechselwirkung stehender Komponenten zu einer als Ganzes aufzufassenden Einheit. Je nachdem, ob das System mit der Umgebung in Wechselwirkung steht oder nicht, ist zwischen offenen und geschlossenen Systemen zu unterscheiden.

Systemtheorie: Befasst sich mit der interdisziplinären Erforschung der strukturellen und funktionalen Eigenschaften natürlicher, sozialer und technischer Systeme.

Tacit knowledge: Siehe implizites Wissen.

Unternehmenskultur bzw. Organisationskultur: System von Wertvorstellungen, Verhaltensnormen, Denk- und Handlungsweisen, die in einem Unternehmen als sozialem System von allen Angehörigen erlernt und geteilt werden, die allem Entscheiden und Handeln zugrunde liegen und die dieses Unternehmen von anderen unterscheidet.

Wissen: Gesamtheit der Kenntnisse und Fähigkeiten, die Individuen zur Lösung von Problemen einsetzen. Dies umfasst einerseits theoretische Erkenntnisse, aber auch praktische Alltagsregeln und Handlungsanweisungen. Wissen ist immer an Personen gebunden.

Wissensarbeiter: Tätigkeitsfelder dieser Arbeitskräfte liegen in den wissensintensiven Bereichen, in denen es vor allem um das Erbringen immaterieller Leistungen geht und die durch eine hohe Informationskomplexität geprägt sind.

Wissensbilanz: Strategisches Managementinstrument, das die immateriellen Vermögenswerte (intellectual capital, intellectual assets) einer Organisation erfasst, bewertet und in strukturierter Form ausweist.

Wissensgesellschaft: Gesellschaftsform, die dadurch gekennzeichnet ist, dass die Wertschöpfung primär durch nicht-körperliche menschliche Arbeit (Ideen, Wissen, Innovativität der Mitarbeiter und Know-how) erfolgt.

Wissenskarte (Wissenslandkarte): Strukturierte visualisierte Verzeichnisse von verdichteten Wissensquellen, -beständen, -strukturen, -anwendungen und -entwicklungspfaden in einer Organisation. Sie ermöglichen einen Überblick über das in einer Organisation vorhandene Wissen.

Wissensmanagement: Gesamtheit aller Konzepte, Strategien und Methoden zur Schaffung einer lernenden Organisation. Menschen, Organisation und Technik bilden die drei zentralen Standbeine des Wissensmanagements, das eine gezielte Gestaltung des organisationalen Lernprozesses verfolgt.

Yellow Pages (Gelbe Seiten): Sie dienen der Lokalisation von Wissensträgern innerhalb des Unternehmens, d. h. es handelt sich um ein Verzeichnis, in dem die Namen von Experten über bestimmte Wissensgebiete aufgeführt sind.

Literatur

Al-Laham, A. (2003): *Organisationales Wissensmanagement: Eine strategische Perspektive*. München: Verlag Franz Vahlen.

Alwert, K., Bornemann, M., Will, M., Wuscher, S. (2013): *Wissensbilanz – Made in Germany Leitfaden 2.0 zur Erstellung einer Wissensbilanz*. Berlin: BMWi. http://www.akwissensbilanz.org/Infoservice/Infomaterial/Wissensbilanz-Leitfaden_2.0_Stand_2013.pdf (Stand 22.04.2017).

Amelingmeyer, J. (2002): *Wissensmanagement: Analyse und Gestaltung der Wissensbasis von Unternehmen*. (2. akt. Aufl.). Wiesbaden: Deutscher Universitäts-Verlag.

Argyris, C. (1964): *Integrating the individual and the organization*. New York: Wiley.

Argyris, C. (1976): Single-Loop and Double-Loop Models in Research on Decision Making. In: *Administrative Science Quarterly*, 21 (3), 363–375.

Argyris, C. (1977): Double loop learning in organizations. In: *Harvard Business Review*, 55 (5), 115–125.

Argyris, C., Schön, D. (1978): *Organizational learning: A theory of action perspective*. Reading, Mass. [u. a.]: Addison-Wesley.

Arnold, R. (1997): Von der Weiterbildung zur Kompetenzentwicklung. Neue Denkmodelle und Gestaltungsansätze in einem sich verändernden Handlungsfeld. In: Arbeitsgemeinschaft Qualifikations-Entwicklungs-Management Berlin (Hrsg.): *Kompetenzentwicklung 1997: Berufliche Weiterbildung in der Transformation: Fakten und Visionen*. Münster: Waxmann, 253–306.

Ashby, W. R. (1963): *An introduction to cybernetics*. 5th Impr., London: Chapman & Hall.

Auer, T. (2002): Reizwort Wissensmanagement. Wissensaustausch fördern. In: *Alpha-Kadermarkt*, 21.

Austrian Research Centers (Hrsg.) (2008): *Wissensbilanz 2007*. Online unter URL: http://www.arcs.ac.at/downloads/2007_ARC-Wissensbilanz_deutsch.pdf (Stand: 04.12.2008).

Bächle, M. A. (2016): *Wissensmanagement mit Social Media*. Oldenbourg: De Gruyter.

Baecker, D. (1998): Zum Problem des Wissens in Organisationen. In: *Organisationsentwicklung*, 17 (3), 4–21.

Baitsch, C. (1996): Kompetenz von Individuen, Gruppen und Organisationen. Psychologische Überlegungen zu einem Analyse- und Bewertungskonzept. In: Denisow, K., Frick, W., Stieler-Lorenz, B. (Hrsg.): *Partizipation und Produktivität*. Forum Zukunft der Arbeit, Heft 5. Bonn: Friedrich-Ebert-Stiftung, 102–112.

Barnard, C. (1956): *The functions of the executive*. Cambridge, MA: Harvard University Press.

Barney, J. B. (1991): Firm resources and sustained competitive advantage. In: *Journal of Management*, 17 (1), 99–120.

Barney, J. B., Wright, P. M. (1998): On Becoming a Strategic Partner: The Role of Human Resources in Gaining Competitive Advantage. In: *Human Resource Management*, 37 (1), 31–46.

Bartl, M. (2006): *Virtuelle Kundenintegration in die Neuproduktentwicklung*. Wiesbaden: Gabler.

Bartl, M. (2010): Open Innovation. Der offene Umgang mit Wissen verändert das Innovationsmanagement. In: *Community of Knowledge – Open Journal of Knowledge Management, I/2010*, 7–15. http://www.community-of-knowledge.de/fileadmin/user_upload/attachments/pb_OpenJournalOfKnowledgeManagement_CoK_r.pdf (Stand: 6.11.2017).

Bass, B. M., Bass, R. (2008): *The Bass handbook of leadership: Theory, research, and managerial applications*. New York: Free Press.

Bateson, G. (1972): *Steps to an ecology of mind: collected essays in anthropology, psychiatry, evolution and epistemology*. San Francisco: Chandler.

https://doi.org/10.1515/9783110474930-017

Bauer, H. G., Munz, C. (2004): Erfahrungsgeleitetes Handeln lernen – Prinzipien erfahrungsgeleiteten Lernens. In: Böhle, F., Pfeiffer, S., Sevsay-Tegethoff, N. (Hrsg.): *Die Bewältigung des Unplanbaren*. Wiesbaden: VS Verlag für Sozialwissenschaften, 55–73.

Baumgarten, R. (1977): *Führungsstile und Führungstechniken*. Berlin: de Gruyter.

Becke, G., Behrens, M., Bleses, P., Evers, J., Hafkesbrink, J. (2011): *Organisationale Achtsamkeit in betrieblichen Veränderungsprozessen: zentrale Voraussetzung für innovationsfähige Vertrauenskulturen* (artec-paper 175). Bremen: Universität Bremen, Forschungszentrum Nachhaltigkeit (artec). https://www.ssoar.info/ssoar/handle/document/37763 (Stand: 26.04.2017).

Becker, G. S. (1962): Irrational Behavior and Economic Theory. In: *Journal of Political Economy*, 70, 1962, 1–13, abgedruckt in: Becker, G. S. (1976): *The Economic Approach to Human Behavior*. Chicago: University of Chicago Press.

Becker, G. S. (1964): *Human Capital: a theoretical and empirical analysis, with special reference to education*. New York: Columbia University Press.

Becker, A., Brauner, E., Duschek, S. (2006): Transaktives Wissen, Kompetenzen und Wettbewerbsvorteile: Der Akteur als strategischer Faktor. In: *Managementforschung 16/2006:* 201–230.

Behrends, T., Martin, A. (2006): Personalarbeit in Klein- und Mittelbetrieben – Empirische Befunde und Ansatzpunkte zu ihrer theoretischen Erklärung. In: *Zeitschrift für KMU & Entrepreneurship*, 54 (1), 25–49.

Bell, D. (1973): *The Coming of the Post-Industrial Society. A venture in social forecasting*. New York: Basic Books, Inc Publishers.

Bell, D. (1976): *Die nachindustrielle Gesellschaft*. 2. Aufl., Frankfurt/Main: Campus.

Benkowitz, A. (1998): Installierung von Learning Networks. In: Schwuchow, K., Gutmann, J. (Hrsg.): *Jahrbuch Personalentwicklung und Weiterbildung 1998/99*. Neuwied: Luchterhand, 46–48.

Bergin, R. S., Prusko, G. F. (1990): The Learning Laboratory. In: *Healthcare Forum Journal*, 33, 32–36.

Bernard, A., Tichkiewitch, S. (2008): *Methods and Tools for Effective Knowledge Life-Cycle-Management*. Berlin: Springer.

Bertalanffy, L. von (1948): Zu einer allgemeinen Systemlehre. In: *Biologia Generalis, 195*, 114–129.

Bertalanffy, L. von (1957): Allgemeine Systemtheorie: Wege zu einer neuen Mathesis unversalis. In: *Deutsche Universitätszeitung*, 12/1957, 8–12.

Bertalanffy, L. von (1968): *General system theory: foundations, development, applications*. New York: Braziller.

Berthel, J. (2004): Personalcontrolling. In: Gaugler, E., Oechsler, W. A., Weber, W. (Hrsg.): *Handwörterbuch des Personalwesens*. 3., überarb. und erg. Aufl., Stuttgart: Schäffer-Poeschel, 1441–1455.

Berthoin Antal, A., Dierkes, M. (2002): *Organisationslernen und Wissensmanagement: Überlegungen zur Entwicklung und zum Stand des Forschungsfeldes* (No. FS II 02-113). Social Science Research Center Berlin (WZB).

Berthoin Antal, A., Dierkes, M., Tsui-Auch, L. S. (1999): Navigating through the Organizational Learning Literature. In: Dierkes, M., Alexis, M., Berthoin Antal, A., Hedberg, B., Pawlowsky, P., Stopford, J., Tsui-Auch, L.-S. (Hrsg.): *The Annotated Bibliography of Organizational Learning*. Berlin: Edition Sigma, 7–52.

Berthoin Antal, A., Dierkes, M., Child, J., Nonaka, I. (2001): Organizational Learning and Knowledge: Reflections on the Dynamics of the Field and Challenges for the Future. In: Dierkes, M., Berthoin Antal, A., Child, J., Nonaka, I. (Hrsg.): *Handbook of Organizational Learning and Knowledge*. Oxford: University Press, 61–88.

Bettoni, M., Clases, C., Wehner, T. (2004): Communities of Practice im Wissensmanagement: Charakteristika, Initiierung und Gestaltung. Göttingen: Hogrefe.

Bhagwati, J. (2004): *In defense of globalization*. New York: Oxford University Press.

BITKOM (2007): *Wichtige Trends im Wissensmanagement 2007 bis 2011*. Positionspapier des BIT-KOM. https://www.bitkom.org/Publikationen/2007/Leitfaden/Positionspapier-Wichtige-Trends-im-Wissensmanagement-2007-bis-2011/Trendreport-WMzur-KnowTech2007.pdf (Stand: 22.04.2017).

BITKOM (2016): Industrie 4.0 – Status und Perspektiven. Studie. https://www.bitkom.de/Bitkom/Publikationen/Industrie-40-Status-und-Perspektiven.html (Stand: 26.06.2019).

Blackler, F. (1995): Knowledge, Knowledge Work and Organizations. An Overview and Interpretation. In: *Organization Studies*, 16 (6), 1021–1047.

BMWi (2006): *Wissensbilanz – Made in Germany: Leitfaden 1.0 zur Erstellung einer Wissensbilanz*. Dokumentation Nr. 536. Berlin. https://www.bmwi.de/Redaktion/DE/Downloads/W/wissensmanagement-fw2013-teil3.html (Stand: 01.11.2013).

BMWi (2008): *Wissensbilanz – Made in Germany: Wissen als Chance für den Mittelstand*. 2., aktualisierte Aufl., Berlin. http://akwissensbilanz.org/wp-content/uploads/2018/05/BMWI_Wissenbrosch08.pdf (Stand: 18.05.2019).

Bodrow, W., Bergmann, P. (2003): *Wissensbewertung in Unternehmen: Bilanzieren von intellektuellem Kapital*. Berlin: Schmidt.

Böhle, F. (2013): Handlungsfähigkeit mit Ungewissheit – neue Herausforderungen und Ansätze für den Umgang mit Ungewissheit. In: Jeschke, S., Jakobs, E.-M., Dröge, A. (Hrsg.): *Exploring Uncertainty: Ungewissheit und Unsicherheit im interdisziplinären Diskurs*. Wiesbaden: Gabler.

Böhle, F., Busch, S. (2012): *Management von Ungewissheit – Neue Ansätze jenseits von Kontrolle und Ohnmacht*. Bielefeld: transcript.

Boisot, M. H. (1998): *Knowledge assets: Securing competitive advantage in the information economy*. New York: Oxford University Press.

Borghoff, U. M., Pareschi, R. (Hrsg.) (2013): *Information technology for knowledge management*. Berlin: Springer Science & Business Media.

Bornemann, M., Leitner, K.-H. (2002): Entwicklung und Realisierung einer Wissensbilanz für eine Forschungsorganisation. In: Pawlowsky, P., Reinhardt, R. (Hrsg.): *Wissensmanagement für die Praxis: Methoden und Instrumente zur erfolgreichen Umsetzung*. Neuwied: Luchterhand, 335–365.

Bounfour, A., Edvinsson, L. (2005): *Intellectual capital for communities, nations, regions, and cities*. Boston: Elsevier Butterworth-Heinemann.

Bronner, R., Schröder, W. (1983): Weiterbildungserfolg: Modelle und Beispiele systematischer Erfolgssteuerung. *Handbuch der Weiterbildung für die Praxis in Wirtschaft und Verwaltung*, Band 6. München: Hanser.

Brooking, A. (1997): *Intellectual Capital: Core Assets for the Third Millenium Enterprise*. London: Thomson Business Press.

Bruch, H., Vogel, B. (2009): *Organisationale Energie*. Wiesbaden: Springer.

Bullinger, H.-J., Wörner, K., Prieto, J. (1997): *Wissensmanagement heute: Daten, Fakten, Trends*. Stuttgart: Fraunhofer IAO.

Bullinger, H.-J., Wörner, K., Prieto, J. (1998): Wissensmanagement – Modelle und Strategien für die Praxis. In: Bürgel, H. D. (Hrsg): *Wissensmanagement*. Berlin: Springer, 21–39.

Bullinger, H.-J., Müller, M., Ribas, M. (2000a): *Wissensbasierte Informationssysteme: Enabler für Wissensmanagement*; Marktstudie. Fraunhofer-Institut für Arbeitswirtschaft und Organisation IAO.

Bullinger, H.-J., Wagner, K., Ohlhausen, P. (2000b): Intellektuelles Kapital als wesentlicher Bestandteil des Wissensmanagements. In: Krallmann, H. (Hrsg.): *Wettbewerbsvorteile durch Wissensmanagement*. Stuttgart: Schäffer-Poeschel Verlag, 73–90.

Bundeszentrale für politische Bildung (2003): *Informationen zur politischen Bildung – Globalisierung*, 280, Bonn.

Burns, T., Stalker, G. M. (2001): *The management of innovation*. 3. edn., Oxford: Oxford University Press.

Busch, M. W., Oelsnitz, D. von der (2006): Teamlernen durch After Action Review. In: *Personalführung*, 2/2006, 54–62.

Büssing, A., Herbig, B. (2003a): Implizites Wissen und Wissensmanagement: Schwierigkeiten und Chancen im Umgang mit einer wichtigen menschlichen Ressource. In: *Zeitschrift für Personalpsychologie*, 2, 51–65.

Castells, M. (1996): *The information age: economy, society and culture. Volume 1: The rise of the network society*. Cambridge, MA: Blackwell.

Castells, M. (1998): *The information age: economy, society and culture. Volume 3: End of millenium*. Cambridge, MA: Blackwell.

Cavaleri, S., Seivert, S., Lee, L. W. (2005): *Knowledge leadership: the art and science of the knowledge-based organization*. Amsterdam: Elsevier Butterworth-Heinemann.

CEN (2004): *Europäischer Leitfaden zur erfolgreichen Praxis im Wissensmanagement*. ftp://cenftp1.cenorm.be/PUBLIC/CWAs/e-Europe/KM/German-textKM-CWAguide.pdf (Stand: 22.04.2017).

Chang, J. (2006): „Behind the Glass Curtain"; http://www.metropolismag.com/interiors/workplace-interiors/behind-the-glass-curtain-design-process-google-hq/ (Stand: 9.11.2017).

Chen, D. H. C., Dahlman C. J. (2005): *The Knowledge Economy, the KAMMethodology and World Bank Operations*. The World Bank. Washington DC 20433. Working paper 19.10.2005. http://siteresources.worldbank.org/KFDLP/Resources/KAM_Paper_WP.pdfт-10 (Stand: 24.04.2017).

Chesbrough, H., Di Minin, A. (2014): Open Social Innovation. In: Chesbrough, H., Vanhaverbeke, W., West, J. (Hrsg.): *New Frontiers in Open Innovation*. Oxford Scholarship Online (Stand: 01.12.2014).

Child, J. (2001): Learning through Strategic Alliances. In: Dierkes, M., Berthoin Antal, A., Child, J., Nonaka, I. (Hrsg.): *Handbook of Organizational Learning and Knowledge*. Oxford: Oxford University Press, 657–680.

Cohen, W. M., Levinthal, D. A. (1990): Absorptive Capacity. A New Perspective on Learning and Innovation. In: *Administrative Sciences Quarterly*, 35 (1), 569–596.

Crawford, R. D. (1991): *In the era of human capital: the emergence of talent, intelligence, and knowledge as the worldwide economic force and what it means to managers and investors*. New York: Harper Business.

Christensen, C. M. (2011): *The Innovator's Dilemma: Warum etablierte Unternehmen den Wettbewerb um bahnbrechende Innovationen verlieren*. München: Franz Vahlen.

Cole, M., Bruch, H., Vogel, B. (2005): *Development and validation of a measure of organizational energy*. Academy of Management Annual Meeting Proceedings, Volume 1.

Csikszentmihalyi, M. (1997): *Finding Flow: The Psychology of Engagement with Everyday Life*. New York: Basic Books.

Cyert, R. M., March, J. G. (2006): *A behavioral theory of the firm*. 2. edn., Malden, MA: Blackwell (zuerst erschienen 1963 bei Prentice-Hall, New Jersey).

DaimlerChrysler AG, IG Metall (2004): *ALF – Arbeiten und Lernen im Fachbereich*. Forschungsprojekt. Frankfurt/Main. Online unter URL: http://www.infoman-systeme.de/pdf/alf2-broschuere.pdf (Stand: 22.12.2008).

Davenport, T. H., Laurence P. (1998): *Working Knowledge: How Organizations Manage What They Know*. Boston, MA: Harvard Business School Press.

Davenport, T. H., Prusak, L. (1998): *Working Knowledge: How Organizations Manage What They Know*. Harvard Business School Press.

Davenport, T. H., Prusak, L. (1999): *Wenn Ihr Unternehmen wüßte, was es alles weiß ...: Das Praxishandbuch zum Wissensmanagement*. 2. Aufl., Landsbech/Lech: Moderne Industrie.

Defillippi, R., Ornstein, S. (2003): Psychological Perspectives Underlying Theories of Organizational Learning. In: Easterby-Smith, M., Lyles, M. A. (Hrsg.): *The Blackwell Handbook of Organizational Learning and Knowledge Management*. Oxford: Blackwell Publishing, 19–37.

Denecken, G. (2014): Digitalisierung – Drei Erfolgsbeispiele aus der Praxis. http://www. computerwoche.de/a/digitalisierung-drei-erfolgsbeispiele-aus-der-praxis,3071521,2 (nicht mehr verfügbar) (Stand: 25.9.2016).

Deutsche Bank AG/Fraunhofer-Institut für Arbeitswirtschaft und Organisation (IAO) (1999): *Wettbewerbsfaktor Wissen – Leitfaden zum Wissensmanagement*. Frankfurt/Main.

Dierkes, M. (1974): *Die Sozialbilanz: ein gesellschaftsbezogenes Informations- und Rechnungssystem*. Frankfurt/Main: Herder & Herder.

Dierkes, M., Bauer, R. A. (1973): *Corporate Social Accounting*. New York: Praeger.

Dierkes, M., Alexis, M., Berthoin Antal, A., Hedberg, B., Pawlowsky, P., Stopford, J., Tsui-Auch, L. S. (1999): *The Annotated Bibliography of Organizational Learning*. Berlin: Edition Sigma.

Dierkes, M., Berthoin Antal, A., Child, J., Nonaka, I. (2001): *Handbook of Organizational Learning and Knowledge*. Oxford: University Press.

Dixon, N. (1994): *The Learning Organization*. New York: McGraw Hill.

Dombrowski, U., Kuper, S. (2004): Nur ganzheitliche Ansätze führen zum Erfolg. In: *Wissensmanagement online*. Ausgabe Mai. http://www.wissensmanagement.net/online/archiv/2004/05_2004/wissenstransformation_ansaetze.shtml (Stand: 22.12.2008).

Dörner, D. (1989): *Die Logik des Mißlingens. Strategisches Denken in Komplexen Situationen*. Reinbek bei Hamburg: Rowohlt.

Drucker, P. F. (1959): *Landmarks of tomorrow*. New York: Harper & Brothers.

Drucker, P. F. (1969): *Die Zukunft bewältigen: Aufgaben und Chancen im Zeitalter der Ungewißheit*. Düsseldorf: Econ.

Duschek, S. (2002): *Innovation in Netzwerken: Renten, Relationen, Regeln*. Wiesbaden: Deutscher Universitäts-Verlag.

Easterby-Smith, M., Lyles, M. A. (2003): Introduction: Watersheds of Organizational Learning and Knowledge Management. In: Easterby-Smith, M., Lyles, M. A. (Hrsg.): *The Blackwell Handbook of Organizational Learning and Knowledge Management*. Oxford: Blackwell Publishing, 1–15.

Easterby-Smith, M. (1997): Disciplines of organizational learning: Contributions and critiques. In: *Human Relations*, 50 (9), 1085–1113.

Eberl, P. (1997): *Die Idee des Organisationalen Lernens: Konzeptionelle Grundlagen und Gestaltungsparameter*. Stuttgart: Haupt Verlag.

Edler, J. (2003): *Wissensmanagement in der deutschen Wirtschaft – Zusammenfassung*. Karlsruhe: Fraunhofer-Institut Systemtechnik und Innovationsforschung (ISI).

Edmondson, A. C., Moingeon, B. (1998): From Organizational Learning to the Learning Organization. In: *Management Learning*, 29 (1), 5–20.

Edvinsson, L. (1997): Developing Intellectual Capital at Skandia. In: *Long Range Planning*. 30 (3), 366–373.

Edvinsson, L., Malone, M. S. (1997): *Intellectual capital: realizing your company's true value by finding is hidden brainpower*. New York: Harper Business.

Ehe, R. (1998): *Die „Informationsgesellschaft" und die politische Dimension des Internets*. Arbeit zur Erlangung des Grades eines Magister Artium (M. A.) der Philosophischen Fakultät der Christian-Albrechts-Universität zu Kiel. http://www.eheundjanneck.de/texte/infges/postges.html (Stand: 11.11.2008).

Eisenhardt, K. M., Martin, J. A. (2000): Dynamic capabilities: what are they? In: *Strategic management journal*, 21 (10–11), 1105–1121.

Eliasson, R., Diderichsen, F., Gustafsson, R. Å., Janlert, U., Nygren, P. (1987): *Samhällsvetenskap, vård och omsorg*. Stockholm: Esselte Studium.

Emery, M., Purser; R. E. (1996): *The Search Conference: A Powerful Method for Planning Organizational Change and Community Action*. San Francisco: Jossey-Bass.

Eppler, M. (1999): *Conceptual Management Tools: A Guide to Essential Models for Knowledge*. St Gallen: Universität St. Gallen mcm institute.

Eppler, M. J. (2002): Wissen sichtbar machen: Erfahrungen mit Intranet-basierten Wissenskarten. Knowledge Mapping Methodik und Beispiele. In: Pawlowsky, P., Reinhardt, R. (Hrsg.): *Wissensmanagement für die Praxis. Methoden und Instrumente zur erfolgreichen Umsetzung*. Neuwied: Luchterhand, 37–60.

Eriksen, T. H. (2007): *Globalization: The Key Concepts*. https://www.questia.com/library/117720953/globalization-the-key-concepts (Stand: 9.09.2016).

Erpenbeck, J. (2014): *Stichwort „Kompetenzen"*. http://www.diezeitschrift.de/32014/kompetenz-01.pdf (Stand:15.09.2016).

Erpenbeck, J., Heyse, V. (2007): *Die Kompetenzbiographie: Wege der Kompetenzentwicklung*. 2., aktual. und überarb. Aufl., Münster: Waxmann.

Erpenbeck, J., Rosenstiel, L. von (Hrsg.) (2007): *Handbuch der Kompetenzmessung: erkennen, verstehen und bewerten von Kompetenzen in der betrieblichen, pädagogischen und psychologischen Praxis*. 2., überarb. und erw. Aufl., Stuttgart: Schäffer-Poeschel.

Erpenbeck, J., Rosenstiel, L. von, Grote, S. (Hrsg.) (2013): *Kompetenzmodelle von Unternehmen. Mit praktischen Hinweisen für ein erfolgreiches Management von Kompetenzen*. Stuttgart: Schäffer-Poeschel.

European Commission (2006): RICARDIS: Reporting Intellectual Capital to Augment Research, Development and Innovation in SMEs, EUR 22095, Report to the Commission of the High Level Expert Group on RICARDIS http://ec.europa.eu/invest-in-research/pdf/download_en/2006-2977_web1.pdf (Stand: 26.10.2017).

Eustace, C. (2003): *The competitive advantage GAP: a European policy perspective*.

Ferrando, J. (2007): ALF – Arbeitsprozessorientierte Weiterbildung in der Automobilfertigung. In: Ehrke, M., Meister, V. (Hrsg.): *Prozessorientierung in der Berufsbildung: Neue Leitbilder – Neue Praxisprojekte*. Frankfurt/Main, 123–132. http://www.igmetall-wap.de/publicdownload/Prozessorien-tierung.pdf (Stand: 22.12.2008).

Frank, U., Schauer, H. (2001): Potentiale und Herausforderungen des Wissensmanagements aus der Sicht der Wirtschaftsinformatik. In: Schreyögg, G. (Hrsg.): *Wissen in Unternehmen: Konzepte-Maßnahmen-Methoden*. Berlin: Erich Schmidt Verlag, 163–182.

Franken, S. (2010): *Verhaltensorientierte Führung*. Handeln, Lernen und Diversity in Unternehmen. 3. Auflage. Wiesbaden: Gabler.

Franken, R., Franken, S. (2011): *Integriertes Wissens- und Innovationsmanagement*. Wiesbaden: Gabler Verlag.

Freiling, J. (2000): Entwicklungslinien und Herausforderungen des ressourcen- und kompetenzbasierten Ansatzes: Eine Einordnung in das Neue Strategische Management. In: Hinterhuber, H., Friedrich, S. A., Al-Ani, A., Handlbauer, G. (Hrsg.): *Das Neue Strategische Management: Perspektiven und Elemente einer zeitgemäßen Unternehmensführung*. Wiesbaden: Gabler Verlag, 183–218.

Freimuth, J. (2000): Kommunikative Architektur und die Diffusion von Wissen. In: *Wissensmanagement online*. Ausgabe Juli/August. http://www.wissensmanagement.net/online/archiv/2000/07_0800/KommunikativeArchitektur.html (Stand: 22.12.2008).

Frey, D., Gaska, A. (2001): Die Theorie der kognitiven Dissonanz. In: Frey, D., Irle, M. (Hrsg.): *Theorien der Sozialpsychologie. Bd. 1: Kognitive Theorien*. 2. Nachdruck 2001 der vollst. überarb. und erw. Aufl. 1993, Bern: Huber, 275–324.

Fried, A., Baitsch, C. (1999): Mutmaßungen zu einem überraschenden Erfolg: Zum Verhältnis von Wissensmanagement und Organisationalem Lernen. In: Götz, K. (Hrsg.): *Wissensmanagement: Zwischen Wissen und Nichtwissen*. München: Rainer Hampp, 33–69.

Friedrich-Ebert-Stiftung (Hrsg.) (2007): *Wissensmanagement: Verfahren, Instrumente, Beispiele für Vereine und Verbände: Ein Trainingshandbuch*. Meckenheim: Warlich Druck. http://library.fes.de/pdffiles/akademie/mup/05134.pdf (Stand: 22.04.2017).

Friedman, T. L. (2000): *Globalisierung verstehen. zwischen Marktplatz und Weltmarkt*. Berlin: Ullstein.

Frieling, E., Kauffeld, S., Grote, S., Bernard, H. (2000): Flexibilität und Kompetenz: Schaffen flexible Unternehmen kompetente und flexible Mitarbeiter? In: *Edition QUEM, Band 12*. Münster: Waxmann.

Frommann, B. (2014): *Kompetenzen als Phänomen der Netzwerkorganisation. Strukturationstheoretische Einsichten*. Wiesbaden: Springer.

Galer, G. S., Heijden, K. van der (2001): Scenarios and Their Contribution to Organizational Learning: From Practice to Theory. In: Dierkes, M., Berthoin Antal, A., Child, J., Nonaka, I. (Eds): *Handbook of Organizational Learning and Knowledge*. Oxford: Oxford University Press, 849–864.

Garratt, B. (1990): *Creating a Learning Organization: A Guide to Leadership, Learning and Development*. New York: Simon & Schuster.

Gassmann, O.; Sutter, P. (2016): *Digitale Transformation im Unternehmen gestalten*. München: Hanser.

Geißler, H. (1994): *Grundlagen des Organisationslernens*. Weinheim: Deutscher Studien-Verlag.

Gerlach, L. (2008): *Absorptive Fähigkeiten im betrieblichen Internationalisierungsprozess – Eine Reformulierung von Prozesstheorien der Internationalisierung. Konzept und Anwendung*. Dissertation, Technische Universität, Chemnitz. http://d-nb.info/990093697/34 (Stand: 8.11.2013).

Giddens, A. (1979): *Central problems in social theory. Action, structure and contradiction in social analysis*. Berkeley, CA: University of California Press.

Gigerenzer, G., Selten, R. (Hrsg.) (2001): *Bounded Rationality. The Adaptive Toolbox*. Cambridge, MA: MIT Press.

Gilbert, D. U. (2003): *Vertrauen in strategischen Unternehmensnetzwerken. Ein strukturationstheoretischer Ansatz*. Wiesbaden: Deutscher Universitäts-Verlag.

Gilbert, O. T. (2012): *Externalisierung von implizitem Wissen. Empirische Identifikation von Einflussfaktoren auf die Externalisierung von Erfahrungen und Erkenntnissen bei Forschern und Entwicklern in Softwareunternehmen*. Stuttgart: Steinbeis-Edition.

Girard, J., Girard, J. A. (2015): Defining knowledge management. Toward an applied compendium In: *Online Journal of Applied Knowledge Management*, Vol. 3.

Götz, K., Schmid, M. (2004): *Theorien des Wissensmanagements*. Frankfurt/Main: Peter Lang.

Grant, R. M. (1991): Porter's 'competitive advantage of nations': an assessment. In: *Strategic management journal*, 12 (7), 535–548.

Grant, R. M. (1996): Toward a Knowledge-based Theory of the Firm. In: *Strategic Management Journal, 17 (winter special issue)*, 109–122.

Gronau, N. (2009): *Wissen prozessorientiert managen: Methode und Werkzeuge für die Nutzung des Wettbewerbsfaktors Wissen*. München.

Gronau, N., Bahrs, J., Vladova, G., Baumgrass, A., Meuthrath, B., Peters, K. (Hrsg.) (2009): *Anwendungen und Systeme für das Wissensmanagement: Ein aktueller Überblick* (3. Aufl.). Berlin: GITO.

Güldenberg, S. (2001): *Wissensmanagement und Wissenscontrolling in lernenden Organisationen: Ein systemtheoretischer Ansatz* (3. Aufl.). Wiesbaden: Deutscher Universitäts-Verlag.

Günther, T. (2001): Neue Systeme zur strategischen Analyse. In: Reichmann, T. (Hrsg.): 16. Deutscher Controlling Congress. *Tagungsband Controlling 2001*. Dortmund, 19–50.

Günther, T., Grüning, M. (2000): *Performance Measurement-Systeme im praktischen Einsatz: Deskriptiver Auswertungsbericht, Dresdner Beiträge zur Betriebswirtschaftslehre Nr. 44*. Dresden: TU, Fakultät Wirtschaftswissenschaften.

Hacker, W. (2005): Wissensdiagnose. In: Rauner, F. (Hrsg.): *Handbuch Berufsbildungsforschung*. Bielefeld: Bertelsmann, 616–622.

Haenggi, R. (2017): *IBM Watson Technologie: Personalgewinnung – Karriere Coaching – People Analytics – Watson Talent & IBM Kenexa*, Vortrag Zukunft Personal 2017 am 21.9.2017 in Köln.

Hamel, G. (2012): *Gary Hamel: Reinventing the Technology of Human Accomplishment*: https://www.youtube.com/watch?v=aodjgkv65MM (Stand: 16.02.2019).

Hamel, G., Prahalad, C. K. (1995): *Wettlauf um die Zukunft. Wie Sie mit bahnbrechenden Strategien die Kontrolle über Ihre Branche gewinnen und die Märkte von morgen schaffen*. Wien: Ueberreuter.

Handy, C. (1994): *The Empty Raincoat: Making Sense of the Future*. London: Random House.

Häuser, D., Pawlowsky, P., Reinhardt, R., Wilkens, U., Krohn, M. (2002): *Entwicklung und Evaluation eines Wissensmonitoringsystems als Instrument zur Erfassung der Ressource Wissen und ihr Beitrag zur Wertschöpfung*. Endbericht, ABWF-Projekt Lernkultur Kompetenzentwicklung, TU Chemnitz.

Haun, M. (2002): *Handbuch Wissensmanagement: Grundlagen und Umsetzung, Systeme und Praxisbeispiel*. Heidelberg: Springer.

Haunschild, A. (2004): Humanvermögensrechnung. In: Gaugler, E., Oechsler, W. A., Weber, W. (Hrsg.): *Handwörterbuch des Personalwesens*. 3., überarb. und erg. Aufl., Stuttgart: Schäffer-Poeschel, 887–896.

Hauschildt, J., Salomo, S. (2007): *Innovationsmanagement*. 4., überarb., erg. und aktual. Aufl., München: Vahlen.

Hecker, D., Koch, D. J., Heydecke, J., Werkmeister, C. (2016): *Big-Data-Geschäftsmodelle – die drei Seiten der Medaille, Wirtschaftsinformatik & Management* 6/2016.

Hedberg, B. (1981): How Organizations Learn and Unlearn. In: Nystrom, P. C., Starbuck, W. H. (Hrsg.): *Handbook of Organizational Design. Volume 1: Adapting Organizations to their Environments*. New York: Oxford University Press, 3–27.

Hedberg, B. (1999): Organizational Learning in Strategy Literature. In: Dierkes, M., Alexis, M., Antal, B. A., Hedberg, B., Pawlowsky, P., Stopford, J., Tsui-Auch, L.-S. (Hrsg.): *The Annotated Bibliography of Organizational Learning*. Berlin: Edition Sigma, 53–95.

Heidenreich, M. (2002): Merkmale der Wissensgesellschaft. In: BLK für Bildungsplanung und Forschungsförderung (Hrsg.): *Lernen in der Wissensgesellschaft*. Innsbruck, 334–363.

Heisig, P. (2002): Methode des Geschäftsprozessorientierten Wissensmanagements – Die Methode GPO-WM®. In: Pawlowsky, P., Reinhardt, R. (Hrsg.): *Wissensmanagement: für die Praxis. Methoden und Instrumente zur erfolgreichen Umsetzung*. Neuwied: Luchterhand, 253–274.

Heisig, P. (2003): Business Process Oriented Knowledge Management. In: Mertins, K., Heisig, P., Vorbeck, J. (Hrsg.): *Knowledge Management: Best Practices in Europe*. Heidelberg: Springer, 14–36.

Heiss, S. (2009): Communities of Practice als Wissensmanagementmethode zur Förderung des Wissensaustauschs: Eine Analyse der motivationalen Faktoren. In: Crijns,R.; Janich, N. (Hrsg.): *Interne Kommunikation von Unternehmen*. 2. Auflage, Wiesbaden: VS Verlag für Sozialwissenschaften.

Hengst, J. (2004): *Das Berufsbild des Wissensmanagers aus der Sicht der Praxis*. http://subs.emis.de/LNI/Proceedings/Proceedings28/GI-Proceedings.28-74.pdf (Stand: 18.05.1019).

Herbst, D. (2000): *Erfolgsfaktor Wissensmanagement*. Berlin: Cornelsen.

Hertz, D. B. (1988): *The expert executive: using AI and expert systems for financial management, marketing, production and strategy*. New York: Wiley.

Herzog, C., Steinhüser, M., Hoppe, U., Richter, A.; Koch, M. (2014): Barrieren der Erfolgsmessung von Enterprise Social Software. Vortrag Multikonferenz Wirtschaftsinformatik 2014 Paderborn, 26.02.2014 http://www.kooperationssysteme.de/docs/pubs/Herzog%20et%20al%20MKWI%202014%20Barrieren%20Erfolgsmessung.pdf (Stand: 8.11.2017).

Hilse, H. (2000): *Kognitive Wende in Management und Beratung: Wissensmanagement aus sozialwissenschaftlicher Perspektive*. Wiesbaden: Deutscher Universitäts-Verlag.

Hinkelmann, Wache, H. (2009): WM2009. 5th Conference on Professional Knowledge Management, 25.–27.3.2009 Solothurn, Switzerland, Proceedings. Gesellschaft für Informatik. Bonn: Köllen.

Hippel, E. von (1994): Sticky Information and the Locus of Problem Solving: Implications for Innovation. In: *Management Science*, 40 (1994), 429–439.

Höntzsch, S., Katzky, U., Bredl, K.; Kappe, F., Krause, D. (2013): Simulationen und simulierte Welten. Lernen in immersiven Lernumgebungen, 2. Auflage. In: Ebner, M., Schön, S. (Hrsg.): *Lehrbuch für Lernen und Lehren mit Technologien*. 2. Auflage. 2013, (8) https://www.pedocs.de/volltexte/2013/8358/pdf/L3T_2013_Hoentzsch_et_al_Simulationen.pdf (Stand: 14.11.2017).

Hollnagel, E. (2006): *Resilience: The challenge of the unstable*. Ashgate: Aldershot.

Hopfenbeck, W., Müller, M., Peisl, T. (2001): *Wissensbasiertes Management: Ansätze und Strategien zur Unternehmensführung in der Internet-Ökonomie*. Landsberg/Lech: Moderne Industrie.

Huber, G. (1991): Organizational learning: the contributing processes and the literatures. In: *Organization Science*, 2 (1), 88–115.

Hüfner, K. (Hrsg.) (1970): *Bildungsinvestitionen und Wirtschaftswachstum: ausgewählte Beiträge zur Bildungsökonomie*. Stuttgart: Klett.

Internationales Institut für Lernende Organisation und Innovation (1997): *Knowledge Management. Ein empirisch gestützter Leitfaden zum Management des Produktionsfaktors Wissen*. Zusammenfassung des Studienberichtes. München: Gabler.

Irle, M. (1973): *Texte aus der experimentellen Sozialpsychologie*. 2. Aufl., Neuwied: Luchterhand.

Isaacs, W. N. (1996): Dialog, kollektives Denken und Organisationslernen. In: Fatzer, G. (Hrsg.): *Organisationsentwicklung und Supervision: Erfolgsfaktoren bei Veränderungsprozessen*. Köln: Edition Humanistische Psychologie, 181–208.

Iske, P. L. (2012): *Combinatoric Innovation – Environments for Mobilisation of Intellectual Capital*; Vortrag IC 8; Paris, 31.05.2012.

Janis, I. L. (1982): *Groupthink. Psychological studies of policy decisions and fiascoes*. Boston: Houghton Mifflin.

K³ Knowledge Laboratory®. http://www.tu-chemnitz.de/wirtschaft/bwl6/forschung/metora/ (Stand: 30.12.2008).

Kaltenstadler, W. (1987): Geschichte der Führung – Altertum. In: Kieser, A., Reber, G., Wunderer (Hrsg.): *Handwörterbuch der Führung (Enzyklopädie der Betriebswirtschaftslehre Band X)*. Stuttgart: Schäffer-Poeschel, 997–1004.

Kajetzke, L., Engelhardt, A. (2013): *Leben wir in einer Wissensgesellschaft?* http://www.bpb.de/apuz/158659/leben-wir-in-einer-wissensgesellschaft?p=all (Stand: 10.01.2018).

Kahneman, D. (2011): *Schnelles Denken, Langsames Denken*. München: Siedler Verlag.

Kaplan, R. S., Norton, D. P. (1997): *Balanced Scorecard: Strategien erfolgreich umsetzen*. Stuttgart: Schäffer-Poeschel.

Katenkamp, O. (2011): *Implizites Wissen in Organisationen: Konzepte, Methoden und Ansätze im Wissensmanagement*. Wiesbaden: VS Verlag für Sozialwissenschaften.

Keindl, K. (o. J.) Einführung von Wissensmanagement in KMU durch Austausch von Erfahrungswissen zwischen Unternehmen http://www.community-of-knowledge.de/fileadmin/user_upload/attachments/Erfahrungsaustausch_zw_Unternehmen_in_Wissenswerkstaetten.pdf (Stand 21.11.2018).

Keller, C., Kastrup, C. (2009): *Wissensmanagement: Wissen organisieren – Wettbewerbsvorteile sichern*. Berlin: Cornelsen.

Klimecki, R., Thomae, M. (1997): *Organisationales Lernen: Eine Bestandsaufnahme der Forschung*. Internet: http://nbn-resolving.de/urn:nbn:de:bsz:352-opus-3967 (Stand: 12.12.2018).

Klimecki, R., Laßleben, H., Thomae, M. (2000): Organisationales Lernen: Zur Integration von Theorie, Empirie und Gestaltung. In: Schreyögg, G., Conrad, P. (Hrsg.): *Managementforschung 10: Organisatorischer Wandel und Transformation*. Wiesbaden: Gabler Verlag, 63–98.

Klimmer, M., Selonke, J. (2017): *#Digital Leadership – Wie Top Manager in Deutschland den Wandel gestalten*. Berlin: Springer.

Klosa, O. (2001): *Wissensmanagementsysteme in Unternehmen. State-of-the-Art des Einsatzes.* Wiesbaden: Springer.

Kneisel, E. (2015): *Teamreflexion und mentale Teammodelle. Der Einfluss von Teamreflexionsprozessen auf die Entwicklung mentaler Aufgabenmodelle und die Teamleistung in studentischen Projektteams* – Dissertation TU Chemnitz http://nbn-resolving.de/urn:nbn:de:bsz:ch1-qucosa-189940 (Stand: 2.11.2017).

Kneisel, E., Rößel, C., Pawlowsky, P. (2012): Meilensteine der IC Entwicklung. In: Pawlowsky, P., Edvinsson, L. (Hrsg.) (2012): *Intellektuelles Kapital und Wettbewerbsfähigkeit – Eine Bestandsaufnahme zu Theorie und Praxis*. Wiesbaden: Springer Gabler, 39–66.

Koch, G. (2008): Wissensbilanzierung – Quo Vadis? In: *Wissensmanagement*, 10 (4), 26–27.

Koch, S., Mandl, H. (1999): *Wissensmanagement: Anwendungsfelder und Instrumente für die Praxis* (Forschungsbericht Nr. 103). München: Ludwig-Maximilians Universität München, Lehrstuhl für Empirische Pädagogik und Pädagogische Psychologie.

Koch, G., Leitner, K. H., Bornemann, M. (2000): Measuring and reporting intangible assets and results in a European Contract Research Organization. In: *Joint German-OECD Conference, Benchmarking Industry-Science Relationships*. Berlin.

Kogut, B., Zander, U. (1992): Knowledge of the firm, combinative capabilities, and the replication of technology. In: *Organization science*, 3 (3), 383–397.

Kogut, B., Zander, U. (1996): What firms do? Coordination, identity, and learning. In: *Organization science*, 7 (5), 502–518.

Kolb, D. A. (1976): *The learning style inventory*. Boston, MA: McBer.

Kolb, D. A. (1984): *Experiential Learning*. Englewood Cliffs, NJ: Prentice-Hall.

Kouli, Y., Pawlowsky, P.; Hertwig, M. (2019): Meilensteine und Perspektiven der wissensbasierten Wirtschaft – Von der Dampfmaschine zur Industrie 4.0. Heidelberg: Springer (im Druck).

Koppelmann, U. (1993): *Produktmarketing: Entscheidungsgrundlage für Produktmanager*. Berlin: Springer.

KPMG Consulting (2001): *Knowledge Management im Kontext von eBusiniess. Status quo und Perspektiven*. Eine Studie von KPMG Consulting AG, Berlin.

Kreibich, R. (1986): *Die Wissenschaftsgesellschaft: von Galilei zur High-Tech-Revolution*. Frankfurt/Main: Suhrkamp.

Kreitel, W. A. (2010): Wissensmanagement im Mittelstand Untersuchung über den Entwicklungsstand des Wissensmanagements in KMUs. In: *Der Betriebswirt*, 4/2010, 24–28.

Kriegesmann, B./Schwering, M. G. (2005): Kleine und mittlere Unternehmen auf dem Weg vom Wissens- zum Kompetenzmanagement – Ergebnisse einer empirischen Untersuchung zum Aufbau und zur Entwicklung von Wissen und Erfahrung in dynamischen und statischen KMU. In: Mayer, J.-A. (Hrsg.): *Wissens- und Informationsmanagement in kleinen und mittleren Unternehmen*. Köln: Josef Eul Verlag, 55–70.

Kroetz, F. X. (1981): *Nicht Fisch, nicht Fleisch*. Frankfurt/Main: Suhrkamp.

Krogh, von G. (1998): Care in knowledge creation. In: *California management review*, 40 (3), 133–153.

Krogh, von G., Roos, J. (Hrsg.) (1996): *Managing knowledge: perspectives on cooperation and competition*. London: Sage.

Krüger, W., Homp, C. (1997): *Kernkompetenz-Management: Steigerung von Flexibilität und Schlagkraft im Wettbewerb*. Wiesbaden: Gabler.

Kühn, R., Grünig, R. (2000): *Grundlagen der strategischen Planung: ein integraler Ansatz zur Beurteilung von Strategien.* Bern: Haupt.

Lang, R. (2001): *Wissensmanagement in KMU-Netzwerken unter Bedingungen gesellschaftlicher Transformation.* Projektskizze zum Diskurs „Konturen der Erwerbstätigkeit in der Wissensgesellschaft". "https://www.tu-chemnitz.de/wirtschaft/bwl6/Materialien/WWW_Publikation/Lang1.PDF (Stand: 11.11.2008).

Lang, R. (Hrsg.) (2003): *Personalmanagement im Transformationsprozess.* Mering: Hampp.

Lakshman, C. (2007): Organizational knowledge leadership: a grounded theory approach. In: *Leadership & Organization Development Journal*, 28 (1), 51–75. https://doi.org/10.1108/01437730710718245 (Stand: 9.11.2017).

Lazarsfeld, P., Katz, E. (1962): *Persönlicher Einfluss und Meinungsbildung.* München: Oldenbourg.

Lakshman, C. (2009): Organizational knowledge leadership: An empirical examination of knowledge management by top executive leaders. In: *Leadership & Organization Development Journal*, 30 (4), 338–364. https://doi.org/10.1108/01437730910961676 (Stand: 9.11.2017).

Lehner, F. (2000): *Organisational Memory: Konzepte und Systeme für das organisatorische Lernen und das Wissensmanagement.* München: Hanser.

Lehner, F. (2006): *Wissensmanagement. Grundlagen, Methoden und technische Unterstützung.* 4. Aufl., München: Hanser.

Lehner, F. (2014): *Wissensmanagement: Grundlagen, Methoden und technische Unterstützung.* 5. Aufl., München: Carl Hanser Verlag.

Leitner, K.-H. (2006): Wissensbilanz als Instrument für Controlling und Reporting am Beispiel der Austrian Research Centers, In: *Matzler*, K., Hinterhuber, H. H., Renzel, B, Rothenberger, S., Bank, M. (Hrsg.) (2006): *Immaterielle Vermögenswerte: Handbuch der intangible Assets.* Berlin: ESV, 261–277.

Lengnick-Hall, C. A., Lengnick-Hall, M. L. (1988): Strategic human resources management: A review of the literature and a proposed typology. In: *Academy of Management Review*, 13, 454–470.

Leonard-Barton, D. A. (1995): *Wellsprings of Knowledge: Building and Sustaining the Sources of Innovation.* Boston, MA: Harvard Business School Press.

Leontjew, A. N. (1982): *Tätigkeit, Bewußtsein, Persönlichkeit.* Köln: Pahl-Rugenstein.

Levitt, B., March, J. G. (1988): Organizational learning. In: *Annual Review of Sociology*, 14, 319–340.

Lewin, K. (1947): Channels of Group Life. Social Planning and Action Research. In: *Human Relations*, 1, 143–153.

Li, M., Gao, F. (2003): Why Nonaka highlights tacit knowledge: A critical review. In: *Journal Of Knowledge Management*, 7 (4), 6–14.

Likert, R. (1969): *The human organization: its management and value.* New York: McGraw-Hill.

Lin, C. Y.-Y., Edvinsson, L. (2011): *National Intellectual Capital – A Comparison of 40 Countries*, New York: Springer.

Lippmann W. (1990): *Die öffentliche Meinung.* Bochum: Brockmeyer.

Lord, R., Maher, K. (1991): *Leadership and information processing: Linking perceptions and processes.* Boston: Unwin Hyman.

Lucko, S., Trauner, B. (2005): *Wissensmanagement: 7 Bausteine für die Umsetzung in die Praxis.* 2. Aufl., München: Hanser.

Lullies, V., Bollinger, H., Weltz, F., Ortmann, R. G. (1993): *Wissenslogistik: Über den betrieblichen Umgang mit Wissen bei Entwicklungsvorhaben.* Frankfurt/Main: Campus.

Lutz, B. (2005): *Personalmanagement und Innovationsfähigkeit in kleinen und mittelständischen Unternehmen – Quintessenzen eines Ladenburger Diskurses der Gottlieb Daimler- und Karl Benz-Stiftung.* Ladenburg/Halle: Gottlieb Daimler und Karl Benz-Stiftung.

Lutz, B., Wiener, B. (Hrsg.) (2005): *Ladenburger Diskurs – Personalmanagement und Innovations-fähigkeit in kleinen und mittelständischen Unternehmen*. Halle: Zentrum für Sozialforschung Halle e. V.

Machlup, F. (1962): *The Production and Distribution of Knowledge in the United States*. Princeton, NJ: Princeton University Press.

Machlup, F. (1980): *Knowledge: Its Creation, Distribution and Economic Significance. Volume I: Knowledge and Knowledge Production*. Princeton, NJ: Princeton University Press.

Maier, R. (2007): *Knowledge Management Systems: Information and Communication Technologies for Knowledge Management* (3. Aufl.). Heidelberg: Springer.

Mandl, H., Reinmann-Rothmeier, G. (2000): Die Rolle des Wissensmanagement für die Zukunft. In: Mandl, H., Reinmann-Rothmeier, G. (Hrsg.): *Wissensmanagement: Informationszuwachs – Wissensschwund? Die strategische Bedeutung des Wissensmanagements*. München: Oldenbourg, 1–37.

March, J. G. (1991): Exploration and Exploitation in Organizational Learning. In: *Organizations Science*, 2, 71–87.

Matzler, K., Hinterhuber, H. H., Renzel, B, Rothenberger, S., Bank, M. (Hrsg.) (2006): *Immaterielle Vermögenswerte: Handbuch der intangible Assets*. Berlin: ESV.

McClory, S., Read, M., Labib, A. (2017): Conceptualising the lessons-learned process in project management: Towards a triple-loop learning framework. In: *International Journal of Project Management*, 35, 1322–1335.

Mentzel, W. (1992): *Unternehmenssicherung durch Personalentwicklung: Mitarbeiter motivieren, fördern und weiterbilden*. 5., überarb. Aufl. Freiburg i. Breisgau: Haufe.

Mertens, D. (1974): Schlüsselqualifikationen: Thesen zur Schulung für eine moderne Gesellschaft. In: *Mitteilungen aus Arbeitsmarkt- und Berufsforschung*, 7/1974 (1), 36–43.

Mertins, K., Will, M., Wuscher, S. (2007): *Erfolgsfaktoren des Intellektuellen Kapitals in mittelständischen Unternehmen: Auswertung der Wissensbilanzen der deutschen Pilotunternehmen*. Fraunhofer IPK, Konferenzbeitrag zur KnowTech 2007 in Frankfurt/Main.

Merton, R. K. (1968): *Social Theory and Social Structure*, New York: Free Press.

Mescheder, B., Sallach, C. (2012): *Wettbewerbsvorteile durch Wissen: Knowledge Management, CRM und Change Management verbinden*. Heidelberg: Springer.

Meyer, B., Sugiyama, K. (2007): The concept of knowledge in KM: a dimensional model. In: *Journal of knowledge management*, 11 (1), 17–35.

Mintzberg, H. (1992): *Structure in Fives: Designing Effective Organizations*. Englewood Cliffs, NJ, US: Prentice-Hall, Inc.

Nefiodow, L. A. (1996): *Der sechste Kondratieff: Wege zur Produktivität und Vollbeschäftigung im Zeitalter der Information*. Sankt Augustin: Rhein-Sieg.

Neuberger, O. (1991): *Personalentwicklung*. Stuttgart: Enke.

Nevis, E. C.; DiBella, A. J., Gould, J. M. (1995): Understanding Organizations as Learning Systems. In: *Sloan Management Review*, 36 (2), 73–85.

Niehaus, M. (2004): *Der Begriff des Wissens im Wissensmanagementdiskurs. Materialien zur Begriffsgeschichte unter Berücksichtigung der klassischen griechischen Philosophie*. http://sammelpunkt.philo.at:8080/964/1/beitr141.pdf (Stand: 22.04.2017).

Nishida, K. (1970): *Fundamental Problems of Philosophy: The world of Action and the Dialectical World*. Tokyo: Sophia University Press.

Nonaka, I. (1992): Wie japanische Konzerne Wissen erzeugen. In: *Harvard Manager*, 14 (2), 95–103.

Nonaka, I. (1994): A dynamic theory of organizational knowledge creation. In: *Organization Science*, 5 (2), 14–37.

Nonaka, I.; Konno, N., (1998): The concept of Ba: Building a foundation for knowledge creation. In: *California Management Review*, 40 (3), 40–54.

Nonaka, I., Takeuchi, H. (1995): *The Knowledge-Creating Company: How Japanese Companies Create the Dynamics of Innovation*. New York: Oxford University Press.

Nonaka, I., Takeuchi, H. (1997): *Die Organisation des Wissens: wie japanische Unternehmen eine brachliegende Ressource nutzbar machen*. Frankfurt/Main: Campus.

Nonaka, I., Toyama, H., Konno, N. (2000): SECI, Ba and Leadership: a Unified Model of Dynamic Knowledge Creation. In: *Long Range Planning*, 33 (1), 5–34.

North, K. (1998): *Wissensorientierte Unternehmensführung: Wertschöpfung durch Wissen*. Wiesbaden: Gabler.

North, K. (2001): *Communities of Practice als Artefakte von wissensintensiven Organisationen*. Projektskizze zum Diskurs „Konturen der Erwerbstätigkeit in der Wissensgesellschaft". https://www.tu-chemnitz.de/wirtschaft/bwl6/Materialien/WWW_Publikation/North2.PDF (Stand: 11.11.2008).

North, K. (2005): *Wissensorientierte Unternehmensführung: Wertschöpfung durch Wissen*. 4. aktual. und erw. Aufl., Wiesbaden: Gabler.

North, K. (2011): *Wissensorientierte Unternehmensführung: Wertschöpfung durch Wissen*. 5. aktual. und erw. Aufl., Wiesbaden: Gabler.

North, K., Pöschl, A. (2002): Intelligente Organisationen: Wie ein Unternehmen seinen IQ berechnen kann. In: *new management*, 4/2002, 55–59.

North, K., Reinhardt, K. (2005): *Kompetenzmanagement in der Praxis: Mitarbeiterkompetenzen systematisch identifizieren, nutzen und entwickeln*. Wiesbaden: Gabler.

North, K., Brandner, A., Steininger, T. (2015): Die neue ISO 9001:2015 – Wissensmanagement wird Pflicht!. In: *Wissensmanagement*, 2/2015, 20–23.

North, K., Maier, R. (2018): *Wissen 4.0 – Wissensmanagement im digitalen Wandel*. http://north-online.de/documents/North_WM-4-0_Wissensmgmt-Wandel.pdf (Stand: 12.01.2019).

Nyström, P. C., Starbuck, W. H. (1984): To avoid organizational crisis, unlearn. In: *Organizational Dynamics*, 12 (4), Spring, 53–65.

Oberschulte, H. (1994): *Organisatorische Intelligenz: Ein integrativer Ansatz organisatorischen Lernens*. München: Rainer Hampp.

O'Dell, C., Grayson, C. J. (1998): *If only we knew what we know: the transfer of internal knowledge and best practice*. New York: Free Press.

OECD (1996a): *Measuring What People Know: Human Capital Accounting for the Knowledge Economy*. Paris: OECD.

OECD (1996b): *The knowledge-based economy*. OECD/GD (96)102. http://www.oecd.org/officialdocuments/publicdisplaydocumentpdf/?cote=OCDE/GD(96)159&docLanguage=En (Stand: 11.11.2008).

Oelsnitz, D. von der, Busch, M. W. (2007): Kompetenzsteuerung in Teams durch transaktives Wissen. In: Freiling, J., Gemünden H. G. (Hrsg.): *Dynamische Theorien der Kompetenzentstehung und Kompetenzverwertung im strategischen Kontext*. (Jahrbuch strategisches Kompetenz-Management 1). München: Rainer Hampp, 111–153.

Osterloh, M., Frost, J. (2006): *Prozessmanagement als Kernkompetenz: Wie Sie Business Reengineering strategisch nutzen können*. 5., überarb. Aufl., Wiesbaden: Gabler.

Owen, H. (1996): *Open Space Technology*. San Francisco: Berret-Köhler.

Park, S.-J. (1991): *Japanisches Management in der Bundesrepublik*. Frankfurt/Main: Campus.

Patalas-Maliszewska, J. (2013): *Managing Knowledge Workers – Value Assessment, Methods, and Application Tools*. Berlin: Springer.

Pautzke, G. (1989): *Die Evolution der organisatorischen Wissensbasis: Bausteine zu einer Theorie des organisatorischen Lernens*. Herrsching: Kirsch.

Pawlowsky, P. (1992): Betriebliche Qualifikationsstrategien und organisationales Lernen. In: Staehle, W., Conrad, P. (Hrsg.): *Managementforschung Bd. 2*. Berlin: DeGruyter, 177–238.

Pawlowsky, P. (1994): *Wissensmanagement in der lernenden Organisation*. Habilitationsschrift: Universität Paderborn. https://www.tu-chemnitz.de/wirtschaft/bwl6/Materialien/WWW_Publikation/habilitation.pdf (Stand: 14.11.2008).

Pawlowsky, P. (1996): Standortsicherung durch Qualifikation, Motivation und Kooperation. In: Geißler, H., Krahmann-Baumann, B., Lehnhoff, A. (Hrsg.): *Umdenken im Management – Management des Umdenkens*. Frankfurt/Main: Lang, 27–58.

Pawlowsky, P. (1998) (Hrsg.): *Wissensmanagement: Erfahrungen und Perspektiven*. Wiesbaden: Gabler.

Pawlowsky, P. (1998): Integratives Wissensmanagement. In: Pawlowsky, P. (Hrsg.): *Wissensmanagement: Erfahrungen und Perspektiven*. Wiesbaden: Gabler, 9–46.

Pawlowsky, P. (2001): The treatment of organizational learning in management science. In: Dierkes, M., Berthoin-Antal, A., Child, J., Nonaka, I. (Hrsg.): *Handbook of Organizational Learning and Knowledge*. Oxford: Oxford University Press, 61–88.

Pawlowsky, P. (2003): *Konturen der Erwerbsarbeit in der Wissensgesellschaft*. Ladenburger Diskurs. Jahresbericht 2001/2002 (2003). Ladenburg: Gottlieb Daimler- und Karl Benz-Stiftung, 22–26.

Pawlowsky, P. (2015): *Wissensmanagement: Lehrbriefe 1–4*. FOKUS prints 05/12. Lehrstuhl Personal und Führung TU Chemnitz.

Pawlowsky, P., Bäumer, J. (1996): *Betriebliche Weiterbildung: Management von Qualifikation und Wissen*. München: Beck.

Pawlowsky, P., Edvinsson, L. (2012) (Hrsg.): *Intellektuelles Kapital und Wettbewerbsfähigkeit. Eine Bestandsaufnahme zu Theorie und Praxis*. Wiesbaden: Springer Gabler.

Pawlowsky, P., Geppert, M. (2005): Organisationales Lernen. In: Weik, E., Lang, R. (Hrsg.): *Moderne Organisationstheorien: Handlungsorientierte Ansätze*. 2., überarb. Aufl. Wiesbaden: Gabler, 259–294.

Pawlowsky, P., Gerlach, L., Hauptmann, S., Puggel, A. (2006a): *Wissen als Wettbewerbsvorteil in kleinen und mittelständischen Unternehmen. Empirische Typologisierungen auf Grundlage einer bundesweiten Befragung*, FOKUS prints 09/06, Chemnitz.

Pawlowsky, P., Gerlach, L., Hauptmann, S., Puggel, A. (2006b): Verbreitung von Wissensmanagement in KMU – Studie zur Nutzung von „Wissen" als Wettbewerbsvorteil in deutschen KMU. In: Gronau, N., Pawlowsky, P., Schütt, P., Weber, M. (Hrsg.): *Mit Wissensmanagement besser im Wettbewerb. Tagungsband zur KnowTech 2006*. München: Bitkom, 17–22.

Pawlowsky, P., Gerlach, L., Hauptmann, S., Puggel, A. (2007): Was geschieht bei der Einführung von Wissensmanagement? – Unternehmen berichten im K3 Knowledge Laboratory®. In: Bentele, M., Hochreiter, R., Riempp, G., Schütt, P., Weber, M. (Hrsg.): *Mehr Wissen – mehr Erfolg. Tagungsband zur KnowTech 2007*. Berlin, 275–283.

Pawlowsky, P., Hengst, J. (2015): Warum Wissensmanagement in die ISO 9001 gehört – eine empirische Studie. In: *Wissensmanagement* (2/2015), 30–31.

Pawlowsky, P., Menzel, D., Wilkens, U. (2005): Wissens- und Kompetenzerfassung in Organisationen. In: Arbeitsgemeinschaft Qualifikations-Entwicklungs-Management (Hrsg.): *Kompetenzmessung in Unternehmen: Lernkultur- und Kompetenzanalysen im betrieblichen Umfeld*. Edition QUEM, Bd. 18, Münster: Waxmann, 341–452.

Pawlowsky, P., Neubauer, K. (2004): Organisationales Lernen. In: Gaugler, E., Oechsler, W. A., Weber, W. (Hrsg.): *Handwörterbuch des Personalwesens*. 3., überarb. und erg. Aufl., Stuttgart: Schäffer-Poeschel, 1280–1294.

Pawlowsky, P., Reinhardt, R. (2002): Instrumente Organisationalen Lernens. Die Verknüpfung zwischen Theorie und Praxis. In: Pawlowsky, P., Reinhardt, R. (Hrsg.): *Wissensmanagement für die Praxis. Methoden und Instrumente zur erfolgreichen Umsetzung*. Neuwied: Luchterhand, 1–36.

Pawlowsky, P., Gözalan, A., Schmid, S. (2011): *Wettbewerbsfaktor Wissen: Managementpraxis von Wissen und Intellectual Capital in Deutschland. Eine repräsentative Unternehmensbefragung zum Status quo*, FOKUS prints 08/11, Chemnitz.

Pawlowsky, P., Gözalan, A., Schmid, S. (2012): WM 2010 – Wissensstandort Deutschland – Wissens- und Intellectual Capital Management in deutschen Unternehmen. In: Pawlowsky, P., Edvinsson, L. (Hrsg.): *Intellektuelles Kapital und Wettbewerbsfähigkeit. Eine Bestandsaufnahme zu Theorie und Praxis*. Wiesbaden: Springer Gabler, 181–215.

Pawlowsky, P., Schmid, S., Harsch, T. (2014): Führung von Gruppen in komplexen und dynamischen Umfeldern. In: Gesmann-Nuissl, D., Hartz, R., Dittrich, M. (Hrsg.): *Perspektiven der Wirtschaftswissenschaften*. Wiesbaden: Springer Gabler. 81–105.

Pawlowsky, P., Wilkens, U. (2001): *Skizze zum Diskurs: „Konturen der Erwerbsarbeit in der Wissensgesellschaft"*. https://www.tu-chemnitz.de/wirtschaft/bwl6/Materialien/WWW_Publikation/allgemdiskursskizze.PDF (Stand: 17.10.2017).

Pawlowsky, P., Kneisel, E., Schmid, S., Werner, K. (2017): *Die Zukunft des Personalmanagements: Herausforderungen, Lösungsansätze & Gestaltungsoptionen*. In: Surrey, H./Tiberius, V. (Hrsg). Zürich: vdf Hochschulverlag, 21–31.

Pearn, M., Roderick, C., Mulrooney, C. (1995): *Learning Organizations in Practise*. London: McGraw-Hill.

Pedler, M., Burgoyne, J., Boydell, J. (1994): *Das lernende Unternehmen: Potentiale freilegen – Wettbewerbsvorteile sichern*. Frankfurt/Main: Campus.

Pedler, M., Burgoyne, J., Boydell, M. (1997): *The learning company: a strategy for sustainable development*. 2. edn., London: McGraw-Hill.

Penrose, E. (1959): *The theory of the growth of the firm*. Oxford: Oxford University Press.

Peters, T., Waterman, R. (1982): *In Search of Excellence*. New York: Harper & Row.

Petkoff, B. (1998): *Wissensmanagement*. Bonn: Addison, Wesley-Longman.

Pfuhl, M. (2012): Taxonomien. In: Wissensmanagement/Wissensmodellierung/Wissensrepräsentation/Semantisches-Netz/Taxonomien http://www.enzyklopaedie-der-wirtschaftsinformatik.de/lexikon/daten-wissen/ (Stand: 6.11.2017).

Pircher, R. (2014): Organisatorisches Wissensmanagement, In: Pircher (Hrsg.): *Wissensmanagement, Wissenstransfer, Wissensnetzwerke*. 2. Auflage Erlangen: Publicis.

Polanyi, M. (1966): *The Tacit Dimension*. 2. edn. London: Routledge & Kegan Paul.

Polanyi, M. (1985): *Implizites Wissen*. Frankfurt/Main: Suhrkamp.

Pongratz, H. J., Voß, G. G. (2003): *Arbeitskraftunternehmer: Erwerbsorientierungen in entgrenzten Arbeitsformen*. Berlin: Edition Sigma.

Porschen, S. (2008): *Austausch impliziten Erfahrungswissens – Neue Perspektiven für das Wissensmanagement*. Wiesbaden: Gabler.

Potthoff, E., Trescher, K. (1986): *Controlling in der Personalwirtschaft*. Berlin: de Gruyter.

Prahalad, C. K., Hamel, G. (1990): The Core Competence of the Corporation. In: *Harvard Business Review*, May–June 1990, 79–91.

Prange, C. (2002): *Organisationales Lernen und Wissensmanagement: Fallbeispiele aus der Unternehmenspraxis*. Wiesbaden: Gabler.

Probst, G. (1994): *Organisationales Lernen*. Wettbewerbsvorteil der Zukunft. Wiesbaden: Gabler.

Probst, G., Büchel, B. (1994): *Organisationales Lernen: Wettbewerbsvorteil der Zukunft*. Wiesbaden: Gabler.

Probst, G., Raub, S., Romhardt, K. (1997): *Wissen managen. Wie Unternehmen ihre wertvollste Ressource optimal nutzen*. Wiesbaden: Gabler.

Probst, G., Raub, S., Romhardt, K. (2006): *Wissen managen: Wie Unternehmen ihre wertvollste Ressource optimal nutzen*. 5., überarb. Aufl. Wiesbaden: Gabler.

Rao, M. (2005): The Social Life of KM Tools. In: Rao, M. (Hrsg.): *Knowledge Management Tools and Techniques – Practitioners and experts evaluate KM solutions.* Amsterdam: Elsevier.

Regel, G. (2017): *Das Knowledge Laboratory – Ein innovatives web-basiertes Wissensmanagement-system zur Weitergabe und Sicherung von Wissen und Wissenselementen sowie zum Lernen in Organisationen,* unveröff. Dissertationsexposee, TU Chemnitz.

Rehäuser, J., Krcmar, H. (1996): Wissensmanagement im Unternehmen. In: Schreyögg, G., Conrad, P. (Hrsg.): *Managementforschung* (Band 6). Berlin: de Gruyter, 2–39.

Reinhardt, R. (1998): Das Management von Wissenskapital. In: Pawlowsky, P. (Hrsg.): *Wissensmanagement.* Wiesbaden: Gabler, 145–176.

Reinhardt, R. (2002): *Wissen als Ressource: Theoretische Grundlagen, Methoden und Instrumente der Erfassung von Wissen.* Habilitationsschrift, TU Chemnitz. Frankfurt/Main: Lang.

Reinhardt, R., (2004): Wissenskommunikation: Theoretische Implikationen. In: Reinhardt, R., Eppler, M. (Hrsg) (2004): *Wissenskommunikation in Organisationen Methoden – Instrumente – Theorien.* Berlin: Springer, 408–416.

Reinhart, G. (2017): Handbuch Industrie 4.0. Geschäftsmodelle, Prozesse, Technik. In: Reinhart, G. (Hrsg.): *Handbuch Industrie 4.0.* München: Hanser.

Reinmann-Rothmeier, G., Mandl, H. (1999): Wissensmanagement: Modewort oder Element der lernenden Organisationen. In: *Personalführung,* 12, 18–23.

Reinmann-Rothmeier, G., Mandl, H. (2000): *Individuelles Wissensmanagement: Strategien für den persönlichen Umgang mit Informationen und Wissen am Arbeitsplatz.* Göttingen: Huber.

Reinmann-Rothmeier, G., Mandl, H. (2001): Unterrichten und Lernumgebungen gestalten. In: Krapp, A., Weidenmann, B. (Hrsg.): *Pädagogische Psychologie.* Weinheim: Beltz, 601–646.

Reinmann-Rothmeier, G. (2001): Das Münchener Modell: Eine integrative Sicht auf das Managen von Wissen. In: *Wissensmanagement,* 5, 51–54.

Remus, U. (2002): *Prozessorientiertes Wissensmanagement: Konzepte und Modellierung.* Dissertation Universität Regensburg https://epub.uni-regensburg.de/9925/1/remusdiss.pdf (Stand: 23.04.2017).

Renzl, B., Matzler, K., Hinterhuber, H. (2006): *The Future of Knowledge Management.* London: Palgrave Macmillan.

Reuschl A. J., Bouncken R. B. (2017): Coworking-Spaces als neue Organisationsform in der Sharing Economy. In: Bruhn M., Hadwich K. (Hrsg.): *Dienstleistungen 4.0.* Wiesbaden: Springer Gabler.

Rodov, I., Leliaert, P. (2002): FiMIAM: financial method of intangible assets measurement. In: *Journal of Intellectual Capital,* 3 (3), 323–336. https://doi.org/10.1108/14691930210435642 (Stand: 20.12.2018).

Roehl, H. (2000): *Instrumente der Wissensorganisation: Perspektiven für eine differenzierende Interventionspraxis* (Dissertation). Wiesbaden: Deutscher Universitäts-Verlag.

Rogers, E. M. (1962): *Diffusion of Innovations.* New York: Free Press of Glencoe.

Romhardt, K. (1998): *Die Organisation aus der Wissensperspektive: Möglichkeiten und Grenzen der Intervention.* Wiesbaden: Gabler.

Romhardt, K. (2002): *Wissensgemeinschaften: Orte lebendigen Wissensmanagements. Dynamik – Entwicklung – Gestaltungsmöglichkeiten.* Zürich: Versus.

Roos, J., Roos, G., Edvinsson, L., Dragonetti, N. (1998): *Intellectual Capital: navigating in the new business landscape.* Houndsmills: Macmillan Business.

Rosenstiel, L. v. (2009): Grundlagen der Führung. In: Rosenstiel, L. v., Regnet, E., Domsch, M. (Hrsg.): Führung von Mitarbeitern. Stuttgart: Schäffer-Poeschel.

Roth, G. L. (1996): From Individual and Team Learning to Systems Learning. In: Cavaleri, S. A., Fearon, D. S. (Hrsg.): *Managing in Organizations that Learn.* Cambridge, MA: Blackwell, 224–245.

Sackmann, S. A. (1991): *Cultural knowledge in organizations: exploring the collective mind*. Newbury Park, CA: Sage.

Sackmann, S. (2004): *Erfolgsfaktor Unternehmenskultur*. Wiesbaden: Gabler.

Sammer, M., Bornemann, M. (2002): Wissensmanagement. In: Bornemann, M., Sammer, M. (Hrsg.): *Anwendungsorientiertes Wissensmanagement: Ansätze und Fallstudien aus der betrieblichen und der universitären Praxis*. Wiesbaden: Gabler, 5–17.

Sandelands, L. E., Stablein, R. E. (1987): The concept of organization mind. In: *Research in the Sociology of Organizations*, 5, 135–162.

Sattelberger, T. (1996): Die lernende Organisation im Spannungsfeld von Strategie, Struktur und Kultur. In: Sattelberger, T. (Hrsg.): *Die lernende Organisation: Konzepte für eine neue Qualität der Unternehmensentwicklung*. Wiesbaden: Gabler, 11–55.

Schein, E. H. (1991): Organisationskultur: ein neues unternehmenstheoretisches Konzept. In: Dülfer, E. (Hrsg.): *Organisationskultur: Phänomen, Philosophie, Technologie*. 2., erw. Aufl. Stuttgart: Schäffer-Poeschel, 23–37.

Schein, E. H. (2004): *Organizational Culture and Leadership*. San Francisco, CA: Jossey-Bass.

Schirmer, F., Ziesche, K. (2010): Dynamic Capabilities – Das Dilemma von Stabilität und Dynamik aus organisationspolitischer Perspektive. In: Barthel, E., Hanft, A., Hasebrook J. (Hrsg.): *Integriertes Kompetenzmanagement im Spannungsfeld von Innovation und Routine*. Münster: Waxmann.

Schmidt, H. (1982): *Humanvermögensrechnung. Instrumentarium zur Ergänzung der unternehmerischen Rechnungslegung. Konzepte und Erfahrungen*. Berlin: de Gruyter.

Schmitz, B. (2004): *Identifizieren und Repräsentieren von Wissen*. Vortrag zum Studiengangsmodul des Executive Master of Knowledge Management an der TU Chemnitz, Chemnitz, 02.04.2004.

Schnauffer, H.-G., Staiger, M., Voigt, S., Reinhardt, K. (2004): Die Hypertextorganisation – Ansatz und Gestaltungsmöglichkeiten. In: Schnauffer, H.-G., Stieler-Lorenz, B., Peters, S. (Hrsg.): *Wissen vernetzen: Wissensmanagement in der Produktentwicklung*. Berlin: Springer, 12–45.

Schneider, U. (1996): Management in der wissensbasierten Unternehmung: Das Wissensnetz in und zwischen Unternehmen knüpfen. In: Schneider, U. (Hrsg). *Wissensmanagement: Aktivierung des intellektuellen Kapitals*. Frankfurt/M.: Frankfurter Allgemeine Zeitung GmbH, 13–48.

Schneider, U. (2006): The Other Side of the Distinction: The Management of Ignorance. In: Renzl B., Matzler K., Hinterhuber H. (Hrsg.): *The Future of Knowledge Management*. London: Palgrave Macmillan.

Schoenfeld, H.-M. (1974): Die Rechnungslegung über das betriebliche „Human-Vermögen": eine kritische Betrachtung des Entwicklungstandes. In: *Betriebswirtschaftliche Forschung und Praxis*, 26/1974 (1), 1–33.

Schreyögg, G., Geiger, D. (2003): Wenn alles Wissen ist, ist Wissen am Ende nichts?! In: *Die Betriebswirtschaft*, 63 (1), 7–22.

Schreyögg, G., Kliesch, M., Lührmann, T. (2003): *Bestimmungsgründe für die organisatorische Gestaltung einer Management-Holding*. In: *Wirtschaftswissenschaftliches Studium*, (Z107a) – 32.2003, 12, 721–727.

Schultz, T. W. (1961): Investment in Human Capital. In: *The American Economic Review*, 1 (2), 1–17.

Schultz, T. W. (1986): *In Menschen investieren: die Ökonomik der Bevölkerungsqualität*. Tübingen: Mohr.

Schultz, F. (2003): Volkswagen Wissensmanagement ww.deck. Vortrag auf dem REFA-Kongress Arbeitsorganisation, Berlin, Mai 2003. In: *Bundesverwaltungsamt (2003): Geschäftsprozessoptimierung und Wissensmanagement – zwei Foren des diesjährigen REFA-Kongresses. Info 1760*. Köln. http://www.bund.de/nn_188856/DE/Vul/WIN/2003/06-Juni/INFO-1760-PDF-anl,templateId=raw,property=publicationFile.pdf (Stand: 22.12.2008).

Schumpeter, J. A. (1934): *The Theory of Economic Development*. Cambridge, MA: Harvard University Press. Zuerst veröffentlicht als *Theorie der wirtschaftlichen Entwicklung* 1912.

Schüppel, J. (1996): *Wissensmanagement: organisatorisches Lernen im Spannungsfeld von Wissens- und Lernbarrieren*. Wiesbaden: Gabler.

Seidel, M. (2003): *Die Bereitschaft zur Wissensteilung. Rahmenbedingungen für ein wissensorientiertes Management*. Wiesbaden: Gabler.

Seifert, M. (2000): *Vertrauen als Organisationsprinzip: Eine theoretische und empirische Studie über Vertrauen zwischen Angestellten und Führungskräften*. Mering: Hamp.

Seifried, P., Eppler, M. J. (2000): *Evaluation führender Knowledge Management Suites: Wissensplattformen im Vergleich*. St. Gallen: NetAcademy Press.

Senge, P. (1990): *The Fifth Discipline: the Art and Practise of the Learning Organization*. Sidney: Random-House.

Senge, P., Kleiner, A., Smith, B., Roberts, C., Ross, R. (1996): *Das Fieldbook zur Fünften Disziplin*. Stuttgart: Schäffer-Poeschel.

Shimizu, H. (1995): Ba-Principle: New logic for the realtime emergence of information. In: *Holonics*, 5 (1), 67–79.

Shrivastava, P., Mitroff, I. (1983): *Frames of References Managers Use*. Advances in Strategic Management, 1, 161–180.

Siegel, E. (2016): *Predictive analytics: The power to predict who will click, buy, lie, or die* (überarbeitete Online-Ausgabe). Hoboken, NJ: John Wiley & Sons.

Simon, H. A. (1957): *Administrative behavior*. Study of decision-making process in administrative organization. New York: Macmillan.

Skandia (1998): *Human Capital in Transformation*. http://www.skandia.com/financials/pdfs/e9712Human.pdf (Stand: 4.12.2008).

Skyrme, D. J. (2000): Developing a knowledge strategy: from management to leadership. In: Morey, D., Maybury, M, Thuraisingham (Hrsg.): *Knowledge management: Classic and contemporary works*. Massachusetts: MIT Press, 61–83.

Smith, A. (1776): *An inquiry into the nature and causes of the wealth of nations*. London: Strahan.

Sorge, A. (1985): *Informationstechnik und Arbeit im sozialen Prozess: Arbeitsorganisation, Qualifikation und Produktivkraftentwicklung*. Frankfurt/Main: Campus.

Spender, J. C. (1996): Making knowledge the basis of a dynamic theory of the firm. In: *Strategic management journal*, 17 (S2), 45–62.

Staiger, M. (2008): *Wissensmanagement in kleinen und mittelständischen Unternehmen: Systematische Gestaltung einer wissensorientierten Organisationsstruktur und -kultur*. München: Rainer Hampp.

Stanik, M., Schreiner, P., Schneider, K. (2002): Vom Kunden zur Dienstleistung: Wettbewerbsvorteile durch kundenorientiertes Service Engineering. In: *Newsletter Nr. 2/2002. CoRSE – Customer Related Service Engineering*.

Staudt, E., Rehbein, M. (1988): *Innovation durch Qualifikation. Personalentwicklung und neue Technik*. Frankfurt/Main: Frankfurter Allgemeine Zeitung.

Stehr, N. (1994): *Arbeit, Eigentum und Wissen: Zur Theorie von Wissensgesellschaften*. Frankfurt/Main: Suhrkamp.

Stehr, N. (1999): „Wissensgesellschaften" oder die Zerbrechlichkeit moderner Gesellschaften. In: Konrad, W., Schumm, W. (Hrsg.): *Neue Konturen von Wissensarbeit*. Münster: Westfälisches Dampfboot, 13–23.

Stehr, N. (2001): *Wissen und Wirtschaften: Die gesellschaftlichen Grundlagen der modernen Ökonomie*. Frankfurt/Main: Suhrkamp.

Steinbicker, J. (2001): *Zur Theorie der Informationsgesellschaft: ein Vergleich der Ansätze von Peter Drucker, Daniel Bell und Manuel Castells*. Opladen: Leske + Budrich.

Steingart, G. (2006): *Weltkrieg um Wohlstand: Wie Macht und Reichtum neu verteilt werden*. 2. Aufl., München: Piper.

Steppar (2016): http://johnstepper.com/2014/01/04/the-5-elements-of-working-out-loud (Stand: 27.11.2018).

Stewart, T. A. (1998): *Der vierte Produktionsfaktor: Wachstum und Wettbewerbsvorteile durch Wissensmanagement*. München: Hanser.

Stiehler, A., Schabel, F., Möckel, K. (2013): *Wissensarbeiter und Unternehmen im Spannungsfeld. Eine Studie von Hays, PAC und der Gesellschaft für Wissensmanagement*. https://www.hays. de/t/IGL8WHQE (Stand: 23.04.2017).

Stieler-Lorenz, B., Keindl, K. (2007): Kundenwissen und Marketing. In: *USP – Menschen im Marketing*, Nr. 4, 26–27.

Stogdill, R. M. (1950: *Leadership, membership and organization*. Psychological bulletin, 47 (1), 1–14.

Stocker, A., Müller, J. (2016): Exploring use and benefit of corporate social software. Measuring Success in the Siemens Case References. In: *Journal of Systems and Information Technology*, 18 (3), 277–296.

Strasser, G. (1993): *Wissensmanagement: Forschungsprojekt zur Handhabung fundamentalen Wandels in großen Unternehmen* (Diskussionsbeitrag 4). Universität St. Gallen: Institut für Betriebswirtschaft.

Strohmeier, S., Piazza, F. (2015): *Human Resource Intelligence und Analytics. Grundlagen, Anbieter, Erfahrungen und Trends*. Wiesbaden: Springer Gabler.

Strümpel, B. (1977): *Die Krise des Wohlstands. Das Modell einer humanen Wirtschaft*. Stuttgart: Kohlhammer.

Studer, R. (2016): *Ontologien*, Enzyklopädie der Wirtschaftsinformatik, Online Lexikon. http://www. enzyklopaedie-der-wirtschaftsinformatik.de/lexikon/daten-wissen/Wissensmanagement/ Wissens-modellierung/Wissensreprasentation/Semantisches-Netz/Ontologien (Stand: 6.11.2017).

Sudharatna, Y., Li, L. (2004): Learning organization characteristics contributed to its readiness to change: A study of the THA: mobile phone service Industry. In: *Managing Global Transitions*, 2 (2), 163–178.

Sutter, J. (2016): *Grafische Visualisierungen bei der Stellenübergabe: Ein Werkzeug zur Externalisierung von implizitem Wissen*. Wiesbaden: Springer Gabler.

Sutton, R. I. (2002): *Stellen Sie Leute ein, die Sie eigentlich nicht brauchen*. München: Piper.

Sveiby, K. E. (1989): *The Invisible Balance Sheet*. Stockholm: Ledarskap.

Sveiby, K. E. (1997): *The new organizational wealth: managing & measuring knowledge-based assets*. San Francisco, CA: Berret-Koehler.

Sveiby, K. E. (1998): *Wissenskapital – Das unentdeckte Vermögen: immaterielle Vermögenswerte aufspüren, messen und steigern*. Landsberg a. Lech: Moderne Industrie.

Sydow, J., Ortmann, G. (2001): Vielfalt an Wegen und Möglichkeiten: Zum Stand des strategischen Managements. In: Ortmann, G., Sydow, J. (Hrsg.): *Strategie und Strukturation: strategisches Management von Unternehmen, Netzwerken und Konzernen*. Wiesbaden: Gabler, 3–23.

Szogs, G. (2003): *Knowledge Networks bei der Commerzbank*. Vortrag anlässlich der Learntec 2003 in Karlsruhe.

Teece, D., Pisano, G. (1994): The dynamic capabilities of firms: an introduction. In: *Industrial and corporate change*, 3 (3), 537–556.

Teece, D. J., Pisano, G., Shuen, A. (1997): Dynamic Capabilities and Strategic Management. In: *Strategic Management Journal*, 18 (7), 509–533.

Teece, D. J. (2007): Explicating dynamic capabilities: the nature and microfoundations of (sustainable) enterprise performance. In: *Strategic Management Journal*, 28 (13), 1319–1350.

Tödtmann, C. (2003): Weg mit den Wissenshortern. In: *Handelblatt*, 21./22. Februar 2003. http://www.comma-soft.com/cs/presse/ps_hanblatt.htm (Stand: 22.12.2008).

Töpsch, K. (2001): *Regulation und Organisation von Arbeit in wissensintensiven Unternehmen*. Projektskizze zum Ladenburger Diskurs „Konturen der Erwerbsarbeit in der Wissensgesellschaft". https://www.tu-chemnitz.de/wirtschaft/bwl6/Materialien/WWW_Publikation/toepsch2.PDF (Stand: 11.11.2008).

Toffler, A. (1991): *Powershift: Knowledge, Wealth, and Violence at the Edge of the 21 st Century*. New York: Bantam Books.

Tsang, E. W. K. (1997): Organizational Learning and the Learning Organization: A Dichotomy between Descriptive and Prescriptive Research. In: *Human Relations*, 50 (1), 73–89.

Tsui, E. (2017): Managing Knowledge in the Age of Digitalisation. Gesellschaft für Wissensmanagement – Vortrag: Knowledge Camp Potsdam am 14.09.2017. http://www.gfwm.de/event/gfwm-horizon-speech-prof-eric-tsui-managing-knowledge-in-the-age-of-digitalisation/ (Stand: 27.11.2018).

Ulrich, H., Probst, G. (1991): *Anleitung zum ganzheitlichen Denken und Handeln. Ein Brevier für Führungskräfte*. Bern: Haupt Verlag.

Viitala, R. (2004): Towards knowledge leadership. In: *Leadership & Organization Development Journal*, 25 (6), 528–544. https://doi.org/10.1108/01437730410556761 (Stand: 9.11.2017).

Voß, G. G., Pongratz, H. J. (1998): Der Arbeitskraftunternehmer: eine neue Grundform der Ware Arbeitskraft? In: *Kölner Zeitschrift für Soziologie und Sozialpsychologie*, 50 (1), 131–158.

VW (2007): *Wissensmanagement*. http://www.vw-azubi.de/www/de/wissen/wissensmanagement.html (Stand: 22.12.2008).

Wahren, H.-K. E. (1996): *Das lernende Unternehmen: Theorie und Praxis des lernenden Unternehmens*. Berlin: de Gruyter.

Walther-Klaus, E. (2004): *Knowledge Based Business Processes – Messbarkeit des ROI für Mitarbeiterportale und Wissensmanagement*. https://slideplayer.org/slide/1031/ (Stand: 03.12.2018).

Weick, K. (1991): The Nontraditional Quality of Organizational Learning. In: *Organization Science*, 1, 116–124.

Weibler, J. (2001): *Personalführung*. München: Verlag Vahlen.

Weiß, K. (2010): *Lernen in jungen, innovativen Unternehmen – Die Erfolgswirkung von Organisationalem Lernen und Lernpotentialen*. Wiesbaden: Gabler.

Weinert, F. E. (2001): Vergleichende Leistungsmessung in Schulen – Eine umstrittene Selbstverständlichkeit. In: Weinert, F. E. (Hrsg.): *Leistungsmessungen in Schulen*. Weinheim: Beltz.

Weisbord, M. (1992): *Future Conference*. San Francisco, CA: Berrett-Koehler.

Welsh, W. A. (1979): *Leaders and Elites*. New York: Holt, Rinehart & Winston.

Wenger, E. (2006): Communities of practice a brief introduction, Online: http://www.linqed.net/media/15868/COPCommunities_of_practiceDefinedEWenger.pdf (Stand: 9.11.2017).

Wenger, E., McDermott, R., Snyder, W. (2002): *Cultivating Communities of Practice: A guide to managing knowledge*. Boston, MA: Harvard Business School Press.

Wenger, E., Snyder, W. (2000): Communities of Practice: The Organizational Frontier. In: *Harvard Business Review*, Jan–Febr 2000, 139–145.

Wernerfelt, B. (1984): A Resource-based View of the Firm. In: *Strategic Management Journal*, 5, 171–180.

Wernerfelt, B. (1995): The Resource-Based View of the Firm: Ten Years After. In: *Strategic Management Journal*, 16, 171–174.

White, David Manning (1950): The Gate Keeper. A Case Study in the Selection of News. In: *Journalism Quarterly*, 27, 383–390.

Wiig, K. (1993): *Knowledge Management Foundations – Thinking about Thinking: How People and Organizations Create, Represent and Use Knowledge*. Arlington: Schema Press.

Wiig, K. (2000): Knowledge Management: An Emerging Discipline Rooted in a Long History. In: Despres, C., Chauvel, D. (Hrsg.): *Knowledge horizons: the present and the promise of knowledge management*. Oxford: Butterworth-Heinemann, 3–26.

Wilensky, H. L. (1967): *Organizational Intelligence: Knowledge and Policy in Government and Industry*. New York: Basic Books.

Wiegand, M. (1996): *Prozesse organisationalen Lernens*. Wiesbaden: Gabler.

Wilkens, U. (2004): *Management von Arbeitskraftunternehmern*. Wiesbaden: DUV.

Willke, H. (1998): *Systemisches Wissensmanagement*. Stuttgart: Lucius & Lucius.

Willke, H. (2000): Nagelprobe des Wissensmanagements – Zum Zusammenspiel von personalem und organisationalem Wissen. In: Götz, K. (Hrsg.): *Wissensmanagement: Zwischen Wissen und Nichtwissen*. München: Rainer Hampp, 15–31.

Wirtschaftswoche Nr. 46 vom 09.11.2000, 196.

Wohland, G., Huther-Fries, J., Wiemeyer, M, Jörg, W. (2004): *Vom Wissen zum Können – Merkmale dynamikrobuster Hochleistung*. Eschborn: Detecon Studie.

Wolf, P. (2003): *Managementkompetenz – Erfolgsmessung der Einführung von Wissensmanagement*, Bd. 4. Münster: Schriftenreihe Managementkompetenz, 54–60.

Wunderer, R., Grundwald, W. (1980): *Führungslehre*. Band 1. Grundlagen der Führung. Berlin: De Gruyter.

Yheng, Y., Roberts, M., Diaz Lopez, H., Kelly, A., Kamath, R., Chen, W. (2015): *Systems of Insight for Digital Transformation: Using IBM Operational Decision Manager Advanced and Predictive Analytics*. New York: IBM Redbooks.

Zaccaro, S. J., Rittman, A. L., Marks, M. A. (2001): Team leadership. In: *The leadership quarterly*, 12 (4), 451–483.

Zahra, S. A., George, G. (2002): Absorptive capacity – A review, reconceptualization, and extension. In: *Academy of Management Review*, 27 (2), 185–203.

Zboralski, K. (2007): Wissensmanagement durch Communities of Practice – Eine empirische Untersuchung von Wissensnetzwerken. Wiesbaden: Gabler.

Stichwortverzeichnis

https://doi.org/10.1515/9783110474930-018

www.ingramcontent.com/pod-product-compliance
Lightning Source LLC
Chambersburg PA
CBHW081046220326
41598CB00038B/7002